LA PHILOSOPHIE
ÉTHIQUE

ENJEUX ET DÉBATS ACTUELS

3e ÉDITION

LA PHILOSOPHIE
ÉTHIQUE

ENJEUX ET DÉBATS ACTUELS

3e ÉDITION

MICHEL MÉTAYER

ÉDITIONS DU RENOUVEAU PÉDAGOGIQUE INC.

5757, RUE CYPIHOT, SAINT-LAURENT (QUÉBEC) H4S 1R3
TÉLÉPHONE : 514 334-2690   TÉLÉCOPIEUR : 514 334-4720
erpidlm@erpi.com   www.erpi.com

DÉVELOPPEMENT DE PRODUITS
Isabelle de la Barrière

SUPERVISION ÉDITORIALE
Sylvain Bournival

RÉVISION LINGUISTIQUE
François Morin

CORRECTION DES ÉPREUVES
Marie-Claude Rochon (Scribe Atout)

RECHERCHE ICONOGRAPHIQUE
Chantal Bordeleau

INDEX
Monique Dumont

DIRECTION ARTISTIQUE
Hélène Cousineau

SUPERVISION DE LA PRODUCTION
Muriel Normand

CONCEPTION DE L'INTÉRIEUR ET DE LA COUVERTURE
Martin Tremblay

INFOGRAPHIE
Laliberté d'esprit

Dépôt légal – Bibliothèque et Archives nationales du Québec, 2008
Dépôt légal – Bibliothèque et Archives du Canada, 2008
Imprimé au Canada

ISBN 978-2-7613-2324-6

34567890 II 11 10
20438 ABCD   SM9

AVANT-PROPOS

Ce livre constitue une initiation à la philosophie éthique moderne et contemporaine. L'éthique est la branche de la philosophie qui étudie la morale et les phénomènes moraux. Pourquoi donc s'intéresser à la morale aujourd'hui ? Nous vivons à une époque où les valeurs morales suscitent des questionnements difficiles. Nous vivons de grandes transformations sociales et culturelles qui nous plongent dans l'incertitude. Nous devons relever des défis et affronter des problèmes inédits. Toutefois, nous ne semblons pas disposer, pour y parvenir, d'un système de valeurs morales solide et cohérent.

Nos convictions morales ont du mal à s'affirmer dans un monde aussi complexe et changeant que le nôtre. Nous avons des attitudes ambivalentes, même à l'égard de nos valeurs les plus chères. Ainsi, la plus grande partie de nos activités et de nos échanges se déroulent dans le cadre d'un marché économique capitaliste, où l'argent et la richesse matérielle sont les valeurs dominantes. Nous ne pouvons que reconnaître notre attachement à ces valeurs, mais en même temps nous jetons souvent un regard critique ou désabusé sur ce monde où tant d'acteurs semblent faire fi de toute considération morale et être prêts à tout sacrifier sur l'autel de la rentabilité et du profit. De même, la liberté individuelle est une valeur fondamentale que nous chérissons grandement, mais nous constatons qu'elle nous enferme parfois dans un individualisme étroit et nous éloigne d'autres valeurs fondamentales telles que l'engagement, la solidarité ou la générosité. Nous déplorons souvent l'augmentation des séparations, des divorces et la multiplication des familles reconstituées et monoparentales, mais nous ne semblons pas prêts à renoncer à la quête du bonheur individuel qui alimente ces bouleversements de nos liens familiaux et conjugaux.

Le désarroi moral actuel prend sa source aussi dans certaines avancées scientifiques et technologiques qui nous forcent à faire des choix auxquels nous ne sommes pas préparés. Par exemple, les nouvelles techniques de prolongation de la vie par des moyens artificiels nous obligent à prendre des décisions très délicates concernant le sort des bébés prématurés ou celui des malades plongés dans le coma. Les techniques de diagnostic prénatal, qui permettent maintenant de détecter certaines maladies génétiques chez les embryons, placent les futurs parents devant la décision déchirante de recourir ou non à l'avortement sélectif. Ces décisions nous étaient épargnées à l'époque encore toute récente où la faiblesse de nos moyens nous laissait une seule option, celle de laisser la nature suivre son cours.

Ainsi, nous vivons des temps troubles qui nous obligent à des remises en question continuelles. Nous avons du mal, sur le plan collectif, à réaliser des consensus larges et solides sur nos orientations de vie fondamentales. Toutes ces difficultés expliquent sans doute que les débats sur les questions morales occupent une place grandissante dans la culture, et même l'actualité. On ne compte plus les nouvelles, les reportages, les livres, les films ou les colloques qui portent sur les problèmes moraux.

Les questions morales se trouvent également au cœur de nombreux jugements controversés rendus par les tribunaux, auxquels nous demandons de plus en plus souvent de trancher certains de nos dilemmes moraux les plus aigus, comme ceux qui touchent à la liberté d'expression, aux responsabilités familiales, aux droits des fœtus ou à ceux des homosexuels.

La philosophie n'a pas échappé à ce mouvement général de sensibilisation aux questions morales. La nouveauté et l'urgence des enjeux moraux qui ont marqué les dernières décennies ont stimulé la réflexion philosophique et ont fait en sorte que l'éthique, notamment, a connu un essor extraordinaire. Dans ces pages, nous présentons la philosophie éthique comme un domaine vivant, en prise sur la réalité du monde actuel, et surtout comme un lieu de discussion et de débats auquel le lecteur est invité à joindre sa voix. C'est pour cette raison que les théories et les problématiques étudiées touchent essentiellement la philosophie éthique moderne et contemporaine.

Les philosophes cherchent surtout à découvrir les fondements ultimes de la morale, c'est-à-dire son origine, sa source première ou sa raison d'être. Ils portent également sur nos orientations morales un regard critique qui les amène à proposer les principes moraux qui leur paraissent les plus importants et les plus solides, ceux qui devraient, de manière générale, guider nos actions et nos décisions. Mais les philosophes ont beau être « sages », ils ne disposent pas de recettes faciles ou de réponses toutes faites pour résoudre les problèmes moraux, et ils sont loin d'être tous d'accord sur la nature de ces principes fondamentaux qui devraient nous guider. D'ailleurs, nous insisterons beaucoup sur les divergences qui les divisent et les débats qui les opposent. Ces débats rejoignent nos préoccupations actuelles, et notre objectif est de montrer qu'à travers leurs discussions les philosophes peuvent apporter une contribution valable et enrichissante à la réflexion actuelle sur les questions morales.

CONTENU ET PARTICULARITÉS DE L'OUVRAGE
(3e édition)

Ce manuel est conçu d'abord comme une introduction générale à la philosophie éthique. Il permet l'adaptation de la matière aux différents programmes d'études ou aux diverses familles de programmes d'études. Un effort tout particulier a été apporté pour éviter d'en présenter le contenu en pièces détachées et pour donner à l'ensemble un maximum d'unité et de cohésion : l'enchaînement des chapitres est tel qu'il donne au lecteur l'impression de prendre part aux diverses étapes d'une même discussion.

Voici les principaux changements apportés dans cette troisième édition. Sur le plan du contenu théorique, les principales modifications sont les suivantes :

- J'ai d'abord procédé à une transformation substantielle du deuxième chapitre. La présentation de l'éthique humienne a été réorganisée. Ensuite, les deux anciennes sections sur l'éthique rationaliste et sur l'éthique de la sollicitude ont été remplacées par une section sur le courant de l'« éthique des vertus ». La raison de ce changement est tout simplement l'essor récent de cette éthique qui est passée du statut de courant mineur à celui de théorie de premier plan et qui constitue aujour-d'hui, avec le conséquentialisme et l'éthique déontologique, le trio des courants dominants de la scène éthique.

■ Le deuxième changement concerne le chapitre 8 consacré à Jonas. En réponse à des critiques dont je reconnais la pertinence, j'ai remodelé ma présentation de la théorie de Jonas de manière à rendre plus fidèlement sa pensée. J'ai aussi rem-placé le texte d'auteur qui clôt le chapitre.

■ On notera également des changements mineurs dans quelques sections des autres chapitres de la partie théorique, c'est-à-dire les chapitres 1 à 9.

■ J'ai modifié quelques exercices, soit pour les actualiser, soit pour les accorder aux transformations du contenu théorique.

■ Les cinq sections d'application de la deuxième partie n'ont subi que des change-ments mineurs, sauf celle qui porte sur l'éthique des affaires, dont d'anciennes parties ont fait place à deux nouveaux thèmes: l'éthique de la direction d'entre-prise et l'industrie pharmaceutique. La section sur l'éthique de l'environnement se termine maintenant avec la question du réchauffement climatique. La section sur la bioéthique comprend désormais un développement et un exercice sur le dopage génétique dans le sport. La présentation de l'expérience de Milgram sur la soumission à l'autorité, qui figurait auparavant dans le chapitre 8, a été déplacée dans la section sur l'éthique de la science et de la technologie. Enfin, j'ai ajouté un exercice sur « les devoirs de la critique » dans la dernière section, qui porte sur l'éthique de l'art.

■ Dernier changement d'importance quant au contenu : j'ai ajouté deux appendices à la fin de l'ouvrage. Le premier prend la forme d'un tableau récapitulatif des normes et valeurs caractéristiques de chacune des huit théories éthiques de la partie théorique. Le deuxième contient des exercices de révision. On y trouve trois cas très complexes qui se prêtent à l'application de bon nombre des concepts de base et des théories de la première partie. Ces cas peuvent servir à des exercices de révision, à des examens ou à des dissertations finales.

La troisième édition comporte également quelques changements sur le plan de la présentation matérielle. J'ai remplacé les textes en marge des éditions précédentes par des encadrés ou des tableaux destinés à clarifier et à mieux mettre en évidence certains éléments de la matière. Pour les mêmes motifs, j'ai également déplacé la rubrique *Mode d'application* dans le corps des chapitres, avant la rubrique *Révision*.

Première partie

Le premier chapitre constitue une *initiation générale à l'éthique*; il établit un cadre conceptuel qui permettra au lecteur de mieux saisir et situer les diverses éthiques traitées dans les huit chapitres suivants. Celles-ci sont présentées dans un ordre qui facilite leur compréhension. Chaque théorie nouvelle est située dans ses rapports d'opposition et de filiation avec celles qui la précèdent. De plus, le choix lui-même des théories répond à l'objectif de développement ininterrompu. Ainsi, aux *théories classiques humienne, kantienne, utilitariste et libérale* viennent se greffer des théories contemporaines comme la *théorie de la justice de John Rawls*, le *communautarisme* et le *libertarisme*. La partie théorique se clôt par l'étude de deux philosophes dont la pensée revêt une grande actualité, *Hans Jonas* et *Charles Taylor*.

Dans chacun des neuf chapitres qui forment cette partie, l'exposé principal est complété de diverses rubriques qui visent à faciliter l'apprentissage de l'élève :

1 Le texte principal est parsemé de *courts exercices* qui ont pour but de stimuler la réflexion de l'élève sur certains points du développement ou de l'inviter à mettre tout de suite à l'épreuve sa compréhension des notions à l'étude. Ces exercices se prêtent à une grande variété d'interventions pédagogiques de la part du professeur.

EXERCICE 3.3

Appliquez le principe d'universalisation de Kant aux cas suivants. Arrivez-vous à une contradiction en universalisant l'action en question ? Si oui, à quel type de contradiction, parmi les trois types énumérés par Kant ?

- Passer devant les autres dans une file d'attente.
- Voler les biens d'autrui.
- Tricher aux examens.
- Rester célibataire et ne pas avoir d'enfants, à l'instar de Kant.

2 À la fin de chaque chapitre, on trouve un *questionnaire de révision* qui permet à l'élève de dégager les idées principales présentées dans le chapitre.

RÉVISION

1. Pourquoi Kant dit-il que l'essence de la morale est la bonne volonté ?
2. Quel lien y a-t-il entre l'idée de bonne volonté et celle de devoir ?
3. Pourquoi les sentiments ne sont-ils pas un bon guide moral aux yeux de Kant ?
4. Pourquoi la raison devrait-elle être notre seul guide moral ?
5. Quels sont les deux types d'impératifs par lesquels la raison nous indique ce que nous devrions faire ?
6. Qu'est-ce que le principe d'universalisation et quelles versions Kant en donne-t-il ?
7. Quels problèmes l'application stricte du principe d'universalisation pose-t-elle ?
8. Comment faut-il comprendre le principe kantien du respect de la personne ?
9. En quel sens le principe du respect a-t-il un aspect négatif et un aspect positif ?

3 La rubrique *Mode d'application* qui apparaît à la fin des chapitres 2 à 9 propose à l'élève une manière méthodique d'appliquer à des cas concrets la théorie étudiée.

MODE D'APPLICATION

L'application de l'éthique kantienne à des cas particuliers passe par les questions suivantes.

- L'intention morale de l'agent est-elle pure ? Est-il sincère dans la recherche de son devoir moral ?
- L'agent peut-il vouloir que tout le monde agisse comme lui ?
- Utilise-t-il autrui simplement comme un moyen pour arriver à ses fins ?
- Son action pourrait-elle recevoir le consentement moral d'autrui (même si cette action ne lui « plaît » pas) ?
- A-t-il fait siennes les fins d'autrui en les appuyant activement « dans la mesure de ses possibilités » ?

RENVOIS AUX « DOMAINES D'APPLICATION »

On trouvera des illustrations des principes de l'éthique utilitariste dans les cinq sections de la deuxième partie du manuel (« Domaines d'application »).

- L'éthique des affaires :
  • le marché capitaliste et la « main invisible » d'Adam Smith, p. 210 ;
  • l'industrie pharmaceutique, p. 231.
- L'éthique de l'environnement :
  • l'environnementalisme humaniste, p. 238 et 239 ;
  • le sort des générations futures, p. 240 ;
  • Peter Singer et la libération animale, p. 246 et 247.
- La bioéthique :
  • le principe de bienfaisance en bioéthique, p. 266 ;
  • la notion de personne humaine, p. 270 ;
  • la FIV et la recherche sur les embryons, p. 280 ;
  • l'euthanasie, p. 287.
- L'éthique de la science et de la technologie :
  • la recherche avec des sujets humains, p. 299.
- L'éthique de l'art :
  • la dépendance de l'artiste par rapport à l'État, p. 340 et 341.

4 La rubrique *Renvois aux « Domaines d'application »* contient une série de renvois aux passages de la deuxième partie du livre, qui fournissent des exemples d'application de la théorie étudiée dans le chapitre.

L'*exercice de synthèse* permet à l'élève d'appliquer à un problème éthique concret certaines des notions présentées dans le chapitre. À la différence des exercices courts, l'exercice de synthèse initie l'élève à une analyse plus systématique et approfondie des problèmes moraux.

EXERCICE
DE SYNTHÈSE

Le choix de l'école et la langue

Le 14 novembre 2000, le juge Maurice Laramée, de la Cour supérieure, a débuté une requête présentée par un groupe de dix parents francophones qui revendiquaient le droit d'envoyer leurs enfants à l'école anglaise. Ces parents cherchaient à faire invalider les dispositions de la Loi 101 qui touchent l'accès à l'école et selon lesquelles seuls les enfants de parents qui sont allés à l'école anglaise au Canada ont le droit de fréquenter l'école anglaise. D'après la Loi 101, les francophones et les nouveaux arrivants au Québec sont obligés d'envoyer leurs enfants à l'école française aux niveaux primaire et secondaire, alors que les parents anglophones disposent d'une plus grande liberté, puisqu'ils peuvent envoyer leurs enfants à l'école française (environ 10 % le font). Voici un résumé des principaux arguments avancés par les parents francophones dans ce débat.

Les parents qui revendiquent le libre choix font d'abord valoir que c'est à la fois leur droit et leur devoir d'agir dans le meilleur intérêt de leurs enfants et que leur

Ils dénoncent enfin l'incohérence du système actuel, qui permet malgré tout aux parents francophones les mieux nantis de contourner la loi en inscrivant leurs enfants dans des écoles anglaises privées non subventionnées.

Voici maintenant des extraits du jugement prononcé par le juge Laramée qui résument les principaux arguments des pouvoirs publics :

« Le vouloir-vivre collectif n'est possible que si chacun retrouve dans notre société l'essence de ce qu'il est lui-même. [Il] se forge notamment dans une langue et une culture qui est généralement celle des parents. Il est par conséquent normal, si on a pour objectif la survie et l'épanouissement d'une collectivité partageant une langue, d'assurer à celle-ci un régime d'enseignement qui lui est approprié. […] Il revient […] au Québec, en tant que membre de la fédération canadienne, de se doter de lois visant à sauvegarder et à promouvoir la langue du groupe majoritaire vivant sur son territoire. »

ANALYSE

Nous reproduisons ici un extrait de l'un des textes classiques du libéralisme politique, *De la liberté*, de John Stuart Mill.

1. Quel est le problème fondamental que John Stuart Mill essaie de résoudre dans ce texte et quelle est la solution qu'il propose ?

2. Êtes-vous d'accord avec Mill lorsqu'il affirme que « c'est le rôle de l'autorité publique que de prévenir les accidents » ?

3. Êtes-vous d'accord avec Mill lorsqu'il assigne à l'État un devoir d'intervention dans la sphère « privée » des relations familiales (en particulier pour protéger femmes et enfants) ?

4. Mill formule une proposition controversée à la fin du texte : l'idée d'une limitation de la liberté d'avoir des enfants.

    a) Les arguments qu'il invoque pour justifier cette restriction de la liberté individuelle respectent-ils les principes qu'il a énoncés au début du texte ?

    b) Êtes-vous d'accord avec son argumentation sur cette question ? Y aurait-il d'autres façons pour l'État de protéger les enfants ?

LES LIMITES DU POUVOIR DE L'ÉTAT[7]

[…] il n'existe aucun principe reconnu qui détermine dans la pratique les cas où l'intervention de l'État est justifiée ou non. On en décide selon ses préférences personnelles. Certains – partout où ils voient du bien à faire ou un mal à réparer – voudraient inciter le gouvernement à entreprendre cette tâche, tandis que d'autres préfèrent subir toute espèce de préjudices sociaux plutôt que de risquer d'élargir les attributions du gouvernement le degré d'intérêt qu'ils accordent à la chose en question qu'on propose d'ajouter à la compétence du gouvernement, ou encore suivant leur certitude que le gouvernement agit toujours, ou jamais, comme ils le souhaitent. Mais c'est très rarement une opinion mûrement réfléchie sur la nature des attributions du gouvernement qui les pousse à agir. Le résultat de cette absence de règle ou de principe, me semble-t-il, est qu'aujourd'hui un parti a aussi souvent tort que l'autre ; l'intervention du et de l'ind... contrainte... utilisés s... le biais de... trainte m... publique... hommes... viduelle... entraver... conque q... protectio... que puiss... pour user... membres...

 La rubrique *Analyse* clôt chaque chapitre. Elle présente un *extrait d'une œuvre philosophique*, accompagné de questions d'analyse et de réflexion.

LES « DOMAINES D'APPLICATION »

La deuxième partie de cet ouvrage explore quatre domaines qui ont donné lieu à des développements récents importants en éthique (*affaires, environnement, bioéthique, science et technologie*), auxquels s'ajoute une section consacrée à l'*éthique de l'art*. Ce choix répond à notre objectif d'intégration des éléments traités dans l'ensemble du manuel. Les cinq sections de la deuxième partie contiennent de nombreuses analyses qui illustrent la manière dont les théories exposées dans la première partie peuvent être mises à contribution.

Cette deuxième partie ne se résume pas pour autant à une série d'études de cas, loin de là. Elle ne consiste pas non plus dans l'analyse de codes de déontologie ou de procédures de résolution de problèmes. À l'encontre d'une certaine tendance actuelle associée à l'appellation « éthique appliquée », nous ne cherchons pas à fournir à l'élève une technique ou des recettes toutes faites pour résoudre des problèmes moraux. De telles recettes n'existent tout simplement pas, et la complexité de la réalité ne manque généralement pas d'en révéler les insuffisances.

Tout en abordant des problèmes très concrets, nous concentrons notre attention sur ce qui constitue le propre de la philosophie, soit la réflexion critique sur des principes généraux. C'est pourquoi chacune des sections de la deuxième partie commence par la présentation d'un cadre de réflexion philosophique propre au domaine à l'étude. Ensuite, l'exposé est parcouru de *renvois* (présentés sous la forme de PETITES MAJUSCULES) aux théories étudiées dans la première partie, là où cela s'avère pertinent. On trouve aussi dans ces cinq sections d'application des exercices un peu plus complexes que ceux de la première partie, qui permettent à l'élève d'appliquer les diverses théories et de les confronter.

Il n'est pas réaliste de penser que les élèves pourront, dans le cadre d'un cours de 45 heures, assimiler l'ensemble de la deuxième partie en plus de la première. Ils pourront, en fonction de leurs intérêts personnels ou de leur programme d'études particulier, choisir d'approfondir l'un ou l'autre de ces domaines.

Trois appendices complètent le tout. Le premier contient un guide de dissertation que l'élève pourra consulter pour la rédaction d'un travail ou d'une dissertation portant sur un problème moral particulier. Le deuxième est un tableau récapitulatif qui rappelle les principales valeurs et normes associées à chacune des huit théories éthiques de la première partie du manuel. Le dernier présente trois cas substantiels qui se prêtent à des activités de révision.

REMERCIEMENTS

Je tiens à remercier mes anciens collègues du département de philosophie du collège Lionel-Groulx qui ont, à diverses étapes de sa réalisation, lu ou expérimenté certaines parties de ce manuel et m'ont fait bénéficier de leurs commentaires critiques. Je remercie également la dynamique équipe des Éditions du Renouveau Pédagogique pour la confiance qu'elle m'a manifestée et l'enthousiasme avec lequel elle a soutenu mon projet. Merci à François Morin, qui a assumé le travail de révision linguistique. Merci à Sylvain Bournival, qui a coordonné l'ensemble du projet. Merci enfin à mes élèves du collège Lionel-Groulx, chez qui j'ai trouvé, tout au long de ma carrière, la motivation profonde qui m'a fait aimer ce travail d'enseigner la philosophie à des jeunes.

TABLE DES MATIÈRES

CHAPITRE 1

Le champ de l'éthique   1

CHAPITRE 2

L'éthique du sentiment et des vertus de David Hume   23

CHAPITRE 3

L'éthique de Kant   45

CHAPITRE 6

La théorie de la justice de John Rawls   113

CHAPITRE 7

L'éthique des droits   135

CHAPITRE 8

L'éthique de la responsabilité de Hans Jonas   159

CHAPITRE 9

L'éthique du bien de Charles Taylor   181

DOMAINES D'APPLICATION

SECTION 1

L'éthique des affaires

SECTION 2

L'éthique de l'environnement 235

SECTION 3

La bioéthique 261

SECTION 4

L'éthique de la science et de la technologie   293

SECTION 5

L'éthique de l'art   321

Le champ
de l'éthique

De tous les domaines de la philosophie, l'éthique est certainement celui qui se présente sous le jour le plus concret et le plus accessible. Pourquoi donc ? Parce que l'éthique traite essentiellement de l'action. L'éthique est une réflexion portant sur un aspect fondamental de l'action humaine que nous désignons habituellement par le terme « morale ». La morale concerne notre souci de faire la « bonne » action, de prendre la « bonne » décision. Elle fait appel à cette distinction essentielle que font les humains entre le bien et le mal.

La morale peut être considérée comme une des dimensions constitutives de notre humanité. D'un être humain qui semble n'avoir aucune préoccupation morale, qui ne fait donc aucune distinction entre le bien et le mal, ne disons-nous pas qu'il est « inhumain » ?

QU'EST-CE QUE LA MORALE ?

Voici quelques exemples de problèmes moraux :

- Devrais-je dire à ma partenaire que je l'ai trompée ?

- Faut-il légaliser l'euthanasie ?

- Est-il juste que l'État exploite des casinos qui inciteront inévitablement de nombreux joueurs compulsifs à venir s'y ruiner ?

- Devrais-je dénoncer mon collègue de travail qui se livre à de petits vols de marchandises ?

- Devrais-je me taire ou dire franchement à mes amis ce que je pense de leurs blagues sexistes ?

- Les couples homosexuels devraient-ils avoir le droit d'adopter des enfants ?

- Suis-je égoïste en voulant divorcer de mon conjoint victime d'un accident cérébral qui l'a laissé impotent ?

Ce que ce genre de questions montre, c'est qu'il existe un souci de « bien faire », c'est-à-dire d'accomplir de « bonnes » actions ou d'en éviter de « mauvaises ».

Mais en quel sens faut-il comprendre ces notions de « bon » et de « mauvais » ? Il semble qu'elles interviennent lorsque nous avons le sentiment que nos actions soulèvent des problèmes auxquels nous accordons une grande importance. Précisons tout de suite que les questions que nous nous posons à propos de nos actions ne sont pas toutes des questions d'ordre moral. Je puis par exemple m'interroger sur le choix d'un plat au menu d'un restaurant ou sur celui du chemin le plus court pour me rendre à un endroit donné. Pensons aussi à des problèmes tels que : « Devrais-je attendre que mon père soit de meilleure humeur pour lui demander de me prêter son auto ? » « Devrais-je consacrer plus de temps à étudier mes mathématiques ou ma biologie ? » Nous ne sommes pas enclins à ranger ce genre de problèmes dans la catégorie des problèmes moraux. On le sent, il leur manque ce poids, cette importance dont nous venons de parler. C'est qu'ils ne nous amènent pas à remettre en cause notre action ou le but de notre action en tant que tels. *Ce sont simplement des problèmes pratiques, qui appellent des solutions d'ordre technique ou stratégique.* Et si nous échouons à les résoudre, nous ressentons simplement de la frustration ou de la déception.

Il n'existe pas de critère absolu pour déterminer lesquelles de nos actions ou de nos décisions ont une dimension morale. Si les problèmes soulevés par nos actions concernent la justice, les responsabilités parentales ou la loyauté, nous y verrons indéniablement des problèmes moraux. Mais il peut y avoir des désaccords sur d'autres sujets. Par exemple, la malpropreté corporelle, la chasse sportive ou la démolition d'une vieille maison historique soulèveront l'indignation de certaines personnes, alors que d'autres n'y verront rien d'important. Certaines décisions, purement techniques au départ, peuvent prendre rétrospectivement une dimension morale en raison de leurs conséquences désastreuses. En règle générale, pour qu'un problème soit d'ordre moral, il doit mettre notre action en rapport avec des *exigences supérieures*, une *norme* ou un *idéal* dont nous reconnaissons la valeur et auquel nous nous sentons obligés de répondre. La morale introduit dans notre agir les idées d'*élévation* et de *dignité* et, à l'opposé, de bassesse et d'indignité. Dans l'optique morale, on reconnaît qu'il y a des actions et des façons de vivre indignes d'un être humain et que l'être humain doit *s'élever* au-dessus de certains de ses penchants. Cela signifie que nous soumettons notre action à des critères d'évaluation plus exigeants que les critères immédiats et élémentaires que sont l'efficacité, la satisfaction ou la commodité. Par exemple, nous pourrions rejeter le principe même de la chasse sportive au nom du droit à la vie des animaux ou voir dans la malpropreté corporelle un manque de respect envers soi-même et autrui.

Affirmer la dignité et la supériorité de certaines exigences morales, *c'est également leur reconnaître une valeur générale qui va au-delà de mes seules préférences subjectives.* Cela signifie que je leur reconnais une valeur pour d'autres que moi. Je ne verrais pas

Est-il moralement justifiable que l'État, gardien de l'intérêt public, possède et exploite lui-même des casinos, tout en sachant à l'avance que des milliers de joueurs compulsifs viendront y ruiner leur vie et peut-être celle de leur famille ?

un enjeu important dans le fait que les autres ne partagent pas ma passion pour la cuisine indonésienne ou l'astronomie, mais je ne pourrais célébrer la fidélité et le courage, par exemple, sans penser que ces qualités devraient aussi avoir une valeur pour autrui, et je serai prêt à défendre mes convictions sur ces points.

Enfin, l'idée d'un ordre supérieur d'exigences explique les sentiments consécutifs à une faute morale. Il ne s'agit plus de frustration ou de déception, mais de *remords*, de *culpabilité* ou de *honte*. C'est finalement le *respect de soi*, le respect que l'on s'accorde à titre d'être humain, qui est en cause. Nous baissons la tête devant un juge qui nous condamne, parce que nous n'avons pas été à la hauteur de ces exigences. Ce juge peut s'incarner dans le regard accusateur d'autrui, mais ce peut être aussi la voix de notre propre conscience.

QU'EST-CE QUE LA MORALE ?

La morale est une dimension fondamentale de l'être humain. Elle se caractérise par

1. un souci de faire le bien et d'éviter le mal ;

2. une tendance à soumettre nos actions à des *exigences élevées ou supérieures* auxquelles nous nous sentons obligés de répondre parce qu'elles mettent en cause notre dignité d'être humain ;

3. une tendance à ressentir des sentiments de *remords*, de *culpabilité* ou de *honte* lorsque nous faisons le mal ou que nous ne sommes pas à la hauteur de ces exigences supérieures.

Par le terme « morale », on entend aussi une « conception » particulière de ce qui est bien et mal, un ensemble d'exigences, de valeurs, de règles ou d'idéaux qui caractérise une société, une culture, un groupe ou une personne. En ce sens, on parlera de la morale chrétienne, de la morale bourgeoise ou de la morale de nos ancêtres.

Éthique ou morale ?

Faut-il faire une différence entre la morale et l'éthique ? Certains philosophes traitent ces deux termes comme des synonymes. D'autres privilégient l'un, sans donner de sens précis à l'autre. D'autres encore, principalement parmi les auteurs contemporains, établissent une distinction nette entre les deux, mais pas toujours dans le même sens. Enfin, ces termes ne sont pas la propriété de la philosophie et trouvent en d'autres domaines de multiples usages. Comme il n'existe aucun consensus actuellement sur ce problème de terminologie, nous allons en disposer d'une façon simple et pratique pour les fins de ce manuel, sans prétendre trancher la question.

Nous dirons de *l'éthique* qu'elle est *une réflexion philosophique sur la morale*. Elle est l'étude de la morale d'un point de vue philosophique et donne lieu à la production de théories sur la morale. Cette réflexion philosophique se veut englobante et critique. Elle questionne les raisons dernières de nos tendances morales, leur origine et leurs fondements. Elle passe au crible les diverses façons de résoudre les problèmes moraux et propose les principes généraux qui lui paraissent les plus solides et les plus fructueux. **L'éthique est donc l'étude philosophique de la morale. Elle se veut une théorie critique de la morale.**

Ce manuel présente des réflexions critiques et des théories philosophiques portant sur les phénomènes moraux. Il s'agit donc d'un manuel d'« éthique », dans lequel il sera essentiellement question de « morale ». Nous utiliserons plus fréquemment le terme « morale », puisque la morale est notre objet d'étude. Nous emploierons le terme « éthique » surtout quand nous voudrons insister sur la perspective d'une réflexion critique sur la morale, ainsi que pour désigner les « théories » proprement dites. Nous parlerons par exemple de l'éthique de Kant ou de l'éthique de la responsabilité[1].

---

1. Pour ces définitions, nous nous sommes inspiré des propositions de Jacqueline Russ, dans *La pensée éthique contemporaine*, Paris, PUF, coll. Que sais-je ?, 1994, p. 4-6.

EXERCICE 1.1

Vous dirigez le service de marketing d'un constructeur d'automobiles. Vous avez chargé une firme de concevoir un projet de campagne publicitaire pour le tout dernier modèle mis en production. Vous devez évaluer ce projet en vue de décider si vous l'acceptez et, le cas échéant, si vous l'acceptez tel quel ou moyennant des modifications. Toutes sortes de critères d'ordre *technique* ou *stratégique* pourraient intervenir dans le jugement que vous porterez sur le projet, mais des critères d'ordre *moral* pourraient également y être pour quelque chose.

Donnez deux exemples de critères techniques ou stratégiques et deux exemples de critères moraux qui pourraient s'appliquer à un cas semblable. Reportez-vous, pour répondre à cette question, à la définition que nous venons de donner de la morale.

DEUX TYPES D'EXIGENCES MORALES

Le champ de l'éthique est complexe, car les exigences morales sont multiples et variées. Il est toutefois possible d'y mettre un peu d'ordre, au moyen d'une distinction fondamentale entre deux grands types d'exigences morales que nous appellerons « normes » et « valeurs »[2].

Une observation concrète nous aidera à illustrer de façon simple le sens de cette distinction. Elle porte sur l'éducation morale des petits enfants. Une grande partie de cette éducation prend une tournure *négative*, au sens où elle revient essentiellement à interdire des choses à l'enfant, à lui imposer des limites : «Ne fais pas ça! Ne touche pas à ça! Ne dis pas ça!» Mais les parents sentent généralement le besoin de contrebalancer cette stratégie d'affrontement par une approche *positive* faisant place aux encouragements, aux félicitations et aux exclamations admiratives : «Tu es un bon garçon! C'est bien ce que tu as fait! Je suis fière de toi!» Cette polarité qui marque les premiers pas de l'éducation morale est la matrice de notre distinction entre normes et valeurs.

LES NORMES MORALES

Les exigences morales se présentent d'abord à nous sous l'aspect négatif de normes contraignantes que nous avons l'obligation de respecter et qui viennent limiter notre liberté d'action. Ce sont des règles, des commandements, des interdictions, des devoirs, des obligations que la morale nous impose. Les normes définissent une manière juste et correcte de faire les choses. Elles comptent parmi les règles morales

---

2. La terminologie que nous adoptons ici ne fait pas plus l'unanimité dans la littérature philosophique actuelle que dans le cas du couple morale / éthique. Ainsi, plusieurs personnes utilisent le terme «valeurs» pour désigner l'ensemble des exigences morales, y compris ce que nous appelons ici valeurs et normes. De plus, l'emploi de l'adjectif «normatif» pour désigner tout jugement de nature morale est également fréquent.

les plus anciennes et les plus fondamentales : tu ne tueras pas, tu ne commettras pas l'adultère, tu ne feras pas de faux témoignage, tu ne voleras pas, tu ne commettras pas l'inceste, tu tiendras tes promesses, etc.

LA DÉONTOLOGIE

Le mot « déontologie » vient du grec *déontos*, qui signifie « devoir ». Nous parlerons plus loin d'éthiques « déontologiques » à propos, par exemple, de la théorie éthique du philosophe allemand Emmanuel Kant. Nous désignerons par là des théories éthiques qui mettent l'accent sur la notion de *devoir* et qui considèrent donc essentiellement les exigences morales comme des normes.

Sur le plan pratique, on emploie également le terme « déontologie » pour désigner l'ensemble des règles et des devoirs qui régissent la conduite de ceux qui exercent une profession. On parlera, en ce sens, de la déontologie policière ou de la déontologie médicale.

Les normes sont particulièrement importantes dans le domaine de la justice, où la notion d'impartialité occupe une place centrale. Elles sont indissociables du souci de voir les mêmes exigences être toujours appliquées de la même manière à toutes les personnes concernées, dans toutes les situations similaires. Une morale qui modifierait ses critères au gré des situations, des circonstances ou des personnes serait en effet inacceptable. Aujourd'hui, ce souci d'impartialité est primordial dans le fonctionnement de notre système judiciaire, dans l'évaluation des performances des élèves dans le système scolaire ou encore dans les prestations de services publics à l'ensemble des citoyens. Les normes morales sont au cœur de nos chartes de droits et libertés et de nos institutions démocratiques (droit de vote, droit à l'égalité, à la liberté d'expression, à la vie privée, etc.). Elles ont pris une grande place dans notre vie sociale depuis le début de la vogue des « codes d'éthique » ou « codes de déontologie » dont se dotent les corporations professionnelles, les organismes publics et même les entreprises privées. La recherche scientifique, la commercialisation des produits de consommation, la protection de l'environnement, la pratique des avocats, des médecins, des policiers et des ingénieurs ainsi qu'une multitude d'autres aspects de l'activité sociale et économique sont maintenant encadrés par des normes codifiées.

Cette morale de normes est également solidaire d'un autre aspect du monde moral qui nous est très familier, celui de la sanction. La conscience qu'une norme a été violée suscite généralement un sentiment de colère et d'indignation ainsi qu'un désir de punir l'auteur de cette faute ou de lui infliger une sanction appropriée. Les sanctions peuvent être de divers ordres. Elles peuvent aller de simples paroles de reproches à des sanctions officielles prévues dans des codes ou des lois (suspensions, amendes, emprisonnement, etc.). Mais, même en l'absence de punitions externes, la sanction prend aussi une dimension intérieure et subjective, celle du sentiment de culpabilité engendré par la condamnation prononcée par ce tribunal intérieur que nous appelons notre « conscience morale ». Ce sentiment de culpabilité s'accompagne souvent de désirs d'autopunition.

Pour être efficaces et bien guider l'action, les normes morales doivent souvent être codifiées en règles précises et détaillées. Elles prennent alors la forme de législations, de réglementations ou de codes de procédure. C'est donc dire que leur application dans la vie sociale passe souvent par les canaux de la politique et du droit. Or, quand des législateurs ou des experts élaborent des lois, des chartes ou des codes, ils n'ont pas que des préoccupations morales en tête, car ils doivent répondre à des exigences pratiques d'efficacité. C'est pourquoi *il importe de ne pas voir une norme morale dans n'importe quelle loi, dans n'importe quel règlement ou code de procédure*. La règle qui fixe la date limite d'envoi de nos déclarations de revenus et la procédure qui oblige un internaute à donner un mot de passe pour accéder à un site Internet n'ont pas un sens directement moral. Pour retrouver la dimension proprement morale des normes, nous devons les considérer avec une certaine distance réflexive et nous attacher aux intentions générales qui ont présidé à leur mise en place. La question éthique est : « Au nom de quoi cette loi ou cette règle a-t-elle été instaurée ? Est-ce au nom de la sécurité, de la justice, de l'égalité, de la démocratie ? » Il faut garder à l'esprit qu'une loi n'est pas juste simplement parce qu'elle est une loi. Il existe des lois injustes et des procédures inéquitables que la morale réprouve. Notre jugement moral critique doit pouvoir s'exercer sur ces objets. Les normes morales sont les outils qui nous aident à faire ces évaluations.

Principes et règles

Une distinction utile est celle qui divise les normes en principes et en règles, sur la base d'un critère de généralité. Nous dirons ainsi que les principes sont des normes morales très générales, alors que les règles sont des normes spécifiques qui viennent préciser la manière dont un principe doit s'appliquer dans une situation donnée. Par exemple, des *règles* telles que « Ne tue pas » ou « Ne vole pas » relèvent d'un *principe* moral plus général : « Ne fais pas aux autres ce que tu ne voudrais pas qu'on te fasse[3]. » De même, l'interdiction de pirater des logiciels est en elle-même un exemple de règle d'application particulière de l'interdit général du vol. Le principe général du droit à la liberté englobe, pour sa part, des principes spécifiques comme la liberté d'expression, qui peut à son tour être déclinée en règles toujours plus particulières comme la liberté d'expression commerciale, la liberté de la publicité, la liberté de commanditer des événements culturels ou sportifs (tableau 1.1).

Tableau 1.1 Deux types de normes

Principes	Liberté ↓ Liberté d'expression ↓
Règles	Liberté d'expression commerciale ↓ Liberté de faire de la publicité ↓ Liberté de faire des commandites

Les principes ont donc une très grande portée. Ils s'appliquent à un large éventail de situations et ne donnent pas d'indications précises sur les actions à accomplir ou les décisions à prendre. Ils nous permettent cependant de bien comprendre et de justifier par une argumentation solide les règles morales particulières. Bien sûr, il est possible de multiplier les niveaux de généralité au sein d'une série de normes apparentées, et il peut parfois paraître un peu arbitraire de ranger une norme dans la catégorie des principes plutôt que dans celle des règles.

Il est évident que les philosophes, qui cherchent à comprendre les fondements mêmes de la morale, sont plus intéressés par l'étude des principes que par celle des règles. Plusieurs d'entre eux cherchent même à dégager *le* ou *les* principes suprêmes et universels de toute la morale, c'est-à-dire ceux qui englobent tous les autres, qui ne découlent d'aucun autre et qui doivent être respectés en toutes circonstances. Dans ce manuel, nous réserverons généralement l'appellation de « principe » à ces normes fondamentales ou suprêmes et nous aurons l'occasion, dans les chapitres suivants, d'étudier plusieurs de ces principes (principe d'universalisation et principe du respect de Kant, principe d'utilité, principes de justice de Rawls, etc.). Nous utiliserons donc plutôt le terme « règle morale » lorsqu'une norme sera rattachée à un contexte d'application particulier.

---

3. Ce principe est généralement appelé la « règle » d'or de la morale, mais suivant la terminologie que nous adoptons ici, il s'agit d'un principe et non d'une règle.

LES VALEURS MORALES

Toute cette vision négative de la morale comme instance supérieure nous obligeant à respecter des règles contraignantes nous est bien familière. Elle ne constitue cependant pas la seule manière dont l'exigence morale se présente à nous. En effet, la morale possède également un versant *positif* où ses exigences prennent la forme de grands *buts*, d'idéaux à atteindre, de modèles de bonne conduite à imiter. La morale met aussi de l'avant des *biens* supérieurs qui ont une grande valeur pour nous, auxquels nous sommes attachés et que nous voulons réaliser, promouvoir ou protéger. Le terme « valeur » nous servira à désigner ces constituants positifs de la morale.

Quand nous disons que quelque chose a de la valeur, nous voulons dire qu'elle a de l'importance pour nous ou qu'elle est supérieure en quelque point à d'autres qui lui sont comparables. Il y a toutes sortes de valeurs en dehors des valeurs proprement morales. Par exemple, si je dis d'une chose qu'elle est belle, je lui accorde de la valeur. Je la juge supérieure à une autre chose que je trouve laide ou moins belle. Dans ce cas, il s'agit de valeurs esthétiques. Il existe encore d'autres types de valeurs. Par exemple, on peut utiliser l'argent comme critère d'évaluation. Une chose a plus de valeur économique qu'une autre parce qu'elle vaut plus cher sur le plan pécuniaire. La morale, quant à elle, se rapporte essentiellement à la conduite humaine, non aux objets. Les valeurs morales concernent essentiellement les « fins », au sens de « buts », que nous poursuivons, à travers nos actions, dans nos vies. Le bonheur, l'épanouissement personnel, la recherche de l'excellence, la paix, l'amour, la santé, la vie familiale, l'entraide, la solidarité, le courage, l'harmonie avec la nature sont des exemples de valeurs positives.

Les normes morales concernent plutôt les règles que nous devons respecter dans la poursuite de nos fins. Elles viennent enserrer notre volonté dans un réseau de contraintes. Même quand elles émanent de la voix intérieure de notre conscience morale, elles nous intimident par leur autorité et leur rigueur. Les valeurs morales, quant à elles, s'imposent plutôt par *l'attrait* qu'elles exercent sur nous. Nous les trouvons admirables et désirables. Elles nous inspirent, elles suscitent une adhésion, un attachement et un engagement affectif ou émotionnel de notre part. Les valeurs définissent en partie ce que nous aspirons à devenir, ce que nous aimerions réaliser et atteindre par-dessus tout dans notre vie. Elles font partie de nous-mêmes, de notre *identité*. Elles manifestent une volonté de perfectionnement et d'accomplissement. Les valeurs nous *motivent* donc de façon plus positive que les normes, qui sont d'ailleurs le plus souvent formulées sur le mode négatif de l'interdiction. En revanche, leurs exigences sont généralement plus *floues* que celles des normes. Les valeurs sont plus difficiles à traduire en règles précises. Elles nous indiquent un idéal à atteindre sans nécessairement en fixer les limites. Par exemple, il est difficile de déterminer le critère précis qui m'indiquera si je me suis montré assez généreux ou courageux dans une situation donnée ou si j'ai été aussi attentionné avec mes enfants que je devrais l'être idéalement.

Les notions de faute et de sanction jouent un rôle moins important dans le monde des valeurs que dans celui des normes. Ne pas être à la hauteur d'un idéal moral est considéré comme un échec plutôt que comme une faute, et les sentiments qu'inspire cet échec sont le mépris et la honte plutôt que la colère et la culpabilité. Le philosophe américain John Rawls, dont nous reparlerons au chapitre 6, a bien expliqué cette différence. Prenons l'exemple de quelqu'un qui a triché. Il peut se sentir coupable d'avoir trompé autrui, d'avoir violé ses droits, et craindre son indignation et sa colère s'il venait à s'en apercevoir. Mais il peut aussi se sentir honteux dans la mesure où il n'a pas été à la hauteur de l'idéal d'excellence qu'il s'était fixé à lui-même et que les autres s'attendaient à trouver en lui. Il n'a pas fait preuve de ces qualités morales de maîtrise de soi et d'intégrité qui caractérisent à ses yeux une bonne personne. Dans ce cas, il ne craindra pas tant la colère de ses victimes que leur mépris : « Il a peur que [celles-ci] le rejettent et le trouvent méprisable, ridicule. Sa conduite a révélé une absence des excellences morales qu'il estime et auxquelles il aspire[4]. » Il a peur de perdre le respect d'autrui. C'est sa valeur en tant que personne humaine et son estime de soi qui sont mises en cause.

La honte, un sentiment causé par notre incapacité à nous montrer à la hauteur d'un idéal moral, qui engendre le désir de se cacher pour éviter le regard méprisant d'autrui.

Des types de valeurs

Alors que le caractère exigeant de la norme semble reposer entièrement sur une rigueur qui ne tolère pas les exceptions et les passe-droits, celui de la valeur réside dans la difficulté d'atteindre l'idéal élevé que nous visons. La morale nous appelle, par l'intermédiaire de la valeur, à réaliser des choses importantes pour nous-mêmes, pour le développement de notre personnalité, et pour les autres, dans le milieu de vie qui est le nôtre. Elle nous demande de devenir meilleurs et de faire de notre monde un monde meilleur.

Le domaine des valeurs est à la fois vaste et mal délimité (tableau 1.2). Beaucoup d'idéaux peuvent y figurer que l'on peut rattacher aux trois grandes questions suivantes :

1. Quelle sorte de personne voudrais-je être ? Nous parlerons ici de qualités morales qui font partie du caractère d'une personne et donc de *traits de caractère moraux* ou « vertus ». Par exemple, je voudrais être honnête, généreux, responsable, intègre, loyal, courageux. Il est possible que je possède certaines de ces qualités à un certain degré et que je veuille les renforcer en moi. Il est également possible que j'en sois largement dépourvu et que je veuille travailler à les développer, ce qui me demandera effort et persévérance.

2. Quelle sorte de vie voudrais-je vivre ? Nous parlerons ici d'*idéaux de vie*. Par exemple, une vie axée sur l'amour, la famille, le dépassement de soi, l'amitié, la création. Tous ces choix impliquent des efforts, des difficultés, des exigences à rencontrer, des défis à surmonter.

3. Dans quelle sorte de société et de monde voudrais-je vivre ? Nous parlerons ici d'*idéaux de société* ou de vie collective. Par exemple, je pourrais vouloir que la société ou le monde dans lequel je vis soit axé sur la solidarité, la justice, la paix et la sécurité, le respect de la nature. Cet attachement à des idéaux collectifs devrait se traduire dans des engagements, des batailles, des combats difficiles au sein de mouvements politiques, de groupes communautaires, etc.

Tableau 1.2   Trois types de valeurs

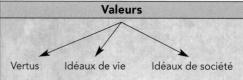

Valeurs		
Vertus	Idéaux de vie	Idéaux de société

---

4. John Rawls, *Théorie de la justice*, Paris, Seuil, 1987, p. 485.

La catégorie de valeurs que nous venons d'appeler «traits de caractère moraux» mérite une attention particulière, car elle a refait récemment un retour remarquable dans le paysage de la philosophie éthique sous le vocable «vertus». Les auteurs de l'Antiquité grecque et romaine appelaient «vertus» et «vices» nos dispositions morales et immorales. Chaque vertu a son vice: au courage s'oppose la lâcheté, à la gratitude l'ingratitude, à la fidélité l'infidélité, etc. Ces termes étaient quelque peu tombés en désuétude dans le langage courant jusqu'à tout récemment. Mais la philosophie éthique tend aujourd'hui à les remettre en usage, sous l'impulsion d'un courant de pensée important que nous étudierons au prochain chapitre et que l'on appelle précisément «l'éthique des vertus».

Le bien suprême

Nous avons vu, dans notre étude des normes morales, que la philosophie éthique s'était lancée à la recherche de principes moraux suprêmes et universels, c'est-à-dire de normes morales incontournables et prioritaires. Le même genre de quête existe dans le domaine des valeurs. Les philosophes parlent ici de *bien suprême*. Un bien suprême est une chose intrinsèquement bonne, un but souverain qui ne saurait être simplement un instrument au service d'un autre but. La vie, le bonheur, le plaisir, la beauté, la connaissance, la sagesse, la nature sont des valeurs que certains philosophes considèrent comme des biens suprêmes, c'est-à-dire comme des buts qui valent la peine d'être recherchés ou protégés par-dessus tout en raison de leur valeur intrinsèque.

EXERCICE 1.2

Considérez les trois métiers suivants: médecin, policier et professeur. Donnez, pour chacun d'eux, deux exemples de norme morale (principe ou règle) et deux exemples de valeur morale (grand but, idéal, vertu) qui sont susceptibles de s'appliquer dans l'exercice de leur fonction.

VALEURS *OU* NORMES: UN SUJET DE DÉBAT

Nous venons de diviser les exigences morales en deux catégories: les normes et les valeurs. Mais nous devons préciser que la philosophie éthique contemporaine est le théâtre d'un important débat au sujet de cette distinction et des rapports entre les normes et les valeurs (tableau 1.3). Il importe donc de bien comprendre le sens de cette distinction. Il ne faut pas croire que chaque exigence ou chaque critère moral puisse être rangé de façon automatique dans les catégories que nous venons de définir. Devant un problème moral concret et particulier, le fait d'interpréter les exigences morales en cause comme des normes ou des valeurs dépend souvent plus du point de vue que nous adoptons que de la nature objective du problème lui-même.

L'idéologie féministe, par exemple, fait appel à la fois à des valeurs et à des normes. L'égalité entre hommes et femmes y est présente à la fois en tant que norme à respecter et en tant qu'idéal d'un monde meilleur à bâtir. Considérons encore les responsabilités parentales. On peut les rattacher à un idéal de vie familiale épanouissante et enrichissante où règnent les *valeurs* de partage, de solidarité et d'amour. Mais on peut aussi considérer que les parents, étant donné leur rôle, doivent respecter des *normes* strictes

Tableau 1.3 Distinctions entre normes et valeurs

Normes	Valeurs
• Exigences négatives, contraignantes qui limitent notre liberté d'action : règles, obligations, devoirs, interdictions, etc.	• Exigences positives, attrayantes et motivantes : grands buts, idéaux.
• Exigences qui peuvent être précisées dans des codes, des chartes, des règles de procédure, etc.	• Exigences imprécises.
• Sentiments suscités par un manquement : colère, culpabilité.	• Sentiments suscités par un manquement : mépris, honte.
• Types de normes : principes et règles.	• Types de valeurs : idéaux de vie, idéaux de société, vertus.

de sécurité et de santé physique et psychologique pour la protection de l'enfant (sous peine d'une sanction sévère qui pourra aller jusqu'au retrait de la garde de l'enfant). On peut encore insister sur les *vertus* de patience et de dévouement qui sont essentielles à l'accomplissement de la tâche de parent. Toutes ces dimensions semblent complémentaires à bien des égards.

Mais les philosophes n'envisagent pas toujours les rapports entre normes et valeurs de cette manière. Certains croient que la morale est d'abord et avant tout une affaire de normes, alors que d'autres pensent qu'elle est d'abord une affaire de valeurs. Le débat se résume grossièrement de la manière suivante. Pour les tenants d'une éthique de valeurs, les valeurs ont une priorité sur les normes parce qu'une norme n'a de sens que si elle vise à protéger une valeur. *C'est parce que nous attribuons une valeur à une chose que nous voulons la préserver par une norme.* Par exemple, c'est parce que la vie est un bien que nous avons instauré les normes de l'interdit du meurtre ou du droit à la vie. C'est parce que la religion est importante dans la vie des gens que nous défendons la norme de la liberté de religion. Ou c'est parce que nous valorisons la solidarité et le partage que nous instituons des normes de justice sociale et de redistribution des revenus. La norme est considérée dans cette optique comme un *moyen* de protéger ou de promouvoir un bien jugé bon et important.

Les éthiques de normes voient les choses tout autrement. Elles croient que les normes ont une priorité sur les valeurs parce qu'*il y a des principes que nous devons toujours respecter, quels que soient nos buts ou nos valeurs* (tableau 1.4). Par exemple, la liberté d'expression fait partie d'une norme générale de liberté qui doit être reconnue à tous, peu importe la valeur de ce que nous voulons exprimer. Les normes de la démocratie confèrent aux décisions qui sont prises une légitimité entièrement indépendante de leur valeur intrinsèque. Que le peuple ait élu un mauvais dirigeant ou que

Tableau 1.4 Ordre de priorité entre normes et valeurs

Éthique de normes	Éthique de valeurs
Norme ↓ La norme s'impose préalablement à toute valeur. Valeur	Valeur ↓ La norme sert à protéger ou à promouvoir une valeur préalablement posée. Norme

l'Assemblée ait voté une loi déplorable, ces décisions restent valides si elles ont été prises dans le respect des règles démocratiques. Ces principes s'imposent préalablement à tout projet d'action et les violer disqualifie nos actions, les rend injustifiables.

Nous retrouverons ce débat fondamental entre éthiques de normes et éthiques de valeurs dans plusieurs des problématiques que nous étudierons dans ce livre. Pour n'en donner qu'un exemple typique : le respect des promesses est une norme et le bien-être d'autrui est une valeur. Dès lors, faut-il respecter une promesse dont la réalisation est susceptible de causer à quelqu'un un tort important ?

Dans ce manuel, nous allons étudier des théories affiliées à chacun de ces deux camps. Des philosophes comme Emmanuel Kant, John Rawls ou Robert Nozick défendent l'idée que les normes ont priorité sur les valeurs. Cette idée est souvent exprimée par la formule « le juste a priorité sur le bien ». Mais d'autres philosophes, tels que David Hume, Hans Jonas et Charles Taylor, voient d'abord la morale comme une affaire de valeurs, d'idéaux et de vertus. Une théorie comme l'utilitarisme se situe en quelque sorte à mi-chemin entre les deux, car elle opère un mariage entre une valeur suprême, le bonheur, et une norme suprême, l'égalité.

EXERCICE 1.3

Nous avons vu que plusieurs philosophes se donnent pour tâche de découvrir le principe suprême ou le bien suprême qui seraient au fondement de toute la morale.

Vous pouvez vous initier à cette démarche philosophique en éthique en vous demandant quelle norme ou quelle valeur est la plus importante pour vous et devrait apparaître, selon vous, au sommet de l'échelle des exigences morales.

Essayez de justifier votre choix. Pourquoi cette norme ou cette valeur est-elle la plus importante ? Quels rapports entretient-elle avec les autres exigences morales ?

CONFLITS ET DILEMMES MORAUX

Le mal peut être attrayant et y renoncer peut exiger un grand effort de volonté. Notre vie morale serait tout de même relativement simple si elle se résumait à des choix entre le bien et le mal. Mais elle est souvent plus complexe et plus difficile que cela. Les situations les plus déchirantes sont celles qui nous obligent à choisir entre des exigences conflictuelles et à en sacrifier ou à en négliger une au profit de l'autre. Les situations de ce genre, dans lesquelles toutes les possibilités envisageables présentent des inconvénients importants, sont appelées des « dilemmes » moraux.

Les dilemmes moraux résultent souvent d'un conflit entre une norme et une valeur. Ainsi, le policier qui porte un faux témoignage dans le but de faire condamner un criminel dangereux viole une norme pour le bien de la population. De même, une analyse sommaire du problème de l'avortement met en opposition la valeur de la vie du fœtus et la norme qui garantit à la femme la liberté de disposer de son corps. Mais les dilemmes moraux peuvent aussi opposer des valeurs entre elles (la vie de famille contre l'épanouissement personnel, la prospérité économique contre la préservation de beautés naturelles ou de trésors patrimoniaux) ou des normes entre elles (lorsque les règles de la démocratie permettent, par exemple, à une majorité hétérosexuelle de prendre des décisions qui violent les droits d'une minorité homosexuelle). Plusieurs des exercices proposés dans ce manuel portent sur la recherche d'une solution à des dilemmes moraux dans lesquels plusieurs exigences morales entrent en conflit.

EXERCICE 1.4

Normes et valeurs désignent toujours des idées très générales qu'il est important de pouvoir nommer correctement. Voici un petit exercice à cet effet. Nommez l'idée générale qui correspond à chacune des expressions suivantes, ainsi que son contraire :

- le fait de prendre soi-même les décisions pour les choses qui nous concernent;
- le fait de se mettre à la place de l'autre et de ressentir ce qu'il ressent;
- le fait de ne tolérer aucun passe-droit;
- le fait de servir le bien-être ou l'intérêt de quelqu'un;
- le fait de ne pas avoir de parti pris;
- le fait de rendre la pareille;
- le fait de ne pas laisser tomber les autres;
- le fait d'assumer les conséquences de ses actions ou décisions;
- le fait de bien réfléchir et de prendre la meilleure décision dans un contexte donné;
- le fait de donner à chacun ce qui lui est dû;
- le fait qu'une règle morale s'applique à tous les humains sans exception.

LES SPHÈRES DE LA VIE MORALE

Nous allons clore notre analyse du champ éthique par une dernière série de distinctions dont le critère discriminant est le type de contexte dans lequel émergent les exigences morales. Encore une fois, les divers contextes ou sphères de la vie morale que nous allons distinguer ne doivent pas être vus comme imperméables les uns par rapport aux autres. Cependant, chacun d'eux met en jeu un certain nombre de valeurs ou de normes caractéristiques. Nous diviserons globalement le champ de l'éthique en deux grandes sphères, celle de la vie privée et celle de la vie publique, qui seront elles-mêmes subdivisées en sphères plus spécifiques.

La sphère privée

La sphère privée comprend les situations où nous sommes en relation avec nous-mêmes et celles où nous sommes en relation avec nos proches.

La morale intrapersonnelle

Dans la sphère de la vie privée, les exigences morales interviennent d'abord dans les rapports que nous avons avec nous-mêmes. Nous parlons ici d'une morale *intrapersonnelle* qui relève de notre capacité à être exigeant *avec nous-mêmes*. Cette morale comprend des exigences d'authenticité, d'intégrité, de respect de soi-même, de sincérité avec soi-même ou de fidélité à soi-même ainsi que des vertus de ténacité et de courage et une volonté de se dépasser. Elle s'exprime dans des formules que nous connaissons bien : avoir le courage de ses convictions au risque de déplaire et de choquer, être vrai dans ses rapports avec les autres, agir de manière à être fier de soi ou à être capable de « se regarder dans le miroir », être fidèle à ses idéaux, chercher à se dépasser et surmonter la tentation de la facilité, exploiter à fond les talents que la nature ou notre entourage nous a légués, donner le meilleur de soi-même, avoir le souci du travail bien fait, avoir de l'ambition, faire preuve de force morale, de patience ou de persévérance face aux épreuves que la vie nous inflige.

La morale des relations interpersonnelles

La sphère de la vie privée comprend aussi tout ce pan de notre vie sociale qui concerne nos relations particulières avec des personnes que nous connaissons personnellement, avec lesquelles nous entretenons des rapports durables et qui ont une importance tout à fait spéciale dans notre vie. Nous parlons ici des relations de proximité avec le partenaire amoureux, la famille, les amis, les voisins, les collègues de travail et toute personne avec laquelle nous entretenons véritablement des liens personnels et non seulement professionnels ou fonctionnels. Ces rapports ont une caractéristique importante : ils reposent sur une confiance mutuelle et sur des attentes mutuelles qui résultent d'une suite continue d'interactions. Ils génèrent naturellement des responsabilités et des engagements plus forts que ceux que nous pouvons ressentir pour de purs étrangers. Ils sont propices à l'émergence de valeurs comme la solidarité, la fidélité, la générosité, l'entraide et la gratitude. Les normes et les règles formelles ont habituellement moins d'importance que les idéaux et les vertus dans ce type de relations fondées sur la confiance. Cependant, les obligations morales peuvent y être très puissantes. Trahir ou laisser tomber un ami, négliger ses enfants, être ingrat envers ses parents, tromper son partenaire amoureux sont des fautes morales très lourdes.

La sphère publique

La sphère publique comprend, quant à elle, toutes les situations de la vie sociale qui impliquent des relations avec des individus que nous ne connaissons pas sur le plan personnel et avec des groupes, des organisations ou des institutions.

La morale de la vie communautaire

Des exigences morales peuvent découler de notre appartenance à un *groupe* en tant que tel (au-delà des rapports personnels que nous pourrions entretenir avec certains individus appartenant à ce groupe). Ce lien d'appartenance peut concerner une communauté locale, ethnique, culturelle ou religieuse, un groupe d'intérêt défendant une grande cause ou un idéal, un quartier, une ville, une région ou, à la limite, toute une nation. Les valeurs qui sont ici en cause s'apparentent pour une part à celles que nous avons associées à la vie relationnelle privée : solidarité, entraide, loyauté. Mais il faut y ajouter la fierté d'appartenir à un groupe, l'aspiration à voir ce dernier s'épanouir et surtout l'attachement à un certain nombre de valeurs communes qui définissent l'identité même de la communauté d'appartenance : une culture, une langue, une religion ou une cause communes, des racines communes dans un quartier, une région, un pays, etc. Le Québécois francophone qui s'offusque d'entendre un commis s'adresser à lui en anglais, la communauté musulmane qui revendique le droit pour ses

La tempête de verglas de 1998 : une occasion pour les Québécois de manifester leur solidarité communautaire.

jeunes filles de porter le voile à l'école, les habitants d'un quartier qui se mobilisent contre la décision des autorités publiques d'y aménager un secteur de prostitution libre, la communauté gaie et lesbienne qui manifeste publiquement sa « fierté », le groupe écologiste qui fait opposition à un projet de construction domiciliaire prévoyant la destruction d'arbres centenaires ou, à une plus grande échelle, toute la collectivité québécoise qui se serre les coudes pour venir en aide aux victimes de la tempête de verglas de 1998, voilà autant de manifestations de ce que nous appelons ici la vie morale communautaire.

La morale des organisations et des institutions

Au-delà des cadres de la vie communautaire, la vie publique nous met en relation avec un ensemble d'organisations et d'institutions sociales, économiques et politiques. Des obligations morales s'imposent alors, sans qu'entrent nécessairement en jeu un sentiment d'appartenance communautaire, une identité commune ou le partage d'idéaux communs. Dans ces structures neutres, anonymes et impersonnelles que sont ces organisations et institutions, des prérogatives morales sont reconnues de façon égale à chaque individu y occupant un rôle ou une fonction donnée, ceux de citoyen, de client, de consommateur, de professionnel, de travailleur syndiqué, etc. On peut inclure dans cette catégorie de structures de grandes institutions économiques comme les entreprises et les syndicats, les médias de communication, les organismes se consacrant à la recherche scientifique, les corporations professionnelles, etc. Toutes ces organisations sont généralement soumises à des normes qui ont une incidence morale : normes assurant la protection de la santé et de la sécurité des consommateurs, normes régissant la recherche scientifique sur des sujets humains, codes de déontologie professionnelle, statuts et règlements d'un organisme syndical, etc.

La partie la plus importante de la morale publique concerne toutefois les institutions *politiques* qui définissent les droits et responsabilités respectifs de l'État et de l'ensemble des citoyens. L'État impose lui-même une grande partie des normes auxquelles sont soumises les organisations que nous venons de mentionner. Mais il est lui-même soumis à un certain nombre d'exigences fondamentales. Le respect des règles de la démocratie est une norme de base de nos institutions politiques, de même que la reconnaissance à tous les citoyens d'un certain nombre de droits fondamentaux : le droit à la liberté, le droit à la sécurité, le droit à la vie privée, le droit à un procès juste et équitable, etc. L'action de l'État ne manque pas de soulever, au-delà des aspects techniques, pratiques ou juridiques de la gestion des affaires publiques, des controverses d'ordre moral. Pensons, par exemple, aux controverses suscitées, dans le secteur judiciaire, par le système des libérations conditionnelles que certains jugent trop laxiste, dans le secteur de la fiscalité, par les nombreux abris fiscaux qui permettent aux plus riches de ne pas payer d'impôts, dans le secteur de la santé, par l'attente excessive à laquelle sont soumis les patients qui fréquentent les urgences des hôpitaux ou qui doivent subir une chirurgie cardiaque.

La morale universelle

Il existe enfin un contexte encore plus large, dans lequel les exigences morales valent pour tous les êtres humains, sans exception. Nous parlons ici d'une morale *universelle*, qui nous impose des obligations à l'égard de chaque individu de la terre, du seul fait qu'il est un être humain comme nous. Cette dimension est généralement reléguée à l'arrière-plan lorsque celui avec lequel nous entrons en relation est un proche, un ami ou un compatriote. Mais il existe deux grands contextes dans lesquels ce respect fondamental de l'autre en tant qu'être humain est prédominant. Le premier rassemble les situations de la vie courante où nous nous trouvons en relation directe avec des *étrangers*. Il s'agit de personnes que nous ne connaissons pas personnellement, avec lesquelles nous ne partageons aucune communauté d'appartenance, nationale, religieuse, culturelle ou autre. Malgré cela, nous leur reconnaissons certaines prérogatives morales fondamentales, notamment un respect et une bienveillance auxquels a droit tout humain en sa simple qualité d'être humain. C'est l'inconnu que nous croisons dans la rue, le visiteur de passage, qui a besoin de notre aide ou qui a simplement droit à notre courtoisie. Mais il s'agit aussi de l'étranger qui habite un pays lointain, auquel je peux me sentir le devoir de venir en aide. Cette aide peut être apportée à titre individuel, mais elle peut également emprunter le canal des organismes publics, ce qui nous amène au deuxième contexte d'application de la morale universelle, celui des relations internationales entre pays et populations de toutes les régions du globe.

Ce niveau international comprend une importante dimension institutionnelle et organisationnelle, dont l'acteur principal est l'Organisation des Nations Unies. La

Déclaration universelle des droits de l'homme établit les grands paramètres éthiques de la morale universelle : le droit au respect, le droit à la liberté, le droit à l'égalité, le droit à la vie, le droit à la dignité, etc. Concrètement, les problématiques à l'honneur sont ici celles de l'aide aux pays pauvres, de l'accueil des réfugiés politiques, des opérations de maintien de la paix, du droit de la guerre régi par les Conventions de Genève, des opérations de secours d'urgence auprès de populations frappées par des catastrophes naturelles, etc. En plus de l'action des gouvernements, ces problématiques mobilisent celle des ONG (organisations non gouvernementales) en faveur de diverses causes humanitaires comme la santé (Médecins sans frontières), la pauvreté (Oxfam), le respect des droits humains (Amnistie internationale), etc.

Nous arrêtons ici notre exploration préliminaire du champ de l'éthique. Comme le lecteur a pu le constater, ce champ est vaste et complexe, et il importe d'en prendre conscience afin d'apprécier la tâche difficile qui attend le philosophe dans son entreprise d'élucidation des sources, des critères et du sens profond de l'univers moral. Dans les trois prochains chapitres, nous nous pencherons sur les trois principaux courants de pensée de l'éthique moderne et contemporaine, à savoir l'éthique des vertus, que nous verrons principalement à travers la pensée de David Hume, l'éthique rationaliste et déontologique, dont le représentant le plus éminent est Emmanuel Kant, et l'éthique utilitariste, dont les pères furent Jeremy Bentham et John Stuart Mill. Nous verrons que l'opposition entre valeurs et normes est au centre des débats qui les divisent.

RÉVISION

1. Qu'est-ce que la morale ?

2. Qu'est-ce que l'éthique ?

3. Quels sont les traits distinctifs des deux grands types d'exigences morales : les normes et les valeurs ?

4. Quels sont les traits distinctifs des deux grands types de normes ?

5. Quels sont les traits distinctifs des trois grands types de valeurs ?

6. Y a-t-il une incompatibilité ou une complémentarité entre les valeurs et les normes ?

7. Qu'est-ce qu'un dilemme moral ?

8. Quels sont les traits distinctifs des cinq grandes sphères de la vie morale ?

EXERCICE
DE SYNTHÈSE
La prostitution : morale ou immorale ?

La prostitution est une pratique très controversée qui soulève plusieurs problématiques d'ordre moral. Voici un aperçu des principaux arguments qui sont avancés dans les débats éthiques actuels sur la prostitution.

Signalons d'abord le problème de la moralité de l'acte lui-même, qui consiste à fournir des services sexuels contre rémunération. Plusieurs, comme le sociologue Richard Poulin et des organismes comme la CLAP ou la CLES[5], pensent qu'un tel acte est fondamentalement dégradant, car il porte atteinte à la dignité même de la personne. En louant ou en vendant son corps, la prostituée[6] manquerait de respect envers elle-même et le client en ferait autant à son égard en la traitant comme une marchandise. Le devoir de respecter la personne humaine se traduit, selon cette perspective, par un interdit spécifique concernant toute vente ou location du corps humain ou d'une de ses parties (un tel interdit peut s'étendre, par exemple, à la vente d'organes et de sang ou à la location d'utérus par une mère porteuse).

Les tenants de cette position morale prônent évidemment l'interdiction de la prostitution. Ils considèrent que la prostitution est fondée à la base sur un rapport de domination et qu'elle favorise l'exploitation éhontée des femmes par les proxénètes et les clients. Les prostituées sont pour la plupart des victimes qui méritent notre compassion et que nous devrions avant tout aider et protéger. L'État devrait travailler à faire disparaître la prostitution en punissant sévèrement les proxénètes et les clients et en apportant de l'aide aux prostituées pour les aider à sortir de cet enfer et à recouvrer leur dignité. Il faut souligner ici un autre volet de la problématique de la prostitu-tion qui est la concentration des activités de prostitution dans certains quartiers des grandes métropoles, comme le quartier Centre-Sud de Montréal. Les résidants de ces quartiers sont amenés à se solidariser et à se mobiliser pour réclamer des interventions des pouvoirs publics contre la pratique de la prostitution dans leur voisinage, qui détériore grandement leur qualité de vie : tenues indécentes et manque de civisme des prostituées, seringues et condoms souillés abandonnés dans des parcs fréquentés par des enfants, insécurité due à la présence de membres du milieu criminel et aux actes de violence qui s'ensuivent, etc.

Il convient enfin de noter que l'exploitation des personnes prostituées est actuellement aggravée par les fléaux grandissants que sont le trafic des femmes, le tourisme sexuel et la prostitution d'enfants à l'échelle internationale. La lutte contre ces fléaux exigerait, entre tous les pays du monde, une coordination d'efforts qui fait malheureusement défaut à l'heure actuelle.

Or, le tableau noir que nous venons de brosser est contesté par le philosophe Ruwen Ogien[7] et des organismes de défense des droits des prostituées comme Stella et COYOTE. Ceux-ci croient en effet que la question de la moralité intrinsèque de la prostitution est une affaire personnelle et subjective et qu'il n'est pas justifié de la condamner d'une manière absolue. Toute forme de prostitution forcée est évidemment à proscrire, mais il faut admettre, selon eux, la pratique de la prostitution qui découle d'un choix libre et autonome. La personne prostituée doit bénéficier de la même « liberté de disposer de son corps » que celle que les partisans du droit à l'avorte-

---

5. Richard Poulin est l'auteur de nombreux ouvrages sur la prostitution, dont *Abolir la prostitution. Manifeste* (Montréal, Éditions Sisyphe, 2006). Les sigles CLAP et CLES désignent respectivement la « Collective des luttes pour l'abolition de la prostitution » et la « Concertation des luttes contre l'exploitation sexuelle ».

6. Par souci de simplicité, nous passerons volontairement sous silence le fait qu'une minorité de personnes prostituées sont des hommes.

7. Ruwen Ogien, *La panique morale*, Paris, Grasset, 2004, p. 123-138.

ment reconnaissent aux femmes. En outre, le cas de la prostitution ne serait pas différent, au fond, de beaucoup d'autres activités que nous pouvons considérer comme aliénantes mais que nous ne songerions jamais à interdire, par exemple le travail en usine sur une chaîne de montage, dans les champs pour récolter les légumes ou dans les restaurants pour laver la vaisselle. En vérité, tout travail salarié implique la vente d'une capacité contre de l'argent.

Les partisans de cette approche du problème soulignent également que la prostitution sert, dans une certaine mesure, le bien-être public en permettant à une catégorie d'hommes défavorisés (handicapés, laids ou timides) d'assouvir un besoin naturel. Ces hommes éprouvent souvent de la gratitude et non du mépris envers la prostituée. Celle-ci peut même faire office de thérapeute sexuelle ou d'initiatrice auprès de certains clients. Il existe aussi des cas où une relation personnelle de confiance se développe entre des prostituées et des clients réguliers dont elles deviennent les confidentes. Bref, les conditions d'exercice de la prostitution sont variées et ne se réduisent pas toutes au cas pathétique de la prostituée de rue « junkie ». Il existe en particulier une prostitution de luxe dont la clientèle se compose d'hommes d'affaires. Tel est le cas des « escortes », qui exercent leur métier de façon indépendante ou par l'intermédiaire d'une agence. Une partie de ces prostituées se recrute parmi les étudiantes de niveau universitaire. Elles tirent de très bons revenus de leur activité et l'exercent dans des conditions qui protègent leur santé et leur sécurité.

Les tenants de la prostitution comme choix libre opposent au modèle de la prostituée « victime » le modèle « professionnel » de la « travailleuse du sexe », dans lequel la prostituée est vue comme une personne autonome qui exerce un métier comme un autre. L'État devrait reconnaître à ces travailleuses la liberté de choisir ce métier ainsi que des droits égaux à ceux des autres travailleurs : payer des impôts en échange d'avantages sociaux, se syndiquer, être protégé par des normes de sécurité et de santé au travail, etc.

---

1. Notez d'abord toutes les *exigences morales* qui interviennent dans le débat sur la prostitution. Trouvez ensuite deux de ces exigences qui pourraient être considérées comme des *normes* (règles, obligations, interdictions) et deux autres qui pourraient être considérées comme des valeurs (grands buts, idéaux, vertus).

   Remarque : Rappelez-vous que, suivant l'angle sous lequel on la considère, une même exigence peut être vue soit comme une norme négative, soit comme une valeur positive.

2. Cherchez, parmi les normes que vous avez énumérées, une *règle* à suivre très précise ainsi que le *principe* moral plus général auquel elle se rattache.

3. Montrez que le problème de la politique à adopter concernant la prostitution constitue ce que nous avons appelé un *dilemme* moral, du fait qu'il met en conflit des exigences morales difficiles à concilier.

4. Nous avons distingué, dans ce chapitre, cinq *sphères* ou contextes de la vie morale. Trouvez dans le texte au moins une mention de chacune de ces sphères.

5. Donnez votre opinion personnelle sur le problème moral de la prostitution. Justifiez-la en précisant la nature des normes ou des valeurs qui vous semblent devoir prévaloir sur les autres ainsi que les raisons qui vous portent à leur accorder cette prépondérance.

ANALYSE

Dans le texte qui suit, tiré de son ouvrage *Le crépuscule du devoir*, Gilles Lipovetsky analyse l'idée voulant que le monde moderne soit le théâtre d'une véritable extinction du sens moral qui conduirait à une apothéose du nihilisme (le nihilisme étant la négation de tout absolu moral). C'est en effet une idée très répandue aujourd'hui que de prétendre que les sociétés modernes se trouvent dans une sorte de désert moral à la suite de l'effondrement progressif des anciennes structures religieuses et familiales et à la suite de l'érosion de valeurs traditionnelles comme la discipline, le respect de l'autorité ou l'esprit de sacrifice. Contre cette idée, Lipovetsky fait valoir que l'on peut constater la persistance, dans le monde actuel, d'un idéal moral indéniable, qui aurait résisté à l'effondrement du cadre moral rigide des sociétés traditionnelles.

1. Selon Lipovetsky, quelles exigences morales peuvent encore être considérées comme très importantes dans la population en général ? Quelles valeurs ou normes morales traditionnelles ont au contraire perdu de leur importance ?

2. Partagez-vous son avis sur l'état actuel de la morale dans les sociétés modernes ? Votre diagnostic personnel serait-il plus positif ou plus négatif que le sien ?

3. Lipovetsky signale un certain affaiblissement de nos exigences morales face à des pratiques telles que le vol et la fraude. Comment expliqueriez-vous ce phénomène ?

AVONS-NOUS ENCORE UNE MORALE[8] ?

La tentation est grande d'assimiler la culture de l'après-devoir au degré zéro des valeurs, à l'apothéose du nihilisme moderne. Dès les années 1960, Castoriadis considérait que les croyances communes portant sur le bien et le mal avaient disparu, « l'idée générale est que vous pouvez faire n'importe quoi et que rien n'est mal pourvu que vous puissiez vous en sortir[9] ». Un peu plus tard, Baudrillard analysait la société contemporaine comme un système sans repères où toutes les valeurs commutent, où tout s'échange dans une circularité sans fin. Plus récemment encore, Allan Bloom écrivait qu'« on n'est plus capable de parler avec la moindre conviction du bien et du mal », plus personne ne croit vraiment à quoi que ce soit, « il y a une crise des valeurs, une crise aux proportions inouïes[10] ». Les milieux intellectuels sont restés largement fascinés par le scénario nihiliste, c'est toujours le naufrage et le catastrophisme du « tout fout le camp » qui dominent les lectures des nouvelles démocraties.

Pourtant la réalité sociale ne ressemble que de loin à ce tableau apocalyptique. Il est faux d'assimiler le crépuscule du devoir au cynisme et au vide des valeurs : par-delà l'érosion ou la déstabilisation incontestable d'un certain nombre de référentiels, nos sociétés réaffirment un noyau stable de valeurs partagées, elles s'établissent autour d'un consensus de valeurs éthiques de base. Sans doute, le conflit éthique est-il manifeste au sujet de l'avortement, sans doute, nombre de questions bioéthiques ouvrent-elles une polémique de fond, et seul 1 Européen sur 4 considère disposer de principes clairs pour distinguer le bien et le mal. Mais cela ne

---

8. Gilles Lipovetsky, *Le crépuscule du devoir*, Paris, Gallimard, 1992, p. 150-153. © Éditions Gallimard.

9. Cornélius Castoriadis, *Capitalisme moderne et révolution*, t. II, Paris, U.G.E., coll. 10/18, 1979, p. 296.

10. Allan Bloom, *L'âme désarmée*, Paris, Julliard, 1987, p. 159 et 170.

justifie pas le constat de dépréciation généralisée des valeurs. Sondages après sondages, les droits de l'homme, l'honnêteté, la tolérance, le rejet de la violence sont plébiscités. Nous sommes loin du flottement intégral des valeurs; «Dieu est mort», mais les critères du bien et du mal n'ont pas été éradiqués de l'âme individualiste, les idéologies globalisantes ont perdu leur crédit, pas les exigences morales minimales indispensables à la vie sociale et démocratique. Les crimes de sang, l'esclavage, la cruauté, la spoliation, l'humiliation, les mutilations sexuelles, le viol, les sévices psychologiques et physiques, autant de crimes qui suscitent plus que jamais l'*indignation* collective : 9 Français sur 10 dénonceraient un voisin martyrisant son enfant ou quelqu'un allumant volontairement un incendie, 8 sur 10, un revendeur de drogue ou des enfants qui rackettent leurs camarades. L'idéal d'abnégation a perdu son ancienne légitimité, mais ce qui porte atteinte à la sécurité et à la dignité des personnes révulse nos consciences, le public aime consommer la violence dans les médias, mais il la condamne avec une extrême sévérité dans le réel. Nos démocraties ne sont pas vouées au nihilisme, la dérégulation postmoraliste est contenue dans des limites strictes: quel que soit l'ébranlement historique de la «fin du devoir», la longue continuité de la tradition morale l'emporte sur la discontinuité, le sens de l'indignation morale n'est pas mort. La disparition du fondement métaphysique de la morale n'a nullement précipité son discrédit, désormais on ne la stigmatise plus comme mensonge et duperie, on ne songe plus à la dépasser dans la «transvaluation des valeurs» ou la révolution: on absolutise les droits de

l'homme. Moins est exhortée l'obligation suprême, plus se renforce l'œcuménisme de l'éthique démocratique; plus l'éthique est en question, plus se muscle la légitimité sociale du tronc commun des valeurs humanistes.

Sans doute est-il vrai que nombre de fins éthiques voient leur réalité efficiente se liquéfier. Avec l'éclatement des encadrements traditionnels familiaux et religieux, avec la misère des ghettos, la propagation de la drogue et la progression des normes libérales, les devoirs autrefois intériorisés perdent leur force d'obligation. Déjà, ceux ayant trait à la sexualité, à la mort volontaire, au mariage, à l'altruisme, à la nation se sont épuisés. Le respect du bien d'autrui n'a pas, non plus, été épargné par l'onde postmoraliste. En Europe, l'honnêteté est placée au premier rang des vertus à inculquer aux enfants, mais nombre d'individus n'hésitent pas à déclarer qu'ils commettraient des délits (vols, fraudes) s'ils étaient assurés de l'impunité. Seul 1 Français sur 5 dénoncerait un voleur dans un grand magasin. Partout, les statistiques des vols et autres agressions contre les biens s'envolent; progressivement l'interdit du vol perd de son pouvoir efficient, sapé qu'il est par le déchirement du tissu social, la culture de stimulation des besoins et des droits subjectifs. Simultanément, nombre d'études s'alarment des progrès de la corruption et de la fraude fiscale. En 1979, la fraude représentait 17 % des recettes fiscales françaises; aux États-Unis, 1 contribuable sur 5 fraude l'impôt sur le revenu, l'administration estime à 20 % la part des impôts fédéraux qui ne sont pas acquittés, soit, pour 1989, environ 100 milliards de dollars. Dans les sociétés ultracompétitives dominées

par les motivations individualistes, dégagées de la tutelle de l'Église et des traditions, les individus sont plus livrés à eux seuls, la recherche de l'intérêt personnel et l'obsession de l'argent minent tendanciellement l'autorité des devoirs.

Cependant, si la corruption, les fraudes et délinquances contre les biens s'amplifient, la criminalité contre les personnes – au moins en Europe de l'Ouest – est relativement stationnaire. Certaines règles ont perdu massivement le pouvoir de contrôler les comportements: il n'en va pas de même des normes relatives aux conduites de sang. Le respect du bien d'autrui recule, mais le procès de pacification des comportements interindividuels, propre aux sociétés modernes, se poursuit, l'hostilité aux violences de sang contre les personnes est globalement plus forte, plus large, plus intériorisée qu'autrefois. Il faut se défaire de l'idée caricaturale d'un monde où tous les critères s'en vont à vau-l'eau, où les hommes ne seraient plus retenus par aucune croyance ou disposition de nature morale. La socialisation de l'après-devoir évacue l'obligation de se consacrer aux autres, mais renforce ce que Rousseau appelait la «pitié», la répugnance à voir et faire souffrir son semblable. Cela, non par éducation morale intensive mais paradoxalement par l'autoabsorption individualiste et les normes du mieux-vivre. Par-delà les statistiques de la criminalité, la «moralité des mœurs» progresse en ce qui concerne le respect de la vie: société postmoraliste ne signifie pas disparition de toutes les inhibitions, mais poursuite de la moralisation des individus par répulsion «sentimentale», vécue, envers les brutalités, cruautés et inhumanités.

CHAPITRE 2

L'éthique du sentiment et des vertus de David Hume

Toutes les théories éthiques que nous allons étudier dans ce livre appartiennent à l'époque moderne et contemporaine. Il est d'usage de situer le début de l'ère moderne au XVIIIe siècle. Ce siècle, que l'on a appelé le siècle des Lumières, marque en effet le point de rupture entre le monde ancien et le monde moderne. Une des orientations fondamentales de la philosophie des Lumières est l'humanisme, que l'on peut définir comme une affirmation de la valeur et des capacités de l'être humain. Sur le plan moral, l'humanisme implique que l'être humain tente de trouver en lui-même les critères du bien et du mal plutôt que de considérer qu'ils sont déjà définis par une volonté extérieure à lui-même, par exemple une autorité politique ou une volonté divine. Or, un grand débat a divisé les philosophes des Lumières au sujet de cette source « humaine » de la morale. Il a opposé ceux qui ont situé cette source dans la raison et ceux qui l'ont située dans les sentiments. C'est d'abord à l'éthique du sentiment et à son principal porte-parole, David Hume, que nous allons nous consacrer dans ce chapitre, avant d'étudier, au chapitre suivant, la pensée du plus grand représentant du courant rationaliste, Emmanuel Kant. Nous examinerons ensuite, dans la deuxième partie du chapitre, un courant important de l'éthique contemporaine qui s'inscrit dans la continuité de l'éthique de Hume: l'éthique des vertus.

LES SENTIMENTS AVANT LA RAISON

David Hume a une conception de l'éthique qui se démarque nettement de celle que nous étudierons dans les deux prochains chapitres. Pour Hume, chercher les « fondements » de la morale, c'est chercher leur provenance ou leur source. Pour lui, le but de l'éthique n'est pas de formuler les principes directeurs de la morale ou les critères de la distinction entre le bien et le mal. Hume jette sur les phénomènes moraux un regard qui s'apparente à celui d'un scientifique. Il faut, dit-il, rejeter « tout système éthique, aussi subtil et ingénieux qu'il soit, qui ne serait pas fondé sur l'observation et les faits[1] ». Il voit la moralité comme un trait de la vie humaine qu'il faut observer avec attention pour en comprendre le fonctionnement. Sa quête s'inscrit bien dans la perspective humaniste que nous venons d'évoquer, car il est désireux de montrer que la morale n'est pas quelque chose qui serait imposé à l'être humain de l'extérieur. Ce n'est pas non plus quelque chose qui serait imposé artificiellement aux humains, comme le veut par exemple la thèse selon laquelle l'humain serait un être essentiellement égoïste, que la société devrait plier par la contrainte aux exigences de la morale. Pour Hume, les tendances morales sont profondément ancrées en nous. *Elles font partie de la nature humaine et elles sont tout aussi naturelles que les tendances égoïstes.*

---

1. David Hume, *Enquête sur les principes de la morale*, trad. de l'anglais par P. Baranger et P. Saltel, Paris, GF-Flammarion, 1991, p. 75.

Mais le projet philosophique de Hume repose au départ sur une thèse fondamentale et controversée : la source de la morale se trouve dans des *sentiments* naturels et non dans notre *raison*. Cette thèse découle du raisonnement suivant : la morale concerne l'*action*, toute action présuppose une *motivation* à agir et, selon Hume, seuls les sentiments, les désirs ou les passions peuvent motiver l'être humain, pas la raison :

> La morale éveille les passions, elle produit ou empêche l'action. La raison est, en elle-même, totalement impuissante en ce domaine. Les règles de moralité ne sont donc pas des conclusions de notre raison[2].

La raison a deux grandes finalités : celle d'assurer que nos connaissances et nos stratégies d'action s'ajustent à la réalité des faits et celle d'assurer la cohérence logique de nos idées. Dans le domaine pratique de l'action, la raison nous permet d'analyser une situation en fonction de nos buts, de prévoir les conséquences de nos actions et de choisir les meilleurs moyens pour arriver à nos fins. Elle nous aide à voir clair dans un problème et à prendre une bonne décision par le truchement d'une délibération ou d'une discussion sur les meilleures options d'action. En ce sens, elle joue un rôle relativement important dans la vie morale. Mais, en elle-même, la raison ne nous donne aucun but et aucune motivation. Elle ne peut donc être la base de notre sens moral.

David Hume
(1711-1776)

David Hume est né à Édimbourg en 1711. Dès l'âge de vingt-trois ans, il se lança dans l'écriture de son *Traité de la nature humaine*, une œuvre ambitieuse et difficile qui n'eut, à sa grande déception, aucun succès à sa parution. Particulièrement intéressé par l'étude des sentiments humains, Hume conçut une critique obstinée des limites de la raison humaine.

Il devint plus populaire en France qu'en Angleterre, où de nombreux ennemis lui reprochaient ses critiques de la religion chrétienne. On le soupçonnait même, et sans doute pas à tort, d'être athée. Le milieu intellectuel français trouva là au contraire un motif d'admiration, et l'on peut dire que c'est en France que Hume connut véritablement la gloire, plus particulièrement lors d'un séjour de trois ans, de 1763 à 1765, où il fut la véritable coqueluche des salons littéraires et des dames de l'aristocratie française.

Hume était plutôt gras et avait, dit-on, un visage empâté et peu expressif. Mais cela n'empêchait pas la plupart de ses contemporains de le trouver fort sympathique et d'apprécier sa candeur, sa simplicité, sa sociabilité et son côté débonnaire. Ses proches le surnommaient pour ces raisons « le bon David ».

Il est mort en 1776 d'une tumeur de l'intestin, et l'on dit qu'il accepta la mort avec une grande sérénité.

---

2. David Hume, *Traité de la nature humaine III : La morale*, trad. de l'anglais par P. Saltel, Paris, GF-Flammarion, 1993, p. 51.

L'ÉCHELLE DES MOTIVATIONS MORALES SELON HUME

Nous avons vu que Hume accorde la plus grande importance à la *motivation* en morale, car toute action présuppose une motivation. Il distingue deux sortes de motivation morale qu'il qualifie respectivement de positive et négative.

■ Une motivation morale *négative* correspond aux cas où les exigences de la morale sont ressenties comme un poids et où nous faisons notre devoir moral strictement « par obligation » ou « parce que c'est notre devoir ». Aux yeux de Hume, ceci est le degré zéro de la morale, car notre seule motivation est d'éviter le malaise intérieur qui nous affligera si nous faisons quelque chose d'immoral.

■ Une motivation morale *positive* implique un attachement ou un amour sincère pour un bien associé à une vertu. Par exemple, pour Hume, le bon parent devrait idéalement se dévouer pour son enfant parce qu'il a de l'affection pour lui, et non parce que c'est son « devoir » de parent. Aimer ses enfants fait partie de la définition du bon parent. De même, celui qui a reçu l'aide d'une autre personne devrait lui manifester sa reconnaissance parce qu'il ressent un authentique sentiment de gratitude à son endroit, et non parce que c'est ce que la morale commande. « Il faut, dit Hume, que le motif vertueux soit différent du souci de la vertu de l'action[3]. »

LE SENS MORAL

Que révèle donc l'examen des faits au sujet de nos tendances morales ? Il révèle d'abord que les humains sont naturellement enclins à *évaluer* leur propre conduite et celle d'autrui. L'observation des conduites et des réactions humaines suscite en eux des sensations de plaisir ou de désagrément qui se traduisent par des jugements d'approbation ou de désapprobation. Lorsque nous voyons des personnes accomplir des actions courageuses ou cruelles, lorsque nous faisons nous-mêmes preuve de lâcheté ou de compassion, nous éprouvons spontanément des sentiments d'admiration ou de mépris, d'humiliation ou de fierté. Nous ne saurions nous empêcher de ressentir ces émotions. Pour Hume, ces appréciations morales relèvent d'une sorte de *sens* naturel particulier qui produit des perceptions spécifiquement morales, de la même manière que notre sens de la vision produit des perceptions visuelles ou que notre sens esthétique engendre des sentiments de beauté et de laideur.

Les deux critères du point de vue moral

Mais qu'est-ce qui confère à ces plaisirs et désagréments leur caractère spécifiquement moral ? Hume distingue deux critères du point de vue moral : le *désintéressement* et la *généralité* :

> Ce n'est que lorsqu'un caractère est considéré en général, sans référence à notre intérêt particulier, qu'il produit une impression ou un sentiment qui le désignent comme moralement bon ou mauvais[4].

---

3. *Ibid.*, p. 76.
4. *Ibid.*, p. 68.

Un individu n'est pas en mesure d'adopter un point de vue moral lorsque la seule préoccupation qui l'anime est la satisfaction de ses intérêts personnels ou lorsque le jugement qu'il porte ne peut être généralisé à un ensemble de cas similaires. Par exemple, la persévérance est généralement considérée comme une qualité humaine. Je ne convaincrai personne que la persévérance est une mauvaise chose en faisant valoir que la persévérance de mon concurrent lui a permis de me vaincre dans une compétition ou que ma propre persévérance n'a pu m'éviter l'échec dans une de mes entreprises. Ces considérations égoïstes ou accidentelles n'empêchent pas que la persévérance demeure, sur un plan général, une qualité admirable.

Le premier critère formulé par Hume atteste la capacité qu'a l'humain de *dépasser son égoïsme naturel* lorsqu'il pose des jugements moraux. Le critère de la généralité indique pour sa part que le sens moral tend naturellement vers *l'objectivité, la fermeté et la stabilité*. Le jugement moral est, dit Hume, le jugement d'un spectateur judicieux et impartial. Par exemple, si la malhonnêteté est condamnable, je devrais persister à la réprouver, même quand c'est mon meilleur ami qui s'en rend coupable, ou encore lorsque ce sont des habitants d'un pays lointain qui en sont victimes. Lorsque je porte un jugement moral, je suppose que mon jugement serait généralement partagé par les autres humains :

> La notion de morale implique un sentiment, commun à tous les hommes, qui recommande le même objet à l'approbation générale et fait que tous les hommes, ou la plupart d'entre eux, se rejoignent dans la même opinion ou dans la même décision à ce sujet. Elle implique aussi un sentiment si universel et si général qu'il s'étende à toute l'humanité et fasse des actions et de la conduite des personnes, même les plus éloignées, un objet d'approbation ou de condamnation selon qu'elles sont ou non en accord avec cette règle de droit établie[5].

Il peut paraître étrange qu'un trait comme la généralité soit attribué à un *sentiment*. Mais pour Hume, sentiment ne signifie pas absence de pensées et d'idées. Il existe une telle chose que ce qu'il appelle des « sentiments réflexifs » et des « sentiments calmes ». Il pense même que nous confondons souvent ces sentiments avec ce que nous sommes portés à appeler « raison ». La réflexion peut moduler nos sentiments, sans pour autant se substituer à eux. Pour Hume, la source de nos jugements moraux est toujours un sentiment :

> Il est certain que ce sont nos *sentiments*, et non la *raison*, qui distinguent le bien et le mal en morale ; mais ces sentiments peuvent résulter soit de la pure apparence ou du simple aspect des caractères et des passions, soit de réflexions sur leur tendance à produire le bonheur de l'humanité et celui des personnes particulières. Mon opinion est que ces deux causes sont entremêlées dans nos jugements de morale[6].

LE CARACTÈRE ET LES VERTUS

Une autre manifestation du caractère *général* des évaluations morales se trouve dans leur *objet* même. L'observation des faits révèle en effet que cet objet est usuellement le *caractère* des personnes. Notre tendance spontanée devant le spectacle d'une

---

5. David Hume, *Enquête sur les principes de la morale, op. cit.*, p. 187.

6. David Hume, *Traité de la nature humaine III, op. cit.*, p. 212.

conduite morale ou immorale est de la rattacher au caractère de son auteur, c'est-à-dire d'y voir la manifestation de certains traits réguliers ancrés dans sa personnalité. Nous dirons que la personne est généreuse et courageuse ou mesquine et lâche. Reprenant une terminologie héritée de l'Antiquité et toujours en vogue dans la philosophie éthique contemporaine, Hume utilise les termes de « vertus » et de « vices » pour désigner ces traits de caractère moraux ou immoraux :

> Qu'une action soit vertueuse ou vicieuse, elle ne l'est qu'en tant que signe d'une certaine qualité ou d'un certain caractère. Elle doit dépendre de principes durables de l'esprit qui s'étendent à la conduite entière et participent au caractère de la personne[7].

Cette déclaration de Hume met en lumière un aspect important de sa théorie éthique, c'est le fait que pour lui, le jugement moral porte moins sur les *actions* que sur les *personnes*. L'action prend sa signification morale dans ce qu'elle révèle du caractère de la personne qui en est l'auteur. De plus, toute qualification morale d'un caractère procède d'une opération de généralisation sur la base d'une série d'observations particulières des conduites de cette personne. C'est ce qui explique, par exemple, qu'une faute isolée n'entraîne pas de condamnation sévère, quand nous savons qu'il ne s'agit que d'un moment de faiblesse de la part d'une personne que nous connaissons bien et dont les qualités morales sont bien établies.

Nous pouvons donc conclure à ce stade que l'observation des faits a dévoilé la présence d'un sens moral naturel et bien ancré chez l'humain. Mais cette analyse reste sommaire. Hume poursuit son enquête en mettant en lumière deux facteurs fondamentaux qui expliquent l'émergence de ce sens moral. Ce sont la sympathie et la bienveillance. Examinons-les tour à tour.

LA SYMPATHIE

Ce que Hume appelle « sympathie » est un mécanisme mental naturel, propre aux humains, qui mobilise l'imagination et qui consiste à « ressentir ce que les autres ressentent ». Nous employons plutôt, aujourd'hui, le terme « empathie » pour désigner ce mécanisme qui n'est pas foncièrement moral, car il intervient constamment dans nos rapports avec autrui ou même avec les animaux. Nous voyons une personne rougir de honte et nous nous sentons mal avec elle. Nous voyons une personne vaciller, trébucher et se tordre de douleur et nous ne pouvons nous empêcher de l'accompagner mentalement dans cette expérience et de vaciller, de trébucher et de nous tordre de douleur avec elle. Il se produit ici une opération de transfert de sensation par laquelle nous attribuons à nous-mêmes les états intérieurs que nous associons aux expériences d'autrui. Nous ressentons ce qui arrive à l'autre comme si cela nous arrivait à nous-mêmes. Cette sympathie ou empathie a, de par son caractère spontané, une sphère d'application très étendue. Elle joue un rôle fondamental dans la communication humaine. Elle nous permet d'ajuster notre conduite aux réactions d'autrui. Elle est aussi à l'origine de notre capacité de nous identifier avec des personnages fictifs de roman, de théâtre ou de film ou avec les personnages des récits historiques.

---

7. *Ibid.*, p. 196.

Même si la sympathie n'est pas essentiellement morale, elle joue un rôle crucial dans l'émergence du sens moral. Il est naturel en effet que nous soyons, de manière générale, touchés positivement par les expériences plaisantes d'autrui et négativement par ses expériences douloureuses. La sympathie est donc nécessaire, en ce sens, à l'émergence des sentiments moraux. Mais en même temps, elle ne suffit pas à leur donner une assise ferme et stable. Un sujet peut ressentir l'humiliation d'une personne qu'il déteste et s'en réjouir. Le spectacle de la souffrance de l'autre peut nous être tellement désagréable qu'il nous pousse à nous en éloigner et à l'abandonner à son sort, comme le réalisent bien ceux qui voient leur cercle d'amis rétrécir au fil d'une longue épreuve. De plus, l'intensité des sentiments générés par la sympathie fluctue grandement au gré de multiples facteurs comme l'humeur du moment, les circonstances de l'action ou les liens qui unissent le sujet aux personnes concernées. Hume a pris conscience de ces limites du mécanisme de la sympathie et c'est

L'empathie, appelée «sympathie» par Hume, joue un rôle capital dans l'émergence du sens moral. Difficile pour un être humain qui voit son semblable grimacer de douleur de ne pas «ressentir ce qu'il ressent».

pourquoi il a cherché dans son deuxième grand ouvrage sur la morale, *Enquête sur les principes de la morale*, à asseoir le sens moral sur une base plus solide. Il a eu recours, pour cela, à une vertu fondamentale, éminemment morale : la bienveillance.

LA BIENVEILLANCE

La bienveillance est fondamentalement un souci du bien-être d'autrui et Hume croit qu'il s'agit là d'une vertu naturelle et universelle :

> Si nous prenons en compte les principes de la constitution humaine, tels qu'ils apparaissent à l'expérience et à l'observation quotidiennes, nous devons *a priori* conclure qu'il est impossible, pour une créature telle que l'homme, d'être totalement indifférente au bien-être ou au mal-être de ses congénères et de ne pas déclarer [...] que ce qui favorise le bonheur de ses semblables est bien, et ce qui tend à leur malheur, mal, sans plus de considération[8].

Cette vertu de bienveillance nous amène non seulement à approuver mais aussi à adopter ou à encourager les conduites qui apportent du bien-être aux humains et elle constitue, à cause de cela, la base la plus solide de la moralité humaine. Hume défend sa thèse en dressant une très longue liste de conduites bienveillantes spontanées observées chez les humains, que ce soit le dévouement naturel des parents envers leurs enfants, l'affection mutuelle qui unit les amis, les élans de compassion que les humains

---

8. David Hume, *Enquête sur les principes de la morale, op. cit.*, p. 140.

ont spontanément envers ceux qui souffrent ou qui sont frappés par le mauvais sort, les manifestations d'hospitalité, de courtoisie et d'amabilité dont ils gratifient même des étrangers, les sentiments de gratitude que nous ressentons naturellement envers ceux qui nous aident, etc.

Hume ne prétend pas que la bienveillance, qu'il appelle aussi « sentiment d'humanité », soit la tendance dominante chez l'humain, mais il ne doute pas qu'elle soit tout aussi naturelle que l'égoïsme. Mais ici encore, Hume reste réaliste et soucieux de coller à la réalité des choses. La présence universelle du sentiment d'humanité ne permet pas de conclure que l'humanité entière soit son objet naturel. Bien au contraire, Hume soutient que l'observation ne révèle pas la présence d'un sentiment naturel d'amour de *l'humanité*. Le sentiment de bienveillance peut certes s'étendre potentiellement à l'ensemble des individus et des groupes humains, mais sa portée est naturellement limitée à une sphère de proximité :

> Une fois que l'expérience nous a donné une connaissance suffisante des affaires humaines et nous a enseigné quel rapport elles entretiennent avec la passion, nous nous apercevons que la générosité des hommes est très limitée et qu'elle s'étend rarement au-delà de leur famille et de leurs amis ou, tout au plus, au-delà de leur pays natal. Ainsi familiarisés avec la nature de l'homme, nous n'attendons pas de lui des choses impossibles [...][9].

Hume ne croit pas impossible que nos préoccupations morales s'élargissent et nous amènent à nous soucier du sort du reste de l'humanité. Il le souhaite même ardemment. Seulement, éprouver des sentiments de bienveillance envers des populations d'autres continents frappés par la guerre ou la famine est une chose ; nous engager personnellement dans des activités de bienfaisance à leur égard en est une autre. C'est sur le plan fondamental de l'engagement dans l'action que Hume marque ici la limite de notre moralité naturelle.

LA PRÉCOCITÉ DU SENS MORAL

Des recherches récentes en psychologie du développement moral viennent appuyer la théorie humienne. Elles montrent que l'expression de l'empathie et de la bienveillance est beaucoup plus précoce qu'on ne le croyait chez l'humain[10]. Dès les premiers mois de la vie, les bébés manifestent une sorte d'imitation par contagion, dans laquelle on peut voir une forme embryonnaire d'empathie. Ils pleurent lorsqu'ils voient ou entendent un autre enfant pleurer ; ils portent leur main à la bouche en voyant une autre personne se faire mal à la main. Des enfants d'à peine plus d'un an sont déjà capables d'avoir des gestes bienveillants de réconfort (caresse, étreinte, frotter le membre douloureux de l'autre, etc.). Ils manifestent très rapidement des tendances spontanées au partage et à la coopération, en même temps qu'ils restent globalement égocentriques. Bien entendu, un milieu de vie malsain et des expériences perturbatrices peuvent bloquer le développement de ce sens moral naturel.

9. David Hume, *Traité de la nature humaine III, op. cit.*, p. 228.

10. M. L. Hoffman, *Empathy and Moral Development : Implications for Caring and Justice*, New York, Cambridge University Press, 2000. Aussi : Daniel Goleman, chapitre 7, « Les racines de l'empathie », dans *L'intelligence émotionnelle*, trad. de Thierry Piélat, Paris, Robert Laffont, coll. J'ai lu, 1997, p. 150-171.

LES VERTUS NATURELLES

Bien qu'il assigne à la bienveillance un rôle central, Hume n'en reconnaît pas moins l'existence d'une multiplicité d'autres vertus naturelles. La liste qu'il en donne est extrêmement longue et inclut toutes sortes de qualités telles que la générosité, la fidélité, l'honnêteté, la persévérance, la patience, la prévoyance, la gaieté, l'humour, la propreté, le charme, la confiance en soi, l'ambition, etc. On s'étonnera de trouver dans cette liste des qualités qui ne semblent pas appartenir à la sphère morale. C'est le cas, par exemple, de qualités comme l'ambition, le charme, la gaieté ou la confiance en soi. Hume est tout à fait conscient de cette difficulté apparente, mais il ne croit pas possible de tracer une ligne de démarcation nette entre les qualités morales et les qualités non morales. La confiance en soi et la gaieté peuvent très bien servir des fins morales dans certaines circonstances (pour défendre une bonne cause ou pour remonter le moral de quelqu'un).

L'esprit de compétition : vertu ou vice ?

Aux yeux de Hume, toutes les qualités humaines utiles, admirables et agréables méritent d'être appelées vertus, même celles qui sont surtout utiles et agréables à leur possesseur, comme l'ambition ou la gaieté. Nous admirons les gens qui ont du courage, de l'ambition ou de la persévérance, autant lorsque ces qualités servent essentiellement celui qui les possède que lorsqu'elles apportent des bénéfices à autrui. Ceci marque un trait caractéristique de l'éthique humienne qui est de ne pas voir la moralité comme le théâtre d'une guerre d'usure entre égoïsme et altruisme.

EXERCICE 2.1

Certaines qualités de caractère ont un statut ambigu. C'est le cas de *l'esprit de compétition*, qui suscite autant la critique que l'éloge. La compétition occupe une place importante dans la culture moderne, que ce soit dans la vie économique, dans le sport ou dans la vie politique. L'esprit de compétition est-il une vertu ou un vice ? Quel est votre avis là-dessus ? Précisez les critères qui guident votre appréciation.

UNE VERTU ARTIFICIELLE : LA JUSTICE

S'il renonce à séparer vertus morales et non morales, Hume fait toutefois une distinction fondamentale entre les vertus naturelles, dont nous venons de parler, et une autre catégorie de vertus qu'il appelle « artificielles ». Il classe dans cette catégorie des dispositions comme l'obéissance au gouvernement ou la chasteté des femmes. Mais la vertu artificielle qui retient principalement son attention est la justice. Hume reconnaît l'importance générale de la justice dans la morale humaine, mais pour lui, la justice ne s'enracine pas, comme la bienveillance, dans un sentiment naturel et spontané :

> Les impressions, qui font naître ce sens de la justice, ne sont pas naturelles pour l'esprit de l'homme, mais proviennent de l'artifice et des conventions humaines[11].

Une première différence est que la justice consiste en un ensemble de lois et de règlements. C'est en tant que *système de règles* qu'elle peut être jugée bénéfique, et non sur le plan des actions isolées des individus. L'expérience montre d'ailleurs que le fait de respecter une règle de justice ne suscite pas l'approbation et l'admiration comme peut le faire une action courageuse ou généreuse. C'est en ce sens que la justice a quelque chose d'artificiel et d'abstrait qui mobilise difficilement les sentiments. Selon Hume, elle ne découle pas d'un sentiment naturel des humains. Quelle est donc son origine ?

Hume restreint son analyse de la justice aux règles relatives au droit de propriété et au respect des promesses ou des contrats. Mais nous pourrions aisément l'étendre aux autres principes ou règles de justice, comme les chartes de droits ou les règles qui sont en vigueur dans le système judiciaire. Toutes ces règles et conventions n'ont rien de naturel selon Hume. Elles auraient été élaborées progressivement, au fil du temps, à mesure que les humains ont pris conscience de leur utilité générale. Car l'utilité de la justice n'est pas visible dans chaque cas particulier. Il arrive que des criminels évitent une condamnation lors d'un procès en invoquant un vice de procédure, mais cela ne remet pas en cause le fait que le respect rigoureux des procédures soit essentiel au fonctionnement du système judiciaire. Ou encore, si une personne vole un propriétaire fortuné pour donner son butin à un pauvre, notre réaction spontanée pourrait être d'approuver son action. Pourtant, une réflexion éclairée sur la question montre que la généralisation d'une telle conduite risque de plonger la société entière dans un chaos indescriptible, en minant les relations de confiance et le sentiment général de sécurité qui sont indispensables à une vie sociale pacifique et harmonieuse. C'est sans doute ce type de réflexion qui a conduit les sociétés occidentales à confier la détermination et l'administration des châtiments aux criminels à un système judiciaire impartial régi par l'État, au lieu de laisser familles, clans ou individus se faire justice eux-mêmes.

Hume pense que c'est d'abord *l'intérêt personnel* qui est la motivation de base de l'adhésion des individus à un système de justice. Chacun réalise qu'il est finalement avantageux pour lui-même de vivre dans une société ordonnée et régie par des règles strictes et il faut voir l'œuvre de la *raison* dans ce genre de raisonnement. Mais Hume croit que la justice a fini par être considérée comme une vertu parce que l'habitude et l'éducation ont fini par ancrer dans les esprits l'idée qu'elle était estimable. Ajoutons enfin que Hume conclut que la justice est finalement aussi solide que la bienveillance dans la mesure où son émergence, aussi « artificielle » soit-elle, est une étape incontournable du développement de la civilisation.

---

11. David Hume, *Traité de la nature humaine III, op. cit.,* p. 97.

UN UNIVERSALISME MODÉRÉ

Une des grandes problématiques éthiques est la question de savoir si les critères moraux sont *universels* ou s'ils sont *relatifs* aux sociétés, aux époques et aux circonstances. L'éthique de Hume peut être qualifiée d'universalisme modéré. Hume affirme d'une part l'existence d'un noyau de vertus fondamentales universellement reconnues, comme la bienveillance, le courage, la générosité, l'honnêteté, la gratitude, la prudence. Mais il admet également la relativité de certaines vertus et leur lien avec des contextes historiques particuliers. La justice est une vertu qui ne se développe qu'avec le temps et qui serait donc absente des sociétés les plus primitives. Les vertus chrétiennes comme la charité ou le pardon sont absentes de la culture morale des Grecs anciens, qui célébraient plutôt la vengeance. À l'inverse, certaines vertus autrefois glorifiées, comme la chasteté féminine, la bravoure guerrière, le sens de l'honneur, l'obéissance à l'autorité, etc., ont décliné à l'époque moderne.

La politesse est-elle une vertu morale ? La réponse à cette question pourrait varier selon que l'on vit au Japon ou en Occident.

EXERCICE 2.2

Contre Hume, on peut penser que notre sens de la justice n'est pas seulement le fruit d'une réflexion rationnelle éclairée, mais qu'il est également animé par des sentiments naturels. L'injustice ne soulève-t-elle pas bien souvent des sentiments spontanés d'indignation et de révolte ? On peut également contester la thèse humienne voulant que la sphère de la justice soit limitée aux institutions sociales et politiques et qu'elle soit absente de la sphère privée des relations interpersonnelles, par exemple dans la famille ou dans le couple.

En prenant en considération ces deux observations, croyez-vous possible d'affirmer, contre Hume, que la justice relève elle aussi d'un sentiment naturel ?

L'ÉTHIQUE DES VERTUS CONTEMPORAINE

Les dernières décennies ont été le théâtre d'une véritable renaissance de ce qu'il est convenu d'appeler l'« éthique des vertus ». L'éthique des vertus contemporaine s'inscrit dans la continuité de deux grandes éthiques du passé, celle du philosophe grec Aristote (384-322 av. J.-C.) et celle de David Hume. Nous allons maintenant faire une brève présentation de ce courant de pensée, sans entrer dans le détail des débats qui opposent les partisans de l'éthique des vertus[12]. Nous profiterons de cette étude pour revenir sur certaines faiblesses de la théorie de Hume.

À l'instar de Hume, l'éthique des vertus contemporaine conçoit l'éthique comme la recherche d'une réponse à la question « Quelle sorte de personne devrais-je être ? » plutôt qu'une réponse à la question « Que devrais-je faire ? », qui inspirera les éthiques kantienne et utilitariste que nous étudierons dans les prochains chapitres. L'éthique des vertus ne cherche pas à déterminer les *principes* fondamentaux qui devraient présider à nos décisions d'ordre moral et qui devraient servir à évaluer nos *actions*. Elle pense que l'important se trouve dans le *caractère des personnes*. L'idée est simple : si une personne possède une belle palette de vertus, si elle est courageuse, généreuse, honnête et responsable, etc., nous pouvons avoir confiance qu'elle aura une bonne conduite et qu'elle saura trouver une réponse satisfaisante aux défis moraux qu'elle devra affronter. Un indice de la pertinence de cette approche est la manière dont nous réagissons habituellement devant une conduite immorale. Nous ne dirons pas généralement de celui qui agit de manière immorale qu'il a mal agi parce qu'il ne connaissait pas les principes de la morale ou parce qu'il les a mal compris. Nous imputerons plutôt sa conduite à ces déficiences de caractère que l'éthique des vertus appelle des vices, comme l'hypocrisie, l'arrogance, la mesquinerie, l'immaturité, etc. L'éthique des vertus, qui s'intéresse aux vices, est d'ailleurs la seule théorie éthique qui prête une véritable attention aux sources de l'immoralité.

Une grande lacune de l'éthique humienne est son absence d'analyse de ce qu'est en définitive une vertu. Hume s'est penché essentiellement sur l'expérience de l'observation des vertus et des vices par un spectateur et sur les sentiments d'approbation ou de désapprobation qui en découlent. Mais il s'est fort peu intéressé à ce que signifie concrètement pour un acteur *la possession et la pratique* d'une vertu. C'est là un des points que les philosophes actuels s'efforcent d'élucider.

Qu'est-ce qu'une vertu ?

Qu'est-ce qu'une vertu ? La réponse classique à cette question est qu'une vertu est une tendance ou une disposition à faire le bien ancrée dans le caractère individuel. Mais voici une définition plus récente : *une vertu est une bonne manière de répondre aux exigences d'une situation*[13]. Cette définition a plusieurs mérites. Le premier est qu'elle inclut dans la notion de vertu l'ensemble des réactions, des processus mentaux et des capacités qui entrent en jeu dans nos expériences morales. Laissant derrière elle le thème du conflit entre raison et passions qui a tant occupé les philosophes des Lumières, elle accueille toutes les ressources qui sont sollicitées par la mise en œuvre d'une vertu : perception, sensibilité, imagination, émotions, habitudes, raison.

---

12. Mentionnons parmi les auteurs les plus importants en éthique des vertus : Alasdair MacIntyre, *Après la vertu* (Paris, PUF, 1997), Rosalind Hursthouse, *On Virtue Ethics* (New York, Oxford University Press, 1999), Michael Slote, *Morals from Motives* (New York, Oxford University Press, 2001), Christine Swanton, *Virtue Ethics. A Pluralistic View* (New York, Oxford University Press, 2003), Stan Van Hooft, *Understanding Virtue Ethics* (Chesham, Bucks : Acumen Publ., 2006).

13. Cette formulation s'inspire tout particulièrement des travaux de Christine Swanton et Stan Van Hooft.

Toutes ces aptitudes sont susceptibles d'intervenir dans une bonne réponse aux exigences d'une situation.

Ensuite, cette définition nous invite à préciser justement les différents aspects de cette réponse, que nous pouvons schématiser de la manière suivante :

1. *discerner* les éléments pertinents qui confèrent une dimension morale à la situation ;
2. ressentir les *émotions* appropriées ;
3. cerner la *valeur* ou le bien le plus important à exprimer, à promouvoir, à protéger, etc. ;
4. déterminer l'*objectif pratique* à atteindre et concevoir un *projet d'action* approprié à cet objectif ;
5. *mettre en œuvre* adéquatement ce projet d'action.

Cette méthode d'analyse montre bien en quoi l'exercice d'une vertu est une affaire complexe. Chacun de ces cinq aspects requiert une performance exigeante, met en jeu des aptitudes diverses et peut donner lieu à une réussite ou à une défaillance.

- Parfois, notre carence morale fait que nous ne *percevons* pas la dimension morale d'un problème, ainsi qu'il en est d'un parent qui ne se rend pas compte qu'il traite injustement un de ses enfants.

- Parfois, nous n'éprouvons pas les *émotions* appropriées, comme cette infirmière qui se montre brusque et impatiente envers un vieillard anxieux qui a du mal à comprendre ses directives.

- Parfois, nous ne discernons pas quelle est la *valeur* la plus importante dans une affaire : nous ne comprenons pas, par exemple, qu'il vaut mieux mentir dans telle situation plutôt que de blesser inutilement quelqu'un.

- Parfois, nous manquons d'*imagination* pour concevoir l'action appropriée, comme ce fonctionnaire obnubilé par le règlement au point de ne pas voir l'interprétation astucieuse qui lui permettrait d'éviter une absurdité administrative.

- Parfois, nous comprenons bien l'enjeu moral et nous savons ce que nous devons faire, mais il nous manquera les qualités nécessaires à la *mise en œuvre* de l'action, comme le tact, la patience, le courage ou la confiance en soi.

En même temps, les cinq éléments de notre méthode d'analyse ne sont pas toujours présents et ne suivent pas nécessairement cette séquence. Certaines situations ne requièrent aucune action, mais seulement une réaction émotionnelle appropriée, comme la joie, au lieu de la jalousie, à l'annonce de la nouvelle d'une promotion pour mon collègue. D'autre part, l'ensemble du processus s'effectue parfois de façon quasi instantanée. Imaginons par exemple une conversation au cours de laquelle je me rends compte que mes paroles ont malencontreusement un effet très négatif sur mon interlocuteur (elles le peinent ou le blessent). J'aurai au plus quelques secondes pour tenter de redresser la situation, trouver les mots justes et corriger ma maladresse. D'autres cas peuvent, en revanche, s'étendre sur de très longues périodes, des semaines, des mois, voire des années, comme celui de cette mère qui découvre que son mari est incestueux et qui n'arrive pas à se résoudre à le dénoncer à la police.

Le troisième élément de la méthode d'analyse montre enfin que l'éthique des vertus est véritablement une éthique de *valeurs*. Comme l'a indiqué Hume, la personne vertueuse ne veut pas seulement faire son devoir moral. Elle est animée par un attachement émotionnel à un bien, à une valeur importante. Cet attachement résout une difficulté de l'éthique des vertus qui est la possibilité qu'une vertu serve à faire le mal. Un criminel peut très bien faire preuve de courage, de persévérance et de solidarité avec ses comparses dans l'accomplissement de son crime. Mais, selon la définition que nous venons de formuler, ces qualités demeurent imparfaites et sont dégradées du fait qu'elles ne sont pas orientées vers un bien ou vers la valeur la plus importante. Elles sont des qualités, certes, mais qui servent à commettre quelque chose de mal.

UNE LISTE DES VERTUS

Il est très difficile de composer une liste exhaustive des vertus et encore plus de lui donner une structure bien fondée. La culture ancienne plaçait quatre grandes vertus au sommet de la liste : la sagesse, la justice, la modération et le courage. Cette classification a du mérite, mais il lui manque quelques pièces importantes, dont la moindre n'est pas la bienveillance, si chère à Hume. Voici une liste assez exhaustive, ordonnée autour de quelques thèmes.

- Bienveillance, sollicitude, compassion, sympathie, pitié, sensibilité, générosité, dévouement, charité, civisme, courtoisie, tolérance, délicatesse, douceur, politesse, tact, respect.

- Sagesse, prévoyance, prudence, discernement, maturité, clairvoyance, patience.

- Justice, équité, impartialité, honnêteté, intégrité.

- Courage, bravoure, force morale, persévérance, sens de l'honneur, noblesse, dignité, authenticité, respect de soi.

- Modération, tempérance, maîtrise de soi, autodiscipline.

- Fidélité, amitié, amour, loyauté, solidarité.

- Gratitude, pardon, clémence, indulgence.

- Humilité, modestie, pudeur, décence, retenue.

- Optimisme, enthousiasme, entrain, vaillance, fierté, ambition.

- Sens des responsabilités, fiabilité, conscience professionnelle, zèle.

- Finesse d'esprit, humour, originalité, créativité, ingéniosité, curiosité, ouverture d'esprit.

EXERCICE 2.3

Quelle est la vertu qui correspond à chacun des cas suivants ?
Et quel est le vice correspondant ?

1. Défendre un ami contre les attaques de ses ennemis.

2. Ne pas laisser des hommages nous monter à la tête.

3. Refuser un pot-de-vin.

4. Céder son siège à une femme enceinte dans le métro.

5. Revêtir une tenue décente pour visiter une église.

6. Résoudre un problème d'une manière qui satisfait tous les intéressés.

7. Ne pas se laisser abattre par un échec.

8. Récompenser chacun de ses enfants selon son mérite.

9. Mettre les bouchées doubles pour remettre un rapport à temps sans en sacrifier la qualité.

10. Renoncer à une aventure qui s'annonce excitante, mais qui risque de mal tourner.

Une affaire de degrés

La théorie des vertus dont nous venons de jeter les bases est riche d'implications. D'abord, elle est diamétralement opposée à une éthique de normes qui se donne des critères tranchés pour séparer le bien du mal et qui proclame, par exemple, que le mensonge est toujours mauvais ou que la liberté d'expression doit toujours être respectée. L'éthique des vertus met en relation les exigences d'une situation particulière et les vertus d'un acteur individuel particulier qui doit y répondre. *Il est impossible, dans une telle perspective, de déterminer dans l'absolu la bonne action à accomplir dans une situation donnée.* D'une part, chaque situation et chaque acteur individuel sont uniques. D'autre part, chaque situation peut solliciter un ensemble complexe de vertus. Or, la possession des vertus est *affaire de degrés*. On peut être plus ou moins courageux ou généreux. Ensuite, *personne ne peut se targuer de posséder parfaitement toutes les vertus*. La personne sensible n'est pas nécessairement courageuse et vice versa. Il est d'ailleurs tout à fait plausible d'imaginer que deux acteurs vertueux, mais dotés d'un caractère différent, puissent trouver des réponses valables mais différentes à un même problème moral.

Le développement des vertus et des vices

L'ancrage des vertus dans le caractère a aussi des implications quant à l'origine et au développement des vertus. Encore une fois, il faut parler ici d'une multiplicité de facteurs. D'abord, la plupart des partisans de l'éthique des vertus admettent que certaines vertus sont en partie innées. Tel est le cas, par exemple, de vertus comme la patience, la sensibilité, la modération, le courage, l'audace, la curiosité, qui sont décelables chez un enfant dès le plus jeune âge. Ensuite, les vertus découlent évidemment de l'éducation dans la famille, l'école et la société en général. Chaque individu développe en plus des vertus spécifiques en raison de ses propres antécédents, souvent marqués par des rencontres avec des personnes inspirantes qui lui servent de modèles. Enfin, chaque caractère individuel est toujours imparfait et affecté de certains vices ou de lacunes dans la maîtrise de certaines vertus. Il en résulte que la personne vertueuse doit s'engager dans un travail d'amélioration de soi qui demande effort et persévérance. Le temps et le processus normal de maturation de la personnalité font finalement leur œuvre dans cet apprentissage des vertus qui est proprement indéfini. Les sources des vices de caractère sont évidemment les mêmes que celles des vertus : défauts innés, éducation familiale déficiente, expériences de vie difficiles, mauvaises rencontres, retards dans la maturation, etc.

EXERCICE 2.4

Un point d'intérêt de l'éthique des vertus est la pertinence de son application aux rôles et aux contextes de vie particuliers. On en voit un exemple dans les qualités précises qu'exigent le travail d'équipe ou le bénévolat. Il est facile de constater que les rôles de parents ou d'amis mobilisent un ensemble distinctif de vertus et qu'il en est de même pour des professions comme celles de médecin, de gestionnaire, de juge ou d'homme politique. On sait, par exemple, qu'un des facteurs les plus importants dans le vote des électeurs est leur perception des traits de caractère moraux des candidats.

Quelles sont les vertus que devrait idéalement posséder un sportif de haut niveau ?

Quelles sont les vertus que devrait idéalement posséder un professeur ?

Quelles sont les vertus que devrait idéalement posséder un homme politique ?

BILAN CRITIQUE DE L'ÉTHIQUE DES VERTUS

Les théories concurrentes adressent trois critiques principales à l'éthique des vertus.

1. La première est qu'*elle ne fournit pas de principes généraux* capables de nous aider à déterminer avec clarté la bonne action à faire dans une situation donnée. Ces théories estiment que le but principal de l'éthique devrait être la formulation de tels principes, tandis que l'éthique des vertus centre son attention sur les qualités de caractère et les ressources nécessaires aux acteurs individuels dans leur conduite morale.

2. Une deuxième critique récurrente concerne *le problème de la délimitation du moral et du non-moral*. Nous avons observé ce problème chez Hume et les définitions qu'ont proposées les tenants actuels de l'éthique des vertus ne l'ont pas résolu. Dire, comme nous l'avons fait plus haut, que les vertus permettent de répondre aux exigences de situations difficiles ne permet pas de circonscrire une sphère spécifiquement morale. Ces situations pourraient soulever des problèmes que nous avons qualifiés de simplement « techniques ou stratégiques », comme se trouver un emploi après avoir été mis à pied, se sortir d'une dépression ou trouver une stratégie pour éviter une faillite commerciale. Il est clair que la majorité des penseurs de l'éthique des vertus optent pour une délimitation approximative de la morale, avec un noyau central (vertus de bienveillance, justice, courage, etc.) et une zone périphérique qui comprend diverses qualités pouvant prendre une dimension plus ou moins morale selon les circonstances (sagesse, créativité, prévoyance, etc.).

3. La partie la plus faible de l'éthique des vertus est certainement *son analyse de la justice*, qui s'intègre mal à son cadre d'ensemble. Hume avouait lui-même que la justice n'était pas une vertu comme les autres en la qualifiant d'artificielle. Il est facile de comprendre cette difficulté. Nous avons vu que les vertus doivent être évaluées sur une échelle graduée et que leurs contours restent flous. On est toujours plus ou moins vertueux et il y a de multiples façons de manifester sa générosité ou son courage. Mais il n'en est pas de même pour les règles de justice. On ne dira pas que l'on doit plus ou moins s'abstenir de voler. Le vol est interdit par la morale, un point c'est tout. On ne dira pas que l'obligation de respecter un contrat est plus ou moins forte et qu'il y a toutes sortes de manières de respecter un contrat. On ne dira pas qu'un accusé dans un procès a plus ou moins droit à un avocat. Toutes ces règles de justice doivent être appliquées de façon *stricte*. Et le fait d'obéir à une règle ou à une procédure de justice est généralement vu comme un strict minimum, et non comme une chose digne d'admiration à l'instar d'un geste de dévouement ou de courage. Bref, il y a quelque chose dans la justice qui ne se réduit pas à un trait de caractère.

Dans l'esprit des partisans de l'éthique des vertus, les normes, en particulier les normes de justice, sont importantes, mais elles ne sont pas ce qu'il y a de plus important. Les règles de justice ne sont qu'un *moyen* de nous aider à faire le bien. Les règles peuvent servir à toutes sortes de fins, elles peuvent être contournées ou détournées de leur but. Le plus important, au bout du compte, est la *valeur des personnes* qui les emploient, et cette valeur s'apprécie en vertus et en vices.

MODE D'APPLICATION

Le mode d'application de l'éthique des vertus à un cas particulier s'inspire de la définition de la vertu et de la méthode d'analyse à cinq éléments présentée plus haut (p. 35). En termes précis, il s'agit de répondre successivement aux questions suivantes :

■ Quel est le problème moral posé par la situation dans laquelle se trouve l'acteur ?

■ Quelles sont les exigences que lui pose chacune des cinq composantes de la réponse vertueuse ?

1. L'acteur a-t-il su discerner la dimension morale de la situation ?

2. L'acteur a-t-il ressenti les émotions appropriées ?

3. L'acteur a-t-il cerné la valeur ou le bien le plus important à exprimer, à promouvoir ou à protéger ?

4. L'acteur a-t-il su déterminer l'objectif pratique à atteindre et concevoir un projet d'action approprié à cet objectif ?

5. L'acteur a-t-il réussi à mettre en œuvre adéquatement ce projet d'action ?

■ Quelles vertus particulières sont sollicitées par ces exigences ?

Remarque : Comme nous l'avons déjà souligné, il est possible que certaines des cinq composantes ne soient pas pertinentes dans une situation donnée.

RÉVISION

1. Selon Hume, pourquoi la morale ne peut-elle se fonder que sur des sentiments et non sur la raison ?

2. Quels sont les deux critères du point de vue moral selon Hume ?

3. En quel sens l'éthique de Hume est-elle essentiellement une éthique du caractère et des vertus ?

4. Quel rôle Hume assigne-t-il à la sympathie dans l'émergence du sens moral ?

5. Pourquoi Hume en est-il venu à substituer la bienveillance à la sympathie en tant que fondement du sens moral ?

6. Que veut dire Hume quand il qualifie la justice de vertu « artificielle » ?

7. Quelles sont les cinq composantes de l'exercice d'une vertu ?

8. Pourquoi les partisans de l'éthique des vertus croient-ils qu'il est impossible de déterminer dans l'absolu la bonne action à accomplir dans une situation donnée ?

9. Quels principaux facteurs interviennent dans le développement des vertus ?

10. Quelles principales critiques adresse-t-on à l'éthique des vertus ?

RENVOIS AUX « DOMAINES D'APPLICATION »

On trouvera des illustrations de l'éthique des sentiments et des vertus de Hume dans les cinq sections de la deuxième partie du manuel (« Domaines d'application »).

- L'éthique des affaires :
  - l'éthique de la direction d'entreprise, p. 215 et 216.
  - la dénonciation publique, p. 224 et 225.

- L'éthique de l'environnement :
  - une nouvelle vertu, p. 243 et 244.
  - nos devoirs envers les animaux, p. 245.

- La bioéthique :
  - le principe de bienfaisance, p. 266.

- L'éthique de la science et de la technologie :
  - les fondements éthiques de la science, p. 296.
  - la recherche sur des sujets humains, p. 302.

- L'éthique de l'art :
  - la morale de l'autonomie, p. 327.

EXERCICE
DE SYNTHÈSE
Les vertus et les vices d'Oskar Schindler

L'industriel allemand Oskar Schindler (1908-1974) a connu un destin extraordinaire qui a été raconté par Steven Spielberg dans son célèbre film *La liste de Schindler* (1993)[14]. Schindler a sauvé plus de 1100 juifs des camps d'extermination nazis. Rien pourtant dans la vie qu'il avait menée jusque-là ne semblait le prédisposer à ce rôle de héros. Entrepreneur malhabile et malheureux en affaires, Schindler a travaillé dans les services secrets allemands («l'Abwerh») et est devenu membre du parti nazi en 1939. Les traits marquants de sa personnalité n'annonçaient rien de bon. Il était égocentrique, impulsif, immature, buveur invétéré, frivole. On l'a décrit comme un manipulateur, un beau parleur, un opportuniste, capable de recourir à tous les stratagèmes pour arriver ses fins, un séducteur impénitent qui a multiplié les aventures amoureuses tout au long de son mariage avec son épouse malheureuse, Émilie Pelz. Il possédait un charme naturel irrésistible, un rire communicatif et savait dissimuler ses ruses derrière une candeur de surface. Malgré tout cela, son épouse avouait admirer «sa gentillesse et son empressement à aider les autres[15]».

Oskar Schindler.

Schindler a profité de l'invasion de la Pologne par l'armée allemande pour s'approprier une usine de matériel culinaire appartenant à un industriel juif. L'usine était située à Cracovie, non loin du plus grand camp de la mort nazi, Auschwitz. Schindler eut d'abord l'intelligence de s'entourer de collaborateurs juifs compétents qui l'ont aidé à bien gérer son usine. Son épouse Émilie, qui a elle aussi joué un rôle édifiant dans toute cette histoire, a également pallié les déficiences de Schindler sur le plan organisationnel. Celui-ci a progressivement augmenté la proportion de ses travailleurs juifs, qui constituaient la main-d'œuvre la moins chère. En même temps, il était soucieux de bien traiter ses ouvriers, convaincu qu'il était d'améliorer ainsi leur rendement, et il convient de préciser que d'autres chefs d'entreprise allemands ont imité Schindler à ce chapitre. De plus, il est clair que ce dernier a longtemps cru qu'il pourrait continuer d'exploiter son entreprise après la fin de la guerre. C'est à cette fin qu'il a finalement embauché plus d'un millier de travailleurs juifs. Il n'avait de cesse d'exploiter son réseau d'influence étendu, de multiplier repas bien arrosés et pots-de-vin en argent ou en biens. Il usait de son charme naturel pour obtenir les avantages et privilèges utiles à la conduite de ses affaires, ainsi que pour se tirer d'embarras dans plusieurs litiges qui auraient pu tourner mal pour lui (dont trois arrestations par les SS). Son argument préféré pour justifier les bons traitements dont jouissaient ses Juifs était que la bonne santé de ses ouvriers leur permettait d'être plus productifs et de contribuer efficacement à l'effort de guerre allemand.

---

14. Le film de Spielberg est, il faut le noter, une version romancée de l'odyssée de Schindler, qui contient plusieurs inexactitudes et affabulations. La plus importante est que Schindler n'est pas l'auteur de la fameuse «liste»! De plus, Schindler n'est jamais allé à Auschwitz pour sauver ses trois cents ouvrières, comme il le fait dans le film.

15. David M. Crowe, *Oskar Schindler, The Untold Account of His Life, Wartime Activities, and the True Story Behind The List*, Cambridge, MA, Wetsview Press, 2004, p. 8-9. Notre compte rendu se base essentiellement sur cet ouvrage remarquable, signé de la plume d'un historien réputé.

Il est clair que Schindler était d'abord venu à Cracovie pour faire de l'argent. Comment est-il devenu ce héros dont l'histoire a fait le tour du monde? Selon son biographe David M. Crowe, «sa transformation s'est déroulée lentement sur une longue période[16]». À mesure qu'il a pris conscience de l'existence des camps d'extermination et des horreurs que les nazis perpétraient contre les Juifs, ses sentiments de compassion envers ses ouvriers se sont fortifiés. Il est clair que l'objectif de les sauver de la mort était devenu à la fin sa principale préoccupation et il a déployé des efforts exceptionnels pour y arriver. Il a dépensé une fortune en pots-de-vin pour acheter le silence des gardes postés à son usine et du personnel administratif qui venait régulièrement l'inspecter, ainsi qu'en achats de médicaments et de nourriture sur le marché noir au profit de ses ouvriers. Alors qu'il aurait pu simplement fermer boutique et s'en aller avec les profits qu'il avait accumulés jusque-là, il s'est lancé dans la folle entreprise de convaincre les SS de transformer son usine en fabrique d'armements, de la démanteler et de la transférer à Brünnlitz, en Tchécoslovaquie, et ce, au risque de perdre toute sa fortune et même sa vie. Il multiplia ensuite les astuces pour empêcher que la production démarre dans cette usine, dont ne sortira jamais aucun obus utilisable. Il prit des risques énormes pour sa sécurité personnelle comme d'oser défendre des ouvriers juifs accusés de crimes et de soutenir clandestinement des organisations de résistance juives. Il manifesta un optimisme à toute épreuve à travers toutes ces péripéties angoissantes et remontait inlassablement le moral de ses ouvriers qu'il appelait «mes enfants».

Il n'est pas facile de démêler les motivations qui animèrent Schindler. On sait qu'il a eu des amis juifs dans son enfance. Ceci l'a peut-être influencé dans son attitude envers les Juifs. Il est clair aussi qu'il acquit au fil du temps un fort attachement pour ses ouvriers et que l'idée de les voir soumis aux cruautés innommables que les nazis menaçaient de leur infliger lui faisait horreur. L'effroyable massacre d'enfants auquel il aurait assisté lors de la fermeture du ghetto juif de Cracovie l'aurait particulièrement bouleversé. Il convient d'ajouter qu'il a également porté secours dans les derniers moments à d'autres Juifs qui n'étaient pas à son service. Schindler a d'ailleurs continué de manifester son affection profonde pour les Juifs et pour Israël dans les décennies qui ont suivi la guerre. On sait également qu'il trouvait de plus en plus difficile, à la fin, de surmonter son dégoût et de continuer de jouer de ses talents de beau parleur et d'afficher sa bonne humeur proverbiale avec les officiels nazis qu'il devait influencer ou soudoyer.

Oskar Schindler est le seul ancien membre du parti nazi à avoir reçu le titre de «Juste parmi les nations», honneur accordé aux non-Juifs qui ont sauvé la vie de Juifs au cours de l'Holocauste. Ses restes reposent dans le cimetière orthodoxe du mont Sion à Jérusalem.

---

1. Appliquez à l'histoire de Schindler la méthode d'analyse présentée dans le «Mode d'application» de l'éthique des vertus, à la p. 39.

2. David Hume considère que la vertu fondamentale qui forme le noyau de notre sens moral est la bienveillance. L'histoire d'Oskar Schindler confirme-t-elle cette idée?

3. Hume considère que notre bienveillance naturelle est plutôt une bienveillance de proximité, c'est-à-dire une bienveillance motivée par un attachement à des gens qui sont proches de nous plutôt qu'une bienveillance universelle envers l'humanité en général. Comment qualifieriez-vous, à cet égard, la bienveillance manifestée par Schindler?

4. Une des caractéristiques de l'éthique des vertus est le fait qu'elle ne trace pas de délimitation stricte entre la sphère des qualités morales et celle des qualités non morales. L'analyse du cas Schindler justifie-t-elle cette position?

5. Un autre trait de l'éthique des vertus est le fait qu'elle ne voit pas d'incompatibilité entre nos tendances égoïstes et altruistes, qui peuvent parfois coïncider sans problème. Voyez-vous une confirmation de cette idée dans l'histoire d'Oskar Schindler?

6. L'histoire de Schindler pose une question troublante: le vice peut-il servir la morale et se transformer en vertu? Essayez de répondre à cette question.

---

16. *Ibid.*, p. 624.

ANALYSE

Dans le texte qui suit, extrait de l'*Enquête sur les principes de la morale*, David Hume tente de démontrer que son éthique, fondée sur les sentiments moraux, peut répondre adéquatement à l'exigence d'*universalité* de la morale.

1. Trouvez des passages du texte où sont formulés les deux critères du point de vue moral que nous avons définis plus haut dans ce chapitre.

2. Trouvez des passages du texte qui montrent bien que la bienveillance, aussi appelée « sentiment d'humanité » par Hume, est bien le noyau central de la morale pour ce dernier.

3. Selon Hume, les sentiments moraux universels sont-ils plus forts que nos autres motivations ?

4. Dans ce texte, Hume donne surtout des exemples négatifs de jugements universels de blâme ou de condamnation. Êtes-vous d'accord avec ces exemples ? Ces jugements sont-ils véritablement universels ?

5. Complétez l'analyse de Hume en trouvant au moins deux exemples de jugements positifs d'approbation à l'égard de certains comportements moralement bons qui pourraient être considérés comme universels ou partagés par la plupart des humains.

→ Prix nobel
de Paix
→ Schindler

L'UNIVERSALITÉ DE LA MORALE[17]

L'avarice, l'ambition, la vanité et toutes les passions que l'on associe vulgairement, quoique improprement, sous la dénomination d'*amour de soi* sont ici exclues de notre théorie concernant l'origine de la morale, non parce qu'elles sont trop faibles, mais parce qu'elles n'ont pas une orientation correspondante à ce projet. La notion de morale implique un sentiment, commun à tous les hommes, qui recommande le même objet à l'approbation générale et fait que tous les hommes, ou la plupart d'entre eux, se rejoignent dans la même opinion ou dans la même décision à ce sujet. Elle implique aussi un sentiment si universel et si général qu'il s'étende à toute l'humanité et fasse des actions et de la conduite des personnes, même les plus éloignées, un objet d'approbation ou de condamnation selon qu'elles sont ou non en accord avec cette règle de droit établie. Ces deux circonstances nécessaires appartiennent seulement au sentiment d'humanité sur lequel nous insistons ici. Les autres passions provoquent, dans tous les cœurs, de nombreux sentiments puissants de désir ou d'aversion, d'affection ou de haine, mais elles ne sont ni suffisamment ressenties en commun, ni de portée assez étendue pour constituer le fondement d'un système général et d'une théorie établie du blâme et de l'approbation.

Quand un homme appelle un autre homme son *ennemi*, son *rival*, son *antagoniste*, son *adversaire*, il est entendu qu'il parle le langage de l'amour de soi et qu'il exprime des sentiments qui lui sont particuliers et qui naissent de sa situation et des circonstances qui lui sont propres. Mais lorsqu'il applique à un autre les épithètes de *vicieux*, *odieux* ou *dépravé*, il parle alors un autre langage et exprime des sentiments à propos desquels il s'attend à l'accord de tous ceux qui l'écoutent. Il doit donc, dans ce

---

17. David Hume, *Enquête sur les principes de la morale, op. cit.*, p. 187-190. Notez que dans ce texte, Hume utilise l'expression « amour de soi » comme synonyme d'« égoïsme » et que le mot « principe » n'est pas pris par lui dans le sens de norme négative, comme nous l'avons vu précédemment, mais sert simplement à désigner une tendance ou un sentiment fondamental.

cas, faire abstraction de sa situation privée et particulière et choisir un point de vue que les autres puissent partager avec lui. Il doit mettre en jeu un principe universel de la nature humaine et toucher une corde susceptible de faire vibrer toute l'humanité en accord et en harmonie. Si donc il a l'intention d'exprimer que cet homme possède des qualités dont la tendance est pernicieuse pour la société, il a choisi ce point de vue commun et a touché ce principe d'humanité en lequel tous les hommes, à quelque degré, se rencontrent. Tant que le cœur humain sera composé des mêmes éléments qu'à présent, il ne sera jamais complètement indifférent au bien public ni entièrement insensible à la tendance des caractères et des mœurs. Et bien que cette affection d'humanité ne puisse, généralement, être considérée comme aussi forte que la vanité ou l'ambition, cependant, étant commune à tous les hommes, elle seule peut être le fondement de la morale ou d'un quelconque système général de blâme ou d'éloge. L'ambition d'un homme n'est pas l'ambition d'un autre homme, et le même événement ou le même objet ne les satisferont pas tous deux ; mais le sentiment d'humanité d'un homme est le sentiment d'humanité de tous, et le même objet touche cette passion en toutes les créatures humaines.

Mais les sentiments qui naissent de celui d'humanité non seulement sont les mêmes chez toutes les créatures humaines, et produisent la même approbation ou le même blâme, mais de plus ils s'appliquent à tous les êtres humains, et il n'en est pas un dont la conduite ou le caractère ne soit, en vertu de ces sentiments, un objet de blâme ou d'approbation. Au contraire, ces autres passions, que l'on nomme communément égoïstes, ont à la fois pour effet de produire des sentiments différents en chaque individu, selon sa situation particulière, et de considérer la plus grande partie de l'humanité avec une indifférence et un détachement absolu. Quiconque me tient en grande considération et en haute estime flatte ma vanité, quiconque manifeste du mépris me mortifie et me déplaît ; mais, comme mon nom n'est connu que d'une faible part de l'humanité, peu nombreux sont ceux qui entrent dans la sphère de cette passion ou qui suscitent, à cause d'elle, mon affection ou mon inimitié. Mais si vous représentez un comportement tyrannique, insolent ou barbare, en quelque lieu ou en quelque âge du monde, je porte aussitôt mon regard sur la tendance pernicieuse d'une telle conduite, et j'éprouve le sentiment de déplaisir et de répugnance à son égard. Nul caractère ne peut, sous ce jour, m'être si éloigné qu'il me laisse complètement indifférent. Ce qui est bénéfique à la société ou à l'homme lui-même doit toujours être préféré. Et toute qualité ou toute action de tout être humain doit, par ce moyen, être rangée dans une certaine classe ou sous quelque dénomination exprimant le blâme ou l'approbation de tous.

Par conséquent, que pouvons-nous demander de plus pour distinguer entre les sentiments dépendant de l'humanité et ceux qui sont attachés à d'autres passions, ou pour décider de manière satisfaisante pour quelle raison les premiers sont l'origine de la morale, et non les seconds ? Toute conduite qui gagne mon approbation en touchant mon humanité emporte aussi l'approbation de tous les hommes, en s'adressant chez eux au même principe. Mais ce qui sert mon avarice ou mon ambition satisfait ces passions pour moi seul, et n'affecte pas l'avarice et l'ambition du reste de l'humanité. Il n'est point de circonstance dans la conduite d'un homme qui, pourvu qu'elle ait une tendance bénéfique, ne soit agréable à mon humanité, si éloignée de moi que puisse être cette personne. En revanche, tout homme assez lointain pour ne pas contrarier ni servir mon avarice et mon ambition est considéré par ces passions-là comme totalement indifférent. Par conséquent, la distinction est si grande et si évidente entre ces deux genres de sentiments que la langue doit s'y conformer rapidement et qu'il faut inventer un ensemble de termes spécifiques, afin d'exprimer ces sentiments universels de blâme ou d'approbation qui naissent de l'humanité ou de considérations de l'utilité générale et de son contraire. On connaît alors la vertu et le vice, la morale est reconnue, on constitue certaines idées générales sur la conduite et le comportement des hommes, on attend d'eux telles mesures dans telles situations. Cette action-ci est déterminée comme conforme à notre règle abstraite, cette autre lui est contraire. Et c'est par de tels principes universels que l'on contrôle et que l'on limite souvent les sentiments particuliers de l'amour de soi.

L'éthique de Kant

Avec David Hume, nous avons fait la connaissance d'une des grandes figures du « siècle des Lumières », ce point tournant de l'histoire occidentale où l'on assiste à l'éclosion de l'humanisme moderne. Hume croyait avoir trouvé une source humaine de la morale dans nos sentiments naturels de bienveillance. Dans ce chapitre, nous allons nous pencher sur la conception rationaliste de l'humanisme moral, celle qui voit plutôt dans la raison le seul fondement possible d'une morale humaine. Le philosophe qui a défini de la manière la plus radicale et la plus rigoureuse cette éthique rationaliste est, sans contredit, Emmanuel Kant. Pour Kant, la raison est la source de la morale, parce qu'elle préside à la formulation de ses critères. L'intérêt principal de Kant n'est pas l'étude du caractère des acteurs, mais la détermination des principes fondamentaux de la morale.

L'AUTONOMIE DE L'ÊTRE HUMAIN

La philosophie pratique de Kant est un des monuments de l'éthique. Nous n'allons pas explorer toutes les facettes de cette philosophie ambitieuse, mais plutôt nous concentrer sur son inspiration fondamentale, soit la vision de l'être humain qu'elle développe. Cette vision, qui a exercé une influence déterminante sur toute la philosophie éthique moderne, est basée sur l'idée de l'autonomie et de la liberté de l'être humain.

Pour Kant, la vocation de tout être humain est de penser par soi-même. La devise des Lumières est selon lui : « Aie le courage de te servir de ton propre entendement[1]. » Cette devise signifie que ce n'est plus à la société, à la religion ou à une figure quelconque d'autorité de décréter, à notre place, ce qui est bien et ce qui est mal. C'est en lui-même, dans l'espace intérieur de sa conscience, que chacun de nous doit chercher la réponse à ses interrogations morales. Ne nous méprenons pas, toutefois. L'autonomie dont parle Kant n'est pas la liberté de faire ce qu'on veut quand on le veut. Kant continue de concevoir la morale comme l'expression d'obligations et de lois. S'il rejette la morale sociale autoritaire du passé, il ne renonce pas pour autant à chercher une assise solide à la morale. Il se trouve en fait devant une grave difficulté, celle d'élaborer une morale qui puisse réconcilier l'idée de loi et celle de liberté. Il s'agit, pour Kant, de fonder l'idée, paradoxale en apparence, d'*un être libre qui s'impose à lui-même une loi morale*.

Il faut prendre garde ici au sens que donne Kant à l'expression « loi morale ». Il entend par là la loi morale *intérieure* qu'une conscience se donne à elle-même et non les lois *extérieures* qui sont imposées aux individus par un gouvernement et qui relèvent de ce que Kant appelle le « droit ».

---

1. Emmanuel Kant, « Réponse à la question : qu'est-ce que "les Lumières" ? », dans *La philosophie de l'histoire*, Paris, Gonthier, coll. Médiations, 1946, p. 46.

DE LA BONNE VOLONTÉ AU DEVOIR

Scrutant notre expérience *intérieure* de la moralité, Kant y cherche ce qui en constitue l'essence et il la trouve dans l'idée de « bonne volonté ». Quand vient le temps de savoir si quelqu'un a fait une bonne ou une mauvaise action, l'essentiel n'est pas la conséquence ou le résultat de l'action, mais plutôt l'*intention* ou le *motif* fondamental de l'agent. Si cet acte doit procurer un avantage personnel à son auteur, qu'il réponde à un souci d'efficacité ou qu'il vise à satisfaire ses besoins, ses désirs ou ses intérêts, on ne peut le qualifier de « moral », car il est fondé sur des motifs égoïstes. Nous voyons bien qu'un acte véritablement moral exige que la personne s'élève au-dessus de ses tendances égoïstes et qu'elle se demande non pas : « Qu'est-ce que je veux ? Qu'est-ce qui me ferait plaisir ? », mais bien : « Qu'est-ce que je dois faire ? Quel est mon devoir ? » Seule une personne qui cherche honnêtement et sincèrement quel est son devoir fait montre, selon Kant, d'une volonté morale. C'est ce qu'on appelle une « bonne volonté ».

Kant voit une confirmation de son argumentation dans l'admiration que nous portons à une personne qui réussit à surmonter ses penchants égoïstes pour accomplir son devoir. En fait, plus l'écart est grand entre le devoir et l'intérêt personnel, plus l'action suscite notre admiration. Kant propose l'exemple suivant. Un prince

Emmanuel Kant
(1724-1804)

Emmanuel Kant naquit le 22 avril 1724 à Königsberg, en Allemagne. Ses parents étaient des gens simples et peu fortunés. Il grandit dans un milieu d'artisans et de commerçants, pratiquant les vertus de la rigueur, de l'honnêteté et de l'application au travail. En 1755, il commença une carrière d'enseignant à l'université de Königsberg, qu'il poursuivit jusqu'à sa retraite en 1797. Kant mena une vie paisible. On rapporte qu'il avait un emploi du temps très régulier. Il se levait tous les jours à 5 h et était de retour chez lui à 17 h. Il faisait chaque jour une promenade d'une heure. La légende veut que son souci d'exactitude à cette occasion était tel que les gens, en le voyant passer, savaient exactement l'heure qu'il était. Tous les soirs, à 22 h pile, il dormait.

Kant resta célibataire toute sa vie. On ne lui connaît pas d'aventures amoureuses. Il appréciait néanmoins la compagnie. Il fréquentait un petit cercle d'amis qui lui tint lieu de famille. Il ne mangeait jamais seul. Il était d'allure frêle et de petite taille, doux de caractère et d'une bonne humeur inaltérable.

Lorsqu'il mourut le 12 février 1804, il était célèbre et la ville organisa des funérailles grandioses en son honneur. Sur sa tombe est gravée cette phrase tirée de la *Critique de la raison pratique* : « Deux choses remplissent le cœur d'une admiration et d'une vénération toujours nouvelles et toujours croissantes, à mesure que la réflexion s'y attache et s'y applique : le ciel étoilé au-dessus de moi et la loi morale en moi. »

puissant ordonne à un homme de faire un faux témoignage contre une honnête personne dont il veut se débarrasser et il le menace de mort s'il n'obtempère pas à son ordre. Nous pourrions très bien comprendre, dit Kant, que la victime d'un tel chantage se plie à la volonté du prince, mais nous éprouverions sûrement une profonde admiration pour elle si elle refusait de se parjurer au risque de sa vie. Pour Kant, les exemples de ce genre nous indiquent qu'*une conception juste de la moralité doit séparer clairement le devoir moral de la recherche égoïste du bonheur.*

Ce qui importe, c'est donc le motif ou l'intention qui anime l'agent. *La seule intention qui soit purement morale est le souci d'accomplir son devoir.* Prenons le cas de deux marchands qui traitent leurs clients avec une parfaite honnêteté et vendent à tous leur marchandise à un prix juste et égal. L'un des deux agit de la sorte simplement par intérêt, calculant qu'un tel procédé lui assurera la fidélité de ses clients, alors que l'autre le fait, au contraire, parce qu'il croit que c'est la seule façon correcte d'agir. Seul le deuxième, selon Kant, a agi moralement, puisqu'il a agi par devoir et non par intérêt.

Kant va plus loin encore et affirme que celui que la nature a doté d'un caractère froid et indifférent aux souffrances d'autrui a plus de mérite à se porter au secours d'autrui que celui qui jouit d'un caractère bienveillant et qui le fait naturellement, car seul le premier le fait vraiment par devoir. Il importe donc à Kant de dissocier la recherche du bonheur de la moralité. Il ne faut toutefois pas en conclure qu'il ne reconnaît pas aux êtres humains le droit d'être heureux. Kant insiste seulement sur le fait que, lorsque nos actions comportent un enjeu moral (ce qui est loin d'être toujours le cas, fort heureusement), nous devons, pour nous assurer de prendre la décision la plus juste, faire temporairement abstraction de nos penchants égoïstes naturels.

DEVOIR MORAL ET SENTIMENTS

La notion de devoir est donc au fondement de l'éthique de Kant. Mais comment la personne peut-elle savoir quel est son devoir? Comment, par exemple, peut-elle s'assurer que le refus de faire un faux témoignage ou d'aider une personne en détresse constitue un devoir moral? Kant a déjà écarté la possibilité de s'en remettre à une source extérieure, telle que les traditions sociales ou la religion. Qu'y a-t-il donc dans la conscience de la personne qui puisse lui servir de guide sûr dans cette quête? Ne serait-ce pas tout simplement ses sentiments moraux naturels, ainsi que le suggère Hume?

Non, tranche Kant: la personne ne peut s'en remettre aux sentiments pour déterminer quel est son devoir. Nous sommes davantage le jouet que le maître de nos sentiments. Nous sommes impuissants à les contrôler. Ils dépendent de facteurs contingents, comme l'éducation, les relations personnelles, les attachements. Les sentiments sont souvent inconstants: par exemple, nous pouvons être bien disposés un jour à aider notre prochain et perdre ce bel enthousiasme le lendemain à la suite d'une mauvaise nouvelle qui nous plonge dans un état dépressif. Sans compter que, comme le reconnaissait Hume, les sentiments sont généralement partiaux. Nous sommes en effet enclins à accorder plus de bienveillance et de respect à nos proches qu'aux étrangers. De plus, les sentiments altruistes sont aisément entachés de tendances égoïstes. Ainsi, c'est pour notre propre bonheur que nous voulons le bonheur de l'être aimé. Nous voulons soulager sa souffrance pour mettre un terme à la nôtre. Mais il faut vouloir secourir autrui, même quand nos sentiments y font obstacle. C'est là, pour Kant, le meilleur signe de moralité, celui d'une action faite par devoir. Or, *les sentiments, de par leur nature même, ne peuvent être l'objet d'un devoir.* Ils sont *spontanés*, et c'est d'ailleurs ce qui fait toute leur valeur : « [...] un *devoir d'aimer* est une absurdité. [...] ce qu'on fait par contrainte, cela ne s'accomplit pas par amour[2]. »

Il faut bien comprendre que Kant ne dit pas que les sentiments moraux sont mauvais. Il reconnaît leur influence généralement positive sur nos tendances morales. Mais il les juge trop instables pour pouvoir servir à déterminer le devoir moral.

LE DEVOIR MORAL : HUME CONTRE KANT

On peut mesurer le fossé qui sépare l'éthique de Hume de celle de Kant. Pour Hume, faire le bien devrait être satisfaisant pour celui qui le fait, car sa motivation vient de sentiments naturels. Il n'y a donc pas pour Hume d'incompatibilité entre le plaisir et le devoir. Plus encore, ce qui est considéré par Kant comme le sommet de la motivation morale, le fait d'agir par seul souci de faire son devoir, est précisément considéré par Hume comme son niveau le plus bas. Pour Hume, celui qui a un caractère froid et qui agit moralement seulement par souci de faire son devoir souffre d'une lacune sur le plan du caractère et c'est celui qui fait le bien avec plaisir et amour qui est supérieur sur le plan moral.

EXERCICE 3.1

Laquelle parmi les trois motivations suivantes aurait une valeur morale aux yeux de Kant ? Pourquoi ?

Laquelle aurait la plus grande valeur aux yeux de Hume ?

Laquelle vous semble avoir la plus grande valeur morale ? Pourquoi ?

1. Votre conjoint vous dit qu'il vous a toujours été fidèle parce qu'il est encore fou de vous comme aux premiers jours de votre rencontre, ce qui fait qu'il n'a jamais éprouvé d'attrait pour une autre personne.

2. Votre conjoint vous assure que s'il vous a toujours été fidèle, c'est parce qu'il a su résister, par obéissance à sa conscience, aux nombreuses tentations auxquelles il a été exposé.

3. Votre conjoint vous avoue qu'il a été souvent attiré par beaucoup d'autres personnes de l'autre sexe, mais qu'il vous a toujours été fidèle pour ne pas courir le risque de vous faire de la peine.

---

2. Emmanuel Kant, *Métaphysique des mœurs II*, trad. de l'allemand par Alain Renaut, Paris, GF-Flammarion, 1994, p. 246.

LE DEVOIR EST LA VOIX DE NOTRE RAISON

Il faut donc chercher ailleurs que dans les désirs et les sentiments la source du devoir moral. Qu'y a-t-il d'autre au cœur de notre conscience qui puisse remplir cette mission ? Pour Kant, la réponse est évidente : c'est la voix de notre raison. *La raison est la clé de voûte de toute la théorie éthique kantienne.* Avant d'élaborer sa théorie éthique, Kant s'était appliqué à étudier les pouvoirs et les limites de la raison humaine dans le domaine de la connaissance. Il avait été amené à reconnaître à la raison des pouvoirs extraordinaires et incontestables dans ce domaine, attestés par l'existence des lois de la géométrie, de la physique et des mathématiques. La force de la pensée rationnelle lui apparaissait résider notamment dans sa capacité d'énoncer des propositions qui ont une validité *universelle*. Ainsi, l'énoncé « La somme des angles d'un triangle est de 180° » est une vérité incontestable pour tout être rationnel.

Cependant, dans le domaine moral, il est loin d'être évident que la raison humaine puisse afficher de telles prétentions. Pour sa part, Hume prônait une éthique qui accordait au sentiment une influence prépondérante dans nos tendances morales et affirmait sa suprématie sur la raison. Kant veut carrément renverser cette hiérarchie en faveur de la raison. Il veut démontrer que la raison peut étendre ses pouvoirs au domaine pratique de l'action. Mais comment ? Est-il concevable que l'on puisse prouver rationnellement et hors de tout doute qu'une règle morale est absolument bonne ? Le défi que Kant va tenter de relever, c'est de démontrer que la raison humaine peut produire des principes moraux dont tous les humains reconnaîtraient également la validité.

L'IMPÉRATIF CATÉGORIQUE

Kant poursuit donc sa quête. Il analyse en détail cette expérience intérieure du devoir que nous partageons tous[3]. Comment le devoir se présente-t-il à notre conscience ? Généralement dans des propositions comme « Fais cela » ou « Je dois faire cela ». Ces énoncés prennent donc la forme d'un *impératif*, d'un commandement. Mais, remarque Kant, on peut concevoir deux types d'impératifs pratiques. Dans le cours de nos activités, nous avons toutes sortes de décisions à prendre. Nous en appelons alors à notre raison. Nous réfléchissons à une situation pour finalement aboutir à la formulation d'un impératif : « C'est cela que je dois faire. » Mais un tel impératif ne s'impose pas d'emblée à la conscience. Il résulte d'un processus de décision par lequel nous tenons compte d'une multitude de facteurs circonstanciels : notre désir ou notre préoccupation du moment, nos buts à plus long terme, le contexte dans lequel nous nous trouvons, certains événements antérieurs, les diverses conséquences prévisibles de notre action ainsi que notre souci de choisir la stratégie la plus efficace. Par exemple :

- s'il pleut, je dois prendre mon parapluie ;

---

3. Dans les pages qui suivent, nous suivons en gros le développement de la pensée de Kant dans « Fondation de la métaphysique des mœurs », qui constitue la première partie de sa *Métaphysique des mœurs*.

- si je veux que mon père me prête les clés de son auto, je dois l'aider à faire le ménage du garage ;

- si je veux être admis en médecine à l'université, je dois travailler fort pour obtenir des notes très élevées au cours de mes études collégiales ;

- si je ne veux pas perdre mon permis de conduire, je dois éviter les excès de vitesse.

Dans tous ces jugements pratiques, l'action envisagée dépend de différentes *conditions*, marquées par la particule « si ». C'est pourquoi Kant parle dans ce cas d'*impératifs conditionnels ou hypothétiques*. Notre raison est mise à contribution pour trouver les meilleurs moyens d'arriver à nos fins, c'est-à-dire pour agir le plus efficacement possible.

Mais, dit Kant, notre conscience morale intervient d'une manière différente quand vient le temps d'établir ce que nous *devons* faire. Dans ce cas, la conscience formule un commandement sans appel, une obligation sans condition. Elle énonce un *impératif catégorique*. Par exemple, quand elle nous dit : « Ne fais pas de faux témoignage » ou « Ne tue pas », elle énonce un devoir *absolu* auquel nous devons nous soumettre en toutes circonstances, parce que nous savons qu'il est toujours mal de tuer ou de se parjurer (tableau 3.1). C'est précisément dans la mesure où elle a la faculté de produire de tels impératifs catégoriques que la raison peut constituer le fondement absolu de la morale.

Tableau 3.1   Les deux types d'impératifs pratiques

Impératif catégorique	Impératif conditionnel
Fais ceci ! Peu importe les circonstances et les conséquences.	Fais ceci, si les circonstances, les buts recherchés et les conséquences prévisibles le commandent.
↓	↓
Le devoir moral	L'action efficace

EXERCICE 3.2

Quelles autres règles morales seriez-vous tenté de ranger dans la classe des impératifs catégoriques ? Il est question ici de règles absolues, qu'on ne doit jamais enfreindre.

LE PRINCIPE D'UNIVERSALISATION

La raison nous convainc par des arguments. Le problème est donc pour Kant de déterminer s'il existe des arguments que la raison pourrait invoquer sur le plan moral avec le même pouvoir de conviction qu'une règle de géométrie. La solution de Kant à ce problème est très simple : il s'en remet à l'évidence de notre sens commun moral. Kant postule que la raison peut produire des lois morales absolues et que toute loi rationnelle doit avoir une valeur universelle applicable à tous les êtres rationnels.

Si l'action que j'accomplis a une valeur morale universelle, tout être humain rationnel doit pouvoir vouloir agir comme je le fais en ce moment et je dois moi-même pouvoir vouloir que tout être humain agisse comme je le fais. Kant formule ce *principe d'universalisation* ainsi :

> Agis seulement d'après la maxime grâce à laquelle tu peux vouloir en même temps qu'elle devienne une loi universelle[4].

Ce principe définit l'impératif catégorique fondamental que Kant appelle tout simplement « loi morale ». Par exemple, puis-je vouloir que tous les humains fassent des faux témoignages ? Bien sûr que non. Dès lors, selon Kant, en faisant un faux témoignage, je n'agis pas comme devrait le faire un être rationnel et je n'agis donc pas moralement.

Évidemment, la faute dont nous parlons ici n'est pas du même ordre que celle qui disqualifie des énoncés, tels que « $2 + 2 = 5$ » ou « Je suis certain qu'on ne peut être certain de rien ». La conception kantienne de la contradiction logique dans un jugement d'ordre moral n'est du reste pas tout à fait claire. Kant en donne différentes versions selon les exemples qu'il utilise. La façon la plus simple de l'exprimer est peut-être la suivante : les lois de la raison sont universelles et ne souffrent aucune exception ; il est donc contradictoire de vouloir agir d'une certaine manière et de ne pas vouloir que tous les autres humains agissent de la même manière.

LES TROIS VERSIONS DU PRINCIPE D'UNIVERSALISATION

Un premier cas type de contradiction concerne les règles qui s'appliquent aux engagements passés et à la confiance mutuelle entre les personnes. Par exemple, le mensonge. Puis-je vouloir que tous les êtres humains mentent ? Il y a ici contradiction, explique Kant, parce que si tous les êtres humains mentaient, le mensonge deviendrait impossible, et je ne pourrais plus mentir. Ce qui me permet de mentir, c'est le fait que les autres s'attendent à ce que je dise la vérité. C'est ma dérogation à cette règle qui me permet de mentir et de profiter de la crédulité d'autrui. Par ce raisonnement, ma raison me montre clairement la valeur morale de la règle de véracité et l'immoralité du mensonge, puisque je ne peux vouloir que tous adoptent la même règle ou maxime d'action que moi, c'est-à-dire que tous mentent.

Cour de justice. Pour Kant, le mensonge est la faute morale la plus grave qui soit : « Le mensonge fait de l'homme un objet de mépris général et est le moyen par lequel il s'ôte à ses propres yeux le respect et la confiance que chacun devrait avoir pour lui-même. » (*Réflexions sur l'éducation*)

4. Emmanuel Kant, *Métaphysique des mœurs I*, trad. de l'allemand par Alain Renaut, Paris, GF-Flammarion, 1994, p. 97. Le mot *maxime* a ici le sens de « principe moral ».

Le même type de raisonnement s'applique au non-remboursement d'un emprunt. Puis-je vouloir que personne ne rembourse ses emprunts, comme je le fais moi-même? Bien sûr que non, car si c'était le cas, plus personne ne pourrait faire d'emprunt. C'est parce que les personnes respectent l'obligation de rembourser leurs emprunts que je puis moi-même faire un emprunt. Mon prêteur me fait confiance et s'attend à ce que je le rembourse suivant les termes de notre accord. Donc, la contradiction est ici que *l'universalisation du principe d'action rendrait la réalisation de l'action impossible.*

Kant présente un autre type de cas, celui du suicide ou du meurtre. Puis-je vouloir que de telles pratiques soient universalisées? Non, bien sûr. Mais pourquoi? L'argument qu'il avance dans ce cas est qu'une humanité qui ferait du suicide ou du meurtre une règle morale se détruirait elle-même. La contradiction est donc que *la volonté d'universaliser cette action équivaudrait pour l'humanité à vouloir sa propre destruction.*

Les exemples qui précèdent constituent pour Kant des devoirs stricts en ce sens que nous devons y obéir de façon absolue. L'exemple qui suit est d'un autre ordre. Il s'agit du cas d'une personne qui refuserait de venir en aide à quelqu'un dans le besoin. Kant dit que l'universalisation du refus d'aider autrui ne mènerait pas nécessairement à la destruction du genre humain. Mais il est impossible que chaque être humain veuille que tous agissent toujours ainsi dans la mesure où chacun sait qu'il aura tôt ou tard besoin de l'assistance d'autrui. Je ne peux donc refuser mon aide à autrui et vouloir en même temps qu'autrui me vienne en aide. Il y a là une contradiction. Dans ce cas, la contradiction réside dans le fait que tout être raisonnable ne peut vouloir que tous agissent comme il le fait lui-même, car *cela irait à l'encontre des intérêts fondamentaux de tout être raisonnable.* Nous avons donc un devoir de bienveillance envers autrui. Tous les humains « doivent être considérés comme des semblables, c'est-à-dire des êtres raisonnables soumis à des besoins et réunis par la nature dans un même séjour en vue de s'aider réciproquement[5] ».

Devoirs stricts et devoirs larges

Ce dernier cas mène à une distinction que Kant trace entre deux types de devoirs : les devoirs *stricts* ou parfaits et les devoirs *larges* ou imparfaits. Un devoir strict et parfait est un devoir qui impose une obligation nette à remplir intégralement, sans demi-mesures. On ne doit pas plus ou moins s'abstenir de voler ou plus ou moins rembourser ses emprunts, on le fait ou on ne le fait pas. Un devoir large et imparfait est, au contraire, un devoir dont les limites ne sont pas nettes et qui admet des degrés : on peut aider autrui plus ou moins, on peut être plus ou moins généreux, etc. Le devoir large accorde à l'individu une certaine liberté dans l'appréciation de ce qu'il doit faire.

Pour ce qui est de l'aide à apporter à autrui, ce que le principe d'universalisation nous interdit, c'est de nous soustraire complètement à notre devoir et de ne rien faire. Kant ne prétend pas que nous soyons moralement obligés de fournir au prochain une aide inconditionnelle. Il ne s'agit pas d'un *devoir strict* et absolu, comme dans

---

5. Emmanuel Kant, *Métaphysique des mœurs II, op. cit.,* p. 320.

l'interdit du meurtre ou l'obligation de rembourser un emprunt, mais d'un *devoir large*, c'est-à-dire d'un devoir accordant à l'individu la liberté d'apprécier lui-même de quelle façon et à l'intérieur de quelles limites il agira.

Nous voyons maintenant comment Kant parvient à défendre l'idée apparemment paradoxale d'*une volonté libre et autonome qui se donne à elle-même la loi à laquelle elle est soumise.* C'est ma raison qui me permet d'appliquer et de vérifier en moi-même et par moi-même la validité du principe d'universalisation. Par ma raison, je peux me convaincre moi-même de sa validité. *Je peux donc aussi accepter de me l'imposer à moi-même.*

LES TROIS VERSIONS DU PRINCIPE D'UNIVERSALISATION

Le principe d'universalisation revient à se poser la question suivante : « Puis-je vouloir que tous les humains agissent comme je projette de le faire ? »

Si la réponse est oui : mon action est morale.

Si la réponse est non, elle est immorale, et ce pour l'une des trois raisons suivantes :

1. l'universalisation de mon action rendrait sa réalisation impossible ;
2. l'universalisation de mon action entraînerait la destruction de l'humanité ;
3. l'universalisation de mon action irait à l'encontre des intérêts fondamentaux de tout être raisonnable.

EXERCICE 3.3

Appliquez le principe d'universalisation de Kant aux cas suivants. Arrivez-vous à une contradiction en universalisant l'action en question ? Si oui, à quel type de contradiction, parmi les trois types énumérés par Kant ?

- Passer devant les autres dans une file d'attente.
- Voler les biens d'autrui.
- Tricher aux examens.
- Rester célibataire et ne pas avoir d'enfants, à l'instar de Kant.

L'UNIVERSEL, LE GÉNÉRAL ET LE PARTICULIER

On peut apprécier la fécondité et la pertinence du principe d'universalisation lorsqu'on l'applique à certains grands principes moraux, tels que l'interdit du meurtre ou du mensonge. Néanmoins, il peut faire l'objet de critiques sévères.

Considérons par exemple le caractère inconditionnel de l'impératif catégorique. En nous forçant à élever notre jugement à un niveau universel, Kant nous demande de ne retenir de notre action que ses aspects *universalisables*. Il nous faut donc faire abstraction de tout ce qui peut être considéré comme particulier et singulier dans les circonstances ou les conséquences d'une action, car, autrement, il serait facile de trouver toutes sortes de bonnes raisons pour ne pas respecter la loi morale. Prenons le cas du mensonge. Il n'y a rien de plus facile que de se trouver de bonnes raisons de mentir et nous le faisons souvent. Nous mentons pour ménager la susceptibilité d'un ami, pour éviter de nous placer dans l'embarras, etc. Pour éviter ces écarts, il ne faudrait appliquer le principe d'universalisation qu'à l'acte *général* de mentir. Cette position rigide a amené Kant à affirmer que nous devrions dire la vérité, même dans le cas où un homme armé nous demanderait de lui indiquer où se trouve la personne qu'il veut tuer ! Nous sommes ici aux antipodes de l'éthique des vertus qui met en rapport la conduite morale avec les exigences particulières de chaque situation. Oskar Schindler mentait effrontément aux officiers SS et l'on peut considérer que ses mensonges étaient moralement justifiés dans la situation exceptionnelle où il se trouvait.

Plusieurs philosophes contemporains ont tenté de trouver une solution à ce dilemme tout en restant fidèles à l'inspiration universaliste de Kant. Par exemple, le philosophe américain Richard M. Hare a montré qu'on pouvait sauvegarder le principe d'universalisation tout en intégrant à l'impératif catégorique certaines conditions particulières « universalisables » de nos actions. L'exemple le plus simple est celui de la légitime défense. Nous pourrions énoncer un impératif « conditionnel » comme « Tu peux tuer si tu te trouves dans une situation où le meurtre est pour toi le seul moyen possible de sauver ta vie » et nous pourrions spécifier d'autres circonstances particulières dans lesquelles se trouverait une personne confrontée à ce choix. *Cet impératif conditionnel serait néanmoins universalisable, dans la mesure où tout être raisonnable pourrait être d'accord avec ce qu'il prescrit*[6].

Pour sa part, le philosophe allemand Jürgen Habermas considère que l'erreur de Kant a été de ne pas avoir tracé « une stricte séparation entre les questions de fondation de normes et celles de leur application. [...] Nous ne pouvons *d'un seul coup* fonder des normes et justifier des actions concrètes[7] ». Le principe d'universalisation est approprié à la tâche de fonder les normes. Il permet de soumettre chaque norme morale à un test de validation qui confirme sa valeur *générale*. Mais cette opération ne peut logiquement être identique à l'application d'une norme à une situation particulière. On peut considérer qu'il est plutôt irrationnel de vouloir appliquer concrètement une norme morale sans tenir compte des aspects particuliers de la situation où nous nous trouvons. Or, ce qui apparaît clairement dans la plupart de nos dilemmes moraux, c'est le fait que plusieurs normes différentes, dont la valeur « générale » est reconnue, peuvent, dans une situation donnée, s'appliquer simultanément et entrer en conflit. C'est ce que nous constatons dans l'exemple cité plus haut, où le devoir de dire la vérité s'oppose au devoir de protéger la vie d'autrui.

Prenons le cas suivant. Ma vieille mère est gravement malade. Il ne lui reste que quelques semaines à vivre. Elle souffre atrocement. Elle me demande si tout va bien avec ma femme et si ma petite famille est heureuse. Elle nous a toujours vus comme

---

6. On trouvera un exposé simple et concis des idées de Richard M. Hare dans son article « Universal prescriptivism », Peter Singer (dir.), *A Companion to Ethics*, Cambridge, Blackwell Reference, 1991, p. 451-463.

7. Jürgen Habermas, *De l'éthique de la discussion*, trad. de l'allemand par Mark Hunyadi, Paris, Les Éditions du Cerf, 1992, p. 88.

une famille idéale. La réalité est que ma femme et moi pensons sérieusement à divorcer. Devrais-je lui dire la vérité? Si j'applique l'impératif catégorique à la façon de Kant, je devrais le faire. Mais est-il évident que tel est mon *devoir*? À quoi servirait cet aveu? À satisfaire ma raison? N'infligerais-je pas à ma mère des souffrances inutiles? N'ai-je pas aussi le devoir de ne pas faire souffrir autrui inutilement? Ne puis-je prétendre à juste titre être de «bonne volonté» en mentant à ma mère et ne serait-il pas légitime de penser que tout être raisonnable pourrait être d'accord avec moi à ce sujet? Ce faisant, je réconcilierais l'*universel* et le *particulier*. Chacun pourrait s'identifier à ma situation personnelle et être d'accord avec mon choix d'action, et cela ne remettrait nullement en question la valeur *générale* de l'interdit du mensonge.

KANT ET LA VERTU

Une autre difficulté de la théorie de Kant concerne le problème de la motivation morale. Kant conçoit la morale comme une lutte entre la raison et les passions. Mais on peut se demander, comme le faisait Hume, si la raison est capable à elle seule de fournir la motivation nécessaire pour vaincre les passions. Kant est conscient de ce problème et c'est pour le résoudre qu'il a recours à son tour à l'idée de vertu.

Qu'est-ce que la vertu pour Kant? C'est «la force morale de la volonté d'un homme dans l'accomplissement de son devoir[8]». Pour lui, il n'y a au fond qu'une seule vertu fondamentale, qui est le courage ou la force intérieure permettant de résister aux passions, de les surmonter et finalement de se contraindre soi-même à accomplir son devoir moral. La vertu est donc une disposition qui vient soutenir la raison dans son combat contre les inclinations naturelles. Mais, dit Kant, elle n'est elle-même ni la raison, ni une simple habitude, ni une inclination naturelle, ni une émotion. Il faut admettre qu'il est un peu difficile de comprendre la nature de cette vertu unique dont parle Kant.

EXERCICE 3.4

Imaginez une situation où l'obligation de tenir une promesse pourrait être levée à cause de circonstances particulières *universalisables*. Cette situation devrait faire intervenir une autre norme morale fondamentale qui, aux yeux de tout être raisonnable et dans les circonstances évoquées, aurait préséance sur celle de tenir ses promesses.

LE PRINCIPE DU RESPECT DE LA PERSONNE HUMAINE

Nous aurions raison d'être un peu déçus si Kant ne nous avait laissé que cette première formule de son impératif catégorique. Fort heureusement, il en a proposé une deuxième qui s'avère particulièrement féconde et souffre moins des faiblesses inhérentes à une conception exagérément rationaliste. Partant toujours de sa défini-

8. Emmanuel Kant, *Métaphysique des mœurs II, op. cit.*, p. 251.

tion de l'être humain comme être raisonnable, Kant soutient que cette caractéristique confère à chaque être humain une valeur et une dignité fondamentales. Quand la voix de la raison dit à un homme : « Ne fais pas de faux témoignage », alors même que c'est sa vie qui en dépend, elle lui dit une chose tout à fait capitale : qu'*il a le choix* entre mourir et refuser de mentir. Comme le dit Kant : « Il n'osera peut-être assurer qu'il le ferait ou qu'il ne le ferait pas, mais il accordera sans hésiter que cela lui est possible. Il juge donc qu'il peut faire une chose, parce qu'il a conscience qu'il doit la faire et il reconnaît ainsi en lui la liberté qui, sans la loi morale, lui serait restée inconnue[9]. »

LA SOURCE DE NOTRE DIGNITÉ : LA LIBERTÉ

Si les humains n'étaient que de simples animaux mus par leurs seuls intérêts vitaux et égoïstes, ils ne se poseraient même pas des questions comme celle-ci : « Devrais-je me parjurer ou accepter de mourir ? » Ils n'envisageraient jamais d'autres possibilités que la satisfaction la plus grande de leurs intérêts. Voilà ce qui distingue l'être humain de l'animal et de la chose : sa liberté. Le remords que nous ressentons à la suite d'un acte immoral atteste également cette liberté. Il n'y aurait aucun sens à me reprocher une action mauvaise si je n'avais par ailleurs la conviction que *j'aurais pu agir autrement*. De même, il n'y a aucun sens à reprocher à quelqu'un ses méfaits, si nous nions à cette personne toute liberté. Nos reproches visent précisément à éveiller cette part d'humanité qui doit exister même chez le pire des criminels. La morale présuppose que nous considérons l'être humain comme étant responsable de ses actes. Pour que cette responsabilité ait un sens, nous *devons* être libres. Cependant, nous ne pouvons pas affirmer notre liberté comme un fait d'expérience. Pour Kant, nous devons *supposer* l'existence de notre liberté pour donner un sens à notre condition d'êtres humains rationnels et moraux. L'être humain ne peut en effet être moral, s'il n'a pas le choix de ses actions.

La liberté est un caractère propre de tout être humain. Elle nous insuffle une dignité, une valeur intrinsèque que n'ont ni les animaux, ni les choses. Elle fait de nous des personnes autonomes et elle fait de chaque être humain une fin ultime, c'est-à-dire un être qui ne peut jamais être un simple moyen au service d'une autre fin. Elle met une limite à la possibilité de chacun d'agir à son gré. La liberté de chacun est la limite de la liberté de l'autre, car personne ne peut revendiquer cette dignité sans l'accorder pareillement à tous les autres. Il s'agit donc, encore une fois, d'une norme *universelle*. En tant que fin ultime, l'être humain devient l'objet d'un nouveau devoir universel et inconditionnel, un impératif catégorique. Cette nouvelle perspective conduit Kant à une deuxième formule de l'impératif catégorique affirmant le *principe du respect de la personne humaine* (le mot *fin* a ici le sens de « liberté ») :

> Agis de façon telle que tu traites l'humanité, aussi bien dans ta personne que dans la personne de tout autre, toujours en même temps comme fin, jamais simplement comme moyen[10].

---

9. Emmanuel Kant, *Critique de la raison pratique*, trad. de l'allemand par François Picavet, Paris, PUF, 1960, p. 30.

10. Emmanuel Kant, *Métaphysique des mœurs I, op. cit.*, p. 108.

Cette formule nous enjoint à respecter de façon absolue la liberté et la dignité de tous les êtres humains. Il s'agit d'un impératif catégorique au même sens que l'est le principe d'universalisation, mais nous pouvons constater qu'il s'accorde mieux à notre sens moral intuitif et s'expose moins que le premier aux critiques que nous venons d'évoquer. Kant prétend que ce principe n'est qu'une autre façon d'exprimer la loi morale fondamentale contenue dans le principe d'universalisation. Mais bien des commentateurs ne sont pas d'accord avec cette affirmation. L'idée d'un sentiment de respect à l'égard d'une *personne* n'a pas la même résonance que celle du respect à l'égard d'une *idée* ou d'un principe rationnel.

LE RESPECT NÉGATIF

Le principe kantien du respect doit d'abord être entendu dans un sens *négatif*. Il m'enjoint à m'abstenir d'accomplir certaines actions qui porteraient atteinte à l'autonomie et à la liberté d'autrui. Ce principe a un champ d'application très vaste. Il se révèle pertinent tant dans la sphère privée des relations interpersonnelles que dans la sphère publique, où il sous-tend un certain nombre de droits fondamentaux qui pourront

Se prostituer, un manque de respect envers soi-même aux yeux de Kant.

être traduits sur le plan légal ou juridique en règles de justice, en protections contre la violence, le viol, le vol, la fraude, etc. Lorsque je mens à autrui, que je le soumets au chantage ou que je ne tiens pas mes engagements envers lui, je l'utilise comme un simple moyen pour arriver à mes fins et je lui manque de respect. Le devoir de respect s'applique également à la sphère de la morale *intrapersonnelle*, c'est-à-dire aux exigences morales que nous devons avoir envers notre propre personne. Pour Kant, cette exigence disqualifierait la prostitution. En me prostituant, je ne me respecterais pas moi-même en tant qu'être libre, car j'userais de ma personne comme d'un simple moyen pour arriver à une fin, qui est de gagner de l'argent. De même, un artiste doté d'un talent naturel qui n'exploiterait ses dons qu'à des fins bassement commerciales manquerait de respect envers lui-même. Le manque de respect envers soi-même peut encore se manifester dans les situations où un individu se laisse dominer, manipuler ou entraîner par autrui à faire des actions que sa conscience réprouve, par crainte de la solitude, du rejet ou par souci des conventions.

Dans la formulation du principe du respect, la clause du « jamais simplement comme moyen » est importante, car il est clair que nous utilisons très souvent autrui comme moyen dans des circonstances qui doivent, malgré tout, être jugées acceptables sur le plan moral. Par exemple, si je joue à un jeu ou si je pratique un sport avec une autre personne, en un sens, je me sers d'elle pour me divertir. Mais dans la mesure où elle le fait de son plein gré, je respecte sa liberté. Le critère du *consentement d'autrui* occupe donc une place importante dans l'application du principe du respect. Kant indique que le manque de respect est repérable au fait qu'autrui « ne peut aucunement être d'accord avec ma façon de procéder envers lui[11] ». Le consentement signifie donc qu'autrui devrait pouvoir faire sienne ou partager mon intention. Il faut

11. *Ibid.*, p. 109.

prendre garde, cependant, de confondre le consentement avec une soumission aux caprices d'autrui. Il ne s'agit pas de savoir si mon action fait « plaisir » à autrui, mais bien de savoir si elle est moralement juste à ses yeux. Si ma femme réclame mon aide dans l'exécution d'une tâche ménagère, cela peut me déplaire, mais je peux néanmoins juger sa demande légitime et y consentir.

LE RESPECT POSITIF

Cependant, le respect négatif tel qu'il est défini ici ne saurait être le dernier mot de notre devoir moral, car il ne recouvre pas la sphère des devoirs larges et imparfaits qui sont nos devoirs de bienveillance ou d'entraide envers autrui. Kant a donné une autre formulation à ces devoirs dans le cadre de son principe de respect. L'idée est la suivante : l'autonomie d'autrui m'interdit de décider à sa place ce qui est bon pour lui, mais je ne pourrais prétendre le respecter si je reste totalement indifférent à son bien-être et aux buts qu'il poursuit, dans la mesure, bien entendu, où ces buts sont moralement acceptables :

> [...] la fin naturelle que poursuivent tous les hommes réside dans leur bonheur personnel. Or, certes, l'humanité pourrait continuer d'exister si personne ne contribuait en quoi que ce soit au bonheur d'autrui, mais se bornait à ne pas y porter atteinte délibérément ; cela ne procurerait pourtant qu'un accord négatif et non pas positif avec l'humanité comme fin en soi, si chacun ne s'efforçait pas aussi de favoriser, dans la mesure de ses possibilités, le bonheur d'autrui. Car pour le sujet, qui est une fin en soi, il faut que ses fins, si cette représentation doit exercer sur moi la *totalité* de son effet, soient aussi, autant que possible, *mes* fins[12].

Prenons l'exemple d'une de ces situations malheureuses, où, à la suite d'une séparation, des ex-conjoints utilisent leur enfant pour « régler leurs comptes » (par exemple, en dénigrant systématiquement l'autre parent dans le but de dresser l'enfant contre lui et de le forcer à prendre parti). Il s'agit d'un cas patent où l'on se sert de l'enfant comme d'un *simple moyen* pour assouvir son ressentiment, en oubliant de considérer son intérêt et ses fins à lui, en l'occurrence son désir de maintenir des liens avec ses deux parents et de préserver l'image positive qu'il a de chacun d'eux.

Le respect positif peut donc être ramené à la bienveillance, à l'entraide, à la générosité. Il s'agit de devoirs larges aux limites imprécises qui dépendent ici des circonstances et de la situation des acteurs.

Venir en aide à une personne âgée. Une manifestation du respect d'autrui dans son sens positif.

Kant dit bien que je dois aider autrui « dans la mesure de mes possibilités ». On remarquera que le respect positif et les devoirs larges nous rapprochent singulièrement de l'éthique des vertus humienne. On peut également penser que les sentiments ont un rôle important à jouer dans ce volet de la morale (**tableau 3.2**).

---

12. *Ibid.*, p. 110.

Tableau 3.2   Points d'opposition entre l'éthique des vertus et l'éthique kantienne

Éthique des vertus	Éthique kantienne
1. L'accent est mis sur les valeurs positives.	1. L'accent est mis sur les normes négatives.
2. C'est la motivation qui est primordiale.	2. La primauté est attribuée à la validité des principes d'action.
3. Le jugement moral porte sur les personnes et sur les vertus qui composent leur caractère.	3. Le jugement moral porte sur les actions et sur les principes qui les gouvernent.
4. Les vertus reposent sur une diversité de ressources: émotions, habitudes, imagination, raison, etc.	4. Tout l'édifice moral repose à la base sur la seule raison.
5. Aux particularités des situations répondent une multiplicité de vertus.	5. Un principe unique vaut pour toutes les situations.
6. L'action morale faite par devoir est inférieure à celle faite avec plaisir.	6. L'action n'est morale que si elle est faite par devoir et non par plaisir.

EXERCICE 3.5

Kant croyait que la morale interdisait des pratiques telles que la prostitution, la masturbation, l'automutilation et le suicide, qui appartiennent à la sphère *intraper-sonnelle* de la vie morale. Son raisonnement est que le principe du respect interdit de se traiter soi-même simplement comme un moyen pour arriver à ses fins.

Plusieurs philosophes contemporains voient un problème et même une contradiction dans l'application que fait Kant du principe du respect de la personne à ce genre de cas. Pouvez-vous l'expliquer? Et qu'en pensez-vous?

Il convient de signaler en terminant que Kant a également analysé les implications politiques de sa conception éthique. Il a ainsi conçu l'idéal d'une société de type démocratique où chaque être humain libre et autonome obéit à des lois auxquelles il peut consentir parce qu'elles sont fondées sur l'impératif catégorique et ses principes d'universalisation et de respect des personnes. Kant appelle cette société idéale le « règne des fins ». Il a même imaginé son extension à un cadre international où tous les pays du monde participeraient de plein gré à une Société des Nations, vouée essentiellement à la cause de la paix dans le monde. Kant préfigurait dans cette conception ce qui deviendra au XXe siècle l'Organisation des Nations Unies (ONU).

L'œuvre de Kant continue d'inspirer les philosophes contemporains et toute la pensée éthique moderne. Nous le verrons dans des chapitres ultérieurs lors de l'étude de la théorie de la justice de John Rawls et de l'éthique des droits. Plus près de nous, notons que l'on trouve dans le préambule de la Charte québécoise des droits et libertés de la personne la phrase suivante, qui reflète parfaitement l'éthique kantienne: « Le respect de la dignité de l'être humain et la reconnaissance des droits et libertés dont il est titulaire constituent le fondement de la justice et de la paix. »

MODE D'APPLICATION

L'application de l'éthique kantienne à des cas particuliers passe par les questions suivantes.

- L'intention morale de l'agent est-elle pure ? Est-il sincère dans la recherche de son devoir moral ?
- L'agent peut-il vouloir que tout le monde agisse comme lui ?
- Utilise-t-il autrui simplement comme un moyen pour arriver à ses fins ?
- Son action pourrait-elle recevoir le consentement moral d'autrui (même si cette action ne lui « plaît » pas) ?
- A-t-il fait siennes les fins d'autrui en les appuyant activement « dans la mesure de ses possibilités » ?

RÉVISION

1. Pourquoi Kant dit-il que l'essence de la morale est la bonne volonté ?
2. Quel lien y a-t-il entre l'idée de bonne volonté et celle de devoir ?
3. Pourquoi les sentiments ne sont-ils pas un bon guide moral aux yeux de Kant ?
4. Pourquoi la raison devrait-elle être notre seul guide moral ?
5. Quels sont les deux types d'impératifs par lesquels la raison nous indique ce que nous devrions faire ?
6. Qu'est-ce que le principe d'universalisation et quelles versions Kant en donne-t-il ?
7. Quels problèmes l'application stricte du principe d'universalisation pose-t-elle ?
8. Comment faut-il comprendre le principe kantien du respect de la personne ?
9. En quel sens le principe du respect a-t-il un aspect négatif et un aspect positif ?

RENVOIS AUX « DOMAINES D'APPLICATION »

On trouvera des illustrations des principes de l'éthique kantienne dans les cinq sections de la deuxième partie du manuel (« Domaines d'application »).

- L'éthique des affaires :
  - la dénonciation publique, p. 224 ;
  - les techniques de commercialisation, p. 225.

- L'éthique de l'environnement :
  - le sort fait aux animaux, p. 248 et 249.

EXERCICE
DE SYNTHÈSE

Les aventures d'une informatrice de police

Voici le récit des mésaventures d'une citoyenne qui a voulu jouer le rôle d'informatrice de police :

« *Quand Linda, 38 ans, a téléphoné à la Sûreté du Québec pour dénoncer son beau-frère qui vendait de la drogue, elle pensait que son devoir de citoyenne allait s'arrêter là. Elle s'est plutôt retrouvée espionne pour le compte de la SQ. Une expérience dont elle est sortie très amère et qu'elle ne recommande à personne.* […] *C'est après avoir entendu des publicités invitant les gens à dénoncer des criminels que Linda a dénoncé son beau-frère, Jean-Pierre Perreault, 33 ans. Elle l'a fait sans le dire à son mari. "Jean-Pierre faisait ses affaires très ouvertement. Un jour, il a voulu qu'on lui cache 70 000 $. J'en avais assez, et, le 20 mai 1997, j'ai appelé la SQ pour leur donner son nom. Je pensais que ça finirait là, et que les policiers feraient le reste."*

Selon Linda, les policiers se sont montrés très intéressés par cette délation, et ils ont insisté pour la rencontrer. Elle affirme avoir d'abord vu Alain Roberge, policier à la SQ de Lachenaie. "Il m'a dit qu'il voulait en savoir plus, et m'a proposé de devenir ses yeux." "Je me suis laissée embarquer, admet Linda. J'ai pris ça très à cœur. Tellement que j'ai délaissé mon emploi." Les policiers lui ont fourni un téléavertisseur pour la joindre en tout temps. "Je rapportais le plus de renseignements que je pouvais."

[…] "Pendant que l'enquête avançait, ils me disaient que j'étais bonne, que tout le monde au bureau parlait de moi. Ça me valorisait énormément. Par contre, d'autres fois, ils me disaient que l'enquête n'avançait pas assez vite, que je ne rapportais pas assez d'informations, qu'ils avaient le goût de laisser tomber l'enquête. C'était dur pour mon orgueil, je voulais leur prouver que j'étais capable." Pour rapporter plus d'informations, Linda se fait engager dans le lave-auto de son beau-frère, Jean-Pierre Perreault. Elle ira jusqu'à avoir une liaison avec le comptable de celui-ci dans le but de soutirer le plus de renseignements possible. Puis, elle pousse le mari de sa meilleure amie à agir comme courrier pour Jean-Pierre Perreault, même si l'homme hésite à s'engager dans une telle aventure.

[…] Forte des renseignements amenés par Linda, le 9 septembre 1997, la Sûreté du Québec frappe et arrête Jean-Pierre Perreault, un de ses associés, ainsi que le mari de sa meilleure amie. C'est là que Linda commence à perdre pied, et à paniquer. Les policiers tentent de la raisonner, et lui recommandent de se comporter de telle et telle manière pour ne pas soulever de soupçon. "J'avais peur que mon nom sorte", dit-elle. Linda avait mis son mari au courant du pacte qu'elle avait conclu avec la SQ, environ une semaine après avoir commencé à travailler avec la police. Quelques jours après les arrestations, il craque et avoue tout à l'épouse d'un des hommes arrêtés. Linda a paniqué de plus belle, et a eu d'autres rencontres avec la SQ. "Les policiers m'ont dit de quitter mon 'crisse de benêt de mari', et de m'en aller. Je n'étais plus moi-même. J'ai abandonné ma famille, je suis partie en appartement, je buvais."

"J'étais au bord du suicide. J'avais perdu ma famille, mes amis et je n'avais plus confiance en la SQ. Ils m'ont fait jouer un rôle pour lequel je n'étais pas préparée. Ils ont mis ma vie en danger, et auraient dû savoir que moi et mon mari allions craquer. Une telle organisation devrait être plus professionnelle. Ils avaient le devoir moral de ne pas m'impliquer dans une affaire d'une telle ampleur", estime Linda.

[…] "Linda est loin d'être un cas unique, d'expliquer Pierre Robichaud, porte-parole de la SQ. C'est l'exemple même d'un informateur qui n'a pas su reconnaître où se situaient ses limites, elle est allée au-delà. Mais personne ne l'a forcée à faire ce qu'elle a fait. En ce qui nous concerne, tout a été fait dans les règles. Il est normal que les enquêteurs veuillent rencontrer les personnes qui appellent, pour vérifier des choses, sinon n'importe qui pourrait dire n'importe quoi."

M. Robichaud précise que lorsque Linda a été rencontrée, on lui a clairement expliqué la situation. "Ils lui ont dit de prendre conscience de ce dans quoi elle s'embarquait." Selon M. Robichaud, qui a lui-même travaillé dans le domaine des stupéfiants pendant dix ans, notamment à contrôler des informateurs, certains s'investissent tellement dans leur tâche qu'ils deviennent incontrôlables. "Ils se sentent invincibles, et des fois, il faut les laisser tomber parce que ça devient dangereux." […] L'agent signale enfin que Linda a souffert d'un "syndrome" qui n'est pas rare chez les informatrices, et qui est celui de tomber amoureuse des enquêteurs. Linda ne le nie pas. "Ils s'arrangent pour te faire tomber en amour avec eux", se défend-elle[13].*»*

---

1. Kant dirait-il que Linda a fait preuve de bonne volonté dans cette histoire ?

2. Donnez l'exemple d'une action de Linda qui serait jugée morale si on la soumettait au test du principe d'universalisation et un exemple d'une autre action qui serait jugée immorale. Justifiez vos réponses et expliquez vos raisonnements.

3. Linda et les policiers ont-ils violé le principe du respect de la personne humaine tel qu'il est défini par Kant ? Expliquez.

4. Linda a-t-elle raison de blâmer les policiers ? Ceux-ci ont-ils raison de rejeter le blâme sur elle ? Justifiez votre réponse.

5. Analysez la conduite de Linda d'après le mode d'application de l'éthique des vertus de la page 39. Linda a-t-elle agi d'une manière vertueuse dans cette histoire ? Précisez les motifs de votre jugement.

ANALYSE

Dans les trois extraits qui suivent, Kant explique deux éléments de sa théorie éthique, soit le rôle des sentiments dans la morale et la considération des conséquences de l'action dans nos délibérations morales. Enfin, il donne un exemple du modèle d'analyse qu'il préconise.

1. Pour Kant, à l'inverse de Hume, une action motivée par des sentiments naturels et spontanés de sympathie n'a pas de réelle valeur morale. Expliquez pourquoi.

2. Pour Kant, il ne faut pas, dans notre recherche de l'action la plus conforme au devoir moral, prendre en considération les conséquences concrètes de l'action projetée. Expliquez pourquoi.

---

13. Christiane Desjardins, «Un véritable calvaire avec la SQ», *La Presse*, 30 octobre 1998, p. A3.

3. Reportez-vous à l'exemple du « dépôt » (dont le propriétaire est mort et dont ses héritiers ignorent l'existence).

     a) Expliquez, à partir de cet exemple, la différence que fait Kant entre les impératifs *catégoriques* ou inconditionnels et les impératifs *conditionnels* ou hypothétiques.

     b) Comment Kant explique-t-il, dans ce texte, la supériorité des impératifs *catégoriques* sur les impératifs *conditionnels*?

LA BIENVEILLANCE ET LA PROMESSE[14]

Être bienfaisant quand on le peut est un devoir, et il y a en outre bien des âmes qui sont si disposées à la sympathie que, même sans autre motif relevant de la vanité ou de l'intérêt, elles trouvent une satisfaction intérieure à répandre la joie autour d'elles et qu'elles peuvent se réjouir du contentement d'autrui, dans la mesure où il est leur œuvre. Mais je soutiens que, dans un tel cas, une action de ce genre, si conforme au devoir, si digne d'affection soit-elle, n'a pourtant aucune véritable valeur morale, mais qu'elle va de pair avec d'autres inclinations, par exemple avec le penchant pour les honneurs, lequel, si par bonheur il porte sur ce qui est en fait en accord avec l'intérêt commun et en conformité avec le devoir, par conséquent sur ce qui est honorable, mérite des louanges et des encouragements, mais non point de l'estime; car à la maxime fait défaut la teneur morale, telle qu'elle consiste en ce que de telles actions soient accomplies, non par inclination, mais *par devoir*. Ainsi, supposons que l'esprit de ce philanthrope soit assombri par cette affliction personnelle qui éteint toute sympathie pour le destin d'autrui, qu'il conserve toujours le pouvoir de faire du bien à d'autres personnes plongées dans la détresse, mais que cette détresse des autres ne l'émeuve pas, suffisamment préoccupé qu'il est par la sienne propre, et que dans cette situation, alors qu'aucune inclination ne l'y incite plus, il s'arrache pourtant à cette insensibilité mortelle et qu'il mène à bien son action en dehors de toute inclination, exclusivement par devoir: dans ce cas uniquement, cette action possède sa valeur morale véritable. Bien plus: si la nature avait inscrit dans le cœur de tel ou tel individu peu de sympathie, si cette personne (au demeurant, un honnête homme) était d'un tempérament froid et indifférente aux souffrances d'autrui, peut-être parce qu'elle-même pourvue d'un don particulier de patience et d'énergie endurante à l'égard de ses propres misères, elle suppose aussi chez les autres ou exige d'eux les mêmes capacités; si la nature n'avait pas formé spécialement un tel homme (qui, en vérité, ne constituerait pas son plus mauvais produit) à la philanthropie, ne trouverait-il donc pas encore en lui des ressources pour se donner à lui-même une valeur bien supérieure à celle que peut posséder un tempérament naturellement bienveillant? Cela ne fait aucun doute! Et c'est là précisément que se révèle la valeur du caractère, cette valeur morale qui est sans aucune comparaison la plus élevée, qui consiste en ce qu'il fait preuve de bienveillance, non par inclination, mais par devoir.

[...]

Posons par exemple cette question: ne puis-je pas, si je me trouve dans l'embarras, faire une promesse en ayant l'intention de ne pas la tenir? Je distingue ici sans difficulté les différents sens que peut avoir la question, selon que l'on demande s'il est prudent ou s'il est conforme au devoir de faire une fausse promesse. Sans doute la considération de la prudence peut-elle fort souvent intervenir. Certes, je vois bien qu'il ne suffit pas, grâce à cette échappatoire, de me tirer d'un embarras actuel, mais qu'à l'évidence il faudrait examiner si, de ce mensonge, ne pourraient pas procéder pour moi dans le futur des ennuis bien plus graves que ne le sont ceux dont je me dégage aujourd'hui; et dans la mesure où, malgré toute ma prétendue finesse, les conséquences ne sont pas d'une facilité telle à prévoir qu'il soit exclu que la perte d'une confiance qu'on avait en moi ne me soit pas largement plus préjudiciable que tout le dommage que je me soucie présen-

---

14. Emmanuel Kant, *Métaphysique des mœurs I*, op. cit., p. 66-73, et *Théorie et pratique*, trad. de l'allemand par J.-M. Muglioni, Paris, Hatier, coll. Profil philosophie, 1990, p. 42-43.

tement d'éviter, de même faudrait-il se demander si ce ne serait pas agir avec davantage de prudence que de procéder ici selon une maxime universelle et de s'accoutumer à ne rien promettre qu'avec l'intention de tenir sa promesse. Simplement, il m'apparaît bientôt ici transparent qu'une telle maxime n'a cependant toujours pour fondement que le souci des conséquences. Or, il est pourtant tout différent d'être de bonne foi par devoir et de l'être par souci des conséquences désavantageuses : dans le premier cas, le concept de l'action contient déjà en lui-même une loi pour moi, alors que, dans le second, il me faut avant tout considérer par ailleurs quels effets pourraient bien se trouver pour moi associés à cette action. Car, si je m'écarte du principe du devoir, il est tout à fait certain que j'agis mal ; en revanche, si je suis infidèle à ma maxime de prudence, il peut en ressortir néanmoins pour moi, parfois, de vifs avantages, quoique à vrai dire il soit certes plus sûr de m'y tenir. En tout état de cause, la voie la plus courte et la moins trompeuse pour me forger un avis en vue de répondre à la question de savoir si une promesse mensongère est conforme au devoir, c'est de me demander à moi-même si je serais vraiment satisfait que ma maxime (de me tirer d'embarras par une fausse promesse) dût valoir comme une loi universelle (aussi bien pour moi que pour autrui) ; et pourrais-je bien me dire que tout homme peut faire une promesse fallacieuse lorsqu'il se trouve dans l'embarras et qu'il ne peut s'en tirer d'une autre manière ? Je prends ainsi bien vite conscience que je puis certes vouloir le mensonge, mais non point du tout une loi universelle ordonnant de mentir ; car, selon une telle loi, il n'y aurait absolument plus, à proprement parler, de promesse, attendu qu'il serait vain d'indiquer ma volonté, en ce qui concerne mes actions futures, à d'autres hommes qui ne croiraient pas ce que je leur indiquerais ou qui, s'ils y croyaient de manière inconsidérée, me payeraient en tout cas de la même monnaie, – en sorte que ma maxime, dès lors qu'elle serait transformée en loi universelle, ne pourrait que se détruire elle-même.

[...]

Soit par exemple le cas suivant : quelqu'un a dans les mains un bien (*depositum*) qui lui a été confié, dont le propriétaire est mort et dont les héritiers ne savent ni même ne peuvent rien savoir. [...] Ajoutez que le détenteur du dépôt est tombé juste à la même époque (mais non par sa faute) dans une ruine complète et qu'il se voit entouré d'une famille, femme et enfants, éplorée, accablée par la misère, et qu'il pourrait à l'instant en sortir s'il s'appropriait ce dépôt. Ajoutez qu'il est philanthrope et charitable, tandis que les héritiers sont riches, durs, et vivent dans un tel luxe et avec une telle prodigalité qu'ajouter ce supplément à leur fortune serait comme le jeter à la mer. Demandez alors si dans de telles circonstances on peut regarder comme permis de détourner ce dépôt dans son propre intérêt. Sans aucun doute celui que vous interrogerez répondra : non ! et pour toute raison il ne pourra que dire : *cela est injuste* ; c'est-à-dire cela est contraire au devoir. Rien n'est plus clair que cela ; mais cela ne signifie vraiment pas qu'il favorise son propre *bonheur* par cette restitution. Car s'il attendait que cette dernière considération détermine sa résolution, voilà par exemple ce qu'il pourrait penser : « Si tu restitues aux véritables propriétaires le bien étranger qui se trouve entre tes mains, sans qu'ils le réclament, ils te récompenseront probablement de ton honnêteté ; ou s'ils n'en font rien, ta bonne réputation s'étendra et pourra t'être très profitable. Mais tout cela est incertain. Le cas inverse fait aussi surgir de nombreuses difficultés : si, pour te tirer d'un coup d'embarras, tu voulais détourner ce dépôt qui t'a été confié, en faisant rapidement usage de ce dépôt, tu attirerais les soupçons sur les moyens dont tu t'es servi pour améliorer si subitement ta situation ; si au contraire tu voulais en user lentement, ta misère s'accroîtrait dans l'intervalle au point de devenir irrémédiable. » – Quand donc la volonté se détermine d'après la maxime du bonheur, elle hésite entre ses mobiles sur ce qu'elle doit décider ; car elle regarde au succès et il est fort incertain ; on a besoin d'une bonne tête pour sortir de l'embarras des raisons opposées et ne pas se tromper dans ses comptes. Si au contraire la volonté se demande ce qu'est ici le devoir, elle n'est pas du tout embarrassée pour se répondre à elle-même, mais elle est sur-le-champ certaine de ce qu'elle a à faire. Même, si le concept du devoir vaut quelque chose pour elle, elle sent de la répugnance à se livrer ne serait-ce qu'à l'évaluation des avantages qui pourraient résulter pour elle de la transgression du devoir, comme si elle avait encore le choix.

L'éthique utilitariste

En philosophie comme dans bien d'autres domaines, on peut constater que la culture nationale exerce parfois une influence déterminante sur les orientations de la recherche. La philosophie pratique nous en fournit des exemples éloquents. L'utilitarisme, un produit typiquement anglo-saxon, est un des courants de pensée modernes les plus importants en éthique. Pourtant, bien qu'il soit très répandu en Angleterre et aux États-Unis, il est encore peu connu et surtout mal compris dans les pays allemands et francophones. Deux philosophes anglais ont établi les bases de cette théorie : Jeremy Bentham (1748-1832) et John Stuart Mill (1806-1873).

BENTHAM ET L'HÉDONISME

Bentham était un contemporain de Kant. Comme ce dernier, il appelait ses compatriotes à se défaire d'un respect exagéré de l'autorité et des traditions et à user de leur raison de façon autonome. Sa démarche était cependant bien différente de celle de Kant. Sa préoccupation première fut de travailler à modifier et à améliorer les lois et les institutions de son pays, l'Angleterre. Pour faire accepter ses idées, Bentham s'efforça de leur donner un fondement incontestable et présenta sa théorie comme une véritable « science objective » de la moralité. Il chercha d'abord un principe simple et incontestable, qui conduise dans son application concrète à des solutions claires et nettes. C'est dans l'éthique hédoniste d'un philosophe de l'Antiquité nommé Épicure qu'il le trouva. L'hédonisme (du grec *hêdonê*, « plaisir ») est une éthique qui pose le plaisir comme le bien moral suprême.

Jeremy Bentham (1748-1832), l'un des fondateurs de l'utilitarisme.

L'exposé de la pensée de Bentham s'ouvre sur cette phrase célèbre: «La nature a soumis l'humanité à l'autorité de deux souverains maîtres, la douleur et le plaisir. C'est à eux seuls qu'il revient d'indiquer ce que nous devons faire, aussi bien que de déterminer ce que nous ferons[1]. » Pour Bentham, l'être humain cherche, à travers toutes ses actions, à obtenir le maximum de plaisir et le minimum de douleur. Parfois, nous optons tout simplement pour l'action qui nous garantit le plaisir et nous épargne la douleur, mais plus souvent nous devons mettre en balance diverses options qui comportent leur part d'avantages et de désagréments. Le cas échéant, l'action qui aura pour effet de *maximiser le plaisir*, en produisant *le plus grand excédent de plaisir sur les douleurs*, sera la meilleure sur le plan moral.

On peut considérer qu'une bonne action est aussi *utile* en ce sens qu'elle a pour conséquence avantageuse de nous rendre heureux.

---

1. Jeremy Bentham, *An Introduction to the Principles of Morals and Legislation*, Londres, University of London, The Athlone Press, 1970, p. 11.

De là découle l'appellation «utilitarisme» qui désigne cette théorie éthique. L'utilitarisme a eu plusieurs précurseurs. Pour Bentham, la moralité d'une action doit être établie par un *calcul rationnel d'utilité*. Ce calcul consiste à évaluer et à comparer les différentes quantités de plaisirs et de peines, de satisfactions et d'insatisfactions, que peuvent produire les diverses possibilités d'actions qui s'offrent à nous. Dans son souci de proposer des critères objectifs et rigoureux de mesure de la moralité, Bentham a même élaboré une méthode de calcul très complexe. Il distingue diverses dimensions du plaisir ou de la douleur qui devraient être prises en compte dans l'évaluation d'une action, notamment son degré d'intensité, sa durée, sa pureté et son étendue (le nombre de personnes affectées par l'action).

LE BONHEUR DU PLUS GRAND NOMBRE

L'hédonisme n'est toutefois que le premier étage de l'édifice utilitariste. Un deuxième principe vient s'y ajouter, qui transforme en une morale altruiste ce qui pouvait apparaître au départ comme une morale égoïste. Pour Bentham, si nous affirmons que le bien est le plaisir, et le mal, la douleur, nous devrions logiquement attribuer une même valeur morale à tous les plaisirs et à toutes les douleurs. Il n'y a pas de raison de privilégier « mon » plaisir par rapport à celui d'autrui. C'est pourquoi il soutient que, lorsque nous effectuons notre calcul d'utilité, nous devons accorder une valeur égale aux plaisirs et peines de toutes les personnes affectées par notre action. Dans ce calcul, la personne qui fait l'action compte pour un, comme toutes les autres personnes. *Il y a donc une norme fondamentale d'égalité et d'impartialité au cœur de l'utilitarisme.* D'où il suit que le bonheur global que nous devons viser n'est pas seulement le bonheur égoïste de celui qui agit, mais *le plus grand bonheur du plus grand nombre de personnes possible.*

LE PRINCIPE UTILITARISTE

Le principe fondamental de l'utilitarisme est la recherche « du plus grand bonheur du plus grand nombre ».

Il faut, pour atteindre ce but, procéder à un calcul d'utilité afin de trouver l'option d'action qui maximise le bien-être. Il s'agit de l'option qui

- présente un excédent maximal des plaisirs sur les déplaisirs,
- en respectant la règle du « chacun compte pour un ».

Le principe utilitariste a donc la particularité de combiner une *valeur* suprême, le bien-être, et une *norme* d'égalité.

La logique utilitariste n'a rien de bien compliqué. Elle inspire beaucoup de nos choix d'action dans des contextes familiers. Par exemple, lorsque deux parents s'interrogent sur l'opportunité de déménager avec leurs enfants dans une nouvelle demeure, ils sont amenés à prendre en considération de nombreux facteurs : la proximité du milieu de travail et des écoles, la qualité du transport scolaire, les perturbations qu'entraîne le déracinement, le confort de la nouvelle maison, la beauté de l'environnement, etc. Dans leurs délibérations, ces parents se livrent à une sorte de calcul utilitariste : ils essaient de comparer les avantages et les désavantages des deux options dans l'optique d'une recherche du bonheur du plus grand nombre. Et s'ils sont de vrais utilitaristes, ils ne compteront eux-mêmes que pour un, à égalité avec chacun des enfants !

On observe un calcul similaire dans la résolution des problèmes sociaux. Il arrive en effet très fréquemment que, pour régler un problème social, un gouvernement s'en remet à des principes utilitaristes et cherche à choisir la solution qui présente le maximum d'avantages pour le plus grand nombre de citoyens possible. Pensons par exemple à ces situations où il faut décider de fermer une école, de regrouper des services dans un lieu plutôt qu'un autre, d'imposer des normes de sécurité ou de protection de l'environnement à des entreprises.

Selon cette nouvelle conception éthique, c'est donc le *bien-être collectif* ou le *bien commun* qui est la *valeur* suprême. À une époque où existaient encore des privilèges de classe et où le commerce des esclaves était florissant en Angleterre, affirmer l'égalité de tous dans l'évaluation du bonheur collectif constituait une proposition audacieuse. Selon Bentham, cette recherche du bonheur collectif devait être la perspective fondamentale qui devait animer les gouvernements dans la formulation des lois, l'organisation des institutions et l'harmonisation des intérêts divergents au sein de la société.

L'UTILITARISME CONTRE KANT

L'opposition entre l'éthique kantienne et l'éthique utilitariste est un des objets de débat les plus importants de la philosophie éthique moderne. L'utilitarisme présente certains traits communs avec l'éthique de Kant. Par exemple, il préconise aussi une approche *rationnelle* des problèmes moraux, qui s'exprime dans sa procédure de calcul d'utilité. Il s'agit également d'une éthique *universaliste*, qui comporte un principe d'impartialité (« chacun compte pour un ») et s'appuie sur l'idée que tous les plaisirs et toutes les souffrances ont une égale importance. Mais une divergence majeure les sépare. Si l'utilitarisme reconnaît que les êtres humains sont fondamentalement égaux, il ne s'appuie pas sur le même fondement que Kant. Pour ce dernier, la dignité morale et le droit à un égal respect moral découlent du fait que les humains sont des *êtres libres et rationnels*. Pour les utilitaristes, ils découlent plutôt de leur nature d'*êtres sensibles*, c'est-à-dire capables de ressentir des plaisirs et des souffrances.

Le principe utilitariste suivant lequel tous les plaisirs et toutes les douleurs ont une valeur égale sur le plan moral explique pourquoi les utilitaristes, sous l'inspiration de Bentham, affirment que les animaux doivent être eux aussi pris en considération dans le calcul des plaisirs et des peines. La souffrance d'un animal a une valeur morale, tout autant que celle des humains. Cette question sera d'ailleurs examinée de plus près dans la section qui porte sur l'éthique de l'environnement.

EXERCICE 4.1

Appelé à choisir entre sauver la vie d'un être humain et sauver la vie d'un chien, vous choisissez spontanément de privilégier l'être humain. Comment justifieriez-vous ce choix en appliquant les principes de l'utilitarisme ? (Assurez-vous de respecter la norme d'impartialité « chacun compte pour un ».) Est-il possible d'imaginer des circonstances où les principes utilitaristes justifieraient plutôt le sauvetage de l'animal ?

L'ÉVALUATION DES CONSÉQUENCES DE L'ACTE

Un deuxième motif d'opposition entre le kantisme et l'utilitarisme concerne la thèse de Kant selon laquelle nous ne devons pas considérer les buts, les conséquences ou les résultats d'un acte pour établir sa moralité. Pour lui, la conformité de l'action au devoir découle directement de l'application rationnelle de l'impératif catégorique. Pour savoir si une action est morale, la personne a seulement à se demander : puis-je vouloir rationnellement que tout le monde agisse comme moi ? L'utilitarisme propose un critère, le bonheur du plus grand nombre, qui demande de faire une évaluation rigoureuse de toutes les conséquences d'un acte. Et surtout, l'utilitarisme semble accepter l'idée que, dans certaines circonstances particulières, il peut être moralement acceptable de mentir, de ne pas tenir une promesse ou même de tuer quelqu'un. Ces exceptions à l'impératif catégorique sont essentiellement justifiées par le fait qu'elles évitent des souffrances ou augmentent le bonheur global des personnes concernées. Face aux conflits entre plusieurs devoirs, l'utilitarisme fournit un critère pour comparer l'effet de l'obéissance à chacun des devoirs. Cette comparaison permet plus facilement de trancher entre les deux. Pour reprendre un exemple évoqué au chapitre précédent, il est clair que je devrais, dans une logique utilitariste, mentir à ma vieille mère mourante au sujet de mon prochain divorce. Cela lui éviterait, ainsi qu'à moi-même, une souffrance inutile. *Les principes moraux utilitaristes sont donc, suivant les termes de Kant, des impératifs conditionnels ou hypothétiques et non des impératifs catégoriques.* Ils tiennent compte des conditions particulières de chacune de nos actions.

L'importance accordée aux conséquences de l'action est si caractéristique de l'utilitarisme que beaucoup de commentateurs utilisent aujourd'hui le terme « conséquentialisme » pour le classer parmi les théories éthiques. On dira corrélativement que l'éthique kantienne est déontologique et « non conséquentialiste », parce qu'elle fait passer le « devoir » moral avant les conséquences sur le bien-être.

HUME ET L'UTILITARISME

David Hume pourrait certainement être considéré comme un précurseur de l'utilitarisme, puisqu'il affirmait que la bienveillance, qui est le souci du bien-être d'autrui, était la pierre d'assise du sens moral. C'était d'ailleurs l'avis de Bentham. Il se trompait pourtant, car il manque à l'éthique de Hume deux traits essentiels de l'utilitarisme.

Il lui manque d'abord l'idée que la tâche de l'éthique serait de formuler un *principe moral unique* apte à déterminer la bonne action pour chaque situation. Hume n'a jamais cherché à formuler un tel principe. Il lui manque aussi, bien sûr, le noyau même du principe utilitariste, c'est-à-dire l'idée que la morale commande de *maximiser* le bien-être engendré par nos actions. On ne trouve pas cette thèse chez Hume. D'ailleurs, beaucoup de vertus ne maximisent pas le bien-être. Pensons au courage, à l'intégrité, à la loyauté, à l'humilité, etc.

Ensuite, l'éthique utilitariste n'est pas du tout, malgré les apparences, une éthique du *sentiment*. Elle pose certes le bien-être d'autrui comme une valeur fondamentale, mais c'est pour en faire la base d'un *calcul rationnel* dans lequel les sentiments n'ont rien à faire.

L'ACTE OU L'INTENTION ?

John Stuart Mill, qui est le deuxième grand philosophe utilitariste après Bentham, a formulé d'autres critiques de l'éthique de Kant. Il rejette également l'axiome kantien suivant lequel le seul motif moralement valable d'une action serait l'intention d'accomplir son devoir moral. En réalité, dit-il, 99 % de nos bonnes actions sont accomplies pour d'autres motifs que le pur désir de faire notre devoir. Nous faisons le bien par intérêt personnel, par amitié pour quelqu'un, par compassion, pour nous faire pardonner une mauvaise action antérieure, etc. Bien sûr, nous savons que Kant admettait lui-même ce fait qu'il est très difficile pour l'être humain d'agir par pur sens du devoir. Mais la critique de Mill va plus loin. *Dans une perspective utilitariste, où ce sont les conséquences concrètes de l'acte qui importent, le motif ou l'intention de l'acte reste secondaire.* Mill dit par exemple : « Celui qui sauve un de ses semblables menacé de se noyer accomplit une action moralement bonne, que son motif d'action soit le devoir ou l'espoir d'être payé de sa peine[2]. » De la même façon, qu'une personne ou une entreprise donne de l'argent à des organismes de charité pour réduire ses impôts ou se faire une bonne réputation n'enlève rien au fait que son intervention aura pour effet de contribuer au bonheur de certaines personnes.

Il reste toutefois que les motifs de l'action sont pertinents pour évaluer le *caractère moral* d'une personne et il est clair que nous n'avons pas à admirer et à louanger quelqu'un qui n'agit que par intérêt personnel. On est fondé à croire que, de façon générale, une personne manifestant des *vertus* d'altruisme et de générosité contribuera davantage au bonheur d'autrui qu'une personne égoïste. Mill a été forcé de reconnaître cela et de faire une concession à l'éthique des vertus. Il a donc tracé une distinction entre deux niveaux de moralité : celui de la valeur morale de l'*action* (qui demeure le plus important pour l'utilitarisme) et celui de la valeur morale de l'*agent*, c'est-à-dire de la personne qui fait l'acte, conformément à l'éthique des vertus. Mais il reste que d'un point de vue utilitariste, même si l'intention de l'acte n'est pas bonne, l'acte en lui-même peut être considéré comme bon, s'il a des conséquences avantageuses.

Une œuvre charitable : le Manoir Ronald McDonald, qui héberge les familles des enfants hospitalisés à l'Hôpital Sainte-Justine. Il y a deux manières fort différentes d'évaluer la moralité de cette initiative de la firme McDonald's : par ses conséquences et par son intention.

---

2. John Stuart Mill, *L'utilitarisme*, trad. par Georges Tanesse, Paris, Garnier-Flammarion, 1968, p. 68.

John Stuart Mill
(1806-1873)

John Stuart Mill est né à Londres, en 1806. Il est le fils de James Mill, lui-même philosophe et économiste, et un des principaux disciples et amis de Jeremy Bentham. Le jeune Mill n'est jamais allé à l'école. Son père décida de faire lui-même son éducation et le soumit à un régime de vie sévère et presque inhumain. À trois ans, il commençait l'étude du grec, et à huit ans, celle du latin. À quatorze ans, on pouvait le considérer comme un expert dans des domaines comme l'histoire et les mathématiques. À l'âge de vingt ans, Mill sombra dans une profonde dépression, symptôme d'une révolte contre le traitement que lui avait infligé son père. Mill lui reprochait surtout de n'accorder d'importance qu'à l'intelligence et aucune aux sentiments et aux émotions. C'est la poésie qui aida Mill à retrouver le goût de vivre. Il fit sienne la maxime suivante : « C'est lorsque tu te demandes si tu es heureux, que tu cesses de l'être. »

En 1830, Mill rencontra celle qui allait devenir le grand amour de sa vie, Harriet Taylor. Sa vie en fut bouleversée. Harriet était déjà mariée et mère de deux enfants. Pendant vingt et un ans, elle et Mill entretinrent une relation platonique. Ils se marièrent en 1851, trois ans après la mort du mari d'Harriet. Celle-ci mourut en 1858.

Mill fut grandement influencé par les écrits de Bentham. Il adopta la philosophie utilitariste, mais prit très tôt ses distances par rapport aux positions de Bentham et de son propre père. Il s'engagea dans de nombreuses luttes politiques et sociales, travailla à défendre les idées de démocratie, de liberté et de justice sociale. Mill fut un des grands humanistes de son temps. Il mena des luttes contre l'esclavage et le travail forcé des enfants ainsi qu'en faveur de l'amélioration des conditions des pauvres. Il prit part, sous l'influence de sa femme, à la lutte des femmes pour l'égalité. En 1867, il fut élu député comme candidat radical. Il présenta sans succès un projet de loi sur le droit de vote des femmes. Il mourut à Avignon, en France, en 1873.

trop de spéculation et de subjectivité

UN CALCUL COMPLIQUÉ

Si le principe de base de l'utilitarisme s'avère d'une simplicité désarmante et semble très bien s'accorder avec notre sens commun, son application systématique et rigoureuse pose des problèmes difficiles et complexes. Ces problèmes révèlent à la fois la richesse et les limites de l'utilitarisme. Ils suscitent une première série de critiques concernant l'idée de calcul d'utilité systématique. Il serait long d'énumérer et d'approfondir toutes ces critiques. Nous nous contenterons d'en signaler quelques-unes.

1. L'incertitude des prévisions

Le calcul d'utilité exige que j'imagine et que je prévoie les plaisirs ou les désagréments de toutes les personnes qui seront touchées par mon action. Il s'agit d'une opération très hasardeuse et subjective, qui suppose que je spécule sur la nature de l'expérience intérieure d'autrui et que je fasse des prévisions sur ses réactions futures. Ce calcul exige aussi que je mesure toutes les conséquences de mon action. Or, n'importe quelle action peut avoir des conséquences virtuellement indéfinies, car elle peut provoquer des réactions en chaîne et avoir toutes sortes de retombées indirectes. Il est donc très difficile de s'assurer de l'exactitude de telles prévisions. Tout cela nous éloigne du rêve de Bentham, qui visait un calcul d'utilité «scientifique».

2. Le manque de ressources et de temps

Le calcul d'utilité peut représenter une tâche colossale que nous n'aurons souvent ni le temps ni les moyens d'accomplir. Il nous faudrait idéalement tenir compte d'un ensemble d'informations dont nous ne disposons peut-être pas ou que nous n'avons pas le temps de rechercher. Il n'y a pas de limites non plus à l'effort d'imagination que nous pourrions mettre à étudier de nouveaux scénarios d'action. Un tel calcul peut donc s'imposer pour certaines questions d'importance majeure ou pour des problèmes particulièrement complexes. Mais, dans la plupart des situations de la vie courante, les exigences qu'il requiert paraissent démesurées.

3. L'irréalisme quant à la sphère privée

Une application systématique du principe d'égalité «chacun compte pour un» dans la sphère privée de la morale intrapersonnelle et interpersonnelle a par ailleurs un caractère quelque peu incongru. L'utilitarisme est une morale de la bienveillance qui nous demande de faire le moins de mal et le plus de bien possible dans chacune de nos actions. Or, il paraît moralement justifiable que nous accordions généralement un traitement préférentiel à nous-mêmes d'abord, et ensuite à nos proches, à nos enfants, à nos amis ou à nos parents, même si nous pouvions théoriquement générer une plus grande quantité de bien-être en distribuant nos faveurs et nos ressources à des étrangers ou aux habitants des pays pauvres. Au moment de faire du bien autour de soi, mettre tout le monde sur le même pied ou devoir mettre en balance nos projets de vie personnels contre le bonheur du plus grand nombre paraît irréaliste et contraire à notre sens moral naturel.

4. L'incommensurabilité des plaisirs

Une autre critique importante concerne plus spécifiquement la composante hédoniste du calcul d'utilité. Un calcul d'utilité hédoniste suppose que nous quantifiions, additionnions et soustrayions des plaisirs, des satisfactions ou des désagréments de tous ordres. Une telle opération implique que nous placions tous les plaisirs et satisfactions humaines possibles sur le même pied, en nous contentant de les discriminer de manière purement *quantitative*. Cela suppose donc que toutes les expériences humaines partagent une essence commune qui les rend comparables et commensurables. Suivant le postulat hédoniste de Bentham, c'est le plaisir qui doit être cet étalon de mesure dans notre calcul. Mais comment peut-on comparer les satisfactions procurées par le travail et le repos, un plaisir intense et court et un plaisir long et doux, un match de tennis et la lecture d'un roman, ou les douleurs associées à une expérience d'humiliation et à la migraine?

5. L'inégalité qualitative des plaisirs

Enfin, l'idée d'égalité de tous les plaisirs mène à une autre bizarrerie. Elle semble signifier qu'au moment d'évaluer la moralité d'un acte de viol ou d'une agression raciste nous devrions mettre en balance le plaisir que peut en tirer son auteur et la souffrance qu'il a causée à sa victime. L'idée même d'une telle opération heurte de front notre sens moral. Nous touchons ici un point de désaccord important entre Bentham et Mill. Bentham pensait qu'il fallait effectivement considérer tous les plaisirs comme égaux, alors que Mill croyait nécessaire de tenir compte des différences *qualitatives* entre les plaisirs. «Il vaut mieux être un homme insatisfait qu'un porc satisfait[3] », écrivait-il, signifiant par là que certains plaisirs primaires ont moins de valeur morale que d'autres, plus nobles. Quelque sensée qu'elle paraisse à première vue, la proposition de Mill demeure très problématique. Par exemple, Mill faisait une distinction controversée entre les plaisirs inférieurs, grossiers, vulgaires, purement physiques ou sensuels et les plaisirs supérieurs plus raffinés d'ordre intellectuel, spirituel ou esthétique. Or en quoi la sexualité ou le sport seraient-ils inférieurs en *qualité* à la lecture ou à l'art ? La théorie de Mill semble comporter des jugements de valeur difficiles à justifier.

L'UTILITARISME ET LES SPHÈRES MORALES

Aujourd'hui, certains utilitaristes admettent que leur théorie éthique convient mal à la sphère privée de la vie morale. Elle semble plus appropriée à la sphère publique, où des agents travaillant dans des entreprises ou des organismes publics ont à prendre des décisions lourdes de conséquences pour un « grand nombre » de personnes. Ces agents disposent souvent du temps et des ressources nécessaires pour se livrer aux prévisions et aux calculs que préconise l'utilitarisme[4].

De plus, l'application de l'utilitarisme dans la sphère publique permet aux administrations de résoudre certains problèmes, comme celui de définir plus objectivement le bien-être en considérant ce qui est dans l'intérêt de l'ensemble de la population (bien-être public), sans égard aux préférences subjectives individuelles (la santé est un bien important pour l'ensemble des gens, même si certains individus sont prêts à sacrifier leur santé pour autre chose).

EXERCICE 4.2

Vous participez à une réunion du Conseil du trésor du gouvernement du Québec qui donne lieu à un débat houleux. En effet, trois ministres cherchent à convaincre les membres du Conseil d'allouer en priorité des fonds substantiels au projet qu'ils défendent, et cela au moment où le gouvernement fait face à une importante crise financière. Le premier projet consiste à augmenter considérablement les sommes allouées aux bibliothèques scolaires, qui sont dans un piteux état ; le deuxième vise à subventionner un projet d'usine de fabrication de pièces d'automobile en aluminium dans une région éloignée du Québec plongée dans le marasme économique ; enfin, le troisième projet, issu du ministère de l'Environnement, a pour objet d'augmenter notablement le nombre d'inspecteurs nécessaires à une surveillance efficace de l'application des lois sur la protection de l'environnement. Il incombe aux membres du Conseil du trésor de décider à quel projet ils donneront la priorité.

Parmi les cinq difficultés du calcul d'utilité que nous venons d'exposer, lesquelles s'appliquent à ce cas et pourquoi ?

---

3. *Ibid.*, p. 54.

4. Par exemple, R. E. Goodin, *Utilitarianism as a Public Philosophy*, New York, Cambridge University Press, 1995.

L'UTILITÉ ÉCONOMIQUE

Les utilitaristes contemporains ont tenté de remédier par d'autres voies aux problèmes que nous venons de soulever. Plusieurs des solutions au problème de l'étalon de mesure du calcul utilitariste qui ont été proposées proviennent de spécialistes en économie, domaine où l'utilitarisme a donné lieu à des applications très raffinées. L'économie dispose d'un étalon de mesure universel susceptible de remplacer le plaisir dans les calculs d'utilité. Il s'agit bien sûr de la monnaie, qui est un outil de quantification généralisé auquel peu de choses échappent dans la vie sociale moderne. Une façon de rendre les calculs plus objectifs, pratiques et rigoureux consiste donc à exprimer l'utilité en termes financiers. Ce procédé convient particulièrement au calcul de productivité et de rentabilité, ce que l'on appelle aussi l'analyse coûts-bénéfices. Ce type d'analyse consiste à écrire dans des colonnes séparées les évaluations, en valeur monétaire, des coûts ou des dépenses et des bénéfices ou des profits entraînés par chacune des possibilités dont on veut comparer l'utilité.

Ces arbres magnifiques entraînent chaque année la mort de plusieurs automobilistes qui les percutent accidentellement. Un calcul d'utilité rigoureux ne nous commande-t-il pas de les raser ? Devrions-nous le faire ?

Dans ce genre d'analyse, toute valeur est traduite en argent sonnant. Ainsi, l'importance que nous accordons à la santé se mesure à la part des ressources que nous sommes prêts à y consacrer. L'apport de la culture au bien-être collectif sera exprimé en termes d'« emplois créés par l'industrie culturelle » et de « rentabilité de ses investissements ». De façon générale, pour un économiste, l'utilité d'une chose correspond au prix que les gens sont prêts à payer pour l'obtenir.

On peut évidemment trouver cette perspective extrêmement réductrice, dans la mesure où elle évacue les aspects *qualitatifs* des valeurs humaines. Quoique l'utilitarisme ne défende pas le moins du monde l'idée que l'argent soit la source première du bonheur, la place qu'il accorde à l'idée d'un calcul d'utilité rigoureux peut le faire dériver vers une vision étroitement économique des choses, dans laquelle l'importance de valeurs comme l'éducation, la santé ou même la vie est exprimée en termes de coûts et de bénéfices financiers pour la société. Nous aborderons les dangers de cette vision étroitement économique de l'utilitarisme dans les chapitres consacrés à l'éthique des affaires et à l'éthique de l'environnement.

EXERCICE 4.3

Chaque année, de nombreuses personnes meurent sur les routes à la suite d'accidents dus en grande partie à des excès de vitesse. Admettons que nous puissions diminuer le nombre de morts de façon appréciable en abaissant les limites de vitesse (par exemple, à 80 km/h sur les autoroutes). Cette décision présenterait évidemment des inconvénients importants pour l'ensemble des automobilistes. Serait-elle justifiable d'un point de vue utilitariste ?

LES DROITS CONTRE L'UTILITÉ

Le sujet de discorde le plus important entre l'utilitarisme et ses principaux opposants concerne le respect des droits de la personne. Considérons les questions suivantes : y a-t-il des actions que nous ne devons *jamais* accomplir ? Existe-t-il des règles morales *absolues*, au sens de l'impératif catégorique de Kant ? Par exemple, la torture et le viol sont-ils des pratiques inadmissibles en toutes circonstances ? Peut-on sacrifier un innocent pour le bien collectif ? Des médecins peuvent-ils se servir à leur insu de malades comme cobayes pour se livrer à des expériences qui peuvent mettre leur vie en danger, mais être éventuellement bénéfiques à toute l'humanité ?

Le talon d'Achille de l'utilitarisme est qu'il ne peut jamais répondre par un non catégorique à ces questions. Il ne peut, en toute logique, que dire qu'il faut évaluer, dans chaque cas, l'ensemble des conséquences de l'acte. Les anti-utilitaristes diront que la torture ou le sacrifice d'un innocent n'est jamais admissible. Derrière cette idée de règles absolues, il y a, comme nous l'avons vu chez Kant, celle du respect de la personne humaine : nous ne devons jamais traiter autrui comme un simple moyen pour arriver à nos fins. Dans la logique utilitariste, il est acceptable de traiter autrui comme un simple moyen si le bonheur du plus grand nombre s'en trouve augmenté. Les principes de liberté et de dignité de la personne fondent un certain nombre de règles absolues que l'utilitarisme ne reconnaît pas comme telles. C'est pourquoi on dit souvent que l'utilitarisme est une éthique qui reconnaît qu'en certaines circonstances, « la fin justifie les moyens ». La fin ou le but suprême est le bonheur du plus grand nombre et le souci de l'utilitarisme est de choisir les moyens les plus efficaces pour l'atteindre, même si ceux-ci comportent des aspects moralement douteux (tableau 4.1).

Il ne faut pas oublier que l'utilitarisme visait au départ à élargir à l'ensemble des êtres vivants sensibles un principe hédoniste d'abord conçu dans la perspective d'un égoïsme individuel. Il est tout à fait sensé pour un individu de sacrifier certains plaisirs

Tableau 4.1   Points d'opposition entre l'éthique kantienne et l'éthique utilitariste

Éthique kantienne	Éthique utilitariste
1. La dignité morale de l'être humain est fondée sur sa *rationalité* et sa *liberté*.	1. La dignité morale d'un être est fondée sur sa *sensibilité* (capacité de ressentir du *plaisir* et de la *douleur*).
2. Le principe fondamental de la morale est l'universalisation et le respect de la personne.	2. Le principe fondamental de la morale est la recherche du bonheur du plus grand nombre.
3. Le critère d'évaluation de la moralité est l'*intention* qui préside à l'acte, et la seule intention « morale » consiste à agir par devoir.	3. Le critère d'évaluation de la moralité est l'*utilité* de l'acte, déterminée par l'ensemble de ses conséquences.
4. Les règles morales sont des impératifs *catégoriques*, inconditionnels, absolus, auxquels le sujet moral doit se soumettre.	4. Les règles morales sont des impératifs *hypothétiques*, conditionnels, relatifs aux buts et aux circonstances de l'acte.
5. La fin ne peut justifier les moyens.	5. La fin peut justifier les moyens.

immédiats et faciles pour s'assurer un plus grand bonheur à long terme. Par exemple, je sacrifie mon plaisir de fumer en vue de m'assurer plus tard une meilleure santé. En transposant cette logique sur un plan collectif, nous sommes amenés à admettre qu'il peut être indiqué, dans certaines circonstances, de sacrifier les satisfactions et les droits de certains individus si cela peut assurer le plus grand bonheur d'un plus grand nombre de personnes. Par exemple, si je peux sauver la vie de dix personnes en sacrifiant la vie d'une personne, je devrais le faire.

Le problème de l'utilitarisme, disent ses critiques, est qu'en faisant le total des plaisirs ou des préférences, en agglomérant les expériences de tous les individus dans une somme, l'individu isolé n'a plus droit à cette considération égale que semblait lui garantir le principe impartial du « chacun compte pour un ». Il faut comprendre ici que ce principe est une composante du « calcul d'utilité » et qu'il n'a rien à voir avec un « droit » fondamental à l'égalité. L'hypothèse de base du calcul utilitariste établit que chacun compte pour un au départ, mais cette protection n'existe plus une fois que l'intérêt de chacun se trouve fondu à celui des autres. Cette critique fondamentale de l'utilitarisme est le point de départ de la théorie de la justice de John Rawls, que nous étudierons au chapitre 6. Pour Rawls, l'utilitarisme ne respecte pas le principe de la séparation des personnes.

Dans une perspective analogue, on reproche aussi à l'utilitarisme de conduire au règne de la majorité sur la minorité, alors qu'une éthique des droits devrait plutôt tendre à protéger les minorités. Par exemple, si la majorité des membres d'une communauté est animée de sentiments racistes et xénophobes, ou si elle est intolérante envers les homosexuels qu'elle considère comme des dépravés, cette majorité semble fondée, d'un point de vue utilitariste, à persécuter la minorité au nom de la loi du bonheur du plus grand nombre.

PEUT-ON SACRIFIER LE PETIT NOMBRE ?

Le point le plus controversé de l'utilitarisme est sans doute l'idée que le sacrifice de quelques-uns au profit du plus grand nombre soit moralement justifiable dans certaines circonstances. La position de Kant sur cette question est que la morale réprouve un tel sacrifice, car il s'agit d'une violation flagrante du principe de respect qui interdit de se servir d'une personne *simplement comme un moyen* pour arriver à ses fins.

La position de l'éthique des vertus n'est pas aussi rigide cependant. Elle est disposée à accepter le sacrifice du petit nombre dans certains cas, puisqu'elle met l'accent sur la recherche d'une réponse adéquate aux particularités de chaque situation. Cependant, une telle action ne sera considérée comme vertueuse que si son auteur ressent les *émotions appropriées* à la situation, en l'occurrence, s'il ressent de la compassion pour les personnes sacrifiées et un regret de devoir leur faire du tort.

LA RÉPLIQUE DES UTILITARISTES

Les utilitaristes peuvent réfuter ces critiques de diverses manières. Ils peuvent prétendre être contre le racisme en général parce qu'il y aura moins de bonheur dans une société raciste et intolérante que dans une société tolérante. Ils peuvent aussi rétorquer qu'il serait contraire au bonheur du plus grand nombre que les individus vivent dans la crainte constante que leurs droits élémentaires soient sacrifiés au nom du bien commun et donc que la reconnaissance du droit de chacun au respect contribue effectivement au bonheur du plus grand nombre en assurant à tous sécurité et tranquillité d'esprit. Ils peuvent en outre invoquer le fait que le régime démocratique lui-même amène bien souvent la majorité à imposer sa volonté à la minorité et qu'il arrive, dans certaines situations exceptionnelles, que nous soyons forcés de porter atteinte aux droits individuels les plus fondamentaux. On peut donner ici l'exemple du siège de Leningrad, pendant la Deuxième Guerre mondiale. La famine qui affligeait les habitants de la ville était telle qu'on dut se résoudre à sacrifier quelques personnes. On choisit, bien sûr, les vieillards.

L'exemple de la famine de Leningrad montre que, même s'ils tentent de concilier leur théorie avec l'affirmation des droits individuels, les utilitaristes ne sont pas portés à employer naturellement le langage des droits. Bentham faisait une critique cinglante de l'éthique des droits et libertés. Il jugeait avec dédain les fameuses déclarations de principes des promoteurs des révolutions française et américaine, qui reconnaissaient à tous les humains une liberté naturelle inaliénable. Pour Bentham, une telle conception rend impossible tout gouvernement par des lois, car toute loi est, par nature, normative et coercitive, et entrave nécessairement la liberté des individus[5].

Ainsi, en ce qui concerne la question de la peine de mort, les utilitaristes vont examiner en premier lieu les *conséquences* de cette mesure et son efficacité, plutôt que de s'intéresser au problème qu'elle pose relativement au droit absolu à la vie. La dimension la plus importante de la peine de mort est donc pour eux son effet dissuasif. Il leur importe avant tout de déterminer si elle peut amener des meurtriers potentiels à renoncer à leurs projets. Cette optique explique les changements de position des utilitaristes sur cette question. À une certaine époque, certains approuvaient la peine de mort dans la mesure où elle paraissait permettre de diminuer la criminalité et de prévenir des crimes ultérieurs. Cependant, comme des données scientifiques plus récentes tendent à mettre en doute cet effet dissuasif, ils ont pu changer d'avis. Ce retournement montre bien que l'argumentation utilitariste ne repose pas sur un principe absolu de respect de la vie ou de la dignité humaine, mais sur un critère d'efficacité.

PETER SINGER ET L'AIDE AUX PAYS PAUVRES

L'utilitarisme conduit à des conclusions intéressantes lorsqu'on l'applique à des problèmes de justice sociale du genre de celui-ci: jusqu'à quel point les riches doivent-ils aider les pauvres? Peter Singer présente une argumentation audacieuse au sujet de la dimension internationale de cette question. Pour lui, l'attitude générale des gouvernements et des citoyens individuels des pays riches à l'égard des populations pauvres du monde est un scandale. Il appuie ce jugement sur une analyse typiquement utilitariste[6]. Il prend l'exemple d'une famille moyenne des États-Unis. On estime que le tiers des revenus d'une telle famille sont consacrés à des choses non essentielles comme des repas au resto, des vêtements à la mode, des CD, des romans ou des voyages. Si l'on considère qu'un milliard de personnes dans le monde vivent actuellement avec moins d'un dollar par jour, il paraît injustifiable du point de vue utilitariste que nous ne consacrions pas une plus grande partie de nos revenus à aider la population pauvre du monde, surtout si nous considérons l'ampleur des bénéfices que cette aide peut leur apporter sur le plan des ressources de première nécessité. Notre aide permettrait carrément dans beaucoup de cas de sauver des vies.

---

5. Jeremy Bentham, *op. cit.*, p. 309.

6. Peter Singer, *Questions d'éthique pratique*, trad. par Max Marcuzzi, Paris, Bayard, 1997, p. 207-233 ; Louise Gendron, « Nous sommes tous des assassins : entretien avec Peter Singer », *L'Actualité*, 15 octobre 2005, p. 28-31.

Suivant le principe utilitariste, la famille de gauche devrait verser un pourcentage de ses revenus pour venir en aide à des familles pauvres comme celle de droite. Quel pourcentage ? Peter Singer a proposé 5 %, puis 1 %.

Un des problèmes de cette argumentation est que si les pays riches donnent une trop grande partie de leur richesse aux pays pauvres, leur économie va péricliter et, paradoxalement, ils perdront les moyens de fournir l'aide en question. Conscient de ce problème, Singer propose une mesure très raisonnable qui consisterait pour chaque adulte vivant dans un pays développé à donner pendant les 15 prochaines années 100 dollars annuellement (soit moins de 0,4 % d'un revenu annuel de 27 500 dollars). Ces sommes suffiraient à réduire de moitié la pauvreté dans le monde en seulement 10 ans selon les estimations de la Banque mondiale. Mais Singer va un peu plus loin et suggère que cette aide soit plutôt de 1 % (il faut noter ici que Singer est revenu sur une position antérieure fort controversée où il fixait ce seuil à 5 % !). La recommandation de l'ONU à l'égard de l'aide au développement est que la contribution des pays développés soit de 0,7 % du produit national brut. À l'heure actuelle, très peu de pays atteignent cette cible. La contribution de pays comme le Canada et les États-Unis est même inférieure à 0,4 % du PNB. C'est injustifiable du point de vue utilitariste.

L'UTILITARISME DE LA RÈGLE ET L'UTILITARISME DE L'ACTE

John Stuart Mill était bien conscient des objections que nous venons d'exposer et il a tenté d'y répondre en proposant une interprétation tout à fait particulière de l'utilitarisme qui s'est révélée féconde, mais aussi très controversée. Elle a été reprise et développée par de nombreux philosophes utilitaristes contemporains sous l'appellation d'« utilitarisme de la règle ». Reprenons un cas cher à Kant, celui du mensonge. Il est clair qu'une application stricte de l'utilitarisme pourrait très bien nous amener à mentir dans de nombreuses circonstances où l'intérêt du plus grand nombre le justifierait. Mais il y a là un danger que Mill entrevoit très clairement : en autorisant de multiples exceptions, on risque de miner la confiance mutuelle, qui est essentielle aux relations harmonieuses au sein de la société. C'est ce qu'explique Mill dans le passage suivant :

> Ainsi, il serait souvent expédient, pour se tirer de quelque embarras momentané ou atteindre quelque objet immédiatement utile à soi-même ou à autrui, de dire un mensonge. Mais la culture en nous-mêmes d'une sensibilité chatouilleuse en matière de

véracité est l'une des choses les plus utiles, l'affaiblissement de cette sensibilité l'une des plus nuisibles, que nous puissions donner comme fin à notre conduite ; en s'écartant, même sans le vouloir, de la vérité, on contribue beaucoup à diminuer la confiance que peut inspirer la parole humaine, et cette confiance est le fondement principal de notre bien-être social actuel ; disons même qu'il ne peut rien y avoir qui entrave davantage les progrès de la civilisation, de la vertu, de toutes les choses dont le bonheur humain dépend pour la plus large part, que l'insuffisante solidité d'une telle confiance[7].

On voit bien que Mill préserve ici son critère fondamental du bien commun. Il fait de l'obligation de dire la vérité une condition fondamentale de ce bien commun. Il continuera d'autre part d'admettre la possibilité d'exceptions dans des cas extrêmes. Mais il ajoute que le calcul utilitariste doit soupeser l'importance de chaque cas d'exception au regard de la considération plus universelle du maintien et du renforcement d'une règle générale essentielle au bonheur des êtres humains. Cette argumentation rejoint celle de David Hume, selon laquelle les règles de justice découlent d'une appréciation réfléchie de leur utilité générale. Comme nous l'avons vu au chapitre 2, Hume explique que l'on doit, par exemple, maintenir l'interdit *général* du vol sur des bases utilitaristes (utilitarisme de la règle), malgré le fait qu'un vol particulier puisse être justifiable d'après les mêmes principes utilitaristes appliqués à *un acte particulier*. C'est pourquoi on a adopté l'expression « utilitarisme de l'acte » pour désigner la conception plus classique et stricte de l'utilitarisme par opposition à l'utilitarisme de la règle.

L'utilitarisme de la règle présente un autre avantage. Il nous permet de nous en remettre à des règles générales dans les cas où le manque de temps ou de connaissances nous empêche de procéder à une analyse exhaustive des conséquences de nos actions. On peut supposer que le fait que ces règles générales (le respect de la promesse, la présomption d'innocence d'un accusé, le traitement préférentiel que nous accordons à nos amis ou à nos enfants, etc.) aient prouvé leur utilité dans le passé est un gage de rectitude morale. Le tableau 4.2 met en regard les principes de l'utilitarisme de l'acte et de l'utilitarisme de la règle.

Tableau 4.2   Principes de l'utilitarisme de l'acte et de l'utilitarisme de la règle

Utilitarisme de l'acte	Utilitarisme de la règle
Seules les conséquences particulières et concrètes des actions envisagées doivent être considérées dans le calcul d'utilité. On peut donc admettre que certaines situations commandent de passer outre à des règles morales fondamentales.	Le respect des règles morales fondamentales doit avoir la priorité lorsque le calcul d'utilité recommande une action qui contrevient à ces règles, sauf dans les cas absolument exceptionnels où les conséquences négatives pour le bien commun seraient trop dramatiques.

7. John Stuart Mill, *L'utilitarisme, op. cit.*, p. 76.

RÉCONCILIER KANT ET L'UTILITARISME?

On ne peut manquer de voir ici une certaine convergence entre l'utilitarisme et l'éthique de Kant. Au fond, ce que dit Mill revient presque à appliquer le principe d'universalisation kantien : qu'arriverait-il si tout le monde mentait ? Mill fait remarquer d'ailleurs que le principe d'universalisation de Kant tient compte partiellement des conséquences de l'acte, puisqu'il considère les conséquences générales mettant en jeu les intérêts de toute l'humanité. Si je juge qu'une action est immorale parce que son universalisation mène à une absurdité (comme celle qui résulterait d'une universalisation du mensonge), cela implique d'une certaine façon que je prends en considération les conséquences d'une universalisation de mon action ainsi que les intérêts et le bonheur de l'humanité. Mill propose d'ailleurs de reformuler l'impératif catégorique de Kant dans les termes suivants : « Nous devons diriger notre conduite d'après une règle que tous les êtres raisonnables puissent adopter avec avantage pour leur intérêt collectif[8]. »

Kant, comme nous l'avons vu, prenait parfois en considération les intérêts fondamentaux de l'humanité. Mais, à la différence de Mill, la justification d'une règle morale universelle n'est pas pour lui le bonheur que son respect garantit aux êtres humains (par exemple, qu'il serait utile pour nous en général de dire la vérité), mais le principe de réciprocité qui lie des êtres rationnels qui ne peuvent logiquement demander aux autres de respecter une règle qu'ils ne respectent pas eux-mêmes.

Certains utilitaristes[9] critiquent l'idée d'un utilitarisme de la règle, soutenant qu'il s'écarte trop des principes premiers de l'utilitarisme et n'est plus qu'un kantisme dilué. Quand l'utilitarisme nous dit que les règles morales généralement reconnues dans une société sont bonnes parce que leur longévité démontre leur utilité et qu'on peut s'y fier en faisant l'économie d'un fastidieux calcul d'utilité, il ne nous dit rien de bien intéressant. On peut soutenir à l'inverse que l'approche utilitariste est vraiment pertinente et stimulante lorsqu'on l'exploite dans le contexte où elle peut vraiment révéler sa force, soit dans l'analyse détaillée de situations particulières complexes.

Nous terminons avec ce quatrième chapitre l'étude des trois grandes théories qui occupent l'avant-scène de la philosophie éthique contemporaine. Le tableau 4.3 résume et compare leurs principaux points d'opposition et de convergence.

---

8. *Ibid.*, p. 137.

9. Par exemple, J. J. C. Smart, dans J. J. C. Smart et Bernard Williams, *Utilitarianism : For and Against*, Cambridge, Cambridge University Press, 1973.

Tableau 4.3   Points d'opposition et de convergence de l'éthique des vertus, de l'éthique utilitariste et de l'éthique kantienne

	Éthique des vertus	Éthique utilitariste	Éthique kantienne
Objet du jugement moral	Personnes (caractère)	Actions	Actions
Prédominance valeurs/normes	Valeurs	Valeur (bien-être) + norme (égalité)	Normes
Unité d'ensemble	Vertus multiples	Principe unique	Principe unique[10]
Types d'impératifs pratiques	Conditionnels	Conditionnels	Catégoriques
Intention morale	Importante	Secondaire	Fondamentale
Rôle de la raison	Partiel	Important (calcul)	Fondamental

EXERCICE 4.4

On peut considérer que le fait de déroger à une règle morale valide dans un cas particulier peut avoir pour résultat d'affaiblir le respect et la reconnaissance générale de cette règle dans un milieu donné. Par exemple, on peut prendre soi-même une mauvaise habitude en agissant de la sorte, ou bien on risque d'exercer une mauvaise influence sur d'autres personnes (par exemple, des enfants). À votre avis, est-il légitime de frauder l'impôt en alléguant les considérations suivantes?

- Mon revenu est faible.
- Ma fraude n'aura qu'un effet minime sur le bien public.
- Elle reste secrète et n'aura pas d'effet d'entraînement direct.
- J'accepte de payer les amendes prévues si je me fais prendre.

Vous pouvez analyser de la même manière d'autres exemples intéressants et fort courants, par exemple les fausses déclarations d'assurance visant à obtenir des compensations supérieures aux dommages subis, le travail au noir ou la transgression de l'interdit municipal sur l'arrosage des pelouses en période de pénurie d'eau.

---

10. Il faut se rappeler ici que, dans l'esprit de Kant, le principe de respect n'est qu'une reformulation du principe d'universalisation.

MODE D'APPLICATION

L'application du principe utilitariste passe par un calcul d'utilité dont voici les étapes :

■ Faire le tour des différentes possibilités d'action en considérant pour chacune l'ensemble de ses conséquences, c'est-à-dire l'ensemble des satisfactions et des insatisfactions qu'elle est susceptible de produire chez les intéressés.

■ Faire la somme des satisfactions et des insatisfactions produites par chacune des actions envisagées, en respectant la règle du « chacun compte pour un » et *en tenant compte de leur importance ou de leur gravité*. Attention ! Ce dernier point est crucial : même si un viol a été commis par *quatre* personnes contre une autre personne, il n'en reste pas moins que la souffrance durable et profonde de la victime excède la somme des plaisirs fugaces des quatre violeurs.

■ Comparer les quantités de satisfactions et d'insatisfactions et choisir l'action qui maximisera les satisfactions et assurera le plus grand bonheur du plus grand nombre.

■ Utilitarisme de la règle : ne choisir une action qui contrevient à une règle morale dont l'utilité générale est reconnue que dans les cas absolument exceptionnels où toute autre option aurait des conséquences négatives beaucoup trop dramatiques pour le bien commun.

RÉVISION

1. Quelle place l'hédonisme occupe-t-il dans l'éthique utilitariste ?

2. Quel est le principe fondamental de l'utilitarisme ?

3. Pourquoi Kant et les utilitaristes ont-ils des opinions différentes sur la question de nos devoirs moraux envers les animaux ?

4. En quel sens peut-on dire que les principes utilitaristes sont des impératifs conditionnels et non des impératifs catégoriques, comme les principes de Kant ?

5. Pourquoi dit-on que l'utilitarisme est une éthique conséquentialiste ?

6. Pourquoi l'utilitarisme accorde-t-il moins d'importance que Kant à la pureté des intentions ?

7. Quelles principales difficultés surgissent lorsqu'on se livre à une application systématique du calcul d'utilité ?

8. En quoi l'utilitarisme entre-t-il en conflit avec le respect des droits de la personne ?

9. Quelle est la différence entre l'utilitarisme de l'acte et l'utilitarisme de la règle ?

RENVOIS AUX « DOMAINES D'APPLICATION »

On trouvera des illustrations des principes de l'éthique utilitariste dans les cinq sections de la deuxième partie du manuel (« Domaines d'application »).

■ L'éthique des affaires :
  • le marché capitaliste et la « main invisible » d'Adam Smith, p. 210 ;
  • l'industrie pharmaceutique, p. 231.

■ L'éthique de l'environnement :
  • l'environnementalisme humaniste, p. 238 et 239 ;
  • le sort des générations futures, p. 240 ;
  • Peter Singer et la libération animale, p. 246 et 247.

■ La bioéthique :
  • le principe de bienfaisance en bioéthique, p. 266 ;
  • la notion de personne humaine, p. 270 ;
  • la FIV et la recherche sur les embryons, p. 280 ;
  • l'euthanasie, p. 287.

■ L'éthique de la science et de la technologie :
  • la recherche avec des sujets humains, p. 299.

■ L'éthique de l'art :
  • la dépendance de l'artiste par rapport à l'État, p. 340 et 341.

EXERCICE
DE SYNTHÈSE

Une exception pour une vieille dame... et son chat

Voici le compte rendu d'un jugement controversé prononcé par un juge de la Cour supérieure.

« *L'histoire d'Ezzy le chat a touché le cœur du juge Louis Tannenbaum, qui vient d'ordonner à l'Office municipal d'habitation de Pointe-Claire de ne pas l'expulser. C'est que Ezzy est un être cher à Mme Dorothy Coulombe, sa colocataire de 71 ans. Au point où, si elle devait se séparer du chat, elle tomberait dans une profonde dépression. Le juge Tannenbaum ne laissera pas faire cela.*

Mme Coulombe, en déménageant dans un HLM de l'ouest de l'île en 1985, s'était séparée de son chat précédent, car le bail interdit aux locataires de garder un animal.

Son chat a été mis en pension chez le frère de Mme Coulombe et est mort peu de temps après dans des "circonstances tragiques". Mme Coulombe a fait une crise cardiaque en 1986, après la mort de son chat. Elle a demandé au responsable de l'immeuble la permission d'en avoir un dans son appartement. Un référendum a été tenu et les autres locataires ont rejeté cette idée à 105 contre 17. En catimini, Mme Coulombe a tout de même fait entrer Ezzy dans son appartement en 1991. L'animal ne sortait pas et personne ne savait rien de son existence. Malheureusement, des ouvriers ont aperçu Ezzy lors de travaux de réfection, et ont dénoncé la situation. L'Office a traîné Mme Coulombe devant la Régie du logement, qui s'est estimée liée par le référendum. Mme Coulombe en a appelé devant la Cour du Québec, où le juge s'est dit dans l'impossibilité d'intervenir.

Avec l'assistance de l'avocat Julius Grey, Mme Coulombe a présenté sa cause désespérée à la Cour supérieure, où le juge Tannenbaum a relevé une erreur de droit déterminante dans le jugement de son collègue de la Cour du Québec. En effet, la Régie, comme la Cour du Québec, avait compétence pour établir une exception à la règle du bail. Si l'on peut démontrer qu'il n'y a pas de préjudice pour les autres locataires et que la présence de l'animal est très importante pour son propriétaire, il est permis de faire une exception. Dans ce cas, le médecin de Mme Coulombe est formel : son état cardiaque se détériorera si Ezzy est bouté dehors. Elle risque même une dépression nerveuse. Cela n'était pas assez pour le juge de la Cour du Québec, qui estimait ne rien pouvoir faire tant que la vie de Mme Coulombe n'était pas en danger. Le juge Tannenbaum, constatant un risque sérieux pour la santé de Mme Coulombe, additionné au fait que personne n'a été le moindrement incommodé par Ezzy, vient de casser cette décision. Déjà en 1994, le P.-D.G. de la Société d'habitation du Québec envoyait comme directive aux responsables des HLM de faire preuve de souplesse et d'"ouverture d'esprit" en la matière. On reconnaît maintenant la "zoothérapie" et l'effet "sécurisant, utilitaire et même bénéfique de la présence des animaux de compagnie". Les offices d'habitation doivent s'adapter à cette nouvelle mentalité, disait le P.-D.G. »

1. Montrez que la décision du juge Tannenbaum est fidèle au principe de base de l'utilitarisme. À cette fin, procédez à l'application du principe utilitariste à ce cas en suivant le mode d'application présenté à la page 84.

2. Quelle serait la position de Kant sur ce cas ? Appuyez votre réponse sur les principes de l'éthique kantienne.

3. Montrez, à partir de ce cas, que les devoirs moraux utilitaristes sont, selon la terminologie de Kant, des impératifs conditionnels et non des impératifs catégoriques ou inconditionnels.

4. Montrez que ce cas reflète bien la position générale des utilitaristes à l'égard des droits.

5. L'analyse du juge Tannenbaum vous semble-t-elle conforme à la position des utilitaristes concernant les animaux ?

ANALYSE

L'utilitarisme est un courant de pensée encore très vivant et très influent de nos jours, en particulier dans le monde anglo-saxon. L'un de ses représentants contemporains les plus connus est le philosophe australien Peter Singer, réputé pour ses prises de position controversées[11]. Le texte qui suit porte sur le problème de l'usage de la violence à des fins politiques ou humanitaires. Il est un bel exemple de la façon de penser de l'éthique utilitariste et conséquentialiste.

1. Pourquoi Peter Singer rejette-t-il le pacifisme absolu ?

2. Quels arguments invoque-t-il pour condamner le terrorisme ? Montrez que ces arguments sont conformes aux principes fondamentaux de l'utilitarisme.

3. Expliquez le calcul d'utilité qui conduit Singer à accepter certains usages de la violence.

4. À laquelle de ces deux versions de l'utilitarisme l'approche ici préconisée par Singer correspond-elle : l'utilitarisme de l'acte ou l'utilitarisme de la règle ?

5. Quelle serait la position de Kant sur l'usage de la violence dans le but de faire avancer une cause politique ou humanitaire ? Quelle éthique emporterait votre adhésion sur cette question : l'éthique kantienne ou l'éthique utilitariste ?

---

11. Dans la section portant sur l'éthique de l'environnement, nous présenterons les positions de Peter Singer sur la question de nos devoirs moraux envers les animaux (p. 244 et suiv.).

LA VIOLENCE PEUT-ELLE ÊTRE MORALEMENT JUSTIFIABLE[12] ?

Comme nous l'avons vu, la désobéissance civile comprise comme moyen d'attirer l'attention publique ou de persuader la majorité de reconsidérer une question est beaucoup plus facile à justifier que celle qui vise à contraindre la majorité. La violence est évidemment encore plus difficile à défendre. Certains vont jusqu'à dire que l'usage de la violence comme moyen, particulièrement contre les personnes, n'est jamais justifié, quelque juste que soit la cause.

L'opposition à l'usage de la violence peut découler d'une règle absolue ou de l'évaluation des conséquences possibles. Les pacifistes considèrent d'ordinaire l'usage de la violence comme absolument mauvais, quelles que soient par ailleurs ses conséquences. [...] Supposons que nous avons l'occasion d'assassiner un tyran qui exécute systématiquement ses opposants et quiconque lui déplaît. Nous savons que la mort du tyran conduira au pouvoir un chef populaire de l'opposition, à présent en exil, qui restaurera l'autorité de la loi. Si nous considérons la violence comme toujours condamnable et refusons de commettre cet assassinat, ne devons-nous pas endosser une responsabilité dans les exactions futures du tyran ?

[...] Il serait abusif et partial d'affirmer que toute révolution violente est absolument injuste, sans tenir aucun compte des maux que les révolutionnaires tentent de faire cesser.

[...] Il existe cependant aussi des objections conséquentialistes solides à l'usage de la violence. Nous sommes partis d'une prémisse selon laquelle la violence peut s'avérer la seule manière d'améliorer les choses. Les absolutistes n'ont aucun intérêt à discuter de ce point précis : peu importe qu'il soit vrai ou faux, puisqu'ils rejettent la violence de toute façon. Les conséquentialistes doivent, eux, se demander si la violence est réellement le seul moyen approprié à une fin importante ou, sinon le seul moyen, du moins le plus rapide. Ils doivent aussi s'inquiéter des effets à long terme de l'usage de la violence pour changer l'état des choses.

Peut-on envisager, sur des fondements conséquentialistes, une condamnation de la violence qui soit en pratique, sinon en principe, aussi large et universelle que celle du pacifiste absolu ? Dans cette intention, on pourrait d'abord souligner l'effet d'endurcissement et d'accoutumance qu'a l'usage de la violence et montrer comment le fait de commettre un seul meurtre, si « nécessaire » ou « justifié » soit-il, affaiblit les résistances opposées à l'acte de tuer. Est-il vraisemblable que des individus habitués à recourir à la violence se montrent par la suite capables de bâtir une société meilleure ? C'est une question à laquelle l'histoire nous a appris à répondre : la tournure prise par la révolution russe doit ébranler la foi dans l'idée qu'un désir ardent de justice sociale forme un solide rempart contre les effets corrupteurs de la violence. D'autres exemples, espérons-le, seraient inter-

prétables à l'inverse, mais il en faudrait une quantité colossale pour faire contrepoids à l'héritage de Lénine et de Staline.

Le pacifiste d'obédience conséquentialiste peut utiliser un autre argument – celui que j'ai opposé à l'idée de laisser la famine réduire les populations des nations pauvres à un niveau qui leur permette de se nourrir par elles-mêmes. De la même façon, la violence comme moyen s'autorise un certain mal, au nom d'un bien escompté à l'avenir. Mais les bénéfices futurs ne sont jamais certains et, même dans les rares cas où la violence entraîne effectivement des conséquences positives, il est impossible d'être absolument sûr qu'elles n'auraient pas pu être obtenues par des moyens non violents. Quel est, par exemple, le bénéfice tiré des milliers de morts et de blessés causés par les attentats de l'IRA pendant plus de vingt ans ? C'est l'apparition des mouvements de contre-terrorisme des groupes extrémistes protestants. De même pour les morts et les souffrances dues à la bande Baader-Meinhoff, en Allemagne, ou aux Brigades rouges, en Italie. Qu'est-ce que l'Organisation de libération de la Palestine a gagné au terrorisme, sinon un État d'Israël moins ouvert aux compromis, plus intraitable que celui avec lequel elle avait engagé le conflit ? Quelque sympathie qu'on ait pour les idées défendues par certains de ces groupes, les moyens auxquels ils recourent non seulement ne garantissent pas la réussite de leurs objectifs, mais témoignent d'une absence totale de pitié à l'égard

---

12. Peter Singer, *Questions d'éthique pratique, op. cit.*, p. 289-295.

de leurs victimes. Ces arguments sont une solide contribution à la lutte contre l'usage de la violence, particulièrement quand elle est dirigée arbitrairement contre les citoyens ordinaires, ce qui est souvent le cas du terrorisme. Concrètement, cette sorte de violence semble n'être jamais justifiée.

Mais d'autres types de violence ne peuvent être rejetés de façon aussi convaincante. Par exemple, l'assassinat d'un dictateur sanguinaire, dans le cas où les ordres meurtriers sont une expression de la personnalité du tyran et non une conséquence des institutions qu'il dirige. La violence de l'attentat est strictement limitée, elle conduit à la cessation d'une violence bien plus importante, son succès en tant qu'acte isolé est hautement prévisible, et il se peut qu'il n'y ait aucun autre moyen de mettre fin aux agissements du tyran. Dans ces circonstances, un conséquentialiste pourrait difficilement continuer à arguer des pouvoirs délétères de l'acte de violence, ou juger qu'une violence pire, et non pas moindre, découlerait de l'assassinat.

La violence peut être limitée en un autre sens. Les cas envisagés incluaient la violence commise contre les personnes: ce sont les exemples qui viennent immédiatement à l'esprit quand on discute de violence, mais il en existe d'autres. Le Front de libération animale a endommagé des laboratoires, des cages et des équipements destinés à enfermer, mutiler ou tuer des animaux, mais s'est abstenu de toute violence contre un être animé, humain ou non humain. (D'autres organisations prétendant agir pour le bien d'animaux ont,

cependant, blessé au moins deux personnes avec des engins explosifs. Ces actions ont été condamnées par toutes les organisations de protection des animaux respectables, dont le Front de libération animale.) L'organisation environnementaliste américaine Earth first!, à options radicales, prône le sabotage écologique ou «écotage», c'est-à-dire les actes secrets destinés à freiner ou à faire cesser des actions nuisibles à l'environnement. Dave Foreman et Bill Haywood de Earth first! ont coédité un manuel de sabotage à l'usage des amis de la nature, intitulé *Ecodefense*, livre qui décrit les techniques de détérioration des ordinateurs, de sabotage des machines ou de mise hors d'usage de systèmes d'égouts. De leur point de vue:

> Le sabotage est une résistance non violente à la destruction des richesses naturelles. Il n'est pas pratiqué à l'encontre d'êtres humains ou d'autres formes de vie. Il est dirigé contre des machines et des instruments inanimés. [...] Les saboteurs sont parfaitement conscients de la gravité de ce qu'ils font, mais le font délibérément et en connaissance de cause. [...] Ils gardent à l'esprit qu'ils sont engagés dans l'action douée de la plus haute moralité qui soit: protéger la vie et défendre la Terre.

Une technique plus controversée consiste à cribler de clous les arbres d'une forêt promise à l'abattage, ce qui rend dangereuse toute opération de déboisage, parce que les bûcherons ne peuvent jamais prévoir quand la scie va toucher un clou, capable de briser la lame et de disperser des éclats tranchants tout autour. Les activistes qui prônent cette pratique font remarquer qu'ils préviennent

les compagnies d'exploitation qu'ils ont «cloué» les arbres d'une certaine zone et que, si celles-ci maintiennent le déboisement, leurs dirigeants seraient responsables de toutes les blessures et mutilations éventuelles. Mais ce sont bien sûr les travailleurs qui sont blessés, pas les dirigeants: les activistes peuvent-ils se dégager ainsi de toute responsabilité? Ce n'est pas l'avis des partisans plus orthodoxes de la protection de la nature, qui rejettent les pratiques de ce genre.

Les dommages matériels n'ont pas la gravité des blessures ou des morts humaines: c'est pourquoi on peut les justifier par des arguments qui ne valent pas pour les torts causés à des êtres sensibles. Cela ne signifie pas qu'attenter à la propriété soit sans importance. La propriété a une valeur immense aux yeux de certaines personnes, et il faut de sérieuses raisons pour justifier sa destruction. Comme dans le cas du raid effectué dans les laboratoires du Dr Gennarelli, cette destruction peut viser un objectif spécifique et, à court terme, sauver un certain nombre d'animaux d'expérimentations pénibles, dues aux préjugés anthropocentriques de notre société. Répétons-le, la justification d'un tel acte d'un point de vue conséquentialiste dépend du détail de chaque situation singulière. Un profane pourrait facilement se tromper sur l'enjeu d'une expérience ou sur le degré de souffrance enduré. Le saccage du matériel et la libération d'un lot d'animaux de laboratoire auront-ils pour seule conséquence l'achat d'un équipement neuf et l'élevage d'un nouveau contingent d'animaux? Et que faut-il faire des animaux libérés ? Ces actes illégaux vont-ils conduire le gouvernement à résister aux tentatives de réforme des lois relatives à l'expérimentation animale, en arguant du fait qu'il ne peut se permettre d'avoir l'air de céder à la violence ? Il faut répondre à toutes ces questions avant d'opter, par exemple, pour le cambriolage d'un laboratoire. La même chose prévaut avant de justifier le sabotage d'un bulldozer destiné à abattre une forêt ancestrale.

La violence n'est pas une chose facile à justifier, même quand elle s'exerce contre des biens matériels et non contre des êtres sensibles, ou contre un dictateur, et non de manière aveugle. Néanmoins, bien distinguer les catégories de violence est important. C'est seulement ainsi qu'on pourra condamner un certain type de violence, en particulier le terrorisme, en termes quasi absolus, ce qui est impossible quand on veut rejeter tout ce qui tombe sous l'appellation générale de « violence ».

Libéralisme politique et communautarisme

Nous venons de prendre connaissance, dans les chapitres qui précèdent, de trois visions différentes de l'éthique. Au-delà de leurs divergences, ces trois théories ont le même souci de trouver le fondement de la morale dans une composante universelle présente en chaque être humain. Pour Hume, c'était notre sentiment naturel de bienveillance, pour Kant, notre faculté de raisonner, et pour les utilitaristes, notre sensibilité. Cette manière d'envisager le phénomène moral a cependant relégué à l'arrière-plan un autre aspect dont il est difficile de nier l'importance: la dimension proprement sociale de la morale[1]. Ne serait-il pas tout aussi plausible, en effet, de rechercher le fondement de la morale non dans des traits constitutifs des individus, mais dans ceux de cette entité collective qu'est une société humaine? Après tout, la morale, avec ses normes et ses valeurs, n'a-t-elle pas pour but essentiel de permettre une vie commune harmonieuse entre les individus qui composent une société?

Cet oubli apparent de l'aspect social de la morale dans les théories éthiques modernes n'est pas le fruit du hasard. Il témoigne au contraire d'un préjugé tenace de la majorité des philosophes appartenant à ce que nous appelons la tradition «libérale» contre cette idée d'un fondement social de la morale. Pour eux, cette idée est extrêmement problématique et fait obstacle à l'édification d'une théorie éthique satisfaisante. Mais d'autres philosophes, associés à un courant de pensée concurrent, le communautarisme, ont entrepris d'en défendre les mérites. Leur affrontement donne lieu, à l'heure actuelle, à un intéressant débat à saveur politique qui sera l'objet de ce chapitre.

LE FONDEMENT SOCIAL DE LA MORALE

Voyons d'abord le sens général de la thèse de l'origine sociale de la morale. Au départ, l'être humain est naturellement un être social. Il vit en groupe et sa survie même paraît indissolublement liée à son appartenance à une communauté soudée par des liens de coopération et de solidarité. Mais l'être humain est aussi un individu ayant des besoins et des désirs propres, que son égoïsme naturel le pousse à satisfaire. Il semble donc y avoir un antagonisme inévitable entre les tendances égoïstes de l'individu et les contraintes de la vie en société. Dès lors, toute société organisée ne doit-elle pas nécessairement imposer aux individus certaines obligations et certaines orientations qui assureront sa cohésion interne, l'harmonisation de l'ensemble des volontés individuelles et l'élimination des actions nuisibles à son bon fonctionnement? Bref, on ne pourrait vivre avec d'autres individus sans partager avec eux une conception commune de ce qui est bien et de ce qui est mal. Cette exigence sociale élémen-

---

1. Soulignons toutefois que cette remarque s'applique moins à Hume, qui a toujours accordé une grande importance à la vie sociale et communautaire comme lieu d'émergence et de consolidation des tendances morales naturelles.

taire serait le fondement de la morale. Le sociologue français Émile Durkheim exprime cette idée de façon fort éloquente dans ce passage :

> C'est la société qui, en nous formant moralement, a mis en nous ces sentiments qui nous dictent si impérativement notre conduite, ou qui réagissent avec cette énergie, quand nous refusons de déférer à leurs injonctions. Notre conscience morale est son œuvre et l'exprime ; quand notre conscience parle, c'est la société qui parle en nous. Or le ton dont elle nous parle est la meilleure preuve de l'autorité exceptionnelle dont elle est investie[2].

Nous avons vu, au premier chapitre, que la morale met l'individu en relation avec un ordre d'exigences supérieures. Or il est certain que le fait que ces exigences morales soient approuvées par l'ensemble d'une communauté et soient transmises de génération en génération leur confère une autorité considérable. Son intégration dans un milieu social ouvrirait donc l'individu à des exigences morales élevées, qui impliquent un dépassement de ses motivations égoïstes primaires et de ses simples préférences personnelles.

Les exemples les plus clairs de ce type d'ancrage social de la vie morale se trouvent dans les sociétés prémodernes ou traditionnelles. Il s'agit de sociétés qui sont marquées par un attachement aux traditions et où les convictions morales ont, pour cette raison, une grande stabilité et une grande homogénéité. Des structures fortes comme la famille, le clan, le village, un système rigide de classes sociales et une intégration du pouvoir politique et du pouvoir religieux dans la figure du roi ou de l'empereur faisaient en sorte que les individus appartenant à ces communautés adhéraient tous aux mêmes valeurs morales. Ils avaient les mêmes idéaux et une même conception générale de la vie. Dans le Québec rural d'autrefois, par exemple, l'attachement à la famille, à la terre, à la foi religieuse, à la langue des ancêtres, à la communauté villageoise, le respect de l'autorité, la fidélité conjugale, la vertu du dévouement et l'esprit de sacrifice constituaient ces facteurs de cohésion interne qui ont permis à cette société de survivre. Plusieurs sociétés médiévales, en Europe ou au Japon, ont plutôt valorisé les vertus guerrières, la force et le courage, l'esprit conquérant, le sens de l'honneur et de la loyauté (entre suzerains et vassaux, entre seigneurs et serfs).

LA MODERNITÉ ET LE PLURALISME MORAL

Ce modèle social de l'ordre moral peut cependant paraître problématique, dans la mesure où il ne correspond plus à la réalité des sociétés modernes actuelles. En effet, l'entrée progressive des sociétés occidentales dans la modernité a justement été marquée par un déclin et une décomposition des structures traditionnelles que nous venons d'évoquer. Les causes sont multiples. La montée du capitalisme a fait émigrer la population de la campagne vers les villes, dispersant les familles et dissolvant les liens de solidarité et le sentiment d'appartenance qui cimentaient les communautés villageoises. Les habitants des villes sont devenus des entrepreneurs, des travailleurs et des consommateurs. Ils ont acquis une grande liberté de choix, de déplacement et d'initiative. Ils ont peu à peu appris à vivre dans un anonymat relatif et à utiliser les

2. Émile Durkheim, *L'éducation morale*, Paris, PUF, 1963, p. 76.

médias de communication de masse pour se tenir informés des affaires publiques et des événements sociaux, dans l'isolement de leur salon ou de leur automobile. Ils ont développé un nouveau mode de vie dans lequel chacun se consacre fondamentalement à sa vie privée, à son bonheur et à ses intérêts personnels.

À cette révolution économique et culturelle s'est ajoutée une révolution politique qui a mis fin aux anciennes monarchies, qui a retiré leurs privilèges séculaires aux aristocrates et qui a accordé à tous les individus la liberté d'expression et le droit de vote. L'État moderne démocratique et bureaucratique a progressivement remplacé les structures de pouvoir traditionnelles. Mais, du même coup, c'est toute la forte cohésion interne qui résultait de l'adhésion de l'ensemble des membres de la communauté à un système de valeurs bien défini qui s'est trouvée affaiblie. L'extension progressive de la liberté de pensée et d'action à tous les secteurs de la vie sociale a fait éclater les structures traditionnelles rigides et ouvert l'espace social à une pluralité de croyances et de conceptions morales. Nous vivons aujourd'hui à l'ère du *pluralisme moral*, c'est-à-dire que la société moderne fait coexister des personnes et des groupes qui adoptent des valeurs morales et des styles de vie différents, parfois même inconciliables, que ce soit en matière de religion, de principes d'éducation, d'avortement, de justice sociale ou de permissivité sexuelle. Ce pluralisme a fait de la tolérance, de l'ouverture d'esprit et du respect de la liberté d'opinion des vertus fondamentales. Mais, en même temps, il a sonné le glas de l'homogénéité et de l'unité de pensée des sociétés traditionnelles.

EXERCICE 5.1

Donnez quelques exemples précis du pluralisme moral qui caractérise les sociétés modernes. Il s'agit ici de trouver des différences ou même des oppositions entre les valeurs morales, les conceptions de la vie, les idéaux, les manières de vivre, les convictions fondamentales des personnes ou des groupes qui composent les sociétés modernes sur des questions importantes.

L'INDIVIDU CONTRE LA COMMUNAUTÉ

Ce long et complexe processus de modernisation de la société a finalement eu un résultat déterminant et radical : il a rompu les liens solides qui unissaient autrefois l'individu à sa communauté d'appartenance ; il a séparé l'individu de la collectivité et érigé en principe absolu le respect de son autonomie, c'est-à-dire son droit d'orienter sa vie comme il l'entend. Cette séparation a entraîné une véritable révolution culturelle et morale. Elle a renversé le système traditionnel qui affirmait de façon péremptoire la domination de la collectivité sur l'individu. Elle a fait de l'individu la raison d'être de la vie en société, et du respect de l'individu et de ses droits, le critère d'évaluation de la légitimité de toute forme d'organisation sociale et politique. Il est facile alors de comprendre pourquoi l'idée du fondement social ou communautaire de la morale qui affirme la suprématie de la collectivité sur l'individu pose problème à des esprits modernes. Elle comporte en effet trois implications problématiques.

1. D'abord, cette morale s'impose de façon *autoritaire* et *dogmatique* à l'individu et ne lui reconnaît aucune liberté. L'individu n'a d'autre choix que de se conformer à un système de valeurs qui se fonde sur une longue tradition et qui est considéré comme essentiel à la cohésion interne du groupe social. L'obéissance à l'autorité (paternelle, royale, religieuse) constituait d'ailleurs une vertu morale essentielle dans les sociétés traditionnelles.

2. Ensuite, la culture morale traditionnelle paraît inacceptable à l'esprit moderne en raison de son caractère *borné*, *sectaire* et *intolérant*. En renforçant la cohésion interne du groupe social, la morale a un effet pervers. Elle suscite des attitudes négatives à l'égard de ce qui est extérieur ou étranger au groupe. Elle amène chaque communauté à survaloriser son propre système de valeurs aux dépens des autres systèmes de valeurs. Les tendances sectaires peuvent conduire les humains à commettre les pires cruautés et les pires injustices. Des guerres de clans à la chasse aux hérétiques et aux dissidents, en passant par la discrimination raciale, la « vendetta » (recherche de la vengeance contre une famille ennemie) et la « purification ethnique », dans toutes les manifestations connues d'intolérance, il s'agit de faire subir à l'Autre la loi de cette logique d'exclusion. Tout cela entre en contradiction avec la vision moderne d'une société tolérante et pluraliste qui rassemble une multitude d'individus adhérant à des valeurs hétérogènes.

3. Une dernière caractéristique de la morale sociale la rend particulièrement intolérable aux yeux des philosophes modernes. C'est qu'elle semble nous enfermer dans un *relativisme culturel*. Nous savons bien aujourd'hui que les valeurs morales varient grandement d'une société à l'autre et qu'elles se transforment également au fil de l'histoire, qui a vu se succéder des sociétés où le racisme, l'esclavage, le sexisme, la polygamie et les sacrifices humains étaient jugés moralement acceptables. La notion de relativisme culturel désigne le fait que *les valeurs morales n'ont pas de caractère absolu et universel, qu'elles sont liées à la réalité singulière de chaque communauté humaine.* Or ceci paraît évidemment inacceptable à des philosophes qui ont précisément le souci d'asseoir la morale sur des bases solides en la rattachant à des normes ou à des valeurs universelles dont la validité est reconnue par tous.

Femme occidentale moderne et musulmane lisant le Coran. Chacune est susceptible de juger défavorablement le mode de vie de l'autre, peut-être même de le trouver moralement inacceptable. Ce jugement n'exprime-t-il que la relativité de leur appartenance à des sociétés différentes ?

LE LIBÉRALISME POLITIQUE

Voilà donc les raisons principales pour lesquelles la thèse du fondement social de la morale a été rejetée par une grande majorité de philosophes modernes. Nous allons maintenant examiner la manière dont les problèmes posés par cette idée ont été résolus par l'un des courants de pensée dominants de la philosophie politique moderne et contemporaine, le libéralisme. Il s'agit ici de philosophie « politique », parce que la solution dont il est question est politique en son essence. Il faut entendre par « politique » tout ce qui a trait aux rapports de pouvoir, à l'organisation du pouvoir et, tout particulièrement, au gouvernement des sociétés. L'exercice du pouvoir politique implique nécessairement le recours à un système de contraintes visant à assurer le respect des lois (appareil policier et judiciaire). Or, toute contrainte imposée à des individus est susceptible de soulever un problème moral. Elle doit donc être justifiée par des principes bien fondés. Le principal problème que nous avons cerné dans la morale communautaire traditionnelle est le fait que la collectivité impose aux individus des exigences morales qui paraissent abusives à nos yeux modernes. Le libéralisme politique considère qu'un régime politique de contraintes collectives ne peut être moralement acceptable que s'il respecte les principes suivants :

1. L'État doit être au service des individus et non l'inverse, car la fonction fondamentale de l'État est de protéger les droits des individus (liberté d'opinion et d'expression, égalité, droit de propriété, etc.).

2. L'État doit rester neutre sur le plan des *valeurs* morales.

3. L'État doit limiter ses interventions à la sphère publique et s'abstenir d'intervenir dans la sphère de la vie privée.

LE LIBÉRALISME : UN COURANT DE PENSÉE ÉCLATÉ

Le libéralisme est un courant de pensée extrêmement large qui rassemble un grand nombre de tendances différentes et même divergentes. On trouve des penseurs « libéraux » tant dans le camp des conservateurs que dans celui des socialistes et autant chez les défenseurs de l'État providence que chez ceux qui prônent son démantèlement. Tant Emmanuel Kant que John Stuart Mill peuvent être rattachés au libéralisme. Plusieurs des penseurs que nous étudierons dans les prochains chapitres en font également partie, notamment John Locke, Adam Smith, John Rawls et Robert Nozick.

Nous aborderons la variante économique du libéralisme au chapitre suivant, dans son expression récente appelée « néolibéralisme ».

Nous nous concentrons donc, dans le présent chapitre, sur ce qui peut être considéré comme le noyau dur des principes du libéralisme politique : la défense de la liberté individuelle.

Comme nous l'avons expliqué plus haut, la révolution moderne se traduit par un renversement des rapports hiérarchiques entre l'individu et la collectivité. *L'individu n'est plus au service d'une collectivité dont il dépend et sans laquelle il ne serait rien, mais il est la raison d'être de la collectivité.* La conviction qui est au cœur de cette révolution est la suivante : les individus ne peuvent trouver de sens dans le fait d'accepter de coopérer avec d'autres individus dans le cadre d'une société que si celle-ci leur garantit en retour qu'ils seront respectés et protégés contre tous les abus possibles, y compris ceux qui pourraient être commis par le gouvernement de cette société. Pour la plupart des penseurs libéraux, cette idée s'incarne concrètement dans l'État démocratique moderne. Cet État est conçu comme une émanation de la volonté des individus et son rôle est d'être au service des individus. Ce sont les individus qui élisent et démettent, selon leur bon vouloir, les représentants qui forment les gouvernements et qui sont chargés d'administrer les affaires publiques. Le but fondamental des individus est la quête de leur bonheur personnel, et l'État doit les soutenir dans cette quête, en les protégeant et en faisant respecter leurs droits.

L'État est donc vu ici non comme une instance de pouvoir suprême qui impose ses volontés aux individus, mais comme un *moyen* que les individus se donnent pour assurer les conditions nécessaires à la poursuite de leurs fins personnelles. *L'État démocratique est au service des individus et non l'inverse.* C'est pourquoi son pouvoir doit être rigoureusement limité. Certains penseurs libéraux nourrissent d'ailleurs des craintes à l'égard de la démocratie politique. Pour eux, la démocratie mène souvent, en pratique, à ce que certains ont appelé la « tyrannie de la majorité », c'est-à-dire au pouvoir d'une majorité qui impose sa volonté à une minorité. Une majorité pourrait ainsi imposer à une minorité ses croyances religieuses ou sa morale sexuelle. Or cette situation viole le principe de base d'une protection égale assurée à tous.

> ### COMMENT LIMITER LE POUVOIR DE L'ÉTAT ?
>
> Depuis l'avènement des démocraties modernes, bien des moyens ont été pensés pour limiter le pouvoir des gouvernements. Le plus important est évidemment le pouvoir des citoyens de destituer les gouvernements au moment des élections. Mais il y en a plusieurs autres.
>
> - Le fédéralisme canadien, qui divise le pouvoir entre l'État central fédéral et les provinces, est un exemple d'un tel moyen.
>
> - Le principe de la séparation des pouvoirs entre le pouvoir législatif (le Parlement qui promulgue les lois), le pouvoir exécutif (l'appareil administratif qui applique les lois et gère les affaires publiques) et le pouvoir judiciaire (les tribunaux qui veillent au respect des lois et à la punition des récalcitrants) en est un autre.
>
> - Les chartes de droits et libertés constituent également une protection importante, car elles empêchent les gouvernements eux-mêmes de violer les droits fondamentaux des individus ou des groupes minoritaires.

UNE MORALE MINIMALE

Le renversement des rapports individu-société qui est au cœur du libéralisme est rendu possible par l'attribution à l'État d'un devoir de neutralité à l'égard des *valeurs* morales. Cela signifie que l'État démocratique doit renoncer à imposer une conception de la vie ou un idéal de vie aux individus et qu'il ne doit pas porter de jugement sur la valeur intrinsèque des différentes visions de la vie de ceux et celles qu'il a pour tâche de servir. Il doit laisser chacun libre d'adhérer aux valeurs de son choix, de déterminer ce qui est bien pour lui ou pour ses enfants, de choisir son orientation sexuelle, sa religion ou son style de vie. L'État ne doit lui-même défendre aucune conception particulière du bien. Bref, il doit se désengager de tout ce côté de la vie morale que nous avons associé aux *valeurs* et qui comprend des buts, des biens, des idéaux ou des vertus.

Mais l'État libéral n'abandonne pas pour autant toute exigence morale. Au contraire, il va faire de sa neutralité même la base d'une nouvelle morale extrêmement limitée, à teneur essentiellement politique, qui se résume à une norme suprême d'impartialité et à l'obligation de respecter et de protéger les droits des individus à la liberté et à l'égalité. Cette morale doit cependant être qualifiée de *minimale*, car elle ne débouche sur aucune orientation précise, sur aucun *but* défini. Le fait que tous les citoyens d'un État soient réputés libres de leurs opinions et égaux devant la loi n'entraîne en effet aucune prescription précise quant à leur conduite. Mais cela impose, tant aux citoyens qu'à l'État lui-même, certaines contraintes ou limites importantes. Par exemple, je n'ai pas le droit d'user de violence envers quelqu'un, car je violerais alors sa liberté. Je n'ai pas non plus le droit de traiter un individu de façon discrimina-toire en raison de la couleur de sa peau ou de son sexe, car je violerais alors son droit à l'égalité. L'État démocratique se retire donc du champ des *valeurs* morales qui défi-nissent des buts à atteindre pour se cantonner dans une sphère limitée de *normes* fondamentales à respecter. Ce principe de neutralité va de pair avec l'idée qu'une cloi-son étanche doit séparer la sphère publique du pouvoir politique et la sphère de la vie privée. Ce que chaque individu fait dans la sphère privée n'est pas du ressort de l'État. L'État peut intervenir cependant là où les droits fondamentaux de certains citoyens sont lésés, par l'entremise des systèmes policier et judiciaire.

Ce modèle libéral des rapports entre l'État et ses citoyens fait partie intégrante de la culture des sociétés occidentales, au point de nous paraître aujourd'hui évident et naturel. Remarquons surtout comment il prend le contre-pied des trois critiques qui ont été faites plus haut aux morales traditionnelles :

1. L'État démocratique n'est pas autoritaire ; il laisse les citoyens libres d'orienter leur vie à leur gré.

2. Il n'est pas sectaire et intolérant, car il accepte le pluralisme des allégeances morales, religieuses, idéologiques ou politiques et favorise les attitudes de tolérance.

3. Il surmonte l'écueil du relativisme culturel, car les normes morales qu'il impose (égalité, respect des libertés fondamentales, droit de vote, droit à un procès juste et équitable, etc.) se veulent équitables et acceptables pour tous et peuvent donc prétendre avoir une validité *universelle* (tableau 5.1).

Tableau 5.1 Analyse comparée de la société traditionnelle et de l'État libéral moderne

Société traditionnelle	État libéral moderne
1. Système autoritaire et dogmatique	1. Système démocratique
2. Intolérance et sectarisme	2. Tolérance, respect du pluralisme
3. Relativisme culturel	3. Normes universelles

Emmanuel Kant a clairement résumé le modèle libéral en ces termes :

[…] nul ne peut me contraindre à être heureux à sa manière (celle dont il comprend le bien-être des autres hommes) ; mais il est permis à chacun de chercher son bonheur par le chemin qui lui semble bon à lui, pourvu qu'il ne nuise pas à cette liberté qu'ont les autres de poursuivre une fin semblable, qui peut s'accorder avec celle de chacun suivant une loi universelle (c'est-à-dire s'il ne nuit pas au droit d'autrui)[3].

3. Emmanuel Kant, *Théorie et pratique*, trad. de l'allemand par J.-M. Muglioni, Paris, Hatier, coll. Profil philosophie, 1990, p. 48.

EXERCICE 5.2

L'État intervient actuellement dans d'innombrables aspects de la vie privée. Nous en donnons de nombreux exemples dans ce chapitre. Chacune de ces interventions peut poser problème au regard des principes du libéralisme que nous venons d'exposer.

1. Citez une intervention de l'État qui vous semble parfaitement souhaitable et justifiée. Quelle norme ou valeur invoqueriez-vous pour la justifier?

2. Citez une intervention de l'État dans un domaine donné avec laquelle vous n'êtes pas d'accord. Expliquez pourquoi.

LA CRITIQUE COMMUNAUTARIENNE DU LIBÉRALISME POLITIQUE

Le libéralisme politique paraît reposer sur des principes incontestables. Il n'a pourtant jamais cessé de susciter la critique. L'une des plus sérieuses est venue récemment d'un courant de pensée qu'on appelle le communautarisme[4]. La thèse fondamentale de ce dernier est que le libéralisme s'égare lorsqu'il prétend évacuer la dimension sociale ou communautaire de l'action de l'État et renvoyer tout le domaine des valeurs à la sphère privée. Le communautarisme réaffirme avec force l'idée initiale du présent chapitre, celle de la nature essentiellement sociale de l'être humain et de la morale humaine. Il soutient que le libéralisme commet l'erreur de se braquer sur les aspects négatifs de la vie communautaire qui ont affligé les sociétés traditionnelles passées, en oubliant ses côtés les plus nobles et les plus riches que sont les valeurs de solidarité, d'appartenance, d'attachement, d'entraide et d'engagement.

LA NATURE SOCIALE DES VALEURS

Le communautarisme conteste le principe libéral qui confine les valeurs morales dans la sphère privée des choix individuels. Il affirme en effet que les valeurs morales ont par essence un caractère éminemment social. Selon les communautariens, que les humains soient des êtres sociaux signifie qu'ils sont faits pour vivre ensemble, ce qui leur est impossible s'ils ne partagent pas certains buts, certaines valeurs et certains idéaux. Il ne peut suffire pour vivre ensemble, comme le prétendent les penseurs libéraux, d'aménager un système de normes contraignantes (lois, règlements, système policier et judiciaire) pour empêcher des individus isolés et autonomes de se nuire mutuellement. Les valeurs morales qui font l'objet d'un choix personnel sont toujours des

---

4. Les représentants les plus radicaux du communautarisme sont Alasdair C. MacIntyre, auteur d'*Après la vertu* (Paris, PUF, 1997), et Michael Sandel, auteur de *Libéralisme et les limites de la justice* (Paris, Seuil, 1999). Chez les modérés, on trouve notamment Charles Taylor, auquel nous consacrerons le chapitre 9, et Michael Walzer, auteur de *Sphères de justice* (Paris, Seuil, 1997).

valeurs partagées par un grand nombre de personnes, même quand elles ne font pas l'unanimité. Cela tient au fait que les valeurs morales naissent toujours du jeu des interactions qui ont lieu entre les individus et les groupes au sein d'un milieu de vie concret. Les valeurs ont donc une *substance sociale* et occupent nécessairement une place importante dans la vie des collectivités et l'action des gouvernements. Elles introduisent dans la gestion des affaires publiques des contenus plus concrets que les normes très formelles et abstraites auxquelles les libéraux voudraient réduire l'action de l'État (règles de justice, d'impartialité, de droits fondamentaux, etc.). La raison en est qu'elles s'enracinent dans l'expérience de vie des citoyens et que les aspirations de ces derniers finissent par converger, par exemple dans le désir de vivre en bonne santé et en sécurité, d'assurer à leurs enfants un avenir prometteur grâce à une bonne éducation, de protéger l'environnement naturel, de secourir les plus démunis, de promouvoir une langue et une culture nationales, d'améliorer la qualité de vie sous tous ses aspects, etc.

La persistance de la vie communautaire

Un deuxième argument des communautariens contre le libéralisme consiste à rappeler la persistance étonnante des formes de vie communautaire au sein même des sociétés les plus avancées dans la modernité. Les communautariens rappellent en effet que l'individu ne peut accéder à la dimension morale qu'à travers son intégration à une communauté humaine concrète. Contrairement à celle du modèle libéral, cette communauté ne met pas en relation des individus abstraits et désincarnés dont les seuls points communs sont d'être tous libres, égaux, rationnels ou détenteurs des mêmes droits fondamentaux. Mais elle tisse entre ses membres une solidarité fondée sur une identité concrète et des habitudes de vie communes.

Les communautariens rappellent d'abord que la famille est une structure communautaire qui a su résister, contre vents et marées, au courant du modernisme. Elle est en effet encore le lieu où se développe le sens moral des individus et où ces derniers font l'apprentissage de la réciprocité, du partage, de la responsabilité et de la solidarité. Les communautariens font ensuite valoir que l'État neutre dont parlent les libéraux est toujours en réalité un État-Nation dont la majorité des membres sont soudés par une identité linguistique et culturelle, une histoire commune et un certain nombre de valeurs et de manières de vivre caractéristiques. Le patriotisme et la fierté nationale sont encore aujourd'hui des valeurs très vivaces, au grand étonnement de bien des penseurs libéraux qui avaient annoncé leur inexorable déclin. Le fait d'avoir des racines, un sentiment d'appartenance à un lieu, à un milieu de vie, à une culture, à une langue et à un mode de vie, reste une source importante de valeurs, même dans un monde comme le nôtre, livré à la mobilité et au changement perpétuel.

Mais ce qui intéresse particulièrement les communautariens est toute cette sphère intermédiaire qui est située entre la sphère de la vie privée et la sphère publique de l'État et que bien des auteurs appellent la « société civile ». La société civile comprend tous les regroupements, toutes les associations et communautés locales ou régionales qui constituent des pôles d'appartenance et d'engagement social pour une grande partie des individus. Une communauté ethnique, religieuse ou culturelle, un regroupement municipal ou régional, une communauté de quartier, un groupe de pression défendant une cause sociale ou humanitaire, un groupe de défense des droits des femmes ou des droits des gais et lesbiennes, une association de bénévoles, un organisme de loisir, une organisation sportive, etc., sont autant d'exemples de structures qui font partie de la société civile (tableau 5.2). Tous ces types de regroupements, qui se multiplient d'ailleurs à l'heure actuelle, prouvent que le besoin de s'associer avec d'autres, de partager et de défendre avec eux des idéaux communs reste vivant, même dans un monde aussi individualiste que le nôtre. Ils sont le lieu dans lequel les individus s'échappent du cadre étroit de leur vie privée et retrouvent un sens de la vie communautaire. Pour les philosophes communautariens, cette vitalité de la société civile est un grand bien, et doit être encouragée et soutenue par l'État. Le fait que la vie associative et communautaire ait survécu à l'effondrement des structures traditionnelles est la preuve que le modèle libéral qui réduit

Des groupes et associations de tous ordres, tels que «Dans la rue» et sa fameuse roulotte, sont au cœur de ce que les communautariens appellent la «société civile».

la vie sociale à un rapport entre des individus isolés et un État ne représente pas adéquatement notre vie morale collective. Ce modèle en donne en fait un portrait étriqué et appauvri.

Tableau 5.2   Schématisation comparative des modèles libéral et communautarien

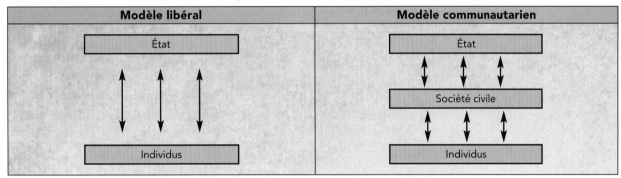

L'IMPOSSIBLE NEUTRALITÉ DE L'ÉTAT

Une autre piste s'offre aux communautariens dans leur projet de montrer que la réalité politique des sociétés actuelles apporte un démenti aux thèses libérales. C'est le constat de l'impossibilité, pour un État démocratique, de respecter les fameux principes de neutralité et de séparation entre sphère publique et sphère privée que les libéraux ont proposés. Ces principes sont continuellement transgressés sous nos yeux et la raison en est très simple. La vie en commun de millions de personnes fait nécessairement naître dans les esprits des valeurs, des aspirations et des buts convergents. Elle exige également une coordination extrêmement poussée des conduites et, par conséquent, des accords sur des objectifs fondamentaux dans plusieurs domaines : santé, éducation, décence publique, justice sociale, sécurité routière, contrôle des armes à feu, protection de l'environnement, politique linguistique, politique d'immigration, etc. Or il est inévitable que des valeurs morales interviennent dans la définition de ces objectifs. L'obligation, pour l'État, de rester neutre devient alors tout simplement intenable.

Quand l'État a imposé aux parents l'obligation d'envoyer leurs enfants à l'école, il s'ingérait dans une question jusque-là confinée dans la sphère privée, puisqu'il ne laissait plus les parents décider de ce qui était bon pour leurs enfants. Il n'y a pas si longtemps, prendre soin de ses vieux parents était une responsabilité privée et personnelle. Aujourd'hui, bien des gens sont très heureux de voir l'État assumer une grosse partie de ce fardeau. Il n'y a pas vingt ans, l'État n'avait rien à dire sur l'usage de la fessée comme méthode d'éducation et les policiers évitaient d'intervenir dans les affaires de violence conjugale, car ils considéraient alors qu'il s'agissait d'une affaire « privée » ! Quand l'État promulgue une loi et des règlements qui visent à protéger ou à promouvoir la langue française, il est clair qu'il considère que cette langue est un bien de grande valeur. Quand il assure à tous la liberté de religion mais pas la liberté de pratiquer la prostitution, la pédérastie ou la consommation de marijuana, il est clair qu'il porte un jugement sur la valeur intrinsèque ou l'importance de ces pratiques. Il en est de même quand il permet l'avortement mais interdit l'euthanasie.

Une autre raison des violations du principe de neutralité vient du fait que la société n'est pas formée que d'individus, mais aussi de tous ces groupes qui composent ce que nous venons d'appeler la société civile. Ces groupes véhiculent certaines valeurs et renforcent l'attachement de leurs membres à ces valeurs, dont ils font ensuite la base de revendications qu'ils adressent à l'État, introduisant ainsi sans cesse des contenus concrets dans la vie politique. Ils se tournent vers l'État qui incarne la volonté collective pour réclamer son aide ou son intervention dans des affaires qui leur tiennent à cœur. Le plus souvent, ces groupes de pression ne parlent pas au nom de *tous*. Au contraire, ils s'adressent au gouvernement en mettant l'accent sur une identité, des aspirations et des valeurs tout à fait particulières : des groupes de femmes réclament une protection contre la violence conjugale, des agriculteurs ou les habitants d'une région éloignée réclament une aide économique spéciale, des homosexuels revendiquent le droit d'adopter des enfants, des parents d'enfants autistes lancent un appel à l'aide, les propriétaires de petites librairies indépendantes demandent une politique de prix unique pour se défendre contre la concurrence des grands magasins, etc. Toutes ces revendications renvoient à des valeurs collectives, partagées par de grands nombres de personnes, et il est difficile d'imaginer que l'État puisse y répondre sans porter le moindre jugement sur leur valeur intrinsèque ou leur importance relative. L'État doit souvent alors se compromettre.

L'INDIVIDUALISME DU MODÈLE LIBÉRAL

Ce qui sépare le plus clairement libéraux et communautariens est que ces derniers défendent de façon explicite un idéal de vie communautaire alors que les premiers prétendent ne défendre *aucun* idéal. Les communautariens dénoncent la fausseté de cette prétention qu'ont les libéraux et affirment que cette neutralité de façade dissimule un indéniable penchant pour un idéal de vie très particulier : l'individualisme. C'est là l'un de leurs arguments les plus provocants. La représentation libérale de la collectivité comme un ensemble d'individus autonomes et séparés qui se consacrent à la quête du bonheur et à la poursuite de leurs projets personnels et qui se donnent un instrument, l'État, pour s'assurer que rien ne vienne entraver cette entreprise semble vider de toute substance l'aspect social et communautaire de la vie humaine. Les communautariens ont beau jeu ici de mêler leurs voix à toutes celles qui s'emploient actuellement à dénoncer l'individualisme crasse qui sévit dans notre société et d'accuser les libéraux de se faire les complices de cet idéal de vie médiocre, au lieu d'essayer de s'y opposer en plaidant en faveur d'un idéal concurrent, exaltant le sens de la solidarité, du partage et de l'engagement social.

EXERCICE 5.3

Il est clair que les conditions de vie caractéristiques du monde moderne, marquées par la mobilité, l'instabilité et le changement perpétuel, ne favorisent pas l'enracinement et l'engagement à long terme des individus. Mais il existe malgré tout, dans notre milieu social, de nombreux endroits où peuvent se développer un esprit communautaire et un sentiment d'appartenance, et se nouer des liens puissants de solidarité. Pensez à un exemple qui correspond à votre expérience personnelle ou à celle de membres de votre entourage. Quels aspects positifs trouvez-vous dans cette expérience de solidarité ? Quels sont les aspects négatifs ?

En quoi vos remarques rejoignent-elles les arguments des deux courants de pensée que nous venons d'étudier, le libéralisme et le communautarisme ?

LA RÉPONSE LIBÉRALE À LA CRITIQUE COMMUNAUTARIENNE

Le libéralisme politique occupe une position centrale dans la culture éthique et politique des sociétés occidentales. Malgré toute la pertinence que peuvent avoir les attaques des communautariens, il faut reconnaître que les principes fondamentaux de la position libérale demeurent extrêmement solides. D'ailleurs, les communautariens modérés, comme Charles Taylor et Michael Walzer, le reconnaissent volontiers. L'argument central du libéralisme est que *le pluralisme des valeurs est une réalité indépassable de notre temps*. Il est inutile de rêver avec nostalgie, comme le font certains communautariens conservateurs[5], d'un retour aux temps anciens où régnait une quasi-unanimité dans les conceptions morales, où des sociétés homogènes présentaient une grande unité de valeurs et de styles de vie. Ce temps est révolu ; nous vivons

---

5. Alasdair MacIntyre est le représentant le plus typique de cette tendance.

à une époque où les divergences au sujet des conceptions de la vie et du bonheur sont, et resteront pour longtemps, insurmontables. D'ailleurs, la société civile sur laquelle les communautariens insistent tant n'est pas un milieu homogène. Elle constitue plutôt un milieu profondément divisé regroupant de multiples groupes défendant des intérêts et des idéaux particuliers qui entrent inévitablement en conflit. On y trouve en effet des groupes religieux et des apôtres de la laïcité, des groupes féministes et des groupes de défense des droits des pères, des syndicats et des associations patronales, des mouvements pro-choix et des mouvements pro-vie sur la question de l'avortement, de fervents nationalistes partisans d'un durcissement des lois pour la protection du français et des anglophones jaloux de leur liberté d'expression, etc. Ces nombreuses divisions au sein de la société civile sont une menace très grave pour la paix et l'harmonie sociale, d'autant plus que les mouvements communautaires ne sont pas à l'abri des tendances au dogmatisme, au sectarisme et à l'intolérance que nous avons mises en lumière en début de chapitre. Il apparaît donc crucial que nous puissions conjurer ces dangers.

Le nationalisme est une manifestation du communautarisme qui comporte un danger, celui d'exacerber les tensions entre les groupes.

L'État neutre des libéraux se veut l'instrument de cette entreprise. Nous avons absolument besoin d'un arbitre impartial pour trouver à tous les inévitables conflits qui secouent notre société hétérogène et pluraliste des issues qui porteront un sceau de légitimité morale et qui feront consensus. Les communautariens ont sans doute raison lorsqu'ils affirment que l'État ne peut réellement effectuer ces arbitrages sans jamais porter de jugements de valeur, sans reconnaître l'importance de certains biens et de certaines valeurs. Mais ils ont bien du mal à préciser la manière dont l'État devrait répondre aux revendications qui lui sont adressées par les communautés locales. Pour les libéraux, l'État a comme rôle fondamental de tenter de rester au-dessus de cette mêlée et de trouver dans chaque cas la solution la plus juste et la plus équitable possible. Or, il ne peut le faire que s'il reste fidèle aux normes fondamentales de justice, d'égalité et d'impartialité qui sont au cœur du libéralisme.

DES DIVISIONS ENTRE LES PENSEURS LIBÉRAUX

Comme nous venons de le voir, les penseurs libéraux ne manquent pas d'arguments pour répondre aux critiques des communautariens. Mais ils ne présentent pas un front uni à leurs adversaires. Des divergences d'opinions importantes les déchirent. Nous nous contenterons ici d'esquisser les deux principales positions théoriques qui sont au cœur de ce débat, en attendant l'analyse plus approfondie des deux prochains chapitres.

Il y a, d'un côté, ceux qui pensent que la meilleure solution aux incohérences dénoncées par les communautariens est une fidélité rigoureuse et inflexible au principe de neutralité. L'État doit se compromettre le moins possible dans des interventions qui ne font pas l'unanimité. C'est la position des partisans d'un libéralisme pur et dur, comme les défenseurs du néolibéralisme et du libertarisme, dont nous reparlerons aux chapitres 6 et 7. Ceux-ci prônent un désengagement radical de l'État, en particulier de la sphère économique, car ses innombrables interventions violeraient les principes fondamentaux du libéralisme tels que nous les avons exposés. Les interventions de l'État impliquent en effet chaque fois une violation du droit fondamental des individus à mener leur vie comme ils l'entendent (à faire ce qu'ils veulent avec leur argent, à envoyer leurs enfants dans l'école de leur choix, à décider eux-mêmes de l'étendue et de la forme de leurs actions charitables, à choisir leur médecin, etc.). Cette liberté est, selon ceux qui adoptent cette position théorique, la seule chose avec laquelle tout le monde devrait être d'accord. Les communautariens ont beau jeu, alors, de faire remarquer que cette prétendue unanimité n'existe actuellement ni dans la société ni dans la communauté philosophique.

D'autres philosophes de la tradition libérale, comme John Rawls, dont nous étudierons la pensée au chapitre suivant, empruntent une autre voie. Ils étendent la portée des normes d'impartialité qui régissent l'État démocratique de façon à ce qu'elles justifient la prestation de certains services, la protection de certains groupes ou la redistribution d'une partie de la richesse collective en fonction de besoins particuliers. Par exemple, nous pourrions justifier le fait de prendre de l'argent aux plus riches pour le donner aux plus démunis en invoquant un principe universel d'égalité des chances reconnu à tous. Cet exercice est extrêmement périlleux, car il est difficile, encore une fois, de justifier les interventions de l'État par des propositions qui fassent l'unanimité. Et c'est là que le bât blesse. En effet, toute l'argumentation des libéraux repose au fond sur l'idée que les principes qui président aux actions de l'État ont une validité universelle. Mais les propres désaccords de ces penseurs viennent battre en brèche cette prétention. Des désaccords divisent aussi l'opinion publique de nos sociétés. Bien des gens se plaignent ainsi des interventions de l'État dans leur vie et se battent pour le droit d'agir à leur guise (de fumer de la marijuana, d'afficher dans la langue de leur choix, de faire des recherches sur des embryons humains, etc.), alors que d'autres acceptent volontiers de se voir imposer par l'État certains règlements, lois ou taxes et donc de sacrifier une part de leur liberté lorsqu'ils croient que les politiques proposées contribueront à l'atteinte d'objectifs qui sont importants pour eux (implanter un système d'assurance-maladie universel, protéger la langue française, l'environnement ou les biens patrimoniaux, etc.).

LE PROBLÈME DES LIMITES DU CHAMP D'INTERVENTION DE L'ÉTAT

Nous pourrions résumer l'antagonisme entre libéraux et communautariens de la manière suivante : pour les communautariens, *des individus réunis en une collectivité ne peuvent vivre ensemble que s'ils partagent un certain nombre de valeurs importantes*, alors que pour les libéraux, l'important est le défi spécifique que doivent relever les sociétés modernes et qui est d'*arriver à faire vivre ensemble des individus, malgré le fait qu'ils ne partagent pas les mêmes valeurs*, ce qui n'est possible, à leur avis, qu'en prenant appui sur des normes d'égalité, d'impartialité et de neutralité.

Le débat entre libéraux et communautariens est le reflet de l'extrême complexité qui caractérise l'organisation des sociétés et des États modernes. Cette complexité explique sans doute la gamme très étendue des divergences dans chacun des deux camps. Ce qui demeure très flou et très difficile à délimiter dans tout ce débat, c'est l'étendue du champ d'action de l'État dans l'ensemble de la vie sociale. L'État doit-il se limiter à mettre en place un système de tribunaux, de police et de prisons ? Doit-il en plus s'occuper de l'aménagement des routes, de l'éducation, de la santé, de la culture ? Doit-il subventionner des entreprises, des troupes de théâtre, des refuges pour femmes battues ? Doit-il limiter ses actions aux questions sur lesquelles existe une quasi-unanimité dans la population (par exemple, l'interdiction de la pédophilie, de l'inceste, de l'excision du clitoris, une assistance de base aux personnes handicapées, aux orphelins, aux enfants maltraités) ? Est-il justifié qu'il intervienne en vertu de consensus simplement majoritaires (imposer le port du casque à vélo, la vaccination des enfants, le recyclage des ordures) ? Doit-il intervenir en faveur de tous les groupes particuliers qui lui adressent des réclamations et s'exposer ainsi à d'inévitables accusations de partialité ou de favoritisme ? Peut-il même aller à l'encontre de la volonté de la majorité dans le but de la protéger contre son propre manque de clairvoyance (par exemple, interdire la peine de mort même s'il existe, dans l'opinion publique, une majorité pour son rétablissement) ? Jusqu'où l'État peut-il aller pour défendre des valeurs patriotiques, pour protéger une langue ou une économie nationale, pour imposer des exigences d'intégration sévères aux immigrants, une politique d'achat chez nous ? Tout cela est extrêmement complexe. Or, au-delà des positions de principe que nous avons exposées dans ce chapitre, il y a énormément de désaccords non seulement entre les penseurs libéraux, mais aussi entre les penseurs communautariens. Ces derniers ne s'entendent pas sur ce qui devrait précisément relever de l'État et sur ce qui devrait être abandonné à la société civile ou à la sphère privée de la liberté individuelle.

L'un des penseurs communautariens les plus modérés, le philosophe Michael Walzer, soutient que la vie sociale doit être divisée en de multiples « sphères » mettant en jeu autant de « biens » particuliers auxquels correspondent des critères d'intervention et de justice particuliers. Cette exigence signifierait, au fond, que nous avons une tâche immense de redéfinition des modalités d'intervention de l'État et que nous devons prendre en compte à la fois le respect de normes fondamentales de justice et d'impartialité, comme le veulent les libéraux, et l'attachement des individus à des valeurs importantes, comme le soutiennent les communautariens.

MODE D'APPLICATION

Appliquer la théorie du libéralisme politique à un cas déterminé revient à poser les trois questions suivantes à propos du rôle de l'État dans le cas en question :

- L'État s'est-il mis au service des individus dans ce cas précis ? A-t-il bien protégé leurs droits ?

- L'État a-t-il su rester neutre sur le plan des valeurs morales ?

- L'État a-t-il limité ses interventions à la sphère publique en s'abstenant d'empiéter sur la sphère privée ?

RÉVISION

1. Qu'est-ce que la thèse du fondement social de la morale ?

2. Qu'est-ce que le pluralisme moral qui caractérise les sociétés modernes ?

3. Quelles sont les trois raisons pour lesquelles l'ordre moral traditionnel paraît inacceptable aux yeux des philosophes modernes ?

4. Quels sont les principes fondamentaux du libéralisme politique ?

5. En quel sens l'ordre social moderne instaure-t-il un renversement des rapports entre l'individu et la collectivité ?

6. Pourquoi dit-on que l'État libéral se contente d'imposer une morale *minimale* à ses citoyens ?

7. Quelles sont les idées fondamentales du communautarisme ?

8. À quels phénomènes les communautariens se réfèrent-ils quand ils prétendent que la vie sociale et politique réelle des sociétés modernes contredit les principes du libéralisme politique ?

9. Comment les défenseurs du libéralisme répliquent-ils à la critique que leur adressent les communautariens ?

RENVOIS AUX « DOMAINES D'APPLICATION »

On trouvera une illustration de la question du pluralisme moral et de la morale minimale dans deux sections de la deuxième partie du manuel (« Domaines d'application »).

- L'éthique des affaires :
  - morale minimale et intervention de l'État, p. 232.

- La bioéthique :
  - pluralisme moral et libéralisme, p. 263.

EXERCICE
DE SYNTHÈSE

Le choix de l'école et la langue

Le 14 novembre 2000, le juge Maurice Laramée, de la Cour supérieure, a débouté une requête présentée par un groupe de dix parents francophones qui revendiquaient le droit d'envoyer leurs enfants à l'école anglaise. Ces parents cherchaient à faire invalider les dispositions de la Loi 101 qui touchent l'accès à l'école et selon lesquelles seuls les enfants de parents qui sont allés à l'école anglaise au Canada ont le droit de fréquenter l'école anglaise. D'après la Loi 101, les francophones et les nouveaux arrivants au Québec sont obligés d'envoyer leurs enfants à l'école française aux niveaux primaire et secondaire, alors que les parents anglophones disposent d'une plus grande liberté, puisqu'ils peuvent envoyer leurs enfants à l'école française (environ 10 % le font). Voici un résumé des principaux arguments avancés par les parents francophones dans ce débat.

Les parents qui revendiquent le libre choix font d'abord valoir que c'est à la fois leur droit et leur devoir d'agir dans le meilleur intérêt de leurs enfants et que leur objectif en voulant les inscrire à l'école anglaise n'est pas d'en faire des anglophones, mais des enfants véritablement bilingues. Le bilinguisme est en effet un atout important pour un enfant dans le contexte nord-américain ; or, l'enseignement de l'anglais dispensé par les écoles françaises est tout à fait insuffisant à cet égard.

Les parents soutiennent ensuite que la Loi 101 est discriminatoire envers ceux-là mêmes qu'elle prétend protéger, les francophones, à qui elle nie le droit au choix de l'école, reconnu aux seuls anglophones.

Ils invoquent des sondages montrant que la majorité des parents francophones préféreraient avoir la liberté de choisir l'école où ils inscrivent leurs enfants.

Ils dénoncent enfin l'incohérence du système actuel, qui permet malgré tout aux parents francophones les mieux nantis de contourner la loi en inscrivant leurs enfants dans des écoles anglaises privées non subventionnées.

Voici maintenant des extraits du jugement prononcé par le juge Laramée qui résument les principaux arguments des pouvoirs publics :

« *Le vouloir-vivre collectif n'est possible que si chacun retrouve dans notre société l'essence de ce qu'il est lui-même. [Il] se forge notamment dans une langue et une culture qui est généralement celle des parents. Il est par conséquent normal, si on a pour objectif la survie et l'épanouissement d'une collectivité partageant une langue, d'assurer à celle-ci un régime d'enseignement qui lui est approprié. […] Il revient […] au Québec, en tant que membre de la fédération canadienne, de se doter de lois visant à sauvegarder et à promouvoir la langue du groupe majoritaire vivant sur son territoire.* »

« *[Le Québec] a tenté de parvenir, par sa démarche législative en matière linguistique, à un juste équilibre entre les droits de son groupe minoritaire anglophone et ceux de son groupe majoritaire francophone. Sa politique linguistique se veut en outre une réponse à la fragilité de cet équilibre causée par l'immigration et la chute du taux de natalité au sein de la communauté francophone.* »

« *Si l'enseignement de l'anglais donné aux membres du groupe majoritaire francophone est déficient, c'est aux autorités politiques qu'il faut s'adresser, pas aux tribunaux*[6]. »

---

1. Dégagez les *normes* et les *valeurs* qui entrent en conflit dans ce débat.

2. Quelle serait la position d'une personne attachée aux principes fondamentaux du libéralisme politique sur toute cette question ? Référez-vous ici à la section « Mode d'application » du libéralisme politique, à la page 107.

3. Quels aspects de ce débat correspondent à la vision communautarienne de la vie sociale ?

4. Quelle est votre position sur la question ? Pensez-vous à d'autres arguments que ceux qui ont été mentionnés dans le texte ?

---

6. Brian Myles, « Échec au libre choix », *Le Devoir*, 15 novembre 2000, p. A1.

ANALYSE

Nous reproduisons ici un extrait de l'un des textes classiques du libéralisme politique, *De la liberté*, de John Stuart Mill.

1. Quel est le problème fondamental que John Stuart Mill essaie de résoudre dans ce texte et quelle est la solution qu'il propose?

2. Êtes-vous d'accord avec Mill lorsqu'il affirme que «c'est le rôle de l'autorité publique que de prévenir les accidents»?

3. Êtes-vous d'accord avec Mill lorsqu'il assigne à l'État un devoir d'intervention dans la sphère «privée» des relations familiales (en particulier pour protéger femmes et enfants)?

4. Mill formule une proposition controversée à la fin du texte: l'idée d'une limitation de la liberté d'avoir des enfants.

   a) Les arguments qu'il invoque pour justifier cette restriction de la liberté individuelle respectent-ils les principes qu'il a énoncés au début du texte?

   b) Êtes-vous d'accord avec son argumentation sur cette question? Y aurait-il d'autres façons pour l'État de protéger les enfants?

LES LIMITES DU POUVOIR DE L'ÉTAT[7]

[...] il n'existe aucun principe reconnu qui détermine dans la pratique les cas où l'intervention de l'État est justifiée ou non. On en décide selon ses préférences personnelles. Certains – partout où ils voient du bien à faire ou un mal à réparer – voudraient inciter le gouvernement à entreprendre cette tâche, tandis que d'autres préfèrent subir toute espèce de préjudices sociaux plutôt que de risquer d'élargir les attributions du gouvernement dans le domaine des intérêts humains. Dès que surgit un problème particulier, les hommes se rangent d'un côté ou de l'autre suivant l'orientation générale de leurs sentiments, suivant le degré d'intérêt qu'ils accordent à la chose en question qu'on propose d'ajouter à la compétence du gouvernement, ou encore suivant leur certitude que le gouvernement agit toujours, ou jamais, comme ils le souhaitent. Mais c'est très rarement une opinion mûrement réfléchie sur la nature des attributions du gouvernement qui les pousse à agir. Le résultat de cette absence de règle ou de principe, me semble-t-il, est qu'aujourd'hui un parti a aussi souvent tort que l'autre; l'intervention du gouvernement est aussi souvent invoquée à tort que condamnée à tort.

L'objet de cet essai est de poser un principe très simple, fondé à régler absolument les rapports de la société et de l'individu dans tout ce qui est contrainte ou contrôle, que les moyens utilisés soient la force physique par le biais de sanctions pénales ou la contrainte morale exercée par l'opinion publique. Ce principe veut que les hommes ne soient autorisés, individuellement ou collectivement, à entraver la liberté d'action de quiconque que pour assurer leur propre protection. La seule raison légitime que puisse avoir une communauté pour user de la force contre un de ses membres est de l'empêcher de nuire aux autres. Contraindre quiconque pour son propre bien, physique ou moral, ne constitue pas une justification suffisante. Un homme ne peut pas être légitimement contraint

7. John Stuart Mill, *De la liberté*, trad. par Laurence Lenglet d'après la trad. de Dupond-White, Paris, Gallimard, coll. Folio, 1990, p. 73-74, 207, 210-213, 224-225, 230-231. © Éditions Gallimard.

d'agir ou de s'abstenir sous prétexte que ce serait meilleur pour lui, que cela le rendrait plus heureux ou que, dans l'opinion des autres, agir ainsi serait sage ou même juste. Ce sont certes de bonnes raisons pour lui faire des remontrances, le raisonner, le persuader ou le supplier, mais non pour le contraindre ou lui causer du tort s'il agit autrement. La contrainte ne se justifie que lorsque la conduite dont on désire détourner cet homme risque de nuire à quelqu'un d'autre. Le seul aspect de la conduite d'un individu qui soit du ressort de la société est celui qui concerne les autres. Mais pour ce qui ne concerne que lui, son indépendance est, de droit, absolue. Sur lui-même, sur son corps et son esprit, l'individu est souverain.

[…] Les principes affirmés dans ces pages doivent être plus généralement admis comme base en vue d'une discussion des détails, avant qu'une application systématique puisse être tentée avec quelque chance de succès dans les différents champs de la politique et de la morale. Les quelques observations que je me propose de faire sur des questions de détail visent à illustrer les principes plutôt que d'en déduire les conséquences. […] L'un de ces exemples, celui de la vente des toxiques, pose une nouvelle question : celle des justes limites de ce qu'on peut appeler les fonctions de la police. Jusqu'où peut-on légitimement empiéter sur la liberté pour prévenir des crimes ou des accidents ? C'est l'une des fonctions incontestées du gouvernement que de prendre des précautions contre le crime avant qu'il ne soit perpétré, au même titre que de le découvrir et de le punir après

coup. Toutefois, il est beaucoup plus aisé d'abuser de la fonction préventive du gouvernement au détriment de la liberté que d'abuser de sa fonction punitive ; car il n'est guère d'aspect de la liberté d'action légitime d'un être humain dont on ne puisse pas dire, et cela honnêtement, qu'il favorise davantage une forme ou une autre de délinquance. Néanmoins, si une autorité publique, ou même une personne privée, voient quelqu'un se préparer évidemment à commettre un crime, rien ne la force à observer sans rien faire et à attendre que le crime soit commis, mais elle peut intervenir pour l'empêcher. Si l'on n'achetait de poison ou si l'on ne s'en servait jamais que pour empoisonner, il serait juste d'en interdire la fabrication et la vente. On peut cependant en avoir besoin à des fins non seulement inoffensives, mais utiles, et des restrictions ne peuvent être imposées dans un cas sans opérer dans l'autre. De plus, c'est le rôle de l'autorité publique que de prévenir les accidents. Si un fonctionnaire ou quelqu'un d'autre voyait une personne sur le point de traverser un pont reconnu dangereux et qu'il soit trop tard pour la prévenir du risque qu'elle court, il pourrait alors l'empoigner et la faire reculer de force, et cela sans réellement violer sa liberté, car la liberté consiste à faire ce qu'on désire, et cette personne ne désire pas tomber dans la rivière. Néanmoins, quand il n'y a pas de certitude, mais un simple risque de danger, seule la personne elle-même peut juger de la valeur du motif qui la pousse à courir ce risque. Dans ce cas, par conséquent (à moins qu'il ne s'agisse d'un enfant, d'une personne déli-

rante ou dans un état d'excitation ou de distraction l'empêchant de réfléchir normalement), on devrait se contenter, selon moi, de l'avertir du danger et ne pas l'empêcher par la force de s'y exposer. De telles considérations, appliquées à une question comme la vente des toxiques, peuvent nous aider à décider lequel des divers modes de régulation possibles est contraire ou non au principe. Par exemple, on peut imposer sans violation de liberté une précaution telle que d'étiqueter la drogue de façon à en spécifier le caractère dangereux : l'acheteur ne peut désirer ignorer les qualités toxiques du produit qu'il achète. Mais exiger dans tous les cas le certificat d'un médecin rendrait parfois impossible et toujours chère l'obtention de l'article pour des usages légitimes. […] On pourrait imposer semblables précautions sur la vente des articles propres à servir d'instruments criminels. Par exemple, on pourrait exiger du vendeur qu'il inscrivît dans un registre la date exacte de la vente, le nom et l'adresse de l'acheteur, la qualité et la quantité précises vendues, ainsi que l'usage prévu de l'objet. […]

J'ai déjà pu observer qu'à cause de l'absence de principes généraux reconnus, la liberté est souvent accordée là où elle devrait être refusée, et refusée là où elle devrait être accordée ; et l'un des cas où le sentiment de liberté est le plus fort dans le monde européen moderne est de ceux où, selon moi, il est totalement déplacé. Une personne devrait être libre de mener ses propres affaires à son gré ; mais elle ne devrait pas être libre de faire ce qu'elle veut lorsqu'elle agit pour un autre, sous prétexte que ses affaires sont aussi les siennes. Tout en respectant la liberté de chacun dans ce qui le concerne prioritairement, l'État est obligé de surveiller de près la façon dont l'individu use du pouvoir qu'on lui a octroyé sur d'autres. Cette obligation est presque entièrement négligée dans le cas des relations familiales – cas qui, par son influence directe sur le bonheur humain, est plus important que tous les autres pris ensemble. Point n'est besoin de s'étendre ici sur le pouvoir à peu près despotique des maris sur les femmes, parce qu'il ne faudrait rien moins, pour extirper ce mal, qu'accorder aux femmes les mêmes droits et la même protection légale qu'à toute autre personne, et puis parce que, sur ce sujet, les défenseurs de l'injustice régnante ne se prévalent pas de l'excuse de la liberté, mais se posent ouvertement comme des champions du pouvoir. C'est dans le cas des enfants que le mauvais usage de l'idée de liberté empêche réellement l'État de remplir ses devoirs. On croirait presque que les enfants font littéralement partie d'un homme (et ce n'est pas seulement une méta-

phore), tant l'opinion est jalouse de la moindre intervention de la loi dans le contrôle absolu qu'il exerce sur eux, plus jalouse encore que du moindre empiétement sur sa liberté d'action privée, tant il est vrai que l'humanité attache généralement plus de prix au pouvoir qu'à la liberté.

[...] Le fait même de donner naissance à un être humain est l'une des actions qui entraîne le plus de responsabilités dans la vie. Prendre cette responsabilité – donner une vie qui peut s'avérer une bénédiction ou une malédiction – est un crime envers l'être à qui on la donne s'il n'a pas les chances ordinaires de mener une vie désirable. Et dans un pays trop peuplé ou en voie de le devenir, mettre au monde trop d'enfants, dévaluer ainsi le prix du travail par leur entrée en compétition, c'est faire grand tort à tous ceux qui vivent de leur travail. Ces lois qui, dans nombre de pays du Continent, interdisent le mariage aux couples qui ne peuvent pas prouver qu'ils ont les moyens de nourrir une famille n'outrepassent pas le pouvoir légitime de l'État; et par ailleurs,

que de telles lois soient ou non bienvenues (question qui dépend principalement des circonstances et des sentiments locaux), on ne peut leur reprocher d'être des violations de la liberté. C'est grâce à de telles lois que l'État peut prévenir un acte funeste – un acte dommageable pour autrui – qu'il faut soumettre à la réprobation ou au blâme social, même si l'on juge inopportun de le doubler d'une punition légale. Pourtant, les idées courantes de liberté, lesquelles se prêtent si aisément aux violations réelles de la liberté de l'individu dans les affaires qui ne concernent que lui, résisteraient presque à toute tentative de restreindre tant soit peu ses inclinations, et cela même lorsque leur satisfaction condamne sa progéniture à une vie de misère et de dépravation et cause à leur entourage de nombreuses souffrances. Si l'on compare ce mélange d'étrange respect et d'irrespect de l'humanité envers la liberté, on croirait presque que les hommes ont nécessairement le droit de nuire aux autres, et aucun droit de se satisfaire sans faire souffrir quelqu'un. [...]

La théorie
de la justice
de John Rawls

Nous avons examiné, dans le chapitre précédent, les principales caractéristiques du modèle politique libéral qui prévaut dans le monde occidental moderne. Ce modèle repose sur l'affirmation de la liberté et de l'égalité de tous les citoyens, ainsi que sur la neutralité et l'impartialité de l'État, qui doit s'abstenir d'intervenir dans leur vie privée. Dans l'optique libérale, c'est dans la mesure où il respecte fidèlement ces principes fondamentaux qu'un système politique peut être considéré comme « juste ». Il s'agit là toutefois d'une conception extrêmement limitée de la justice, car elle reste indifférente à beaucoup d'autres inégalités sociales ou naturelles qui pourraient être considérées comme des injustices : les inégalités qui séparent bourgeois et ouvriers, riches et pauvres ou personnes avantagées et désavantagées sur le plan des dons naturels.

Dans ce chapitre, nous allons étudier une conception beaucoup plus large et ambitieuse de la justice qui a été proposée par l'un des plus importants philosophes contemporains, John Rawls. La théorie de Rawls appartient au grand courant du libéralisme politique, dont elle tente cependant de réaménager les principes de manière à l'ouvrir à une conception plus large et plus généreuse de la justice. Rawls s'est inspiré, pour élaborer sa théorie, d'une idée chère aux penseurs libéraux des XVIIe et XVIIIe siècles, celle du contrat social. Nous allons donc nous initier à l'idée générale du contrat social avant d'étudier plus en détail la pensée de Rawls.

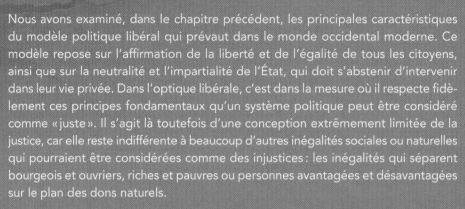

L'ÉTAT DE NATURE

Le problème qu'ont tenté de résoudre les philosophes du contrat social est celui de la justification philosophique de l'ordre social moderne, c'est-à-dire d'une organisation collective qui fait du respect, de la protection des individus et de leur droit à la liberté et à l'égalité le principe de base de ses institutions. Les philosophes du contrat social ont essayé d'imaginer ce que pouvait être la vie des individus avant l'apparition des sociétés organisées, alors que régnait ce qu'ils ont appelé « l'état de nature » primordial, que l'on peut comprendre comme une sorte de vie à l'état sauvage. Leur but était d'essayer d'expliquer l'avènement des sociétés à partir de cet état de nature. Le scénario qu'ils ont imaginé est en gros le suivant.

Les individus vivent d'abord seuls, séparés les uns des autres, sans liens sociaux organisés. Dans ces conditions, ils jouissent d'une liberté et d'une égalité naturelles, et ils peuvent donc être considérés comme libres et égaux. Chacun peut agir comme il le désire et n'est soumis à aucune autorité. Il n'y a pas de rois, d'aristocrates ou d'esclaves dans l'état de nature! Cependant, cette condition se révèle insatisfaisante à maints égards. La rareté des ressources peut rendre la subsistance difficile pour les individus isolés; les rapports entre des individus sans attaches sont facilement conflictuels, voire violents; l'absence d'ordre social fait en sorte que la résolution des conflits n'obéit à aucune règle de justice reconnue; l'isolement empêche également tout progrès dans les connaissances et les techniques. Bref, ces limites et le climat d'insécurité qui en découle incitent les individus libres et isolés à s'associer de façon volontaire pour former une authentique société, fondée sur un ensemble de règles de coopération et de justice avantageuses pour tous. L'apparition des sociétés est donc le résultat d'un «contrat social» volontaire, conclu entre des individus libres et égaux dans l'état de nature. Ce contrat lui-même n'a cependant rien de naturel. Il s'agit d'une création artificielle, issue de la volonté commune d'un ensemble d'individus.

LES PHILOSOPHES DU CONTRAT SOCIAL

Plusieurs philosophes ont élaboré une telle théorie du contrat social. Les plus importants sont Thomas Hobbes (1588-1679), John Locke (1632-1704), Jean-Jacques Rousseau (1712-1778) et Emmanuel Kant. La description que font ces différents philosophes de l'état de nature et des étapes menant au contrat social varie grandement. Quoi qu'il en soit de ces divergences, il est assez évident que cette conception de l'état de nature ne peut être qu'une fiction. Les connaissances dont nous disposons actuellement sur les premières sociétés humaines indiquent que les êtres humains n'ont jamais vécu isolément. Ils ont toujours été regroupés en communautés de plusieurs familles. Même les primates (singes supérieurs), dont nous serions les descendants, vivent en bandes organisées. En réalité, la société est toujours déjà là, présente comme un tout organisé, avant l'apparition de l'individu, et il semble bien que la solidarité du groupe a précédé, dans l'histoire humaine, l'affirmation de la liberté individuelle.

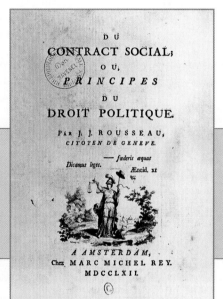

Page frontispice de l'édition originale (1762) du *Contrat social* de Jean-Jacques Rousseau : «Ce que l'homme perd par le contrat social, c'est sa liberté naturelle et un droit illimité à tout ce qui le tente et qu'il peut atteindre ; ce qu'il gagne, c'est sa liberté civile et la propriété de tout ce qu'il possède. »

Il faut toutefois souligner que plusieurs de ces philosophes n'étaient pas dupes du caractère hasardeux et probablement fictif de leur conception de l'état de nature. Cette fiction philosophique leur est pourtant apparue nécessaire pour fonder les principes de base d'une société qui reconnaît, dans les faits, la liberté et l'égalité fondamentales des individus, et pour établir la priorité morale (et non nécessairement historique) de la liberté individuelle dans les principes d'organisation de la société. L'idée que notre appartenance à une société est le fruit d'un contrat social fondamental, au sens d'un accord libre et volontaire entre partenaires égaux en droit, est au cœur des institutions des sociétés modernes. Même si un tel contrat n'a jamais vraiment été signé dans les faits, nous pensons que les sociétés devraient fonctionner à partir d'un tel présupposé. Nous jugeons que les conventions, les règles et les lois de la société devraient être celles que les individus choisissent de se donner. La démocratie, malgré toutes ses imperfections, est sans doute le système politique qui incarne le plus adéquatement cette idée d'un ordre social fondé sur la liberté et l'égalité des individus, et c'est effectivement celui qui s'est imposé dans les sociétés occidentales. Ce système reconnaît à tous les individus la liberté de pensée et l'égalité du droit de vote, et elle fait du pouvoir politique une émanation de l'ensemble des volontés individuelles.

DROITS FORMELS ET DROITS RÉELS

S i nous nous tournons maintenant vers l'histoire du développement des sociétés modernes, nous constatons que les choses se présentent sous un jour très différent. Certes, il est vrai que, dans une élection démocratique, chacun est libre de voter pour qui il veut et que le vote de n'importe quel citoyen a un poids égal à celui du président d'une entreprise. Il est vrai également que, dans une démocratie politique, tous les citoyens sont égaux devant la loi. Mais l'égalité dont nous parlons ici est limitée au cadre très étroit de la vie politique. Cette égalité de principe laisse intacte une multitude d'inégalités possibles entre les individus : inégalités physiques, sociales, économiques ou culturelles. L'individu qui est considéré comme un citoyen égal à tous par l'État peut être un pauvre, un analphabète, un malade, un handicapé ou un accidenté du travail. Est-il juste que l'État ne tienne aucun compte des autres inégalités possibles ?

Karl Marx (1818-1883) a critiqué de manière virulente la conception libérale de la liberté et de l'égalité défendue par les philosophes du contrat social. Sa critique repose sur une distinction cruciale entre ce qu'il appelle les droits *formels* et les droits *réels*. Ce que l'État neutre libéral propose, c'est une égalité de principe, théorique, purement formelle, qui laisse subsister des inégalités de pouvoir réelles pouvant, à la limite, la vider de son sens. C'est surtout en s'appuyant sur la dure réalité économique des conditions de vie de la classe ouvrière au XIXᵉ siècle que Marx a fait cette démonstration. Ainsi, quand l'ouvrier et le patron négocient les conditions d'un accord concernant leur association, ils sont tous deux théoriquement libres et égaux. Rien ne les force, ni l'un ni l'autre, à conclure une entente qui est censée être mutuellement avantageuse. Mais la réalité est qu'ils sont dans un rapport d'inégalité fondamentale, car ils ne disposent pas d'un pouvoir de négociation égal. L'ouvrier, privé de moyens de subsistance, est à la merci du patron, surtout quand des centaines d'autres ouvriers sont prêts à accepter ces conditions de misère pour pouvoir donner le minimum à leurs enfants.

Enfants travaillant dans une usine textile à l'ère du capitalisme sauvage dénoncé par Karl Marx, au XIXᵉ siècle.

Théoriquement, tout le monde est libre dans une société démocratique. Mais que fait-on de sa liberté quand on n'a aucun loisir, quand on doit dépenser tout son salaire pour se procurer le strict nécessaire, quand on ne vit que pour subsister ? La Déclaration d'indépendance des États-Unis proclame que chacun a un droit fondamental au bonheur. Mais quel bonheur pouvaient espérer les ouvriers acculés à de telles conditions de vie ? Quel projet de vie pouvaient-ils avoir ? Que vaut cette *liberté formelle* si on ne dispose pas des moyens et des capacités nécessaires pour réaliser ses rêves ? À quoi me sert, par exemple, d'avoir droit à des vacances annuelles si je n'ai pas les moyens matériels d'en profiter ?

Nous devons reconnaître que cette tension entre l'idéal politique et la réalité des inégalités économiques et sociales fait partie intégrante des sociétés industrialisées. Tout au long du XIXᵉ siècle et encore aujourd'hui, les sociétés modernes ont été secouées par d'incessantes luttes dont l'enjeu fondamental était l'adoption de mesures favorisant une égalité réelle entre les individus et assurant des conditions de vie décentes à la masse des défavorisés. C'était le souci d'une plus grande justice sociale qui animait ces luttes. Ces dernières ont d'ailleurs été relativement fructueuses, car les sociétés occidentales, il faut le reconnaître, ont peu à peu avalisé l'idée que l'État devait abandonner sa neutralité de principe et intervenir pour corriger au moins en partie les inégalités les plus criantes que les droits politiques purement formels laissaient subsister. Cet engagement de l'État dans la vie sociale remet toutefois en cause l'essence du libéralisme politique, qui insiste plutôt sur le principe de neutralité et de non-intervention. Il demande donc à être justifié par une argumentation théorique solide. C'est ce qu'a tenté de faire John Rawls.

JOHN RAWLS

En 1971, le philosophe américain John Rawls publiait son ouvrage magistral *Théorie de la justice*. Cet ouvrage est sans doute l'un des livres de philosophie politique les plus importants et les plus ambitieux qui aient vu le jour depuis les grandes œuvres de Rousseau et de Kant. Rawls tente d'y fonder philosophiquement l'idée de justice sociale et de trouver une solution au problème que nous venons d'exposer. Pour ce faire, il s'inspire à la fois de l'éthique de Kant et de la théorie du contrat social, mais il en réaménage les principes dans un nouveau cadre théorique original et ingénieux.

John Rawls
(1921-2002)

John Rawls est né à Baltimore, au Maryland, le 21 février 1921. Il a d'abord étudié et enseigné à l'Université de Princeton, avant de poursuivre sa carrière dans des établissements célèbres, tels le Massachusetts Institute of Technology et l'Université Harvard. Son grand ouvrage, *Théorie de la justice*, paru en 1971, a suscité une multitude de commentaires et d'analyses critiques dans les secteurs les plus variés : philosophie, science politique, économie, études religieuses, droit, administration publique. John Rawls est sans doute l'auteur contemporain le plus discuté en philosophie politique.

L'influence de l'œuvre de Rawls s'explique par l'envergure de son projet, qui vise à fonder de façon systématique des principes généraux de justice sociale au moyen d'une théorie globale à la manière de grands philosophes comme Aristote, Kant ou Marx. Peu de philosophes au XXe siècle ont osé s'attaquer à une telle tâche.

Rawls a publié en 1993 un deuxième grand ouvrage, *Libéralisme politique*, dans lequel il a modifié certaines des thèses de *Théorie de la justice*. Sa dernière œuvre importante, intitulée *Le droit des gens*, porte sur la justice dans les relations internationales.

Le but de Rawls est de fonder les principes de justice qui devraient présider à l'organisation des institutions de base de la société. Conformément à la logique de la philosophie du contrat social, il considère que les individus ne devraient adhérer à un projet de société que s'ils sont assurés d'être traités de façon *équitable*. L'aspect de la justice qui retient l'attention de Rawls est ce que l'on appelle, depuis Aristote, la « justice distributive ». Aristote distinguait la justice distributive de la justice punitive ou rétributive. Celle-ci concerne la détermination des justes peines à infliger aux auteurs de crimes ou délits. Par exemple, on fait appel à des principes de justice rétributive lorsqu'on cherche à établir la proportionnalité entre le crime et la peine imposée au criminel. Par contre, la justice distributive concerne la manière dont les ressources limitées d'un groupe (argent, services et avantages divers) doivent être réparties entre ses membres. Elle s'intéresse à des questions comme les suivantes : Devrions-nous partager les richesses de façon égale entre tous les membres d'un groupe ? L'État devrait-il intervenir dans cette répartition ? Devrions-nous plutôt attribuer à chacun une part proportionnelle à ses besoins, à sa contribution, à son mérite ou à son effort ?

EXERCICE 6.1

Voici une expérience classique portant sur la justice distributive. On remet à un individu une somme d'argent (disons 10 $) dont il pourra conserver une partie, à la condition expresse qu'il s'entende avec un second bénéficiaire sur la manière de partager cette somme. Le premier bénéficiaire a le privilège de proposer au second le partage de son choix, mais il s'agit d'une offre unique, à prendre ou à laisser. Si le second accepte l'offre, chacun recevra la somme précisée, mais s'il la refuse, aucun des deux ne recevra d'argent. Que feriez-vous si vous étiez le premier bénéficiaire ? Si vous étiez le second ? À quel partage est-il logique que les deux en arrivent ? Pourquoi ?

Imaginez que la mise est de 500 $ ou de 5 000 $. L'importance de la somme modifierait-elle le comportement des sujets ?

LA CRITIQUE DE L'UTILITARISME

Rawls retient de l'éthique de Kant le principe selon lequel chaque personne humaine possède une valeur et une dignité fondamentales qui commandent un respect absolu. Il en dégage un principe de justice général, à savoir que dans l'organisation de la vie sociale chaque personne a droit à une égale considération, c'est-à-dire le droit d'être traitée de manière équitable. En cela, il s'oppose radicalement à l'éthique utilitariste. Sa critique porte, bien entendu, sur la conception utilitariste de la justice. Le principe utilitariste selon lequel « chacun compte pour un », s'il reconnaît l'égalité de tous les individus dans le calcul utilitariste des avantages et désavantages d'une action, souffre, selon Rawls, d'une déficience majeure. En faisant la somme des avantages et des désavantages en vue de déterminer ce qui fera « le bonheur du plus grand nombre », l'utilitarisme additionne les plaisirs et les déplaisirs de tous les individus. Il ne considère plus chaque individu comme une personne séparée, dont les droits seraient inviolables. L'utilitarisme accepte donc ainsi l'idée que certains individus puissent être sacrifiés, si cela permet de maximiser le bien-être général. Or, pour Rawls, une telle conclusion est inacceptable. Elle contredit le principe kantien selon lequel autrui ne peut être utilisé comme un simple moyen pour arriver à nos fins :

> Chaque personne possède une inviolabilité fondée sur la justice qui, même au nom du bien-être de l'ensemble de la société, ne peut être transgressée. Pour cette raison, la justice interdit que la perte de liberté de certains puisse être justifiée par l'obtention, par d'autres, d'un plus grand bien. Elle n'admet pas que les sacrifices imposés à un petit nombre puissent être compensés par l'augmentation des avantages dont jouit le plus grand nombre[1].

Une société fondée sur des principes utilitaristes exigerait que certains individus acceptent de se sacrifier pour le bien du plus grand nombre. Selon Rawls, il s'agit là d'une exigence morale excessive et injuste. La justice suppose plutôt que tous les individus tirent des avantages réciproques de leur coopération au sein de la société.

Rawls cherche donc une façon de définir des principes généraux de justice qui s'accordent avec le principe fondamental de liberté individuelle et qui corrigent la tendance du système capitaliste à produire des inégalités sociales. Il la trouve dans l'idée du contrat social, qu'il interprète ainsi : *les principes qui régissent la vie d'un groupe social sont justes s'ils sont le fruit d'un libre accord entre toutes les parties concernées*. Selon une telle conception, la moralité de ces principes est assurée essentiellement par la procédure qui mène à leur adoption. Cette procédure doit être juste et équitable pour tous.

Nous avons vu qu'en pratique on rencontre difficilement les conditions idéales pour réaliser un authentique contrat social. D'abord, nous nous trouvons toujours, en tant qu'individus, dans un cadre social déjà constitué auquel nous sommes forcés d'adhérer. Ensuite, il existe rarement une réelle égalité entre les parties au contrat. Il est toujours possible que des différences de pouvoir, de richesses, de connaissances ou d'habiletés fassent en sorte que l'accord obtenu ne garantisse pas un traitement équitable pour tous. C'est souvent le cas, nous l'avons souligné, des négociations entre patrons et ouvriers. Enfin, les procédures démocratiques habituelles peuvent au mieux assurer que la volonté de la *majorité* prévaudra; elles ne peuvent garantir le consentement *unanime* de tous aux mesures proposées.

LA POSITION ORIGINELLE

Selon Rawls, pour fonder des principes de justice, il faut respecter ces conditions fondamentales d'égalité et d'unanimité. Jugeant qu'elles sont irréalisables en pratique, il se tourne vers un dispositif *fictif* de négociation d'un contrat social fondateur. Nous avons déjà vu que l'état de nature avait constitué, pour les premiers philosophes du contrat social, le modèle de cette fiction. Rawls propose de remplacer

---

1. John Rawls, *Théorie de la justice*, trad. de l'américain par Catherine Audard, Paris, Seuil, 1987, p. 29-30.
   © Éditions du Seuil.

l'état de nature par ce qu'il appelle la « position originelle ». Cette notion est la pierre angulaire de toute sa théorie.

Pour assurer une égalité réelle dans l'élaboration du contrat social, Rawls imagine une situation où les participants, amenés à décider des principes d'organisation des institutions de base de la société, seraient placés sous un *voile d'ignorance*, c'est-à-dire qu'ils ignoreraient leur position réelle dans la société. Ils ne connaîtraient donc ni leurs propres attributs naturels, physiques ou psychologiques (talents, dons, capacités), ni leur condition socioéconomique (classe sociale, niveau d'éducation, richesse). Ils ignoreraient aussi leur sexe, leur conception de la vie, leur projet de vie ainsi que l'état de développement de leur société et son histoire passée.

Dans cette position, chacun chercherait encore rationnellement à promouvoir son intérêt individuel, mais, comme il ignorerait sa situation réelle, il se trouverait forcé d'adopter un point de vue impartial et universel. Dans la position originelle, la poursuite de l'intérêt personnel se confond avec la poursuite de l'intérêt général, puisqu'on est obligé de se mettre à la place des autres en prévoyant toutes les situations réelles dans lesquelles on pourrait se trouver. On est ainsi contraint d'accorder à chaque situation particulière une importance égale. Cette procédure garantit une réelle impartialité. Dans la théorie de Rawls, la justice se manifeste donc essentiellement dans *l'impartialité ou l'équité de la procédure adoptée*, qui assure à chacun un traitement égal. Rawls insiste aussi sur le fait que sa théorie s'inscrit dans la tradition du libéralisme politique. Celle-ci vise, comme nous l'avons vu dans le chapitre précédent, à définir des *normes* minimales de justice qui permettent, dans un contexte de pluralisme moral, une coexistence harmonieuse entre des individus et des groupes ayant des *valeurs* et des idéaux de vie différents.

Selon Rawls, dans la position originelle, les participants devraient raisonner de la façon suivante. D'abord, comme ils ne savent pas d'avance quel sera leur projet de vie personnel, ils voudront s'assurer du maximum de liberté pour mener à bien leurs projets éventuels. Par exemple, ne sachant pas quelles seront leurs convictions en matière de religion, ils voudront bénéficier de la plus grande liberté possible de pensée et d'expression. Cette liberté serait autant à l'avantage des croyants appartenant aux diverses confessions religieuses que des non-croyants. Ensuite, les participants voudront se protéger le plus possible pour parer aux positions les moins avantageuses, comme celles d'appartenir à une famille pauvre, d'être dépourvus de talents ou de dons naturels, d'être victimes du mauvais sort (maladie, accidents de travail, etc.). Ils ne voudront pas choisir des principes utilitaristes qui risqueraient de les forcer à se sacrifier pour le bien du plus grand nombre. Selon Rawls, après de longues et rigoureuses délibérations, les participants en arriveraient rationnellement à s'entendre sur les *principes de justice* suivants :

1. Premier principe (principe des libertés égales). – Chaque personne doit avoir un droit égal à un ensemble adéquat de libertés fondamentales compatibles avec celles des autres.

2. Deuxième principe (principe de différence). – Les inégalités économiques et sociales doivent être telles qu'elles soient :
   a) au bénéfice de tous et surtout des plus désavantagés ;
   b) attachées à des fonctions et à des positions ouvertes à tous, conformément au principe de la juste égalité des chances.

Les libertés les plus importantes qui seraient accordées à tous, suivant le premier principe, seraient les suivantes : les libertés politiques (droit de vote, droit d'occuper un poste public), les libertés d'expression, de réunion, de pensée et de conscience, la protection de l'intégrité de la personne contre les agressions psychologiques et physiques, le droit de propriété personnelle et la protection contre l'arrestation et l'emprisonnement arbitraires. Notons que ces libertés sont mentionnées dans la majorité des chartes de droits et libertés, comme celles du Québec et du Canada. Nous reviendrons sur cette question des libertés fondamentales au chapitre suivant.

LES BIENS PREMIERS

Les libertés fondamentales font partie de ce que Rawls appelle les « biens premiers ». Les biens premiers sont les biens fondamentaux nécessaires à tout être humain pour réaliser un projet de vie, quel qu'il soit. Ils comprennent les revenus et la richesse, les pouvoirs, les opportunités et les bases sociales du respect de soi. Ce sont les conditions de base qui font que les individus disposent d'une liberté *réelle* et non seulement *formelle*, au sens où nous avons employé ces termes précédemment.

La logique qui prévaut ici est que chaque individu est fondamentalement libre de choisir le projet de vie et les valeurs qui lui conviennent. En accordant à tous ces biens premiers, on assure à chacun une chance égale de réaliser son projet de vie propre et d'atteindre le bonheur, tout en respectant les libertés fondamentales d'autrui.

L'insertion du respect de soi dans la liste des biens premiers est l'un des éléments les plus intéressants de la théorie de Rawls. Celui-ci laisse même entendre que le respect de soi « est peut-être le plus important des biens premiers[2] » :

> [Le respect de soi] comporte le sens qu'un individu a de sa propre valeur, la conviction profonde qu'il a que sa conception du bien, son projet de vie valent la peine d'être réalisés. Ensuite, le respect de soi-même implique la confiance en sa propre capacité à réaliser ses intentions, dans la limite de ses moyens. Quand nous avons le sentiment que nos projets ont peu de valeur, nous ne pouvons plus les continuer avec plaisir ni être satisfaits de leur exécution. Tourmentés par le sentiment de l'échec et traversés de doutes à l'égard de nous-mêmes, nous abandonnons nos entreprises[3].

Pour assurer les bases du respect de soi, une société juste fournirait à chacun la possibilité de développer ses dons naturels. Un tel état de choses n'est possible que si chacun a la liberté suffisante pour mener à bien ses projets personnels suivant le mode de vie qui lui convient et s'il dispose d'un minimum de ressources pour le faire. On peut concevoir que ces conditions sont refusées aux travailleurs astreints à des tâches mécaniques, répétitives et dévalorisantes, aux chômeurs en général et particulièrement aux chômeurs instruits, comme ces diplômés universitaires réduits à gagner leur vie en conduisant un taxi. Mais assurer le respect de soi doit aussi signifier que les plus défavorisés, qui bénéficient d'une forme d'aide sociale, ne doivent pas être soumis à des conditions humiliantes (marginalisation ou stigmatisation sociale, contrôles excessifs empiétant sur la vie privée, etc.).

---

2. *Ibid.*, p. 438.

3. *Ibid.*, p. 479-480.

LE PRINCIPE DE DIFFÉRENCE

Le deuxième principe de justice s'appelle le principe de différence. Sa fonction est de déterminer une manière juste et équitable de répartir les biens premiers entre les membres de la société. Selon ce principe, on peut admettre des inégalités dans la distribution des biens premiers, mais à certaines conditions. La première condition est que ces inégalités profitent à tous et surtout aux plus désavantagés. Il apparaît ainsi que Rawls, contrairement à Marx, accepte le cadre de l'économie capitaliste, dont nous savons qu'il engendre des inégalités socioéconomiques. Il est du moins prêt à l'accepter dans la mesure où ces inégalités permettent, par ailleurs, d'atteindre un niveau de croissance et de productivité dont l'ensemble du corps social, mais surtout les plus défavorisés, peut bénéficier. En d'autres mots, on peut accepter que des entreprises fassent des profits si ceux-ci, en étant réinvestis de façon productive, engendrent une hausse du niveau de vie des plus pauvres. Rawls préfère un régime inégalitaire où le niveau de vie de tous est plus élevé à une situation où tous seraient égaux en principe, mais réduits à la misère. Il suppose que ce serait le choix le plus raisonnable sous le voile d'ignorance. Concrètement, l'idée d'avantager les plus démunis correspond par exemple à des mesures comme le salaire minimum (ou toute autre forme de revenu minimum), l'assurance-maladie, l'assurance-chômage, l'aide sociale, les pensions de vieillesse, etc.

À partir du même principe de différence, nous pouvons également tolérer des inégalités dans les salaires. Par exemple, les salaires élevés des médecins peuvent être justifiés, pour autant qu'ils incitent des individus doués à entreprendre les études exigeantes et à assumer les responsabilités associées à cette profession. L'important est que tous bénéficient des services de ces médecins privilégiés, ce que devrait permettre, par exemple, un régime universel d'assurance-maladie (comme il en existe un au Canada, mais pas aux États-Unis). La même logique s'applique à d'autres inégalités salariales, qui doivent pouvoir stimuler l'ambition des individus les plus doués pour qu'ils réalisent des œuvres utiles à l'ensemble du corps social.

EXERCICE 6.2

Montrez le caractère injuste des inégalités de salaire entre hommes et femmes d'après le principe de différence de Rawls.

La deuxième partie du principe de différence, qui concerne *l'égalité des chances*, est également très importante. Si nous admettons qu'il y a des postes et des fonctions privilégiés sur le plan des revenus et des pouvoirs, ces postes devraient, en principe, être accessibles à tous. Ils ne doivent pas être réservés à des individus appartenant à une classe sociale donnée ou être accaparés par des groupes particuliers. Il en résulte que tous doivent pouvoir, s'ils en ont le désir et les capacités, devenir médecins ou ministres. Ce principe a donc des conséquences précises sur la conception du système d'éducation, auquel Rawls accorde une importance primordiale :

> Dans tous les secteurs de la société il devrait y avoir des perspectives à peu près égales de culture et de réalisation pour tous ceux qui ont des motivations et des dons semblables. Les attentes de ceux qui ont les mêmes capacités et les mêmes aspirations ne devraient pas être influencées par leur classe sociale. [...] [Il vaut] la peine de rappeler l'importance qu'il y a à empêcher les accumulations excessives de propriété et de richesse et à maintenir des possibilités égales d'éducation pour tous[4].

Une hausse appréciable des frais de scolarité peut compromettre l'accès de tous à l'éducation, qui est une pièce maîtresse du principe de l'égalité des chances selon John Rawls.

Le rejet du principe du mérite

Dans la délibération qui le mène à choisir le principe de différence comme principe de base des institutions d'une société juste, Rawls considère et finalement rejette un principe concurrent qui fait partie de notre sens commun et qui est le principe de contribution ou de mérite. Selon ce principe, pour être juste, la répartition sociale des revenus, des privilèges ou des gratifications devrait suivre l'échelle du mérite. Celui qui contribue davantage et qui manifeste des qualités supérieures aux autres mériterait davantage et devrait donc recevoir davantage. Rawls s'oppose à ce principe, car il considère que les personnes les plus méritantes sont simplement des personnes choyées par le sort. Elles sont nées avec des aptitudes supérieures ou bien elles les ont acquises et développées parce qu'elles ont grandi dans un environnement favorable. La distribution des dons et des capacités entre les personnes est pour lui essentiellement arbitraire, et donc la notion même de mérite moral n'a pas de fondement :

> Nous ne méritons pas notre place dans la répartition des dons à la naissance, pas plus que nous ne méritons notre point de départ initial dans la société. Avons-nous un mérite du fait qu'un caractère supérieur nous a rendus capables de l'effort pour cultiver nos dons ? Ceci aussi est problématique ; car un tel caractère dépend, en bonne partie, d'un milieu familial heureux et des circonstances sociales de l'enfance que nous ne pouvons mettre à notre actif. La notion de mérite ne s'applique pas ici. [...] il semble clair que l'effort qu'un individu est désireux de faire est influencé par ses capacités et ses talents naturels ainsi que par les possibilités qui s'ouvrent à lui. Les mieux doués ont plus de chances, toutes choses égales par ailleurs, de faire un effort consciencieux et il semble qu'il n'y ait pas moyen de ne pas tenir compte de leur avantage sur les autres[5].

Pour Rawls, la seule justification des gratifications et du salaire élevé accordés à ceux qui occupent des fonctions supérieures dans la société est d'influencer leur choix de manière à leur faire remplir les fonctions qui serviront au mieux l'intérêt de l'ensemble de la société et surtout des plus défavorisés. Cette inégalité n'a rien à voir, selon lui, avec une reconnaissance de leur mérite supérieur.

---

4. *Ibid.*, p. 104.

5. *Ibid.*, p. 134 et 349-350.

EXERCICE 6.3

Voici quelques questions de réflexion sur l'argumentation élaborée par Rawls au sujet de la notion de mérite.

1. Est-il juste de dire comme le fait Rawls que la possession de dons n'est pas méritoire ?

2. Est-il juste de dire comme le fait Rawls que l'effort n'est pas méritoire ?

3. Croyez-vous que les critères de contribution et de mérite justifient les inégalités dans les salaires, les gratifications et les privilèges que la société reconnaît aux individus ? Donnez des exemples en appui à votre réponse.

4. Un des objectifs du principe de différence de Rawls est d'assurer à tous et surtout aux plus défavorisés les conditions du respect de soi. Selon vous, l'effort, les réalisations personnelles et le mérite ont-ils un rapport avec le respect de soi ?

RAWLS ET LA SOCIAL-DÉMOCRATIE

Certains commentateurs ont vu dans la théorie de Rawls une justification philosophique des social-démocraties actuelles. Le terme social-démocratie désigne « un type de société qui associe à une économie de marché la protection stricte des libertés individuelles et une législation sociale et fiscale qui redistribue les revenus au bénéfice des plus défavorisés[6] ». C'est le type de société que l'on trouve dans des pays comme le Canada, la France, l'Allemagne et la Suède. En réalité, Rawls ne propose pas un type d'organisation économique ou politique précis de ce genre. Il croit que plusieurs types de société (socialiste ou capitaliste) sont compatibles avec ses principes de justice. Lui-même semble favoriser ce qu'il appelle une « démocratie de propriétaires ». Il s'agit d'une démocratie qui se caractérise principalement par un État décentralisé, un système d'enseignement public très développé (favorisant au maximum l'égalité des chances) et une législation empêchant la concentration de la propriété (donc la formation de monopoles et d'empires financiers à l'origine d'inégalités excessives de pouvoir et de richesse). La théorie de Rawls se veut surtout un instrument d'évaluation critique des institutions existantes.

Si nous prenons l'exemple du Canada ou des États-Unis, il est facile d'y trouver des pratiques qui ne respectent pas les normes qu'il préconise. Les deux candidats à la campagne présidentielle américaine de 2004, George W. Bush et John Kerry, disposaient chacun d'une caisse électorale de plus de 300 millions de dollars. Or, le fait qu'il faille des ressources financières considérables pour pouvoir espérer briguer le poste de président des États-Unis viole clairement le principe de l'égalité des chances. Un autre exemple est le fait que la richesse confère à certains des avantages face au sys-

---

6. Philippe Van Parijs, *Qu'est-ce qu'une société juste ?*, Paris, Seuil, 1991, p. 87.

tème judiciaire. Les procédures judiciaires et les services des avocats sont, en effet, inaccessibles à une grande partie de la population (ce que tentent de pallier, bien imparfaitement, les systèmes d'aide juridique, comme il en existe un au Québec, qui assurent aux plus démunis les services d'un avocat lorsqu'ils sont traduits devant les tribunaux). Certains privilèges ou inégalités peuvent également être contestés en vertu du fait qu'ils ne profitent à personne d'autre que les plus favorisés. On peut penser ici aux abris fiscaux dont bénéficient particulièrement les contribuables à revenus très élevés, mais pas l'ensemble de la population et encore moins les plus défavorisés.

Les deux candidats à la campagne présidentielle américaine de 2004, George W. Bush et John Kerry, disposaient ensemble de plus de 600 millions de dollars pour séduire les électeurs : une entorse au principe de l'égalité des chances ?

EXERCICE 6.4

Voici un cas d'inégalité intéressant. En Finlande, le montant des amendes « graves », et surtout des contraventions pour excès de vitesse, se calcule au prorata des revenus du contrevenant. Ainsi, un chauffeur de taxi d'Helsinki a reçu une contravention de 360 euros pour avoir circulé à 204 km/h sur une portion d'autoroute limitée à 100 km/h. C'est beaucoup en apparence, mais ce n'est rien comparé au cas suivant : le richissime Jussi Salonoja, « millionnaire de la saucisse », a écopé pour sa part de 170 000 euros d'amende parce qu'il a pris à 80 km/h un tunnel du centre-ville d'Helsinki où la vitesse est limitée à 40 km/h. Jussi Salonoja a ainsi battu le record de Finlande des « grosses contraventions ».

Un traitement aussi inégal est-il justifiable selon le principe de différence de Rawls ? Est-il discriminatoire ? Qu'en pensez-vous ?

LA CRITIQUE DE LA THÉORIE DE RAWLS

La fiction du voile d'ignorance proposée par Rawls a fait l'objet de nombreuses critiques. On a souligné le fait que les participants ne peuvent être absolument ignorants, faute de quoi ils ne pourraient même pas discuter entre eux et comprendre l'enjeu de leur discussion. Rawls doit donc supposer qu'ils connaissent beaucoup de choses, telles que la psychologie humaine et le fonctionnement général des sociétés. En fait, il faut présumer qu'ils ont déjà un certain sens de la justice, et même qu'ils connaissent les théories de la justice dont ils devront débattre ! L'existence de cette condition préalable amène certains commentateurs à mettre en doute la prétention de la position originelle à *fonder* les principes de justice. À la limite, elle ne ferait que clarifier et solidifier des principes présupposés au départ.

Les penseurs communautariens, dont nous avons parlé dans le chapitre précédent, ont pour leur part attaqué la prétention de Rawls à présenter des principes neutres sur le plan des valeurs et des idéaux moraux. À leur avis, Rawls échoue, comme les autres penseurs libéraux, à présenter une conception parfaitement impartiale qui puisse faire l'unanimité et respecter le pluralisme existant. Sa définition des biens premiers correspond à un idéal de vie d'orientation individualiste contestable dans son essence même. L'accent qui est mis sur la richesse et la liberté ainsi que l'absence de toute référence à la vie communautaire ou à l'appartenance à une communauté dans les biens premiers attesteraient son parti pris à cet égard.

D'autres critiques ont fait remarquer que les participants à la discussion fictive que Rawls met en scène affichent certains traits psychologiques particuliers, principalement un attrait pour la sécurité et une aversion à l'égard du risque. Or, disent-ils, ces traits psychologiques ne sont pas universels, et il serait tout aussi légitime d'attribuer aux participants un profil psychologique différent, par exemple celui de personnes prêtes à prendre certains risques, à tolérer plus d'inégalités et à courir la chance d'être parmi les plus favorisés par le sort. Ne serait-il pas tout à fait rationnel de la part d'une personne égoïste de se livrer à des calculs de probabilité sur ses chances d'avoir un destin plus ou moins favorable ou défavorable ?

Un autre problème de la théorie de Rawls est l'imprécision qui entoure son principe de différence. Rawls ne donne à peu près pas d'exemples d'application de son *principe* et n'en tire pas de *règles* précises. D'abord, il ne donne aucune définition claire de la notion cruciale de « défavorisés » et la formulation vague qu'il en donne (le fait d'être moins pourvu en biens premiers) n'inclut pas le cas particulièrement important des handicapés physiques et mentaux. Ensuite, il ne fournit aucun critère pour déterminer le seuil à partir duquel une inégalité est acceptable ou inacceptable ou à partir duquel on pourrait juger que le sort des défavorisés a été suffisamment amélioré. Rawls admet lui-même que l'application de son principe de différence risque de prêter à controverse et de susciter des désaccords, ce qui est justement ce que la procédure de la position originelle visait à éviter.

Rawls n'est pas resté insensible aux commentaires critiques qui lui ont été adressés après la parution de *Théorie de la justice*. Il a publié en 1993 un deuxième ouvrage, *Libéralisme politique*, dans lequel il présente une nouvelle version de sa théorie dans le but de répondre à certaines de ces critiques. Le tableau 6.1 montre un résumé des principales différences entre ces deux versions. Les modifications apportées par Rawls dans *Libéralisme politique* n'ont cependant pas eu de conséquences notables sur le contenu de sa théorie. En effet, les deux grands principes qui en constituent le noyau y restent inchangés pour l'essentiel.

Tableau 6.1   Les deux versions de la théorie de Rawls

Théorie de la justice	Libéralisme politique
• L'objectif premier de Rawls est ici de montrer la supériorité de sa théorie sur l'*utilitarisme*.	• L'objectif premier de Rawls est de montrer comment nous pouvons arriver à un consensus sur une théorie de la justice dans une société *pluraliste* où les individus et les groupes adhèrent à des conceptions de la vie et à des valeurs morales différentes.
• Rawls présente sa théorie comme une théorie *morale* et *politique*.	• Rawls présente maintenant sa théorie comme une théorie strictement *politique* et donc neutre sur le plan moral.
• La théorie est basée sur une conception rationaliste de l'être humain. Rawls prétend que les principes de justice de sa théorie ont une valeur *objective* et sont ceux auxquels devrait se rallier tout être humain *rationnel*.	• Rawls dit seulement que les principes de sa théorie représentent un *consensus* minimal auquel des personnes *raisonnables* qui adhèrent à des valeurs différentes pourraient arriver. C'est ce qu'il appelle un «consensus par recoupement».
• Rawls prétend que sa théorie a une valeur universelle. Elle vaut pour toutes les sociétés.	• Rawls ne prétend plus que sa théorie ait une portée universelle et reconnaît qu'elle ne vaut que pour les démocraties modernes.

EXERCICE 6.5

Rawls répète souvent que les principes de justice qu'il propose correspondent mieux à nos convictions les plus courantes en matière de justice sociale que ceux des théories concurrentes comme l'utilitarisme. Cette prétention a été contestée par le sociologue français Raymond Boudon[7]. En effet, la théorie de Rawls implique qu'il faut systématiquement améliorer la situation des plus défavorisés pour réduire l'écart qui les sépare des plus favorisés. Or, selon Boudon, la conception de la justice la plus répandue dans les sociétés occidentales viserait plutôt à améliorer la situation de la moyenne des gens et donc de la majorité de la population, en y ajoutant une contrainte de plancher, c'est-à-dire la détermination d'un minimum décent assuré à la minorité des plus défavorisés. Lequel de ces deux principes de justice vous paraît le plus acceptable? Pourquoi?

LA CRITIQUE NÉOLIBÉRALE

Il est clair que Rawls défend le principe d'une intervention vigoureuse de l'État dans la distribution des biens premiers et pour le contrôle des inégalités. Ses positions suscitent des objections de la part des tenants de ce mouvement intellectuel qu'il est convenu d'appeler «néolibéralisme» et dont les représentants les plus célèbres sont des économistes comme Milton Friedman ou Friedrich Hayek.

---

7. Raymond Boudon, «À propos des sentiments de justice: nouvelles remarques sur la théorie de Rawls», *L'année sociologique*, vol. 5, n° 2, 1995, p. 273-295.

Le néolibéralisme défend l'idée d'un marché économique capitaliste parfaitement libre, c'est-à-dire exempt de toute forme d'intervention de l'État. Les partisans du néolibéralisme considèrent que les interventions de l'État dans la vie sociale sont généralement nuisibles. Ils sont convaincus que le marché, si on le laisse fonctionner sans entrave et qu'on permet la libre concurrence, produira une plus grande prospérité pour tous. Ils considèrent que l'action de l'État crée plus de problèmes qu'elle n'en résout, que l'État est devenu un monstre bureaucratique inefficace qui accumule des déficits intolérables, qu'il a tendance à vouloir tout réglementer et qu'il viole les libertés fondamentales des individus.

Le débat entre néolibéraux et partisans de la justice sociale est très complexe. Nous y reviendrons dans le chapitre suivant, lorsque nous aborderons la philosophie du libertarisme, ainsi que dans la section consacrée à l'éthique des affaires. Ce que l'on peut dire en faveur de Rawls, qui cherche à établir un équilibre entre liberté et égalité et entre efficacité économique et justice sociale, c'est que le pays dont les politiques se rapprochent le plus des idées néolibérales, les États-Unis, présente des écarts considérables de richesses entre les nantis et les démunis.

Ce qui caractérise la pensée néolibérale, c'est justement l'absence des valeurs de fraternité et de solidarité. Pour les néolibéraux, la justice se résume au respect de la liberté individuelle. L'injustice consiste à nier ou à limiter cette liberté. Un néolibéral peut trouver déplorable que certaines personnes vivent dans la misère (il peut même être prêt en tant que personne privée à les aider en contribuant à des œuvres de charité), *mais il ne trouve pas cela injuste*. Pour lui, l'inégalité fait tout simplement partie de la nature des choses.

Rawls, quant à lui, résume ses principes de justice de la façon suivante : le premier principe incarne la valeur de liberté ; le principe d'égalité des chances incarne la valeur d'égalité ; et le principe d'amélioration de la condition des plus défavorisés incarne les valeurs de fraternité et de solidarité.

LES ÉTATS-UNIS : CHAMPIONS DES INÉGALITÉS ÉCONOMIQUES

John Rawls est américain. Son pays, les États-Unis, est pourtant la démocratie occidentale où les écarts entre riches et pauvres sont les plus grands et c'est aussi celui qui est le plus éloigné de la norme de justice qu'il a formulée dans son principe de différence. Voici quelques données frappantes à ce sujet :

■ Depuis le milieu des années 1970, les ⅞ de l'augmentation de la richesse aux États-Unis sont allés aux 5 % des revenus les plus élevés[8].

■ En 2005, les 300 000 Américains les plus riches possédaient une richesse totale équivalant à celle des 150 millions d'Américains les moins riches. Cet écart a doublé depuis 1980.

■ Les 13 000 familles américaines les plus riches ont un revenu égal à celui des 20 millions les plus pauvres.

■ La politique économique la plus importante du président Bush au long de ses deux mandats a consisté à réduire considérablement les impôts des plus riches. Ainsi, en 2005, les ¾ des 91 milliards de dollars alloués en réduction d'impôts sont allés au 0,6 % des citoyens ayant un revenu excédant 500 000 $.

■ Pendant ce temps, plus de 45 millions d'Américains n'ont pas d'assurance-maladie[9].

8. J. Hecjman et A. Krueger, *Inequality in America : What Role for Human Capital Policies ?*, Cambridge, MA, MIT Press, 2003, p. 10.

9. Tom Carter, « Recent data shows widening gap between rich and poor in US », 27 août 2007, www.wsws.org/articles/2007/aug2007/ineq-a27.shtml ; Robert H. Frank, « The income gap grows », 27 novembre 2007, www.commondreams.org/views05/1127-25.htm.

MODE D'APPLICATION

L'application de la théorie de Rawls passe par celle de ses deux principes de justice. Son champ d'application est celui des politiques gouvernementales, des lois et des règles de fonctionnement des institutions publiques. Il s'agit de poser les questions suivantes :

- ■ L'action ou la mesure envisagée respecte-t-elle le principe des libertés égales pour tous ?

- ■ Les fonctions ou les positions privilégiées dans la société sont-elles ouvertes à tous suivant le principe de la juste égalité des chances ?

- ■ Les inégalités dans la répartition des biens premiers profitent-elles à tous et surtout aux plus désavantagés ?

On peut également faire un usage plus large de la position originelle et de la fiction du voile d'ignorance en tant que procédure pour déterminer la position morale la plus juste dans un cas particulier. Cette procédure fixe les conditions d'une discussion fictive dans laquelle les personnes concernées par un problème moral sont temporairement dépouillées de leur identité réelle et se mettent à la place des autres partenaires sociaux. Le but en est d'arriver à une solution équitable avec laquelle tous pourraient être d'accord.

RÉVISION

1. Quelle est l'idée fondamentale de la philosophie du contrat social ?

2. Dans quel sens Karl Marx dit-il que les droits politiques ne sont que des droits formels et non des droits réels ?

3. Pourquoi John Rawls rejette-t-il la conception utilitariste de la justice ?

4. En quoi consiste la procédure de la position originelle et du voile d'ignorance que Rawls utilise pour établir sa théorie de la justice ?

5. Quels sont les deux grands principes de justice définis par Rawls et comment la position originelle mène-t-elle à ces principes ?

6. Qu'est-ce que Rawls entend par « biens premiers » ?

7. Pourquoi Rawls rejette-t-il le principe du mérite ?

8. Quelles principales critiques ont été adressées à Rawls et à sa fiction du voile d'ignorance ?

9. Qu'est-ce que le néolibéralisme et pourquoi s'oppose-t-il à la théorie de la justice de Rawls ?

RENVOIS AUX « DOMAINES D'APPLICATION »

On trouvera des illustrations des principes de Rawls et du néolibéralisme dans deux sections de la deuxième partie du manuel (« Domaines d'application »).

- L'éthique des affaires :
  - la responsabilité sociale de l'entreprise (néolibéralisme), p. 211.

- L'éthique de l'environnement :
  - le sort des générations futures, p. 241 et 242.

EXERCICE
DE SYNTHÈSE

Des régions en manque de médecins

L'un des aspects importants de la crise qui secoue le système de santé au Québec depuis quelques années est la difficulté à affecter et à répartir le personnel médical de manière efficace et équitable. En voici un exemple criant observable dans la région de Maniwaki.

« Blottie dans les forêts à 120 kilomètres au nord de Hull, la région de Maniwaki souffre d'un problème chronique de recrutement et de rétention d'effectif médical.

Depuis deux ans, la situation est si critique que le directeur général du CLSC-CH-CHSLD (pour CLSC, centre hospitalier et centre hospitalier de soins de longue durée) des Forestiers, Paul Charbonneau, crie au secours. Selon le plan d'effectif médical, Maniwaki aurait besoin de 10 omnipraticiens supplémentaires en plus d'un anesthésiste et d'un chirurgien. Il manquerait aussi de 20 à 23 infirmières. "C'est une pénurie qui dure et qui perdure. Nous sommes au bord de l'agonie."

Conséquence : les quelque 18 000 habitants de la région doivent attendre de trois à six mois avant d'obtenir un rendez-vous avec le médecin de famille. Faute de mieux, ils se pointent à l'urgence du centre hospitalier, dont l'achalandage a augmenté de 30 % au cours de la dernière année.

[…] Pourtant, Maniwaki déroule le tapis rouge aux médecins qui décident d'y pratiquer : rémunération de 115 %, prime d'installation, cabinet sans frais et bourse de perfectionnement de 5 000 $ par année font notamment partie des incitatifs alléchants qu'on leur fait miroiter. "Au printemps, nous avons invité 600 médecins à venir visiter notre région. On leur proposait d'aller les chercher en avion à Dorval, de les ramener le soir ou le lendemain. Aucun n'est venu."

[…] les six médecins de Maniwaki commencent à en avoir soupé des heures supplémentaires. "On est en train de les perdre, ils sont épuisés et n'ont plus de qualité de vie […]" […] Maniwaki se sent "oubliée" et le directeur général du CLSC-CH-CHSLD croit qu'il est temps que le gouvernement mette son poing sur la table pour régler les pénuries d'effectifs […][10]. »

D'autres aspects du problème, qui ne sont pas mentionnés dans ce texte, viennent compliquer encore davantage la situation. Il y a, par exemple, le problème des jeunes médecins qui décident à la fin de leurs études d'aller travailler aux États-Unis, où ils espèrent trouver une rémunération plus élevée et des conditions de travail meilleures que celles qui leur sont offertes au Québec. Il

---

10. Martine Roux, « Pénurie de médecins à Maniwaki », *La Presse*, 20 septembre 1999, p. A3.

y a également le fait que de plus en plus de médecins choisissent de pratiquer une médecine « facile » en cabinet privé et délaissent les tâches prioritaires les plus lourdes telles que le travail dans les hôpitaux, les centres d'hébergement ou les urgences, ainsi que l'obstétrique ou les soins aux personnes âgées.

Voici quatre types de politiques qui pourraient être adoptées face à ce problème :

a) Forcer tous les médecins à aller travailler en région à tour de rôle, pendant un certain nombre d'années, ou à s'occuper d'une part déterminée du service public dans les hôpitaux, les urgences, les CLSC, les centres d'hébergement pour personnes âgées, etc. Ou encore, forcer les jeunes médecins à travailler un minimum d'années au Québec à la fin de leurs études et leur imposer de lourdes pénalités s'ils veulent partir avant la fin de l'échéance fixée.

b) N'appliquer toutes les contraintes mentionnées précédemment qu'aux jeunes médecins en début de carrière.

c) Ne rien faire du tout, selon le principe que les personnes qui vivent dans des régions éloignées le font par choix et doivent assumer les conséquences de leur choix, et que les médecins sont libres de travailler où ils le veulent, comme tout le monde, et d'exercer le type de médecine qui leur convient.

d) Inciter les médecins à aller dans les régions éloignées en leur offrant des primes et avantages divers (hausse de salaire, hypothèques à taux réduit, transport gratuit vers les grands centres, etc.) ou les inciter à accomplir les tâches les plus lourdes et les moins populaires en haussant la rémunération de ces tâches et en diminuant proportionnellement celle des tâches les plus faciles.

1. Laquelle de ces politiques vous paraît correspondre à la position néolibérale ?

2. Y a-t-il dans tout cela des politiques qui violent l'un ou l'autre des deux principes de justice formulés par John Rawls ?

3. Y a-t-il des politiques qui respectent les deux principes de justice formulés par John Rawls ?

4. Laquelle de ces solutions vous semble la plus juste ? Pourquoi ? En auriez-vous d'autres à proposer ?

ANALYSE

Le texte qui suit est extrait du premier chapitre de *Théorie de la justice*. Rawls y explique les grands principes de son projet philosophique.

1. Comment Rawls définit-il la société ?

2. Expliquez, à l'aide de cette définition, l'importance des règles de justice dans une société et les effets bénéfiques que nous pouvons en attendre.

3. Expliquez pourquoi Rawls dit de sa conception de la justice qu'elle est une « conception de la justice comme équité ».

4. Pourquoi Rawls considère-t-il le dispositif fictif de la « position originelle » comme le moyen de réaliser cette conception de la justice comme équité ?

LA JUSTICE
COMME ÉQUITÉ[11]

La justice est la première vertu des institutions sociales comme la vérité est celle des systèmes de pensée. Si élégante et économique que soit une théorie, elle doit être rejetée ou révisée si elle n'est pas vraie; de même, si efficaces et bien organisées que soient des institutions et des lois, elles doivent être réformées ou abolies si elles sont injustes. [...]

Posons, pour fixer les idées, qu'une société est une association, plus ou moins autosuffisante, de personnes qui, dans leurs relations réciproques, reconnaissent certaines règles de conduite comme obligatoires, et qui, pour la plupart, agissent en conformité avec elles. Supposons, de plus, que ces règles déterminent un système de coopération visant à favoriser le bien de ses membres. Bien qu'une société soit une tentative de coopération en vue de l'avantage mutuel, elle se caractérise donc à la fois par un conflit d'intérêts et par une identité d'intérêts. Il y a identité d'intérêts puisque la coopération sociale procure à tous une vie meilleure que celle que chacun aurait eue en cherchant à vivre seulement grâce à ses propres efforts. Il y a conflit d'intérêts puisque les hommes ne sont pas indifférents à la façon dont sont répartis les fruits de leur collaboration, car, dans la poursuite de leurs objectifs, ils préfèrent tous une part plus grande de ces avantages à une plus petite. On a donc besoin d'un ensemble de principes pour choisir entre les différentes organisations sociales qui déterminent cette répartition des avantages et pour conclure un accord sur une distribution correcte des parts. Ces principes sont ceux de la justice sociale: ils fournissent un moyen de fixer les droits et les devoirs dans les institutions de base de la société et ils définissent la répartition adéquate des bénéfices et des charges de la coopération sociale.

Or, nous dirons qu'une société est bien ordonnée lorsqu'elle n'est pas seulement conçue pour favoriser le bien de ses membres, mais lorsqu'elle est aussi déterminée par une conception publique de la justice. C'est-à-dire qu'il s'agit d'une société où, premièrement, chacun accepte et sait que les autres acceptent les mêmes principes de la justice et où, deuxièmement, les institutions de base de la société satisfont, en général, et sont reconnues comme satisfaisant ces principes. Dans ce cas, même si les hommes émettent des exigences excessives les uns à l'égard des autres, ils reconnaissent néanmoins un point de vue commun à partir duquel leurs revendications peuvent être arbitrées. Si la tendance des hommes à favoriser leur intérêt personnel rend nécessaire de leur part une vigilance réciproque, leur sens public de la justice rend possible et sûre leur association. Entre des individus ayant des buts et des projets disparates, le fait de partager une conception de la justice établit les liens de l'amitié civique; le désir général de justice limite la poursuite d'autres fins. Il est permis d'envisager cette conception publique de la justice comme constituant la charte fondamentale d'une société bien ordonnée.

Mon but est de présenter une conception de la justice qui généralise et porte à un plus haut niveau d'abstraction la théorie bien connue du contrat social telle qu'on la trouve, entre autres, chez Locke, Rousseau et Kant.

Dans la théorie de la justice comme équité, la position originelle d'égalité correspond à l'état de nature dans la théorie traditionnelle du contrat social. Cette position originelle n'est pas conçue, bien sûr, comme étant une situation historique réelle, encore moins une forme primitive de la culture. Il faut la comprendre comme étant une situation purement hypothétique, définie de manière à conduire à une certaine conception de la justice. Parmi les traits essentiels de cette situation, il y a le fait que personne ne connaît sa place dans la société, sa position de classe ou son statut social, pas plus que personne ne connaît le sort qui lui est réservé dans la répartition des capacités et des dons naturels, par exemple l'intelligence, la force, etc. J'irai même jusqu'à poser que les partenaires ignorent leurs propres conceptions du bien ou leurs tendances psychologiques particulières. Les principes de la justice sont choisis derrière un voile d'ignorance. Ceci garantit que personne n'est avantagé ou désavantagé dans le choix des principes par le hasard naturel ou par la contingence des circonstances sociales. Comme tous ont une situation comparable et qu'aucun ne peut formuler des principes favorisant sa condition particulière, les principes de la justice sont le résultat d'un

11. John Rawls, *Théorie de la justice*, op. cit., p. 29-31, 37-39, 41.

accord ou d'une négociation équitables (*fair*). Car, étant donné les circonstances de la position originelle, c'est-à-dire la symétrie des relations entre les partenaires, cette situation initiale est équitable à l'égard des sujets moraux, c'est-à-dire d'êtres rationnels ayant leurs propres systèmes de fins et capables, selon moi, d'un sens de la justice. La position originelle est, pourrait-on dire, le *statu quo* initial adéquat et c'est pourquoi les accords fondamentaux auxquels on parvient dans cette situation initiale sont équitables. Tout ceci nous explique la justesse de l'expression « justice comme équité » : elle transmet l'idée que les principes de la justice sont issus d'un accord conclu dans une situation initiale elle-même équitable.

Je soutiendrai que les personnes placées dans la situation initiale choisiraient deux principes assez différents. Le premier exige l'égalité dans l'attribution des droits et des devoirs de base. Le second, lui, pose que des inégalités socioéconomiques, prenons par exemple des inégalités de richesse et d'autorité, sont justes si et seulement si elles produisent, en compensation, des avantages pour chacun et, en particulier, pour les membres les plus désavantagés de la société. Ces principes excluent la justification d'institutions par l'argument selon lequel les épreuves endurées par certains peuvent être contrebalancées par un plus grand bien, au total. Il peut être opportun, dans certains cas, que certains possèdent moins afin que d'autres prospèrent, mais ceci n'est pas juste. Par contre, il n'y a pas d'injustice dans le fait qu'un petit nombre obtienne des avantages supérieurs à la moyenne, à condition que soit par là même améliorée la situation des moins favorisés. L'idée intuitive est la suivante : puisque le bien-être de chacun dépend d'un système de coopération sans lequel nul ne saurait avoir une existence satisfaisante, la répartition des avantages doit être telle qu'elle puisse entraîner la coopération volontaire de chaque participant, y compris des moins favorisés. Les deux principes que j'ai mentionnés plus haut constituent, semble-t-il, une base équitable sur laquelle les mieux lotis ou les plus chanceux dans leur position sociale – conditions qui ne sont ni l'une ni l'autre dues, nous l'avons déjà dit, au mérite – pourraient espérer obtenir la coopération volontaire des autres participants ; ceci dans le cas où le bien-être de tous est conditionné par l'application d'un système de coopération. C'est à ces principes que nous sommes conduits dès que nous décidons de rechercher une conception de la justice qui empêche d'utiliser les hasards des dons naturels et les contingences sociales comme des atouts dans la poursuite des avantages politiques et sociaux. Ces principes expriment ce à quoi on aboutit dès qu'on laisse de côté les aspects de la vie sociale qu'un point de vue moral considère comme arbitraires.

CHAPITRE 7

L'éthique
des droits

À plusieurs reprises, dans les chapitres précédents, nous avons évoqué une notion éthique qui nous est très familière, la notion de droit de la personne. Cette notion occupe une place importante dans l'histoire culturelle des sociétés occidentales. Elle a inspiré les penseurs et philosophes des XVIIe et XVIIIe siècles. Elle est au cœur de deux grands textes fondateurs qui ont marqué le début de l'ère moderne, la *Déclaration d'indépendance* des États-Unis de 1776 et la *Déclaration des droits de l'homme et du citoyen*, proclamée en France en 1789. Après une certaine éclipse au XIXe siècle et au début du XXe, l'idée de droits de la personne a été réaffirmée avec force après la Deuxième Guerre mondiale dans la *Déclaration universelle des droits de l'homme* de l'ONU de 1948. Celle-ci avait pour but de répondre par une profession de foi morale aux atrocités et aux violations des droits de la personne perpétrées pendant cette guerre. Depuis, la notion de droits et libertés de la personne a connu une vogue sans précédent et est devenue pour ainsi dire une perspective éthique courante. Plusieurs pays se sont dotés de chartes des droits et libertés, dont le Canada, en 1982, avec la *Charte canadienne des droits et libertés*. Le Québec avait édicté sa propre *Charte des droits de la personne* dès 1975.

L'éthique des droits occupe également une place importante dans l'ensemble du grand courant du libéralisme politique. Nous avons vu précédemment que le libéralisme assigne à l'État la tâche primordiale de protéger les droits des individus et que, pour plusieurs penseurs libéraux, l'affirmation des droits individuels constitue un rempart contre le danger de la « tyrannie de la majorité », qui leur paraissait inhérent à la démocratie politique. Cependant, l'éthique des droits n'est pas une théorie éthique systématique et bien définie. Elle trouve d'ailleurs des adeptes dans des courants éthiques opposés. Par exemple, tant Rawls que les néolibéraux font usage des notions de droits et libertés fondamentaux. Les opposants à l'avortement invoquent le droit à la vie, alors que ceux qui veulent le légaliser parlent du droit de la femme à disposer de son corps.

La *Déclaration des droits de l'homme et du citoyen* (1789) marque la victoire de la morale universaliste sur la morale grégaire : les droits des citoyens français sont les droits de tous les hommes.

L'éthique des droits se prête donc à une multitude d'interprétations. Elle a aussi, comme toute théorie, ses forces et ses faiblesses. Nous allons nous efforcer de rendre compte de cette situation complexe dans les pages qui suivent.

LES DROITS FONDAMENTAUX NÉGATIFS

L'idée de droit fondamental est apparentée au concept d'état de nature, que nous avons étudié au chapitre précédent. Nous avons vu que les philosophes du contrat social avaient conçu cette fiction d'un état de nature primordial et présocial dans le but de poser l'autonomie de l'individu comme fondement de la société. Ils affirmaient que les individus étaient naturellement libres et égaux dans cet état de nature. Au moment de la formation d'une société, il était normal pour eux de protéger cette liberté et cette égalité, et de les faire valoir comme des *droits naturels*. C'est d'ailleurs en ces termes de « droits naturels » que les philosophes des Lumières avaient coutume de désigner les droits fondamentaux. Il s'agit donc de droits que l'individu possède de façon intrinsèque, en tant qu'individu, et antérieurement à son insertion dans une société.

De nos jours, nous abandonnons souvent cet appel à la nature pour plutôt définir les droits fondamentaux tout simplement comme des droits *inhérents à l'essence même de la personne humaine*. Quels sont donc ces droits fondamentaux et inviolables ? L'un des grands inspirateurs de l'éthique des droits, le philosophe anglais John Locke, en définissait trois : la liberté, la vie et la propriété. La *Déclaration d'indépendance des États-Unis*, grandement influencée par la philosophie de Locke, mentionne la vie et la liberté, mais remplace la propriété par « la poursuite du bonheur », un droit dont il est rarement fait mention à notre époque. Le droit à la sécurité est aussi mentionné dans la plupart des chartes de droits, mais sous diverses appellations telles que « droit à la sûreté » ou « protection de l'intégrité ». Le droit à la propriété était mentionné dans la *Déclaration des droits de l'homme et du citoyen* de 1789, mais nous verrons plus loin qu'il s'agit là d'un droit très controversé. Il est donc raisonnable de penser que la vie, la liberté et la sécurité sont les droits les plus fondamentaux. Bien entendu, la liberté recouvre un champ très vaste, et les textes modernes en spécifient les différentes facettes : la liberté de pensée, la liberté d'expression, la liberté d'opinion, la liberté de religion, la liberté d'association, la liberté de circulation, etc. Le droit à la sécurité comprend d'abord les protections contre les diverses formes d'agressions directes et de mises en danger, comme les menaces pour la santé au travail. Il comprend également toutes les règles sévères auxquelles sont astreints l'appareil policier et l'appareil judiciaire, ainsi que tous les droits des individus face à ces deux institutions : protection contre les détentions arbitraires ou les peines et traitements cruels, droit d'avoir recours à l'assistance d'un avocat, droit d'être jugé dans un délai raisonnable, etc.

John Locke (1632-1704), défenseur du libéralisme, inspirateur de l'éthique des droits.

Il faut encore ajouter à notre liste les droits politiques tels que le droit de vote ou le droit d'occuper un poste public, ainsi qu'un nouveau droit qui a pris une importance considérable depuis peu, le droit à la vie privée. Nous pourrions également juger que l'égalité fait partie des droits fondamentaux. Effectivement, les deux grandes déclarations des droits citées plus haut proclament l'égalité de tous dans leur préambule. La déclaration française l'énonce ainsi : « Les hommes naissent et demeurent libres et égaux en droits. » La déclaration américaine affirme que « tous les hommes sont créés égaux ». La référence à l'égalité a pris une importance grandissante récemment, par suite des pressions d'une multitude de mouvements de lutte contre toutes les formes de discrimination. On trouve une liste de motifs de discrimination dans l'article 15 de la *Charte canadienne des droits et libertés* : la race, l'origine nationale ou ethnique, la couleur, la religion, le sexe, l'âge ou les déficiences mentales ou physiques[1]. Mais l'égalité constitue surtout, comme nous l'avons vu précédemment, un présupposé général de l'affirmation *universelle* des droits individuels. Si tous ont des droits fondamentaux, il est évident qu'ils les ont de façon égale. L'idée d'égalité est donc centrale dans l'éthique des droits, comme dans toute éthique universaliste.

Les droits fondamentaux dont nous parlons ici ont une caractéristique très importante, que nous avons déjà mentionnée à propos du principe du respect chez Kant : ce sont des droits *négatifs*. Ils sont négatifs en ce sens qu'ils commandent à autrui et à l'État un devoir négatif, celui de *ne pas* accomplir certaines actions. Ils ne commandent pas de s'engager dans des actions positives envers autrui. Respecter la liberté de l'autre, c'est *ne pas* l'entraver. Respecter sa propriété, c'est *ne pas* la lui dérober contre sa volonté ou *ne pas* limiter l'usage qu'il peut en faire. Respecter l'égalité, c'est *ne pas* faire de discrimination. Les droits fondamentaux sont donc des *normes limitatives*, qui ont pour but de préserver la sphère d'autonomie, l'espace privé de liberté de chaque personne. Ils ne commandent pas d'aider autrui, mais de ne pas lui nuire.

La liste des droits fondamentaux négatifs comprend donc la liberté, la vie, la sécurité, l'égalité, la vie privée et les droits politiques (tableau 7.1).

Tableau 7.1   Les droits fondamentaux négatifs

Vie	Interdit du meurtre et, selon les pays, de la peine de mort, de l'euthanasie, de l'avortement.
Liberté	Libertés de pensée, d'expression, de religion, de réunion, d'association, de circulation, etc.
Égalité	Interdit de la discrimination fondée sur le sexe, l'âge, la race ou l'origine ethnique, l'orientation sexuelle, les handicaps, etc.
Sécurité	Protection de l'intégrité de la personne contre les agressions physiques et psychologiques. Protection contre la détention arbitraire, les châtiments cruels, etc. Règles régissant le travail policier et le système judiciaire.
Vie privée	Protection de l'intimité, confidentialité des renseignements personnels, secret professionnel, etc.
Droits politiques	Droit de vote, droit d'occuper un poste public, etc.

1. La *Charte québécoise* mentionne aussi l'orientation sexuelle.

L'AUTOLIMITATION DES DROITS

Une des grandes difficultés de l'éthique des droits fondamentaux tient à ce qu'elle présente ceux-ci comme des droits absolus. Cette position peut apparaître dangereuse à qui considère qu'il existe des situations dans lesquelles même les droits fondamentaux devraient être pondérés ou restreints. Il faut d'abord reconnaître que l'éthique des droits peut trouver en elle-même une façon de limiter la primauté absolue qu'elle accorde aux droits fondamentaux. Nous pouvons en effet nous en remettre au principe général voulant que la liberté de chacun s'arrête là où commence celle de l'autre. C'est le *principe d'autolimitation des droits*, qui signifie qu'un droit fondamental peut être limité ou suspendu dans un contexte où son exercice violerait les droits d'autres personnes[2]. Pensons à la légitime défense, qui permet de tuer pour sauver sa vie. C'est aussi le principe de base de tout notre système judiciaire. Nous pouvons retirer à une personne sa liberté et la placer en détention lorsqu'elle a commis une infraction ou parce qu'elle représente un danger pour la sécurité ou la propriété d'autrui. Nous imposons aux automobilistes toute une série de règlements de la circulation qui limitent leur liberté, de manière à protéger la liberté et la sécurité des autres automobilistes et des piétons.

Le principe d'autolimitation pose toutefois un grave problème : en fonction de quels critères pouvons-nous déterminer la préséance d'un droit sur un autre quand deux droits entrent en conflit ? Par exemple, le problème de l'avortement ne nous force-t-il pas à choisir entre le droit à la vie du fœtus et le droit à la liberté de la mère ? La pratique de plus en plus répandue de l'installation de caméras de surveillance est controversée justement parce qu'elle oppose le droit à la sécurité et le droit à la vie privée. Ne serait-il pas souhaitable que nous établissions un ordre hiérarchique rationnellement justifié entre les divers droits ? Malheureusement, cela ne semble pas possible.

Il faut souligner d'abord qu'on ne trouve une telle hiérarchisation des droits et libertés dans aucun des grands textes juridiques auxquels nous avons fait référence en début de chapitre. Dans tous ces textes, l'ordre des divers droits et libertés énumérés est aléatoire. Pour comprendre la difficulté d'établir un ordre de priorité entre les droits, il n'y a qu'à examiner les rapports entre les deux droits généralement considérés comme les plus fondamentaux : le droit à la vie et le droit à la liberté. Laquelle de ces deux normes devrait primer l'autre ? Certains diront : « Le droit à la vie, bien sûr ! », car rien n'est possible sans la vie. Mais prenons le cas du suicide. On peut l'envisager comme un renoncement à la vie et un exercice ultime de liberté. Cette perspective semble montrer que la liberté peut s'élever au-dessus de la vie. Nous savons par ailleurs que, dans les débats actuels sur l'avortement, la peine de mort ou l'euthanasie, bien des gens affirment le caractère sacré de la vie et son primat sur la liberté. Ils considèrent la vie comme un présupposé de toute existence humaine. Certains la voient comme un don de la Nature ou de Dieu, mais tous en font une condition de l'exercice même de la liberté, qui doit être préservée à tout prix.

---

2. Le principe d'autolimitation des droits est contenu dans la *Déclaration* de 1789 : « L'exercice des droits naturels de chaque homme n'a de bornes que celles qui assurent aux autres membres de la société la jouissance de ces mêmes droits. »

Nous voyons donc qu'il est difficile d'établir un ordre de priorité objectif et rationnellement justifié entre les deux droits les plus fondamentaux. Et il n'est pas plus facile d'établir une priorité de principe entre les autres droits. La liberté de religion est-elle plus importante que le droit à l'égalité? La liberté d'expression est-elle plus importante que le droit à la sécurité? La liberté de presse est-elle plus importante que le droit des individus à la vie privée? Qui peut répondre à ces questions de façon absolue, et en vertu de quoi?

EXERCICE 7.1

Voici une question intéressante qui peut éclairer le débat sur l'ordre de priorité entre le droit à la vie et le droit à la liberté. Si la morale est essentiellement une affaire de dignité, qu'est-ce qui vous apparaît le plus digne sur le plan moral: sacrifier sa vie au nom de la liberté (par refus de l'esclavage) ou sacrifier sa liberté pour sauver sa vie? Qu'est-ce que la réponse à cette question révèle d'important sur l'être humain?

LE LIBERTARISME ET LE DROIT DE PROPRIÉTÉ

Au XXe siècle, certains philosophes soutiennent encore une conception libérale des droits fondamentaux semblable à celle de John Locke. Un des plus célèbres partisans de cette conception, l'Américain Robert Nozick (1938-2002), prône une philosophie que les anglophones appellent *libertarianism*. Le libertarisme se livre à une défense opiniâtre du caractère absolu de la liberté individuelle. À ce titre, il rejoint les thèses de l'idéologie néolibérale, dont nous avons parlé au chapitre précédent. On ne s'étonnera donc pas d'apprendre que Nozick s'est rendu célèbre par la critique vigoureuse qu'il a faite de la théorie de la justice de Rawls.

Défenseur de la liberté, le libertarisme adopte parfois des positions que l'on considère généralement comme progressistes, telles que la liberté de presse, la liberté d'immigration et d'émigration, la liberté sexuelle (en matière de pornographie, par exemple), l'opposition au service militaire obligatoire, au port obligatoire de la ceinture de sécurité, à la vaccination obligatoire, mais il s'oppose aussi au devoir d'assistance à une personne en danger. Pour Nozick, en effet, les droits négatifs commandent seulement de respecter la liberté d'autrui. On ne peut en tirer un devoir positif de bienveillance envers autrui. Au Québec, l'écrivain et économiste Pierre Lemieux défend des thèses similaires sur le droit de porter des armes et les droits des fumeurs[3].

---

3. Pierre Lemieux, *Le droit de porter des armes*, Paris, Belles Lettres, 1993. On trouve également une présentation intéressante de la philosophie libertarienne dans son ouvrage *Du libéralisme à l'anarcho-capitalisme*, Paris, PUF, 1983.

Mais ce qui donne à cette éthique sa couleur caractéristique, c'est la position centrale qu'elle accorde, suivant l'inspiration de Locke, au *droit de propriété*. Pour
Locke, chaque être humain est d'abord « propriétaire
de sa propre personne ». Donc, « le travail de son corps
et l'ouvrage de ses mains [...] lui appartiennent en propre[4] » et il possède un droit de propriété absolu sur tout
ce qui est le fruit de son travail (le travail pouvant n'être
que l'acte de cueillir un fruit). Pour Locke, « la raison
pour laquelle les hommes entrent en société, c'est la
préservation de leur propriété[5] », car, sans biens et pos-
sessions, la vie elle-même est menacée et la liberté réduite
à l'impuissance.

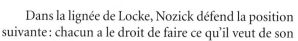

Porter un casque à vélo : une affaire personnelle ou l'affaire de l'État ?

Dans la lignée de Locke, Nozick défend la position
suivante : chacun a le droit de faire ce qu'il veut de son
corps et des biens qu'il a légitimement acquis, pour autant qu'il n'enfreigne pas les
droits similaires dont jouissent les autres. L'acquisition légitime de biens inclut toutes
les transactions volontaires entre propriétaires légitimes et exclut des procédés tels que
la fraude ou le vol.

Cette priorité accordée au droit de propriété individuelle explique que les positions de Nozick s'apparentent sur d'autres points à celles de la droite conservatrice.
Selon Nozick, tout ce que l'individu peut consentir à l'État, sous forme d'impôt, doit
servir essentiellement à protéger sa liberté, sa vie et sa propriété.

> Les individus ont des droits, et il est des choses qu'aucune personne, ni aucun groupe,
> ne peut leur faire (sans enfreindre leurs droits). Et ces droits sont d'une telle force et d'une
> telle portée qu'ils soulèvent la question de ce que peuvent faire l'État et ses commis – si
> tant est qu'ils puissent faire quelque chose.
>
> [...]
>
> Nos principales conclusions se résument à ceci : un État minimal, qui se limite à des fonc-
> tions étroites de protection contre la force, le vol, la fraude, à l'application des contrats,
> et ainsi de suite, est justifié ; tout État un tant soit peu plus étendu enfreindra les droits
> des personnes libres de refuser d'accomplir certaines choses, et il n'est donc pas justifié ;
> enfin, l'État minimal est aussi vivifiant que juste. Deux implications méritent d'être signa-
> lées : l'État ne saurait user de la contrainte afin d'obliger certains citoyens à venir en aide
> aux autres, ni en vue d'interdire aux gens certaines activités pour leur propre bien ou
> leur protection[6].

La première contrainte mentionnée par Nozick interdit donc à l'État d'obliger
ses citoyens à venir en aide aux autres. Elle a pour conséquence de rendre le principe
de différence de Rawls inapplicable. Le droit de propriété rend illégitime toute appro-
priation forcée par l'État des richesses individuelles en vue de les redistribuer aux

---

4. John Locke, *Le second traité du gouvernement*, trad. de l'anglais par Jean-Fabien Spitz avec la collaboration de Christian Lazzeri, Paris, PUF, 1994, p. 22.

5. *Ibid.*, p. 159.

6. Robert Nozick, *Anarchie, État et utopie*, trad. de l'anglais par Evelyne d'Auzac de Lamartine et révisé par
Pierre Emmanuel Dauzat, Paris, PUF, 1988, p. 9.

Robert Nozick, penseur du libertarisme et adversaire de John Rawls.

plus défavorisés. Ainsi, l'impôt est considéré, par les libertariens, comme un vol pur et simple et le travail au noir comme une pratique tout à fait légitime. Le libertarisme s'oppose à ce que l'État force les employeurs à verser un salaire minimum à leurs employés. Il interdit même toute action de l'État visant à réglementer certaines actions nuisibles des citoyens, comme contrôler la vente des armes à feu, réglementer l'activité des professions ou imposer aux entreprises un code de sécurité au travail.

La deuxième contrainte à laquelle Nozick veut soumettre l'action de l'État empêcherait ce dernier, par exemple, d'interdire la vente de matériel pornographique, d'imposer le port de la ceinture de sécurité aux automobilistes ou le port du casque aux cyclistes. L'État qui impose de telles restrictions fait preuve d'un *paternalisme* inacceptable et intolérable, puisqu'il traite ses citoyens comme des enfants irresponsables tout en leur reconnaissant la maturité nécessaire pour élire un gouvernement. En voulant les protéger contre eux-mêmes, il ne respecte pas leur autonomie. Bref, l'État-providence, en tant que tel, est incompatible avec les principes du libertarisme.

Le libertarisme adhère au système économique capitaliste non pas dans l'esprit de l'utilitarisme, parce que ce système serait le plus efficace et assurerait le plus grand bonheur au plus grand nombre, mais tout simplement parce qu'*il est le seul à respecter les droits fondamentaux de liberté et de propriété des individus*. La difficulté d'une telle position est son apparente insensibilité aux conséquences néfastes possibles d'un tel système. Si le système capitaliste conduisait une majorité de la population à la misère, faudrait-il encore y souscrire? Conscients de cette objection, plusieurs penseurs libertariens et néolibéraux sont amenés à faire appel, malgré eux, à des arguments utilitaristes en essayant de montrer qu'une société néolibérale ou libertarienne serait effectivement bénéfique pour le plus grand nombre. Ils soutiennent par exemple que la prospérité des plus riches profite naturellement à l'ensemble de la société, que la compétition féroce est un gage d'efficacité, que l'initiative privée et le libre marché peuvent faire mieux et à un moindre coût ce que l'État entreprend.

LE CREDO LIBERTARIEN

1. L'État n'a pas le droit de m'empêcher de faire ce que je veux avec ce qui m'appartient, en particulier avec mes biens et avec mon corps.

2. L'État n'a pas le droit de restreindre ma liberté lorsque ce que je fais ne viole pas les droits d'autrui.

3. L'État n'a pas le droit de m'obliger à venir en aide aux autres.

4. L'État n'a pas le droit de me protéger contre moi-même.

EXERCICE 7.2

Le libre usage de son corps, considéré comme une propriété individuelle, est l'un des aspects de la liberté absolue prônée par les libertariens. Selon ce principe, il est donc possible à une personne de vendre un organe ou une fonction de son corps. En admettant qu'une telle pratique se déroule dans le cadre d'un contrat volontaire entre deux parties, vous apparaît-il moralement acceptable :

- qu'une personne vende un de ses reins à une autre pour 15 000 $?
- qu'une femme offre ses services de mère porteuse à un couple stérile pour 10 000 $?
- qu'une prostituée offre ses services sexuels pour 50 $?

L'État devrait-il interdire de telles pratiques ? Si oui, au nom de quels principes moraux ?

LA CRITIQUE DU LIBERTARISME

Le libertarisme illustre bien le danger qui guette une éthique des droits limitée à la seule défense des droits *négatifs*. Une telle éthique risque de nous enfermer dans une vision étroitement individualiste de la vie sociale. En visant à protéger l'individu contre la répression et l'injustice dont il était victime dans les sociétés traditionnelles, cette éthique en vient à l'isoler dans une forteresse de droits. L'individu y est vu comme l'unité de base, l'atome constitutif de la vie sociale, d'où l'expression « atomisme » accolée à ce type de conception d'inspiration libérale. L'atomisme social pose en effet l'individu comme une entité indépendante engagée dans une relation extérieure et instrumentale avec la société, laquelle s'incarne dans cette autre entité séparée qui est l'État. La société-État est au service de l'individu et n'a d'autre fin que de protéger celui-ci contre autrui.

L'individualisme excessif du libertarisme a été l'objet de nombreuses critiques de provenances diverses. Dans le camp libéral, l'opposition vient de penseurs comme John Rawls qui défendent un principe large de justice sociale et qui croient que le respect des droits fondamentaux est compatible avec certaines obligations de partage et de redistribution des richesses. Un bon exemple de cette approche est le principe de différence de Rawls exposé au chapitre précédent. Une critique plus sévère vient du camp des penseurs communautariens. Ces derniers voient dans l'individualisme libertarien un idéal de vie appauvri qui fait l'impasse sur la nature profondément sociale de l'être humain. Charles Taylor, dont nous présenterons la théorie

LE FREE STATE PROJECT

Un mouvement libertarien appelé « Free State Project » fait campagne pour convaincre 20 000 Américains de déménager dans l'État du New Hampshire, dans le but d'y prendre le pouvoir et d'y implanter un système politique conforme à leur idéal. Le programme politique du mouvement comprend l'abolition des programmes sociaux, la privatisation des écoles et des hôpitaux, la légalisation des drogues et de la prostitution, la fin du contrôle des armes à feu et de l'impôt sur le revenu. Leur espoir est que la prospérité et le bonheur qui régneront ensuite dans cet État feront l'envie du reste de la population et que d'autres États voudront imiter le New Hampshire.

éthique au chapitre 9, a élaboré une critique de l'atomisme de Nozick en se fondant sur l'idée que les individus ne peuvent développer leurs capacités proprement humaines qu'à l'intérieur d'une société. La notion d'un individu humain seul, laissé à lui-même et ne devant rien à personne, est démentie par la réalité. Tout ce qu'il a et tout ce qu'il est, l'individu le doit, au départ, au milieu social qui l'a pris en charge, qui l'a nourri, éduqué, formé. À maints égards, le milieu social a fait de lui la personne qu'il est devenu et qu'il n'était pas naturellement : un être humain conscient, rationnel, libre et autonome. Pour ce faire, il a bien fallu que des êtres humains se sentent le devoir de le prendre en charge et de le soutenir alors qu'il était dépendant et vulnérable. La société humaine n'existerait pas sans cette solidarité de base. En ce sens, l'individu a une dette fondamentale envers la société. Il a l'obligation de soutenir cette société qui le constitue et le nourrit, de contribuer à maintenir en elle les conditions de base qui permettent à ses membres d'accéder à la liberté et à l'autonomie qu'il revendique en droit pour lui-même[7].

Nous sentons donc ici le besoin d'équilibrer l'éthique des droits négatifs par une perspective qui tient mieux compte des valeurs de bienveillance, d'entraide et de solidarité. Nous nous sommes déjà initiés à une telle perspective lors de l'étude de l'éthique kantienne. L'idée même de respect de la personne est proche parente de celle du droit fondamental. Elle implique au fond que chaque individu a fondamentalement droit au respect de sa liberté et de son autonomie. Cependant, nous avons vu que Kant fait la distinction entre l'aspect négatif du droit au respect et son aspect positif. L'idée de respect doit nous mener plus loin que le devoir négatif de ne pas nuire à autrui ou de ne pas entraver ses droits. Elle doit impliquer, aussi, *un souci actif du sort d'autrui, de ses intentions et de ses projets*. Ce droit peut donc aller jusqu'au devoir d'assurer à autrui une assistance en cas de danger, une protection contre la maladie ou les coups du sort et le minimum nécessaire à une vie décente. Mais alors, les droits ne sont plus seulement négatifs, ils ne font pas que nous interdire certaines actions nuisibles, ils nous enjoignent de faire certaines actions utiles à autrui. Ils deviennent des droits *positifs*.

Supposons que je me trouve dans une situation où une personne est en train de se noyer et que je suis le seul témoin de cet événement. Comme je suis bon nageur, je peux, dans cette circonstance, lui porter assistance sans risque excessif pour moi-même. Ai-je le devoir moral de porter assistance à cette personne en danger ? Suivant une conception purement négative des droits comme le libertarisme, on pourrait répondre que non, car tout ce qu'une éthique des droits négatifs exige de moi, c'est de ne pas porter atteinte à la liberté ou à la vie d'autrui. Au contraire, une éthique des droits positifs m'imposerait de le faire, puisqu'elle reconnaît à la personne d'autrui une *valeur positive* et m'oblige donc à intervenir activement pour la protéger lorsqu'elle est menacée.

Fermer les yeux sur le malheur et la souffrance d'autrui, sous prétexte que cela ne nous concerne pas, c'est refuser de reconnaître cette valeur intrinsèque de toute personne humaine, qui va bien au-delà du seul souci d'éviter de lui nuire par nos propres actions. Nous voyons donc qu'en s'appuyant sur l'idée du droit au respect *positif*, l'éthique des droits peut s'ouvrir sur la solidarité.

---

7. Voir Charles Taylor, « Atomism », dans *Philosophy and the Human Sciences – Philosophical Papers II*, Cambridge, Cambridge University Press, 1985, p. 190 *sq.*

LES DROITS SOCIOÉCONOMIQUES POSITIFS

Les droits positifs mettent de l'avant une sorte de droit à l'entraide. Cette volonté s'exprime concrètement par la définition de ce que l'on appelle les « droits socio-économiques » (ou, dans un jargon plus technique, « droits de créance »). Ces droits socioéconomiques n'ont véritablement acquis leur légitimité que dans la seconde moitié du XXe siècle, avec le développement de l'État-providence. Ce sont notamment les droits à la sécurité sociale, à la santé, à l'éducation, à un revenu minimum, à la protection contre le chômage, aux pensions de vieillesse, etc. Toutefois, on ne parle pas à cet égard de droits naturels ou fondamentaux. Rappelons que, selon Kant, le devoir d'entraide est un devoir large et non un devoir strict, comme c'est le cas des droits négatifs. Je dois aider autrui « dans la mesure de mes possibilités ». On remarquera que les droits positifs illustrent bien l'ambiguïté qui frappe parfois la distinction entre *valeurs* et *normes*, car on peut les décrire comme des valeurs (être en santé, être éduqué, avoir un revenu décent, etc.) qui se trouvent transformées en normes, notamment le droit à l'éducation ou le droit aux soins de santé.

La même distinction s'applique à l'action de l'État, qui ne dispose que de moyens limités pour répondre aux exigences des droits socioéconomiques. C'est ce qui explique que les droits socioéconomiques sont rarement inscrits dans les chartes de droits et libertés. Leur mise en œuvre dépend de facteurs trop aléatoires, notamment des capacités économiques, par essence changeantes et inégales, de chaque société. Par exemple, un État qui inscrirait le droit au travail dans sa charte des droits s'exposerait à des poursuites judiciaires de la part de tous ses chômeurs !

On ne s'étonnera donc pas que la *Déclaration des droits de l'homme* de l'ONU soit la charte de droits qui va le plus loin dans la spécification des droits socioéconomiques. Elle reconnaît le droit à la sécurité sociale (article 22), le droit au travail et à la protection contre le chômage (article 23). L'article 24 parle même d'un « droit au repos et aux loisirs et notamment à une limitation raisonnable de la durée du travail et à des congés payés périodiques ». L'ONU peut se permettre de reconnaître tous ces droits parce qu'elle n'a pas elle-même à assurer leur respect. Elle est d'ailleurs forcée de stipuler que les obligations dont elle parle constituent, en réalité, un devoir « large ». On trouve en effet dans le texte de la *Déclaration universelle* la restriction fondamentale suivante : « compte tenu de l'organisation et des ressources de chaque pays ». Il y a également une mention de droits positifs dans la *Charte des droits de la personne* du Québec (droit à un niveau de vie décent, à un environnement sain, etc.), mais ces dispositions sont considérées comme des affirmations symboliques par les tribunaux et elles n'ont pas d'impact réel sur les politiques publiques.

Malgré ce caractère limité et relatif, les droits socioéconomiques ont acquis une certaine reconnaissance de base dans la grande majorité des pays industrialisés. C'est pourquoi on considère maintenant qu'ils font partie intégrante des droits de la personne, même s'ils n'ont pas le même poids que les droits négatifs. Toutefois, il faut noter que la différence entre droits positifs et négatifs n'est pas toujours aussi nette qu'on pourrait le croire (tableau 7.2). Par exemple, le droit négatif à la sécurité exige de l'État la mise en place de *services* (police, tribunaux, etc.), tout comme le droit positif à l'éducation. Mais il reste vrai que les services liés aux droits négatifs ont surtout pour fin la protection contre des actions nuisibles, comme la violence, le vol, la discrimination, la fraude, etc.

Tableau 7.2   Distinction entre droits négatifs et droits positifs

Droits négatifs	Droits positifs
Les devoirs corrélatifs à ces droits sont *négatifs* parce qu'ils commandent de *ne pas* accomplir certaines actions, de ne pas nuire à autrui, de ne pas lui causer un préjudice.	Les devoirs corrélatifs à ces droits sont *positifs* parce qu'ils commandent de s'engager dans des actions *positives* envers autrui, d'agir pour lui venir en aide, de lui fournir des services.
Exemples : Ne pas l'empêcher de s'exprimer, ne pas mettre sa vie en danger, ne pas violer sa vie privée, etc.	Exemples : Porter secours à une personne en danger, fournir des soins de santé, verser des pensions aux personnes âgées, etc.
Si je ne fais rien, je ne peux violer un droit négatif.	Pour respecter un droit positif, il faut faire quelque chose.

EXERCICE 7.3

Les droits suivants appartiennent-ils essentiellement à la catégorie des droits fondamentaux négatifs ou à celle des droits socioéconomiques positifs ?

- Le droit d'un accusé à être assisté d'un interprète (article 14 de la *Charte canadienne*).
- Le droit de sortir librement de son pays et d'y revenir (article 13 de la *Déclaration universelle*).
- Le droit aux pensions de vieillesse.
- Le droit d'une personne arrêtée de recourir aux services d'un avocat.

DROITS INDIVIDUELS ET INTÉRÊTS COLLECTIFS

Toute l'éthique des droits souffre de cet antagonisme entre les droits individuels négatifs et les droits socioéconomiques positifs imposant des charges à toute la collectivité. En pratique, il est vrai que beaucoup d'interventions de l'État constituent effectivement des restrictions à la liberté des citoyens, qu'il s'agisse de la levée d'impôts ou de l'imposition de réglementations de toutes sortes. Il n'est pas facile de justifier de telles restrictions. On doit souvent s'en remettre à des argumentations de type utilitariste, qui invoquent la notion de bonheur du plus grand nombre, avec toute la relativité de ce concept, le bien commun n'étant parfois que celui de la majorité en faveur de laquelle sont sacrifiés les droits d'une minorité. Par exemple, est-il acceptable de forcer des individus, comme des médecins ou des professeurs d'université, à prendre leur retraite à un âge donné afin de libérer des postes pour les jeunes ? N'y a-t-il pas là une discrimination fondée sur l'âge ? En réponse à cette question, la Cour suprême du Canada a tranché, en 1990, en faveur de la retraite obligatoire. Elle justifiait ainsi une limitation aux libertés individuelles fondamentales reconnues par la *Charte canadienne des droits et libertés*.

Les problèmes d'application de cette charte fournissent des exemples éloquents de la difficulté de concilier les droits individuels et les intérêts collectifs. Du reste, le tout premier article de la Charte tient compte de cette difficulté, puisque, en même temps qu'il garantit le respect des droits et libertés fondamentaux énumérés dans les articles suivants, il admet que l'on puisse y déroger, pourvu que cette dérogation se fasse «dans des limites raisonnables et dont la justification puisse se démontrer dans le cadre d'une société libre et démocratique». Comme dans le cas de la retraite obligatoire, cette clause d'exception est, en fait, invoquée régulièrement par la Cour suprême pour justifier toutes sortes de décisions validant des lois ou règlements qui portent clairement atteinte à l'un ou l'autre des droits fondamentaux inscrits dans la Charte. Il en fut ainsi, en 2007, lorsque la Cour a confirmé la constitutionnalité de la loi fédérale qui imposait de sévères restrictions à la publicité sur le tabac (interdiction de faire des commandites, de viser le public jeune, etc.). Tout en admettant que cette loi violait le droit à la liberté d'expression des fabricants de cigarettes, la Cour a estimé cette violation «raisonnable», parce qu'elle servait à préserver la santé de la population. On trouve une clause semblable dans la *Charte des droits de la personne* du Québec. L'article 9.1 stipule en effet que les libertés et droits fondamentaux doivent s'exercer dans «le respect des valeurs démocratiques, de l'ordre public et du bien-être général des citoyens du Québec».

Qu'est-ce qu'une limite raisonnable aux droits?

En insérant une telle clause, il est évident que les concepteurs de la *Charte canadienne* reconnaissaient qu'en pratique il est impossible de conférer aux droits individuels un caractère absolu. La chose serait peut-être moins grave si les exceptions ainsi autorisées avaient un caractère d'évidence incontestable. Or, ce n'est pas le cas, comme en font foi les nombreux jugements partagés, où les juges de la Cour suprême n'arrivent pas à s'entendre entre eux sur le caractère «raisonnable» d'une dérogation à la Charte. En voici un exemple.

La *Charte canadienne* garantit le droit à la protection contre la détention ou l'emprisonnement arbitraire. Or, ce droit est nié par une pratique occasionnelle des corps policiers qui consiste à intercepter au hasard des véhicules automobiles pour vérifier, par exemple, si le permis de conduire d'un conducteur est valide, s'il est en état d'ébriété ou si son véhicule est en bonne condition. Un tel procédé contrevient à la Charte, car il constitue une «détention arbitraire», les policiers n'ayant pas de motif déterminé pour intercepter un véhicule donné. Il a donc été contesté devant les tribunaux par un automobiliste, en 1990. Résultat: cinq juges ont estimé que cette dérogation était «raisonnable» et quatre ont dit le contraire. L'argument principal des cinq juges majoritaires était qu'une telle dérogation se justifie par son but qui est de réduire le nombre d'accidents causant des blessures ou des morts sur les routes. Voilà un argument résolument utilitariste: le bonheur général justifie une entorse aux droits de quelques individus. Une argumentation similaire peut justifier le règlement obligeant les automobilistes à porter la ceinture de sécurité.

Un tel jugement reflète le flou dans lequel baigne l'arbitrage des disputes opposant droits individuels et bien-être collectif. Qu'est-ce qu'une limite raisonnable aux droits individuels ? La réponse est tellement peu claire qu'il est impossible, même à un observateur aguerri en matière de droit, de prévoir de quel côté penchera la Cour suprême dans chacune de ses décisions.

Il faut ajouter toutefois qu'à l'inverse de ces jugements légitimant certaines atteintes aux droits fondamentaux, il y a aussi de nombreux jugements qui affirment leur prééminence et concluent au caractère déraisonnable des actes ou des lois les restreignant. C'est le cas notamment de nombreuses causes touchant les droits des personnes face au travail policier (aveux extorqués par des pressions indues, omission de communiquer clairement à un détenu ses droits fondamentaux, écoute électronique, etc.). En 1988, la Cour suprême, dans un jugement célèbre, a invalidé l'article du Code criminel interdisant l'avortement parce qu'il violait le droit à la sécurité des femmes (au sens de leur intégrité physique et psychologique). En 2004, elle a statué que le mariage homosexuel, revendiqué au nom du droit à l'égalité, était conforme à la *Charte canadienne*.

Nous voyons donc que la Cour suprême est partagée entre la défense des droits individuels fondamentaux et la prise en considération de certains intérêts collectifs. La difficulté est bien sûr de déterminer la nature et la portée de ces intérêts collectifs ou de ce que l'on appelle le « bien commun ». Dans une société moderne *pluraliste*, où il y a rarement unanimité sur les valeurs fondamentales, cette opération est effectivement malaisée. Il n'y a qu'à penser à tous les débats actuels qui divisent l'opinion publique, notamment ceux sur les droits respectifs des fumeurs et des non-fumeurs, sur les droits des homosexuels, sur la légalisation du commerce de la drogue ou de la prostitution, sur la vente et le port des armes à feu, sur l'euthanasie, sur le droit des compagnies de tabac de faire la publicité de leurs produits, etc. Les juges de la Cour suprême peuvent-ils prétendre exprimer, dans leurs jugements, autre chose que leurs valeurs personnelles ?

La Ville de Montréal a échoué dans sa tentative d'interdire l'affichage érotique. Les tribunaux ont déclaré sa réglementation invalide au nom de la liberté d'expression des commerçants de l'industrie du sexe.

EXERCICE 7.4

Beaucoup de débats éthiques mettent en jeu les droits des accusés et des condamnés au sein du système judiciaire. Par exemple, devrait-on publier dans les médias les noms des accusés avant l'issue de leur procès ? La Suède est un des rares pays à avoir interdit cette pratique qui violerait les droits à la présomption d'innocence et à la vie privée. Elle est acceptée ailleurs au nom du principe de transparence du processus judiciaire et du droit du public à l'information sur les affaires judiciaires, qui sont, pour la population, des facteurs importants de confiance dans le système judiciaire.

On sait que la révélation de l'identité d'un accusé permet parfois de recueillir des témoignages et des preuves supplémentaires permettant de démontrer sa culpabilité. Mais on connaît aussi, en contrepartie, des cas où des personnes faussement accusées d'agression sexuelle ont vu leur existence détruite en dépit de leur acquittement. La lenteur des procédures fait parfois attendre le verdict final pendant plusieurs années. Entre-temps, l'accusé risque de tout perdre : son emploi, sa réputation et le soutien de ses amis et même de sa famille.

Expliquez en quoi cette problématique illustre le cas de figure du conflit entre droits individuels et intérêts collectifs.

Quelle est votre opinion sur le sujet ?

LES EXCÈS DU RECOURS AUX DROITS

L'éthique des droits connaît une grande vogue à l'heure actuelle, ce qui inquiète beaucoup d'observateurs de la vie sociale. Du côté des droits négatifs, on observe certaines tendances alarmantes comme l'exacerbation de l'individualisme, le déséquilibre entre les droits revendiqués par l'individu et la contrepartie de devoirs ou de responsabilités dont il devrait être chargé. L'individu bardé de droits semble vouloir devenir une sorte de « petit roi » qui ne doit rien à personne, mais crie à l'injustice chaque fois qu'on l'empêche d'agir à sa guise. C'est ainsi qu'on a vu un procès où une femme invoquait le « droit » d'allaiter sur les lieux de travail, un autre où un juge a reconnu le droit de ne pas être photographié dans des lieux publics, un autre encore où un résident de Lachine prétendait que le règlement municipal qui lui interdit de posséder un bull-terrier constituait une atteinte à une liberté fondamentale. Des citoyens ont aussi revendiqué le droit au libre choix de leur hôpital, alors que d'autres ont vu une violation du droit fondamental à l'égalité dans le fait que les propriétaires de certains gîtes ou auberges refusent de louer leurs chambres à des couples avec enfants. Certains plaident même en faveur d'un élargissement de la notion de droit aux animaux et à la nature dans son ensemble !

Le problème est plus grave cependant du côté des droits socioéconomiques. En effet, on assiste actuellement à un allongement constant de la liste des droits positifs, qui est théoriquement sans fin. Ainsi, on parle maintenant du droit de vivre dans un environnement sain, du droit du public à l'information ou du droit des couples d'avoir des enfants (pour faire prendre en charge par l'État les coûts exorbitants des techniques de fécondation artificielle). Dans certains pays européens, on parle de plus en plus d'un nouveau «droit au tourisme social» (on entend par là un droit à des vacances à l'extérieur de son lieu de résidence et à des services touristiques) et on parlera certainement bientôt d'un droit à accéder à Internet! Le problème de cette tendance est qu'elle fait de la notion de droit un fourre-tout pour toutes sortes de revendications hétérogènes d'importance très variable, d'où un risque de dilution progressive et de perte de sens finalement. Jusqu'à tout récemment, l'idée de droit a servi à désigner des *normes* fondamentales et incontournables. Le concept même de droit positif ou socioéconomique peut d'ailleurs paraître contestable, dans la mesure où il renvoie davantage à des *valeurs* et à des buts simplement souhaitables plutôt qu'à des normes strictes. Les droits socioéconomiques semblent manquer de ce caractère de limite infranchissable que l'on associe naturellement à la notion de droit.

PLURALISME, RELIGION ET DROITS

Une autre problématique importante de l'éthique des droits concerne la conciliation entre les droits fondamentaux individuels et les pratiques culturelles des diverses communautés qui composent la société. Son volet le plus controversé a trait à l'intégration des immigrants et aux pratiques religieuses des communautés culturelles dont ils font partie. Le caractère cosmopolite des grandes métropoles urbaines fait coexister de nombreuses cultures et de nombreuses conceptions morales. Cette coexistence est à la source du *pluralisme* que nous avons évoqué au chapitre 5. Le pluralisme appelle à une tolérance mutuelle entre cultures hétérogènes. Mais il achoppe sur un problème aigu lorsque des traditions religieuses heurtent de front les droits fondamentaux universels qui forment la base de la morale minimale de l'État libéral. Voici quelques exemples de tels conflits:

- L'opposition des témoins de Jéhovah aux transfusions sanguines peut entrer en conflit avec le droit à la vie et à la sécurité. Les tribunaux ont eu à statuer sur cette question et ont déterminé que le droit à la vie et à la sécurité l'emportait sur la liberté de religion dans le cas des enfants, mais pas dans celui des adultes, car tout adulte peut toujours refuser un traitement médical, quel qu'il soit.

- La pratique de l'excision du clitoris, qui est en vigueur dans certains pays d'Afrique, constitue une atteinte à l'intégrité physique et psychologique et au droit à l'égalité. Elle est interdite au Canada.

- Dans un jugement controversé, la Cour suprême a reconnu le droit pour les enfants de la religion sikh orthodoxe de porter le kirpan, un symbole religieux qui est un poignard de métal, et ce, contre l'avis de ceux qui y voyaient une atteinte au droit à la sécurité. La Cour a jugé que le compromis qui consiste pour l'enfant à porter le kirpan dans un étui étanche et cousu à ses vêtements offrait une garantie de sécurité suffisante[8].

8. Il est bon de noter que la Cour a tenu compte ici du contexte particulier du milieu de vie qu'est l'école, car elle a entériné l'interdiction du port du kirpan dans d'autres contextes comme l'avion ou une cour de justice.

■ Le port du voile islamique ou « hidjab » par les jeunes musulmanes est considéré par certains comme une négation de l'égalité entre les sexes. Au Québec, le hidjab est autorisé dans les écoles, mais il est interdit en France.

Toute cette question est complexe, car elle touche à la fois le respect des droits fondamentaux, les politiques d'intégration des immigrants et des questions plus simples de bon voisinage entre communautés. Nous limiterons et situerons notre analyse dans une perspective propre à l'éthique des droits.

L'ACCOMMODEMENT RAISONNABLE

Au Québec, les débats sur cette question ont été marqués par la controverse entourant les fameux « accommodements raisonnables ». Un des enjeux de cette controverse était justement la question de l'incompatibilité entre certains accommodements et certains droits fondamentaux. Or, il faut rappeler que le concept d'accommodement raisonnable a une origine juridique et qu'il appartient à la sphère des droits. Il a d'abord été employé aux États-Unis dans le contexte du droit du travail qui régit les rapports entre employés et directions d'entreprise. Il visait à protéger principalement les femmes enceintes et les handicapés. La Cour suprême du Canada a adopté ce concept en 1985 et c'est surtout au cas des handicapés qu'il a été appliqué jusqu'ici (dans les entreprises, mais particulièrement dans les écoles où les parents réclament des accommodements ou des services spéciaux pour leur enfant handicapé).

Deux jeunes musulmanes applaudissant l'équipe de basketball de leur école. Le port du voile fait-il outrage à l'égalité des sexes ou relève-t-il de la liberté de religion et de la liberté d'expression ? Cette question suscite des débats houleux dans plusieurs sociétés occidentales.

L'accommodement raisonnable est une application large du *droit à l'égalité*. Il vise à protéger des personnes qui subiraient un préjudice grave en raison de caractéristiques personnelles, dans des situations où elles seraient victimes d'une discrimination *indirecte et involontaire*. Une discrimination *directe* signifie que l'auteur de la discrimination vise directement et volontairement la personne porteuse de la caractéristique en cause. Par exemple, refuser le mariage à un couple parce qu'il est composé de deux homosexuels ou refuser de louer un logement à un individu parce qu'il est Noir ou Arabe sont des cas de discrimination directe. Mais il n'en va pas de même, par exemple, d'une entreprise qui fait travailler ses employés le samedi. L'employé juif pour lequel cette mesure pose problème, parce que le samedi est pour lui un jour où il est interdit de travailler, n'est pas visé *spécifiquement* par cette pratique. Il n'en va pas de même, non plus, d'un professeur qui n'affecte que deux périodes à un examen, alors qu'un de ses élèves, atteint de troubles visuels, a besoin de deux fois plus de temps.

Il faut noter toutefois que l'*accommodement raisonnable n'est pas une obligation stricte ou absolue*. Tout ce qu'il commande, c'est que dans les situations de discrimination involontaire, l'organisation concernée, entreprise ou organisme public, *s'efforce* d'accommoder la personne discriminée dans la mesure où les accommodements envisagés restent « raisonnables ». Par exemple, dans les cas que nous venons d'évoquer, l'employé juif pourrait travailler à d'autres moments de la semaine ou de l'année pour compenser ses absences le samedi. L'élève handicapé pourrait avoir du temps supplémentaire pour faire son examen. Du point de vue de l'éthique des droits, la question cruciale sera toujours de savoir si les accommodements consentis aux individus respectent ou violent les droits fondamentaux garantis par nos institutions démocratiques. Certains cas semblent clairs et limpides : l'excision du clitoris viole le droit fondamental à la sécurité et doit être interdite. D'autres le sont beaucoup moins : porter le voile islamique viole-t-il le droit à l'égalité ?

Dans cette problématique comme en beaucoup d'autres, il importe de garder à l'esprit une conception claire de ce qu'est un droit fondamental et des conditions nécessaires pour qu'il soit légitime de parler de violation d'un droit. On risque, sinon, d'étendre abusivement la notion de droit à des pratiques qui relèvent plutôt de la bienveillance et de la civilité.

MODE D'APPLICATION

L'application de la notion de droit passe par les questions suivantes.

■ Les droits en cause dans le problème moral étudié sont-ils des droits fondamentaux négatifs ou des droits socioéconomiques positifs ?

■ Le problème moral consiste-t-il dans un conflit entre divers droits ou dans un conflit entre des droits individuels et des intérêts collectifs ?

- S'il s'agit d'un conflit entre différents droits, on peut tenter de le résoudre par le principe d'autolimitation des droits, en établissant la priorité d'un droit sur un autre dans un contexte donné.

- S'il s'agit d'un conflit entre droits fondamentaux et droits socioéconomiques, une approche libertarienne affirmera la prépondérance des droits de propriété et de liberté, alors qu'une éthique de la justice sociale et de la solidarité acceptera de limiter les droits fondamentaux pour assurer les droits socioéconomiques.

- S'il s'agit d'un conflit entre droits individuels et intérêts collectifs, il s'agit de voir si l'importance des intérêts collectifs en cause peut justifier une limitation des droits individuels.

RÉVISION

1. Quels sont les droits fondamentaux négatifs et pourquoi les qualifie-t-on de négatifs ?

2. Qu'est-ce que le principe d'autolimitation des droits et quelles difficultés son application concrète pose-t-elle ?

3. Quels sont les principes fondamentaux du libertarisme?

4. Quelles deux grandes restrictions le libertarisme impose-t-il à l'action de l'État?

5. Quelles principales critiques ont été adressées au libertarisme?

6. Qu'est-ce qu'un droit socioéconomique et pourquoi qualifie-t-on les droits socioéconomiques de positifs?

7. Pourquoi dit-on que la Cour suprême du Canada ne défend pas toujours les droits individuels définis dans la Charte qu'elle a pour mission de protéger?

8. Quels sont les dangers de la tendance actuelle à multiplier les appels aux droits et à allonger la liste des droits?

9. Quels problèmes pose la conciliation entre les droits fondamentaux et les pratiques religieuses des diverses communautés culturelles?

RENVOIS AUX « DOMAINES D'APPLICATION »

On trouvera des illustrations de l'éthique des droits dans les cinq sections de la deuxième partie du manuel (« Domaines d'application »):

- L'éthique des affaires:
  - la morale des affaires minimale (droits négatifs et libertarisme), p. 209;
  - la sécurité du travail (libertarisme), p. 216;
  - la discrimination (libertarisme), p. 219;
  - le droit à la vie privée des employés, p. 220;
  - la dénonciation publique, p. 223;
  - la publicité (libertarisme), p. 228;
  - l'industrie pharmaceutique, p. 231.

- L'éthique de l'environnement:
  - le droit à un environnement sain, p. 239 et 240;
  - les droits des animaux selon Tom Regan, p. 247 à 249.

- La bioéthique:
  - l'euthanasie (libertarisme), p. 290.

- L'éthique de la science et de la technologie:
  - fichage informatique, confidentialité et vie privée, p. 317;
  - Internet et les droits fondamentaux, p. 319.

- L'éthique de l'art:
  - la liberté d'expression (libertarisme), p. 334 et 336;
  - les droits socioéconomiques de l'artiste, p. 340.

EXERCICE
DE SYNTHÈSE

Quand un accommodement est-il recevable et raisonnable?

L'exercice qui suit porte sur la notion d'accommodement raisonnable. Issue du droit, cette notion malheureusement galvaudée peut et doit être appliquée avec rigueur et objectivité. Les tribunaux ont fixé un certain nombre de critères à respecter dans l'application du concept d'accommodement raisonnable. On peut les ramener à quatre questions.

Deux critères de recevabilité

Il faut d'abord pouvoir répondre affirmativement aux deux questions suivantes pour que le cas considéré se prête à un accommodement raisonnable.

1. **Existe-t-il une relation contraignante entre l'individu et l'organisation en question?**

   Les deux cas principaux couverts par ce critère sont les entreprises ainsi que les organismes publics comme les écoles, les hôpitaux ou les CLSC. Ce critère signifie que l'organisation concernée a des *obligations* et des *responsabilités* envers l'individu. Il exclut les rapports privés personnels, comme les relations entre voisins et les rapports entre consommateurs et commerçants. Par exemple, un adepte du végétarisme ne pourrait aller devant un tribunal réclamer qu'un restaurant inscrive des plats végétariens à son menu.

2. **Une règle ou une pratique de l'organisation cause-t-elle une forme de discrimination involontaire envers l'intéressé en raison d'une caractéristique personnelle et cette discrimination lui cause-t-elle un préjudice important?**

   Un préjudice important est par exemple: perdre une part de salaire ou son emploi, être forcé de violer un précepte de sa religion, se voir interdire l'accès à un service public, etc. Il ne s'agit pas de caprices ou de choses superficielles, comme le droit de se teindre les cheveux en rose. Il est important de rappeler ici l'importance particulière que peut revêtir la religion dans la vie des personnes.

Deux critères d'acceptabilité

Ensuite, il faut pouvoir répondre positivement aux deux questions suivantes pour que l'accommodement proposé soit considéré comme «raisonnable» et donc acceptable.

1. **L'accommodement proposé respecte-t-il les droits fondamentaux des tierces personnes et évite-t-il de leur causer un préjudice important?**

   Par exemple, l'excision du clitoris est inacceptable parce qu'elle viole le droit à la sécurité et le respect de l'intégrité de la personne. Un aménagement de l'horaire de travail d'un employé ne doit pas imposer une charge plus lourde aux autres employés ou constituer un passe-droit, car il y aurait alors une injustice.

2. **Peut-on affirmer que l'accommodement proposé n'impose pas de contrainte excessive à l'organisation concernée?**

   Une contrainte excessive serait par exemple de nuire au bon fonctionnement de l'organisation ou de lui occasionner des dépenses importantes. Et ici, tout est affaire de circonstances. Par exemple, il est possible qu'un commerce n'employant que quelques employés ne puisse trouver un accommodement pour l'employé qui ne pourrait travailler le samedi pour des raisons religieuses.

Voici quelques exemples inspirés de cas qui ont alimenté la controverse entourant les accommodements raisonnables dans les médias québécois. Appliquez à ces cas les quatre critères que nous venons de définir et répondez chaque fois aux deux questions suivantes:

- Ce cas entre-t-il dans la catégorie des accommodements raisonnables selon les deux critères de recevabilité?

- La mesure proposée est-elle acceptable et raisonnable selon les deux critères d'acceptabilité?

1. Des Juifs hassidiques demandent à un YMCA d'installer des vitres givrées à ses fenêtres pour empêcher que ceux d'entre eux qui circulent près de l'établissement voient les femmes en petite tenue. Les hassidiques offrent de payer les frais.

2. Pour satisfaire un groupe de musulmans, le propriétaire d'une cabane à sucre a demandé aux clients présents de libérer la piste de danse pour permettre à ce groupe de procéder à une prière qui a duré de une à deux minutes. De plus, il a préparé un menu particulier sans porc à leur intention, sans modifier pour autant le menu offert aux autres clients.

3. Un CLSC refuse aux hommes l'accès à des cours prénataux en les invitant à s'inscrire à un cours mixte dans un autre CSLC. Cette décision a été prise pour ne pas offusquer les nombreuses femmes sikhes, musulmanes ou hindoues du quartier inscrites à ces cours.

4. Un arrondissement de Montréal accepte de suspendre l'interdiction de stationner dans certains secteurs à l'occasion de fêtes religieuses juives. La religion juive interdit d'utiliser sa voiture lors de ces fêtes, ce qui oblige les fidèles à la laisser en stationnement prolongé. Cependant, tous les résidants sans distinction profitent de cette suspension du règlement et des mesures semblables sont aussi en vigueur pour d'autres groupes religieux.

5. Trois jeunes musulmanes ont demandé à la direction d'une école d'être exemptées des cours de natation parce que leur religion leur interdit de se baigner devant des hommes. L'école a accepté de les dispenser d'assister au cours, mais pas de le réussir selon les exigences du programme d'études. Elle les a donc obligées à subir l'examen final et a réservé la piscine pendant une heure à cette fin, à un moment de la semaine où la piscine était fermée.

6. Des étudiants musulmans réclament un local de prière à la direction de l'École de technologie supérieure de Montréal, parce qu'ils sont forcés de faire leurs prières quotidiennes dans les escaliers. Plusieurs autres universités offrent un tel local de prière. La direction de l'ETS refuse, en invoquant le manque de locaux, mais accepte de leur fournir chaque semaine une liste des heures où certains locaux inutilisés seront mis à leur disposition pour des activités de prière. Ce service est offert aux membres de toutes les confessions religieuses.

ANALYSE

Jeanne Hersch a été directrice de la Division de philosophie de l'UNESCO. L'extrait qui suit est tiré d'un texte intitulé « Les droits de l'homme d'un point de vue philosophique », dans lequel elle défend avec éloquence une éthique des droits axée sur l'idée du droit au respect.

1. En quel sens l'idée de droits de l'homme est-elle ou n'est-elle pas universelle ?

2. Quels droits Jeanne Hersch considère-t-elle comme absolus et ne devant souffrir aucune exception ?

3. En quoi le point de vue qu'elle défend ici est-il fidèle à l'esprit de l'éthique de Kant et opposé à l'éthique utilitariste ?

LES DROITS DE L'HOMME[9]

À propos de l'universalité des droits de l'homme, je voudrais rappeler ici une expérience et un livre. La Division de philosophie venait d'être créée à l'UNESCO lorsque j'en ai assumé la direction. Elle a reçu comme première tâche de préparer, pour le vingtième anniversaire de la Déclaration universelle des droits de l'homme, en 1968, un recueil de textes les concernant. Or, à ce moment, bien des gens se posaient la question: les droits de l'homme ne sont-ils pas un concept purement occidental? Leur diffusion internationale n'est-elle pas une simple variante de l'impérialisme blanc? J'ai décidé de tenter une expérience à l'échelle de la terre entière, mais en tenant compte des différents modes d'expression dans les diverses cultures. Usant du filet mondial dont dispose l'UNESCO, j'ai demandé à tous les pays membres de m'envoyer des textes de n'importe quelle époque (mais antérieurs à 1948, date de la Déclaration universelle), relevant de n'importe quel mode d'expression, où se manifestait, selon eux, de quelque manière que ce fût, un sens pour les droits des êtres humains. (Il est bien clair que si j'avais demandé des textes explicites, conceptuels, juridiques ou philosophiques, je n'aurais reçu que des reflets ennuyeux de la pensée moderne et occidentale.) J'ai attendu dans l'angoisse, ne sachant pas si j'allais recevoir quelque chose ou rien. Les textes arrivèrent de tous les coins de la terre, de tous les continents, de toutes les époques

entre le IIIe millénaire avant J.-C. et 1948; de tous les genres, allant des inscriptions gravées sur la pierre, des proverbes et des chansons à des extraits de traités philosophiques ou juridiques. [...]

À la suite d'un tel travail, certaines conclusions s'imposent, me semble-t-il, à propos de l'universalité. Il est clair que si l'on s'interroge sur l'universalité du concept des droits de l'homme dans les diverses cultures, il faut répondre: non, ce concept n'a pas été universel. Il faut reconnaître aussi qu'il ne s'agit pas partout des mêmes droits, et que le besoin qu'on en ressent ne s'exprime pas de la même façon – le plus souvent d'ailleurs, plutôt à travers une plainte ou une révolte, à propos d'une violence, d'une privation, d'une contrainte, d'un mensonge, d'une injustice. Et pourtant, il y a une exigence fondamentale que l'on perçoit partout. Quelque chose est dû à l'être humain du seul fait qu'il est un être humain: un respect, un égard; un comportement qui sauvegarde ses chances de faire de lui-même celui qu'il est capable de devenir; la reconnaissance d'une dignité qu'il revendique parce qu'il vise consciemment un futur et que sa vie trouve là un sens dont il est prêt à payer le prix. Cette universalité-là me paraît d'autant plus saisissante que l'extrême diversité des modes d'expression en garantit l'authenticité. Tout homme veut «être un homme», même si ce n'est pas pour tous de la même façon. Tout homme veut être reconnu comme tel. S'il en

est empêché, il peut en souffrir au point de parfois préférer mourir. [...] Mais ce respect même ne transforme pas l'être humain en un ange jouissant du bonheur et de la paix universelle. Je pense qu'un certain lyrisme est l'ennemi des droits de l'homme. Il en existe deux versions: l'une considère que leur mise en œuvre équivaut à la réalisation durable du bonheur pour tous; l'autre y voit l'instauration d'une paix universelle définitive.

Or, les droits de l'homme ne sont pas essentiellement au service du bonheur. Ce qu'ils présupposent, c'est que chaque homme soit désormais capable de vouloir et d'assumer sa liberté de sujet responsable. Il est vrai que tout homme souffre, plus ou moins consciemment, quand il est privé de sa possible liberté. Mais il ne s'ensuit pas nécessairement qu'il se sente heureux lorsqu'il l'assume. Dostoïevski disait déjà que la liberté est pour l'homme un fardeau presque insupportable. À plus forte raison les droits ne signifient-ils pas que toutes les conditions du bonheur soient ou doivent être réalisées – idée absurde et contraire à l'humaine condition, faite de manque, et de visée de ce qui manque, ce qui lui permet d'avoir un sens. Il est vrai – et nous l'avons déjà montré – que l'exercice de la liberté exige certaines conditions de non-contrainte, de non-crainte, de non-besoin trop immédiat. Mais cela n'équivaut nullement à un droit au bonheur. Et la proclamation d'un tel droit reviendrait à évacuer la racine absolue des droits de l'homme.

9. Jeanne Hersch, «Les droits de l'homme d'un point de vue philosophique», dans R. Klibansky et D. Pears (dir.), *La philosophie en Europe*, Paris, Gallimard, 1993, p. 512-515, 533-535, 540. © Éditions Gallimard/UNESCO.

Aussi faut-il faire preuve de beaucoup de discernement lorsqu'on se met à multiplier les «droits sociaux» et les «droits culturels». D'une part, on risque de noyer la racine vivante des droits dans une philanthropie du bien-être. D'autre part, on risque de diluer l'exigence précise et le contrôle des droits fondamentaux dans la relativité floue des désirs, conditionnés par la finitude d'une situation donnée, et qui vont à l'infini.

L'interdiction absolue de la torture, du chantage, de l'emprisonnement ou de l'exécution arbitraires et sans véritable jugement ne doit à aucun prix perdre sa radicalité, son impact moral, social, juridique et politique, par contagion avec l'approximation inévitable des droits sociaux et culturels. Ces derniers ne sont pas moins importants, mais ils s'inscrivent peu à peu dans la réalité. Les droits qui protègent directement l'intégrité de la conscience ne souffrent, en principe, pas de degrés. Leur violation devrait se heurter à un non absolu. [...]

Ce n'est pas sans un vif sentiment de gêne et même de remords qu'on peut écrire aussi longuement sur les droits de l'homme. Il suffit de regarder les actualités – la faim, les camps de réfugiés, les bateaux sans asile balayés par la mer, le chantage, le mensonge exigé, les persécutions, les bidonvilles, les abus psychiatriques – pour avoir envie de poser la plume.

Et pourtant, comment se taire quand il semble parfois que la racine intérieure des droits de l'homme, cette racine absolue qui dit «Tu dois» ou qui dit «Non, à aucun prix» et qui devrait être au centre de tout enseignement des droits de l'homme, risque de s'atrophier? Sans elle, les droits perdent jusqu'à leur sens. Il faut la soigner, la nourrir, la stimuler, tout en préservant, en soi et en autrui, la mesure d'une incarnation toujours parfaite et progressive, à réaliser par bien des voies, et en particulier à l'aide d'instruments juridiques inspirés par la Déclaration universelle.

L'éthique de la responsabilité de Hans Jonas

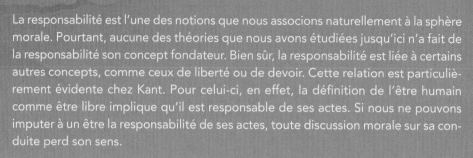

La responsabilité est l'une des notions que nous associons naturellement à la sphère morale. Pourtant, aucune des théories que nous avons étudiées jusqu'ici n'a fait de la responsabilité son concept fondateur. Bien sûr, la responsabilité est liée à certains autres concepts, comme ceux de liberté ou de devoir. Cette relation est particulièrement évidente chez Kant. Pour celui-ci, en effet, la définition de l'être humain comme être libre implique qu'il est responsable de ses actes. Si nous ne pouvons imputer à un être la responsabilité de ses actes, toute discussion morale sur sa conduite perd son sens.

Dans ce chapitre, nous allons nous pencher sur une théorie éthique dont le pivot est précisément l'idée de responsabilité. Son auteur est le philosophe allemand Hans Jonas, dont l'ouvrage *Le principe responsabilité*, paru en 1979, a eu un grand retentissement en Europe, non seulement dans le milieu des philosophes, mais aussi dans les milieux politique et scientifique. L'œuvre de Jonas est à la fois originale et actuelle. Elle propose une interprétation nouvelle de l'idée de responsabilité morale, fort différente de la version kantienne que nous venons d'évoquer.

UNE ÉTHIQUE POUR NOTRE TEMPS

Jonas a présenté son ouvrage *Le principe responsabilité* comme une tentative de répondre à ce qu'il considère comme le plus grave problème éthique de notre époque : l'impact du développement technologique sur notre environnement, sur notre mode de vie et sur l'avenir même de l'humanité. L'ampleur et la vitesse fulgurante des avancées technologiques nourrissent en effet plusieurs inquiétudes sur l'état futur de notre planète. Dès les années 1970, Jonas avait déjà cerné plusieurs de ces périls technologiques. Mentionnons tout particulièrement :

La pollution de l'eau, une des multiples conséquences de l'activité humaine actuelle qui mettent en péril la vie sur terre.

- la combinaison explosive d'une croissance démographique accélérée (9 milliards et demi d'humains en 2050) et d'une surexploitation des ressources naturelles de la planète, qui pourrait avoir des conséquences graves comme les famines, la pénurie d'eau potable, la déforestation ou l'extinction de milliers d'espèces végétales et animales ;

- la pollution de l'eau et de l'air par les déchets chimiques ou les gaz d'échappement ;

- le réchauffement du climat terrestre découlant principalement d'une augmentation des gaz à effet de serre provenant de la combustion de combustibles fossiles avec ses conséquences alarmantes : élévation du niveau des océans forçant le déplacement de centaines de millions d'humains, sécheresses, aggravation des tempêtes tropicales, etc. ;

- accumulation de déchets radioactifs produits par les centrales nucléaires ;

- et dans un autre ordre d'idées, les enjeux éthiques posés par les technologies qui visent directement l'être humain, telles que la manipulation génétique, les techniques de procréation assistée, les drogues du cerveau, le clonage, etc.

L'ensemble de ces périls constitue un problème global d'ordre moral qui met en cause la manière dont les humains gèrent actuellement le développement de la technologie. Pour Jonas, cette situation est exceptionnelle et inédite dans l'histoire humaine. Il souligne le fait que cette problématique est restée inconnue du monde ancien, tout simplement parce que les sociétés du passé n'ont jamais détenu un arsenal technologique si puissant qu'il puisse mettre en péril ou bouleverser l'ordre naturel. La vision du monde des Anciens était celle d'un cosmos et d'une nature bien ordonnés, régis par des lois immuables et éternelles. Dans le monde traditionnel, le grand but de l'humanité était de protéger et de reproduire l'harmonie stable de cet univers matériel et social. Ce temps est révolu. L'humanité d'aujourd'hui comprend qu'elle dispose d'une puissance capable de perturber l'ordre naturel et que le sort de la planète est entre ses mains. L'humanité se trouve donc chargée d'une nouvelle *responsabilité*. Et il importe, selon Jonas, que nous intervenions rapidement, et cela pour la raison suivante :

> L'expérience a prouvé que les développements déclenchés à chaque fois par l'agir technologique afin de réaliser des buts à court terme ont tendance à se rendre autonomes, c'est-à-dire à acquérir leur propre dynamique contraignante, une inertie autonome, en vertu de laquelle ils ne sont pas seulement irréversibles, comme on l'a déjà dit, mais qu'ils poussent également en avant et qu'ils débordent le vouloir et la planification de ceux qui agissent[1].

La position de Jonas est que nous ne pouvons laisser aller les choses en nous disant que nous trouverons bien une solution à tous les problèmes qui surviendront dans le futur. Nous devons plutôt adopter une attitude responsable de prudence et

Hans Jonas
(1903-1993)

Hans Jonas est né en Allemagne en 1903. Il consacra la première partie de sa carrière philosophique à l'étude des religions. Mais en 1933, il fuit l'Allemagne nazie, où la condition des Juifs était déjà précaire. Il se rendit en Palestine, à Jérusalem, puis s'engagea dans l'armée britannique pendant la Deuxième Guerre mondiale. Il combattit les armées nazies comme soldat d'artillerie. Cette expérience l'amena à jeter un regard différent sur les choses et surtout à accorder plus d'importance à leur aspect concret et matériel. Son activité philosophique prit un nouveau tournant. Il s'intéressa aux sciences et plus spécialement à la biologie, avant d'aborder finalement le domaine de l'éthique. De 1949 à 1955, il enseigna la philosophie au Canada, à l'Université d'Ottawa. Puis, il occupa un poste dans une institution de New York, où il travailla jusqu'à sa retraite à l'âge de 73 ans. En 1979 parut *Le principe responsabilité*, un ouvrage d'une lecture difficile, qui devint pourtant le plus grand succès de librairie pour un ouvrage de philosophie en Europe, avec plus de 150 000 exemplaires vendus de l'édition allemande. Ce succès est dû en partie au fait que Jonas a reçu en 1987 le prix de la Paix des libraires allemands. Mais il s'explique surtout par l'actualité du thème dominant de l'ouvrage, soit le péril que constitue le progrès technologique pour l'avenir de l'humanité.

---

1. Hans Jonas, *Le principe responsabilité*, trad. de l'allemand par Jean Greisch, Paris, Flammarion, 1998, p. 75.

de précaution : « Il faut davantage prêter l'oreille à la prophétie de malheur qu'à la prophétie de bonheur[2]. » Jonas prône donc une éthique de conservation, de préservation, de restriction et d'empêchement, qui va à contre-courant de l'éthique du progrès et du perfectionnement indéfinis qui prévaut actuellement, éthique soutenue par un système économique qui pousse à la consommation immodérée et au gaspillage.

UNE RESPONSABILITÉ ENVERS LES GÉNÉRATIONS FUTURES

Une idée tout à fait inédite dans l'histoire de la culture morale humaine émerge donc. C'est l'idée que les générations actuelles sont chargées d'une *responsabilité envers les générations futures*, car celles-ci risquent de faire les frais de leur insouciance ou de leur aveuglement. C'est une nouvelle exigence morale qui correspond aux défis de notre temps. Mais il faut reconnaître que cette nouvelle exigence morale paraît fragile. Nous parlons ici d'une responsabilité envers des humains virtuels qui ne peuvent faire entendre leur voix, pas plus d'ailleurs que la nature vivante, dont plusieurs espèces végétales et animales risquent de disparaître sous le rouleau compresseur du développement. C'est pourquoi cette exigence de responsabilité tournée vers le futur appelle de la part du philosophe une opération de fondation théorique à la fois radicale et originale dans laquelle Jonas s'est engagé avec ardeur. Cette entreprise suivra deux pistes principales que nous examinerons tour à tour : la recherche d'un fondement ontologique et la recherche d'un modèle de responsabilité ancré dans l'expérience humaine.

UN FONDEMENT ONTOLOGIQUE

L'ampleur et la fragilité mêmes de l'exigence de responsabilité à l'égard d'êtres futurs ont incité Jonas à lui trouver un fondement irréfutable, de nature « ontologique ». Expliquons d'abord le sens du mot « ontologie ». L'ontologie (du grec *ontos*, « l'être, ce qui est ») est le domaine de la philosophie qui porte sur *l'être* même des choses ou sur leur *constitution*. En ce qui a trait à l'humain, par exemple, nous pourrions dire que l'obligation de s'alimenter, la liberté et la mortalité font toutes trois partie de l'ontologie humaine. En effet, les humains sont condamnés, par leur constitution même, à manger, à faire des choix et à mourir.

La recherche ontologique de Jonas consiste d'abord à examiner la constitution fondamentale de l'être humain pour essayer d'en extraire une exigence morale. Voici en condensé le fil de son analyse, qui contient les éléments essentiels de son éthique de la responsabilité :

1. L'être humain est fondamentalement un être *libre*, c'est-à-dire capable de choisir de façon consciente et délibérée entre des actions alternatives. Cette liberté en fait aussi un être *responsable* des conséquences de son agir.

2. *Ibid.*, p. 73.

2. Mais un être ne peut se sentir moralement responsable des conséquences de ses actions que si celles-ci affectent un autre être qui possède une *valeur* à ses yeux. Cet être dont il reconnaît la valeur lui lance un *appel* moral : il lui impose le devoir de le respecter et de le protéger.

3. Mais ce devoir lui-même n'existe que parce que l'existence de cet être est précaire ou fragile. La responsabilité découle donc de la *vulnérabilité* de l'être que nos actions peuvent affecter.

4. Cette responsabilité n'existe enfin que si l'être vulnérable se trouve dans la *sphère d'action* de l'agent et que si ce dernier dispose d'une *puissance* d'action susceptible d'influencer son sort, à plus forte raison s'il représente lui-même une menace pour l'être concerné.

Cette analyse reste abstraite, sans contenu concret. Il reste donc à lui donner une substance dans la perspective de ce péril technologique qui est au centre des préoccupations de Jonas. La puissance dont dispose l'humain et qui fait peser une menace sur l'être est évidemment la technologie et le savoir scientifique qui la sous-tend. Quant à l'être de valeur qui doit être protégé, il s'agit à la fois de la nature et de l'humanité futures. Voyons cela de plus près.

La nature, le vivant et l'humain

La deuxième partie de la recherche d'un fondement ontologique consiste donc à trouver dans l'être même des choses l'objet de la responsabilité morale dont est porteur l'être humain. Cet objet se trouve d'abord, selon Jonas, dans la nature en général, dont l'existence, dit Jonas, vaudra toujours mieux que son anéantissement. Autrement dit, le seul fait d'exister confère une valeur à la nature et nous interdit de l'anéantir. Mais ce devoir s'affirme avec plus de force lorsque nous considérons la nature *vivante* en général. Ici, Jonas fait valoir que la vie est encore plus manifestement porteuse de valeur du fait qu'il y a en elle une *finalité* et donc un but, celui de se reproduire et de se perpétuer : « Le point de départ, c'est fondamentalement que la vie dit "oui" à elle-même. En tenant à elle-même, elle déclare qu'elle s'estime[3]. » Un être vivant n'est pas indifférent à son propre sort, comme pourrait l'être une roche, par exemple. Chaque organisme vivant veut vivre, veut échapper à la mort, se reproduire et agit dans ce but, et c'est surtout vrai des organismes animaux capables de se sentir eux-mêmes, de se mouvoir et d'interagir avec leur environnement. Jonas voit dans ces traits de la vie animale les formes embryonnaires de la conscience et de la liberté qui s'épanouiront pleinement chez l'humain. En effet, tout animal le moindrement évolué opère certains choix dans ses interactions avec son environnement. L'être humain qui prend conscience de cette volonté de vivre de la nature vivante ne peut manquer d'y voir une similitude avec celle qui l'habite lui-même. Il ne peut manquer de reconnaître sa *valeur* et il ne peut en conséquence rester insensible à son *appel*. Il a un devoir fondamental de préserver la vie sur terre.

Mais quelle est la place de l'espèce humaine dans cette ontologie morale ? L'espèce humaine occupe une place éminente dans la nature vivante en vertu de « sa dignité

---

3. Hans Jonas, *Évolution et liberté*, trad. par S. Cornille et P. Ivernel, Paris, Bibliothèque Rivages, 2000, p. 138.

Explosion nucléaire. Le seul véritable impératif catégorique selon Hans Jonas : ne pas mettre en péril la survie de l'humanité.

supérieure ». Elle est, de toutes les espèces vivantes, celle qui affirme sa propre valeur avec le plus de force et la seule qui soit chargée d'une responsabilité morale. Et, paradoxe suprême, l'espèce humaine représente désormais une menace pour elle-même et sa plus haute responsabilité est maintenant d'assurer *sa propre survie*. Cette expression doit d'abord être prise dans le sens de sa survie *biologique*, mise en péril directement par l'arme nucléaire et indirectement par les désastres écologiques que l'activité humaine risque de provoquer.

PRÉSERVER « L'IMAGE DE L'HOMME »

Mais, plus que sa simple survie biologique, c'est un niveau de responsabilité supérieur qui interpelle notre responsabilité envers l'humanité future, celui de la préservation des éléments essentiels de ce qui compose une *vie authentiquement humaine* : « Jamais l'existence ou l'essence de l'homme dans son intégralité ne doivent être mises en jeu dans les paris de l'agir », écrit Jonas. Il parle à ce propos de la préservation de « l'image de l'homme » ou de « l'idée de l'homme », de l'évitement de ce qui peut l'amoindrir, la défigurer, la déshumaniser.

Ce dernier point est particulièrement intéressant dans l'éthique de Jonas. Celui-ci donne plusieurs exemples de ce qui peut se trouver en jeu dans cette problématique capitale. Ce qui doit d'abord être préservé chez l'humain, ce sont les conditions mêmes qui en font un être *moral*, c'est-à-dire sa liberté, son autonomie, sa capacité de prendre des décisions bien pesées et d'assumer des responsabilités. Cette exigence interdit toute forme d'asservissement et de contrôle des individus par des techniques qui leur dérobent cette autonomie, comme des techniques de conditionnement ou de « dressage », des manipulations génétiques ou des drogues. Le développement actuel de la pharmacologie, qui ouvre la perspective d'un contrôle toujours accru du comportement humain au moyen de drogues-médicaments, a déjà atteint un niveau inquiétant. La perspective d'une humanité globalement dépendante d'une panoplie de drogues devrait nous faire frémir.

D'autres thèmes bien connus s'inscrivent dans ce cadre de réflexion. Pensons par exemple à la question du clonage, qui met en cause un élément que Jonas considère comme essentiel dans l'ontologie humaine : *l'unicité* de chaque individu humain. Ou encore à celle des manipulations génétiques qui laissent entrevoir une tentative de prise de contrôle de l'humain sur les fondations mêmes de sa constitution biologique. L'idée par exemple que les parents puissent un jour choisir les caractéristiques génétiques de leur futur enfant (rêve de l'enfant parfait, de « l'enfant à la carte ») est considérée par plusieurs avec horreur, car elle manifeste un orgueil et une inconscience incroyables à l'égard de processus naturels d'une complexité inouïe, dont la mise en place s'est échelonnée sur des millions d'années. D'autres thèmes évoqués par Jonas sont, par exemple, les croisements génétiques entre humains et animaux ou, au regard des techniques de procréation assistée, le droit pour les enfants de connaître l'identité biologique de leurs parents. Il souligne à ce sujet la pertinence des ouvrages de science-fiction comme *Le meilleur des mondes* d'Aldous Huxley. Ces œuvres nous aident à entrevoir les manières dont la technologie pourrait défigurer l'humain dans l'avenir.

L'IMPÉRATIF CATÉGORIQUE DE LA SURVIE DE L'HUMANITÉ

Bien sûr, toutes ces interrogations sur les conséquences du progrès technologique appellent des discussions complexes et nuancées sur chacune des technologies considérées. Mais la démarche préalable à une telle réflexion est d'abord de reconnaître et d'assumer la responsabilité générale qui nous incombe en cette matière. Pour Jonas, il est clair qu'un changement de cap s'impose et qu'il nous faut, au point de départ, abandonner l'utopie actuelle d'une croissance sans fin et d'un progrès matériel illimité. Il faut nous convertir à la restriction, à la modération, à la préservation et au recyclage.

Couverture de la première édition du fameux roman d'Aldous Huxley, *Le meilleur des mondes*. La science-fiction, dit Jonas, peut nous aider à entrevoir les manières dont la technologie pourrait défigurer l'être humain dans l'avenir.

L'éthique de la responsabilité mène à la formulation d'un impératif fondamental qui est, selon Jonas, *le seul véritable impératif catégorique que l'éthique puisse produire*, à savoir la nécessité d'assurer la survie des générations futures, la survie de l'humanité en tant que telle et la protection de ce que nous avons appelé «l'image de l'homme». «Nous avons bien le droit, dit-il, de risquer notre propre vie, mais non celle de l'humanité[4].» Il formule cet impératif de la façon suivante, à la manière kantienne: «Agis de façon que les effets de ton action soient compatibles avec la permanence d'une vie authentiquement humaine sur terre. [...] ou simplement: Ne compromets pas les conditions pour la survie indéfinie de l'humanité sur terre[5].»

Même si chaque individu peut se sentir concerné par cet impératif, il est clair qu'il s'adresse surtout aux décideurs politiques et aux experts scientifiques, qui disposent sur ces questions d'un pouvoir et d'un savoir qui les désignent comme principaux responsables. Il est bon de préciser ici que même si l'éthique de Jonas partage avec l'utilitarisme une orientation *conséquentialiste*, elle s'en distingue nettement. Pour Jonas, le but essentiel de l'impératif qui précède n'est pas d'assurer le «bonheur» ou le bien-être de l'humanité future, mais plutôt de préserver ses conditions d'existence essentielles et, en particulier, sa dignité.

---

4. Hans Jonas, *Le principe responsabilité, op. cit.*, p. 40.

5. *Ibid.*, p. 40.

EXERCICE 8.1

Jonas souligne que les romans de science-fiction ont le mérite de fournir de bons exemples de la manière dont la technologie pourrait défigurer l'humain ou déshumaniser son mode de vie dans l'avenir. Un des thèmes récurrents de la science-fiction à cet égard est celui de l'envahissement de la vie humaine par les machines intelligentes. Nous assistons actuellement à l'émergence de ce phénomène avec l'importance grandissante que prennent dans nos vies l'ordinateur, la robotisation et les moyens de communication électroniques. Si l'on considère la vitesse avec laquelle cette technologie se développe, il y a lieu de se demander avec une certaine inquiétude : « Qu'en sera-t-il dans cent ou deux cents ans ? »

Essayez d'imaginer les avenues que pourrait prendre le développement futur des machines intelligentes et cernez les aspects essentiels de la vie humaine ou de la constitution de l'être humain qui pourraient, selon vous, être dégradés ou défigurés par ce développement.

LES CRITÈRES DE LA RESPONSABILITÉ PROSPECTIVE

La démarche de Jonas l'a amené à définir un type de responsabilité inédit. Il ne s'agit pas, en effet, du modèle habituel de responsabilité morale qui porte sur nos actes *passés* et sur les conséquences qu'ils ont pu entraîner. Ce type de responsabilité peut être qualifié de *rétrospective*, car elle n'intervient qu'*après* l'accomplissement de l'acte. Elle suscite les remontrances caractéristiques que nous adressons à l'auteur d'une action répréhensible : « Pourquoi as-tu fait cela ? », « C'est de ta faute ! », « Tu dois réparer le mal que tu as fait ! ». Dans ce cadre moral, on ne peut imputer de responsabilité à un agent s'il n'a rien fait. Mais la responsabilité que Jonas invoque à l'égard des conséquences possibles du développement technologique est d'un autre ordre que celle-ci, car il s'agit d'une responsabilité à l'égard du *futur*, une responsabilité « pour ce qui est à faire » et donc d'une responsabilité que nous appellerons *prospective*. Ici, nous nous trouvons chargés d'une responsabilité *avant* même d'avoir agi et elle exclut d'emblée toute possibilité de « ne rien faire ».

En reprenant le fil de l'analyse que nous avons conduite plus haut, nous dirons que ce qui caractérise cette responsabilité prospective est le fait qu'un être se trouve dans un état de vulnérabilité et qu'il se trouve dans la sphère d'influence d'un agent, soit qu'il ait besoin de son aide, soit qu'il se trouve menacé par ses actions. C'est ensuite le fait que cet agent dispose d'un pouvoir d'intervention efficace qui lui permet de secourir ou de protéger l'être menacé. Ce pouvoir peut découler de capacités ou de compétences diverses, mais il est particulièrement lié au *savoir* de l'agent. Il est possible en effet que l'être menacé se trouve dans la sphère d'influence d'un individu et que celui-ci ne puisse le secourir, faute de détenir le savoir requis. Par exemple, le porteur d'un virus peut représenter une menace pour autrui et ne rien faire pour éviter de le lui transmettre, tout simplement parce qu'il en ignore l'existence ou qu'il se fait des idées fausses sur son mode de transmission.

Si nous appliquons les critères qui précèdent au problème du développement technologique, nous dirons que le développement technologique représente une menace pour l'avenir de la nature et des générations humaines à venir, que ce qui est menacé se trouve dans la sphère d'influence des humains actuels et que ceux-ci disposent en plus du pouvoir d'écarter ou d'atténuer cette menace. Ce pouvoir provient d'abord de la sphère politique, où les gouvernements ont la capacité de mettre en place des mesures correctrices, et il provient aussi de la sphère scientifique et de la capacité des experts de faire des prévisions sur les conséquences éventuelles des avancées technologiques.

TYPES ET CRITÈRES DE RESPONSABILITÉ

Responsabilité rétrospective : Responsabilité que nous devons assumer relativement à nos actes *passés* et aux conséquences qu'ils ont entraînées.

Responsabilité prospective : Responsabilité que nous devons assumer relativement à nos actes *futurs* lorsque sont réunies les conditions qui suivent.

- Des êtres vulnérables qui ont besoin d'aide ou qui sont menacés par nos propres actions ou celles d'autrui se trouvent dans notre sphère d'influence.

- Nous disposons d'un pouvoir d'intervention (savoir et capacités) nous permettant de les secourir ou de les protéger.

UN ARCHÉTYPE HUMAIN : LA RESPONSABILITÉ PARENTALE

Mais parler d'une responsabilité envers des générations futures reste encore quelque chose d'un peu abstrait et c'est pourquoi Jonas a senti le besoin de trouver dans l'expérience humaine concrète ce que l'on pourrait considérer comme un modèle ou un « archétype » de la responsabilité prospective. Il l'a trouvé dans la responsabilité des parents à l'égard de leur enfant, qu'il voit comme « l'archétype intemporel de toute responsabilité[6] ». La responsabilité des parents à l'égard de leurs enfants a un caractère absolu qui la distingue des autres situations de responsabilité. Aucun être vivant n'est plus vulnérable que le nouveau-né humain, de sorte que la responsabilité des parents à l'égard de sa vie future est totale. Elle doit s'exercer sans relâche et les parents ne sauraient s'en décharger d'aucune façon et à aucun moment (même si on la transfère à d'autres personnes, par exemple). Surtout, c'est une responsabilité absolue qui nous prend en otage, littéralement. Du seul fait que l'enfant existe,

---

6. *Ibid.*, p. 250.

qu'il respire et que cette respiration exprime une aspiration à vivre, le parent est «irré-
futablement» responsable de lui. Jonas précise le sens de cette expression ainsi :

> Je dis «irréfutable» et non pas «irrésistible» : car naturellement il est possible de résister à
> la force de ce «on doit» comme à n'importe quel autre, on peut faire la sourde oreille à son
> appel [...] ou il peut être étouffé par d'autres «appels», comme par exemple l'abandon légal
> des enfants, le sacrifice du premier-né et des choses de ce genre [...] mais tout cela ne change
> rien au caractère irréfutable de cette injonction ni à son évidence immédiate[7].

La prise en charge de l'enfant par les parents est le devoir humain le plus fondamental et elle contient en germe toutes les autres formes de responsabilités. Elle est, dit
Jonas, «l'école élémentaire» de la responsabilité. Elle nous habitue à répondre avec
empathie à la vulnérabilité et à la fragilité humaines. Elle nous apprend à nous faire

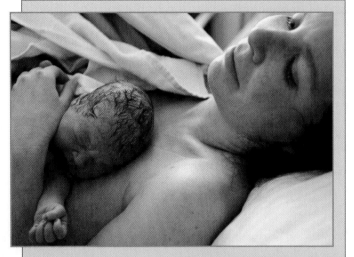

L'appel du nouveau-né humain : un appel «irréfutable», dit Jonas.

du souci pour autrui, à nous sentir personnellement
interpellés par la précarité de sa situation. Elle suscite de la sollicitude et de la crainte : «Que lui arri-
vera-t-il si *moi* je ne m'occupe *pas* de lui[8] ?» Jonas
voit ici un lien entre ce modèle de responsabilité et
le fondement ontologique qu'il a tenté de donner
à son éthique, car tout le rapport parent-enfant est
en définitive ancré dans la *nature* biologique de
l'humanité, dans sa constitution même (qui con-
traste grandement avec celle de beaucoup d'autres
mammifères, dont les petits sont presque autonomes dès les premières semaines).

Jonas propose un deuxième «archétype» de
la responsabilité, celui des chefs politiques, qui a
un rapport plus immédiat avec la problématique
du développement technologique. Bien sûr, il s'agit
davantage d'une responsabilité librement choisie
et limitée dans le temps. Mais elle s'apparente à la
responsabilité parentale par son caractère total et
continu. Elle touche la totalité de la vie de la collectivité, l'ensemble de ses besoins,
matériels ou culturels. Du reste, fait remarquer Jonas, on associe souvent le chef
d'État à l'image d'un père. Or, nous avons vu que ce sont les décideurs politiques
qui ont, pour Jonas, le rôle le plus important à jouer dans les décisions à prendre
pour protéger la nature et l'humanité futures, avec, bien évidemment, la collaboration des scientifiques.

LE SENTIMENT DE RESPONSABILITÉ

La formule de l'«impératif catégorique de la survie de l'humanité» donne à l'éthique
de Jonas un air de parenté avec la théorie kantienne, mais le rôle fondamental
que Jonas attribue à la responsabilité parentale nous amène sur un territoire moral

---

7. *Ibid.*, p. 251.

8. *Ibid.*, p. 422.

qui n'a rien à voir avec la perspective rationaliste de Kant. L'éthique de Jonas se distingue de l'éthique kantienne par un aspect fondamental, à savoir la place qu'elle accorde au *sentiment* en morale. Rappelons que Kant a tenté de fonder son éthique sur des bases rationnelles, indépendantes des motivations émotionnelles. Pour Jonas, une telle entreprise est vouée à l'échec, car en principe, « l'éthique a une face objective et une face subjective, dont l'une a affaire à la raison et l'autre au sentiment[9] ». Le souci d'autrui sur lequel s'appuie la morale de la responsabilité est un authentique sentiment. Dans certaines conditions, l'individu ne peut se comporter moralement envers autrui que s'il est *sensible* à sa vulnérabilité. Pour que sa volonté puisse être ébranlée par la condition d'autrui, son côté émotionnel doit entrer en jeu.

Nous retrouvons ici un type d'argumentation que nous avons examiné au chapitre 2, dans notre étude de la pensée de Hume. La raison est importante pour justifier et légitimer des rapports de responsabilité, mais l'effet d'une telle fondation rationnelle sur l'engagement moral resterait marginal sans la motivation qui vient du sentiment. Ce qui est particulièrement novateur dans l'éthique de Jonas, c'est l'importance accordée à l'émotion de *peur* comme facteur initial d'éveil au souci pour autrui. La peur pour l'être fragile et menacé doit s'emparer de moi pour que je mobilise mon pouvoir d'intervention et les ressources de ma raison. Kant, bien sûr, ne tolérerait pas une telle intrusion d'une émotion aussi primitive que la peur dans l'expérience morale. Il y verrait une incompatibilité de principe avec la liberté et la rationalité qu'il pose comme critères de la moralité. Jonas reconnaît avec Kant qu'un devoir moral n'a de sens que pour un être libre et autonome, un être qui a le choix d'accomplir ou non son devoir. Cependant, ce devoir n'est pas seulement une loi que le sujet se donne à lui-même à travers sa raison. Il peut aussi être une obligation qui lui est imposée *de l'extérieur*, non pas dans le sens d'une morale dictée par une autorité sociale, mais plutôt dans le sens d'un *appel de détresse* auquel il ne peut rester insensible. Il est libre de n'y pas répondre, mais il ne peut manquer de *ressentir* l'obligation morale de le faire.

UNE ÉTHIQUE DE VALEURS

Malgré l'accent qui est apparemment mis sur les *normes* morales, avec le « principe » de responsabilité et l'« impératif catégorique » de la survie de l'humanité, l'éthique de Jonas reste fondamentalement une éthique de *valeurs*, c'est-à-dire une éthique où *les normes découlent des valeurs*.

En effet, pour Jonas, c'est d'abord parce que j'accorde une valeur à un être et que je ressens un sentiment de peur devant ce qui le menace, que je ressens le devoir moral d'intervenir en sa faveur (qu'il s'agisse de l'avenir de l'enfant ou de la survie de l'humanité et de la vie sur terre). Si ce qui est menacé n'a pas de *valeur* pour moi, je ne me sentirai pas responsable de son sort.

---

9. *Ibid.*, p. 169.

RESPONSABILITÉ PROFESSIONNELLE ET RESPONSABILITÉ CIRCONSTANCIELLE

Dans le fil de son explication de la nature de la responsabilité prospective, Jonas est amené à donner d'autres exemples concrets de notre expérience de ce type de responsabilité, en sus de la responsabilité parentale. Ce sont tous des exemples de situations qui mettent en rapport une personne dotée d'un pouvoir et des êtres vulnérables situés dans sa sphère d'influence. Par exemple, le «joueur qui au casino met en jeu sa fortune agit avec étourderie […] s'il est père de famille, alors son agir est irresponsable[10]». Ou encore: «Le conducteur casse-cou est étourdi à son propre égard, mais il est irresponsable dès lors que sa manière de conduire met en danger également des passagers […][11].» Autre exemple: si je fais partie d'une équipe d'alpinistes qui fait l'ascension d'une montagne, «j'agis de façon strictement "irresponsable" si je mets en danger les compagnons et toute l'entreprise par un acte positif d'étourderie […][12]». Il donne également d'autres exemples qui appartiennent à la sphère professionnelle, où la responsabilité prospective découle d'une convention ou d'un contrat entre un client et un professionnel. Tel est le cas du médecin, notamment, dont Jonas dit qu'il représente «l'exemple le plus courant d'une responsabilité élevée et strictement circonscrite». Tel est également le cas d'un capitaine de bateau qui doit amener ses passagers à bon port en toute sécurité. Il en est même ainsi, dit-il, de la responsabilité du fonctionnaire malhonnête dont les malversations auraient un effet indirect, mais réel, sur un «bien véritable» qui est «le maintien des rapports de confiance» entre une population et l'administration publique.

Bien sûr, ces cas n'ont pas l'ampleur de la responsabilité parentale, car la responsabilité y est limitée dans le temps et l'étendue. Ainsi, pour ce qui est de la responsabilité du capitaine de bateau envers ses passagers, «son affaire est simplement de les transporter en toute sécurité d'un endroit à un autre, sa responsabilité commence et finit également avec leur présence à bord du bateau[13]». De même, la responsabilité du médecin envers son patient ne concerne que ce qui touche la maladie qui le frappe et prend fin en même temps que le traitement. Nous ne parlons pas ici d'une responsabilité globale et totale comme celle des parents ou des chefs politiques. Cependant, ces exemples sont intéressants et ouvrent l'éthique de Jonas sur des sphères d'application que lui-même n'a pas véritablement explorées mais où sa théorie s'avère à la fois pertinente et féconde.

On peut penser évidemment à toute la sphère de *l'éthique professionnelle* et à l'immense pouvoir dont disposent les experts de tout acabit dans notre société du savoir. Les scientifiques et les spécialistes n'ont pas seulement des choses à dire sur les répercussions du développement technologique à l'échelle de la planète. Leur compétence leur confère un pouvoir d'intervention et, partant, une responsabilité prospective à l'échelle plus réduite des rapports avec leurs clients individuels ou avec les commu-

10. *Ibid.*, p. 183.
11. *Ibid.*, p. 184.
12. *Ibid.*, p. 185.
13. *Ibid.*, p. 208.

nautés locales. Le scientifique qui recourt à des sujets humains dans une recherche a le devoir de les avertir de tous les risques et effets indésirables que peut comporter l'expérience à laquelle ils vont participer. L'avocat a le devoir de bien informer son client de tous les aspects de la loi qui concernent sa cause et de tout mettre en œuvre pour lui assurer la meilleure défense possible, car celui-ci se trouve dans une position de grande vulnérabilité. Le responsable d'une usine d'épuration porte une responsabilité très lourde à l'égard de la communauté locale dont la santé et même la vie peuvent être mises en péril par sa négligence, comme ce fut le cas en 2000, à Walkerton en Ontario, où l'eau contaminée par une souche mortelle de la bactérie *E. coli* causa la mort de sept personnes et de graves problèmes de santé à des milliers d'autres.

Mais les critères de la responsabilité prospective, tels que Jonas les définit, s'appliquent encore à tout individu que le hasard des circonstances place dans une situation où il prend conscience de la vulnérabilité d'autres personnes et où il se trouve chargé d'une responsabilité à leur égard en raison de la capacité qu'il a d'intervenir pour les secourir ou les protéger. Par exemple, un passant témoin d'un acte violent perpétré contre un autre passant devrait se sentir moralement tenu d'intervenir. Cependant, il arrive que des spectateurs d'une agression demeurent passifs et ne secourent pas la victime dans une situation similaire. Certains des spectateurs diront par la suite qu'ils ne se sentaient pas le devoir d'agir[14]. Pour ce qui est des rapports interpersonnels, notre responsabilité peut s'appliquer à toutes sortes de situations. Si je sais que mon ami fait affaire avec un professionnel, un avocat, un psychologue ou un garagiste dont j'ai appris qu'il était soupçonné de fraude, j'ai le devoir de l'en avertir.

EXERCICE 8.2

Pourriez-vous donner d'autres exemples tirés de la vie courante où la responsabilité prospective entre en jeu ? Pensez autant à des situations dramatiques qu'à des situations anodines. Jusqu'où devrait aller selon vous notre obligation d'intervenir dans les cas mentionnés ? Pourrait-on reprocher à quelqu'un de ne pas être intervenu ? Si oui, au nom de quoi ?

DES DEVOIRS NON RÉCIPROQUES

L'éthique de la responsabilité de Jonas se veut une éthique résolument moderne, bien qu'elle s'écarte sur plusieurs points des canons de la morale rationaliste et universaliste qui caractérise la majorité des grandes théories que nous avons étudiées jusqu'ici, telles que l'éthique de Kant, la théorie de la justice de Rawls ou l'éthique des

---

14. Des études montrent qu'une des raisons de ce phénomène est une sorte de diffusion de la responsabilité due à la présence simultanée de plusieurs spectateurs face à une victime avec laquelle ils n'ont aucun lien personnel. Chacun se dit : « Pourquoi serait-ce à moi d'intervenir plutôt qu'à un autre ? » Sur cette question, voir J. M. Darley et B. Latané, « Bystander Intervention in Emergencies : Diffusion of responsibility », *Journal of Personality and Social Psychology*, n° 8, 1968, p. 377-383.

droits. Ses points d'ancrage ne sont pas les principes d'*autonomie* de l'individu, d'*égalité* de tous les humains et de *réciprocité* des devoirs moraux entre tous les humains. Jonas ne nie nullement la valeur de ces principes. Il s'y réfère au contraire abondamment dans bon nombre de ses analyses.

Mais l'éthique de la responsabilité prospective trouve son impulsion propre dans sa sensibilité aux *inégalités* entre les personnes, dans le fait que certains ont plus de pouvoir et de savoir que d'autres. Nous sommes tous égaux sur le plan de la responsabilité *rétrospective*, au sens où nous sommes tous également responsables de nos actions passées. Mais nous ne sommes pas tous égaux sur le plan de la responsabilité *prospective* pour la raison suivante, qu'explique Jonas : « La responsabilité est un corrélat du pouvoir, de sorte que l'ampleur et le type du pouvoir déterminent l'ampleur et le type de responsabilité[15]. » Ceux qui ont plus de pouvoir ont, de ce fait, plus de responsabilités.

Les rapports d'obligation morale que l'éthique de Jonas met en évidence sont des rapports de *non-réciprocité*, où l'obligation est *unilatérale*. L'enfant n'est pas responsable du parent et le citoyen n'est pas responsable du chef politique. Le patient n'a aucune responsabilité envers le médecin, pas plus que le passager du bateau n'en a envers le capitaine, et les générations futures, qui n'existent pas, n'ont évidemment pas de responsabilité envers nous (mais elles seront en droit de nous tenir responsables de l'état dans lequel nous leur aurons laissé la planète !).

De même, cette éthique ne met pas l'accent sur l'*autonomie* des personnes, mais sur leur *dépendance* et leur fragilité. La responsabilité dont il s'agit ne découle pas d'un contrat social, d'une entente préalable entre partenaires égaux (quoique dans l'éthique professionnelle il existe une forme d'engagement contractuel). De plus, l'idée que l'individu ne puisse échapper à la responsabilité qui lui échoit, en raison de son pouvoir, représente une limitation de son autonomie. Bien sûr, le fait même d'avoir un enfant peut être le résultat d'un choix libre des parents. Mais, même s'il ne l'est pas, s'il est un accident naturel, la responsabilité parentale n'en sera pas moins totale.

Malgré tout, la théorie de Jonas, comme il le reconnaît lui-même, admet, à un niveau supérieur, une réciprocité fondamentale des responsabilités. Car, même si dans chaque cas particulier la responsabilité n'est pas réciproque, il existe une réciprocité générale entre les êtres humains, du fait que chaque individu peut, selon les circonstances, être autant porteur de responsabilité qu'objet de la responsabilité d'autrui. Cette réciprocité manifeste tout simplement le fait que l'être humain n'est pas fondamentalement autosuffisant, qu'il a toujours, d'une façon ou d'une autre, besoin des autres (tableau 8.1).

Tableau 8.1 Analyse comparative de l'éthique rationaliste et du principe de responsabilité de Jonas

Éthique rationaliste	Éthique de la responsabilité de Jonas
Réciprocité	Unilatéralité
Égalité	Inégalité
Autonomie	Dépendance

15. Hans Jonas, *Le principe responsabilité, op. cit.*, p. 246-247.

EXERCICE 8.3

L'éthique de la responsabilité peut parfois entrer en conflit avec l'éthique des droits. Par exemple, imaginons que, dans le cadre d'une psychothérapie, un client fasse à son thérapeute des révélations qui inclinent celui-ci à croire que la vie d'une personne de l'entourage du client est sérieusement menacée. Or, le psychothérapeute est tenu, en vertu du code de sa profession, de respecter le droit du client à la *confidentialité*. Que doit faire le thérapeute? Avertir la personne? Avertir la police? La responsabilité prospective devrait-elle prévaloir sur le droit à la confidentialité? Y a-t-il une façon pour le thérapeute de trouver un compromis entre ces deux exigences morales?

BILAN CRITIQUE

L'éthique de Jonas comporte un certain nombre de faiblesses et a fait l'objet de plusieurs critiques dont nous allons maintenant faire état.

Une première critique consiste à reprocher à Jonas d'être trop alarmiste, c'est-à-dire d'exagérer les menaces technologiques et de négliger la capacité de la technologie de résoudre les problèmes qu'elle pose elle-même. Il convient toutefois de garder à l'esprit l'un des meilleurs arguments de Jonas qui est la difficulté de mettre un frein à une avancée technologique une fois qu'elle a été implantée.

Ensuite, l'éthique de la responsabilité souffre des défauts propres aux éthiques du sentiment et des vertus. Elle définit davantage des attitudes et une sensibilité que des normes et des obligations précises. Quand la fragilité ou le malheur d'autrui doivent-ils mobiliser mon sentiment de responsabilité? J'ai potentiellement le pouvoir de soutenir de nombreuses personnes de toutes sortes de façons. Quand dois-je me sentir obligé d'intervenir? Jusqu'à quel point les générations actuelles doivent-elles sacrifier leur bien-être pour celui des générations futures? Ces questions appellent la fixation de limites ou de seuils qui sont difficiles à préciser.

Il y a également de graves problèmes dans l'association que Jonas tente d'établir entre la responsabilité envers les générations futures découlant des périls du développement technologique et l'archétype de la responsabilité parentale. D'abord, même s'il est vrai que la responsabilité parentale concerne *l'avenir* du nouveau-né, il reste que l'existence et la vulnérabilité de ce dernier s'imposent avec urgence au parent dans *le présent*, tandis que l'humanité future n'a pas d'existence actuelle et ne peut faire entendre ses appels. De plus, la responsabilité parentale impose toujours dans *l'immédiat* des devoirs positifs bien déterminés (nourrir, couvrir, calmer, guider, etc.), qui tranchent avec le flou et l'incertitude des décisions que nous devons prendre au sujet des menaces éventuelles que poseront les technologies nouvelles. Une autre difficulté de la transposition du sentiment de responsabilité parental au contexte de la décision politique tient à cette limite importante de l'éthique du sentiment que Hume a mise en lumière: la force motivante du sentiment s'affaiblit naturellement avec l'éloignement physique ou psychologique des êtres touchés par nos actions. Or, Jonas paraît vouloir transposer à une humanité abstraite et désincarnée, celle de lointaines générations futures, les sentiments de responsabilité puissants et naturels qui habitent les parents dans la sphère de proximité de la famille. Cette opération manque de réalisme.

Le saut que fait Jonas du paradigme fondamental de la responsabilité parentale aux responsabilités du chef politique et de l'expert scientifique est également problématique. En effet, le parent est responsable d'un être impuissant et dépendant, l'enfant, alors que le chef politique et l'expert scientifique sont responsables de citoyens adultes et autonomes, dotés de droits fondamentaux inscrits dans nos institutions démocratiques. Le *paternalisme* qui paraît naturel dans le premier cas semble irrecevable dans le second. Ainsi, certains philosophes ont reproché à Jonas de laisser entendre, dans quelques passages de son ouvrage, que la seule façon de faire accepter à la population les mesures draconiennes et les durs sacrifices nécessaires pour assurer la survie de l'humanité serait de confier des pouvoirs politiques extraordinaires à une sorte d'élite d'experts exerçant une «tyrannie bienveillante». Peut-être Jonas est-il trop alarmiste. Il se demande par exemple comment nous ferions pour faire accepter aux populations un contrôle sévère de la natalité pour arrêter l'explosion démographique. L'État a-t-il le droit de s'immiscer ainsi dans l'intimité des couples et de leur imposer un nombre d'enfants maximum, comme le fait actuellement le gouvernement chinois? L'idée de sacrifier la démocratie à l'impératif suprême de survie de l'humanité paraît en effet très dangereuse. Mais il faut reconnaître la pertinence des réflexions de Jonas sur cette question, de même que le fait que ses propos sont généralement nuancés et énoncés sur un mode interrogatif. Jonas avoue demeurer lui-même indécis face à ce problème[16].

On peut enfin reprocher à Jonas de tellement mettre l'accent sur la responsabilité des chefs politiques et des experts scientifiques dans la problématique du développement technologique qu'il néglige la responsabilité qui incombe aux *individus*. C'est d'ailleurs une tendance intéressante des stratégies environnementalistes que de travailler à sensibiliser les individus et de les inciter à changer concrètement leurs habitudes de vie. Le recyclage, l'achat de véhicules moins polluants, l'usage du transport en commun, le compostage sont des pratiques qui engagent les citoyens individuels.

Malgré les faiblesses que nous venons de signaler, l'éthique de la responsabilité a le mérite d'être une contrepartie des courants comme ceux de l'éthique des droits ou des morales rationalistes, qui peuvent favoriser certaines tendances individualistes ou qui nous amènent à nous contenter d'une morale minimale de droits et de respect négatifs. C'est une éthique qui prend la mesure de la fragilité et de la vulnérabilité fondamentales de l'être humain et qui comprend cette condition comme un appel à l'aide auquel nous n'avons pas le droit de rester insensibles.

---

16. Sur cette controverse: «De la gnose au *Principe responsabilité*: Un entretien avec Hans Jonas», *Esprit*, n° 171, mai 1991, p. 14; Hans Jonas, *Le principe responsabilité, op. cit.*, p. 200 et 206; Dominique Bourg, «Hans Jonas et l'écologie», *La Recherche*, n° 256, juillet-août 1993, p. 886-890.

MODE D'APPLICATION

La notion centrale de l'éthique de Jonas est la responsabilité prospective. Elle s'applique aux situations qui remplissent les conditions suivantes :

- ■ Il faut d'abord que des personnes se trouvent dans une position de vulnérabilité, par besoin d'aide ou de défense contre des menaces déterminées.

- ■ Il faut que les personnes vulnérables se trouvent dans la sphère d'influence d'autres personnes qui disposent d'un pouvoir ou d'un savoir leur permettant de les secourir ou de les protéger.

Les personnes dotées d'un pouvoir d'intervention se trouvent dès lors chargées d'une responsabilité qui leur commande d'agir de la manière appropriée : en prenant des mesures de prévention, en apportant une aide aux personnes menacées, en se portant à leur secours, en modifiant leur propre comportement, etc.

RÉVISION

1. Quelle problématique nouvelle Jonas a-t-il mise en évidence et quelle responsabilité morale inédite en découle-t-il ?

2. Que faut-il entendre par l'idée de « fondement ontologique » de la responsabilité ?

3. À quoi Jonas fait-il référence lorsqu'il parle de la responsabilité de préserver la nature, la survie de l'humanité et « l'image de l'homme » ?

4. En quel sens Jonas affirme-t-il qu'il n'existe qu'un seul impératif catégorique véritable en éthique ?

5. Quelle est la différence entre la responsabilité rétrospective et la responsabilité prospective, et quels sont les critères de la responsabilité prospective ?

6. Pourquoi Jonas voit-il dans la responsabilité parentale « l'archétype de toute responsabilité » ?

7. Sur quel point crucial l'éthique de la responsabilité de Jonas et l'éthique de Kant divergent-elles ?

8. À quelles sphères d'application le concept de responsabilité prospective peut-il être étendu, mis à part la problématique du développement technologique ?

9. Sur quels points l'éthique de Jonas se distingue-t-elle des éthiques rationalistes ?

10. Quelles principales critiques peut-on adresser à la théorie éthique de Jonas ?

RENVOIS AUX « DOMAINES D'APPLICATION »

On trouvera des illustrations des principes de l'éthique de Jonas dans les cinq sections de la deuxième partie du manuel (« Domaines d'application »).

- ▓ L'éthique des affaires :
  - la sécurité du travail, p. 217 ;
  - la dénonciation publique, p. 223.

- ▓ L'éthique de l'environnement :
  - le sort des générations futures, p. 242 ;
  - le sort des animaux, p. 250 ;
  - nos devoirs envers la nature, p. 253 ;
  - le réchauffement climatique, p. 257.

- ▓ La bioéthique :
  - le principe de bienfaisance, p. 266.

- ▓ L'éthique de la science et de la technologie :
  - la recherche avec des sujets humains, p. 301.

- ▓ L'éthique de l'art :
  - les responsabilités familiales de l'artiste, p. 331 ;
  - la responsabilité de l'artiste envers le public, p. 332 ;
  - la liberté d'expression, p. 336.

EXERCICE
DE SYNTHÈSE

Le contrôle chimique du cerveau

Jonas abordait déjà dans *Le principe responsabilité* une problématique qui a pris ensuite beaucoup d'ampleur, celle du « contrôle du psychisme au moyen d'agents chimiques ». Il donnait déjà plusieurs exemples fort pertinents de ce phénomène, tels que « libérer des patients malades mentaux de symptômes pénibles » au moyen de drogues chimiques, « induire des dispositions d'apprentissage auprès des écoliers par l'administration massive de drogues », « surmonter l'agression par la pacification électronique de certaines régions cérébrales », « susciter des sentiments

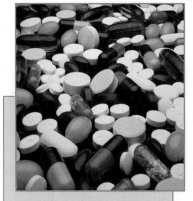

Le pouvoir de la pharmacologie : une pilule pour chacun de nos problèmes ?

de bonheur ou du moins de plaisir par la stimulation indépendante des centres de plaisir »[17]. Ces pratiques mettent en cause des éléments fondamentaux de ce que Jonas appelle « l'image de l'homme », comme l'autonomie ou la dignité.

Depuis les années 1970, la recherche pharmaceutique a ajouté plusieurs pièces au dossier du contrôle chimique du cerveau humain, au point que les interrogations de Jonas prennent une acuité encore plus grande aujourd'hui. En voici quelques-unes.

17. Hans Jonas, *Le principe responsabilité, op. cit.*, p. 54-56.

▪ Il y a aujourd'hui une tendance grandissante à transformer des traits de personnalité en maladies traitables par médication. Chaque année, une dizaine de nouvelles maladies mentales font leur apparition dans le *Diagnostic and Statistical Manual of Mental Disorders* (DSM), qui est la bible des psychiatres. Les obsessions portant sur un défaut de l'apparence physique sont devenues le *Body Dismorphic Disorder*, la timidité excessive est maintenant appelée «phobie sociale», le magasinage compulsif est aussi devenu une nouvelle maladie mentale. Ces troubles sont traités avec des antidépresseurs comme le Celexa, le Paxil ou le citalopram[18].

▪ La consommation d'antidépresseurs a augmenté de 75 % au Canada entre 1999 et 2004 et a été multipliée par dix entre 1980 et 2000 en France. La dépression, qui n'est souvent qu'une réaction normale à des épreuves difficiles (échecs scolaires ou professionnels, deuil, peine d'amour, perte d'emploi), semble maintenant systématiquement considérée comme une maladie par les médecins. Les antidépresseurs sont également employés pour traiter une foule de malaises comme le colon irritable, le syndrome prémenstruel, etc.[19]

▪ L'usage excessif du Ritalin auprès des enfants d'âge scolaire est de plus en plus critiqué. Sa consommation a doublé au Québec entre 1999 et 2004. Tant les professeurs que les médecins semblent succomber à la tentation d'une solution médicamenteuse rapide et simple aux problèmes de comportement des élèves.

▪ La génération des baby-boomers, qui accepte mal les effets du vieillissement (perte d'appétit sexuel, de flexibilité, de mémoire, prise de poids, rides), se lance à corps perdu dans la consommation de produits lui promettant une illusoire régénérescence. Cela va des suppléments nutritionnels comme le DHEA aux hormones de croissance, en passant par les hormones sexuelles (sans oublier les «pilules de pénis de crocodile»).

▪ De plus en plus de médicaments sont utilisés par des personnes bien portantes dans le but d'améliorer leurs performances mentales ou physiques. On les appelle les «smart drugs» ou «smarties». Il s'agit généralement de médicaments conçus pour traiter des maladies comme l'Alzheimer (piracetam), les troubles de vigilance (adrafinil), les pertes de mémoire (donepezil) ou la narcolepsie (modafinil). Ils ont la propriété d'améliorer la concentration, l'endurance, la mémoire, l'humeur, la vigilance ou la créativité chez les personnes en bonne santé. Elles sont populaires chez les étudiants, les sportifs, les cadres d'entreprise, les artistes et les militaires. On trouve facilement ces drogues sur Internet.

▪ Une nouvelle pilule du lendemain a été mise au point pour les soldats qui subissent des expériences traumatisantes. Elle neutraliserait l'angoisse et le remords au moyen d'une protéine inhibitrice de la réaction de stress (propanolol). Le problème est que les réactions de peur et de culpabilité jouent un rôle régulateur important dans le psychisme humain et il y a certes un danger à les manipuler ou à les neutraliser. Certains ont qualifié cette pilule de «pilule antimoralité». Il y va après tout de la capacité fondamentale d'assumer la responsabilité de ses actes.

---

1. Montrez comment la problématique globale présentée dans ce texte répond aux critères de la responsabilité prospective tels que Jonas les définit.

2. La problématique des drogues-médicaments correspond au thème d'une menace pesant sur «l'image de l'homme» ou d'une «vie authentiquement humaine». Passez en revue les exemples qui précèdent et précisez les aspects essentiels d'une vie authentiquement humaine qui pourraient être remis en cause par certaines drogues.

3. Il est également possible d'envisager un usage acceptable de certains de ces drogues ou médicaments. Essayez d'en préciser les critères.

4. Voyez-vous dans le développement de ce genre de technologie pharmacologique un phénomène irréversible ou croyez-vous qu'il est possible de le contrôler? Si oui, comment, à votre avis?

---

18. Nathalie Collard, «Un problème = une maladie = une pilule?», *La Presse*, 27 janvier 2003, p. B1-B2.

19. Jean-Claude St-Onge, *Les dérives de l'industrie de la santé. Petit abécédaire*, Montréal, Éditions Écosociété, 2006, p. 20-23.

ANALYSE

Dans le texte qui suit, Jonas donne un exemple d'application de son éthique de la responsabilité à une de ces perspectives inquiétantes dont le développement de la technologie laisse présager l'avènement: la prolongation de la vie humaine.

1. Quels sont les problèmes que pourrait poser une prolongation importante de la vie humaine et quels sont les aspects essentiels de la constitution de l'être humain qui pourraient être touchés par ce phénomène selon Jonas?

2. Êtes-vous d'accord avec l'analyse plutôt pessimiste de Jonas?

3. Voyez-vous d'autres aspects du problème qui pourraient avoir été omis par Jonas?

4. La thèse de Jonas est que l'humanité a besoin d'une nouvelle éthique pour faire face aux problèmes inédits que lui pose le développement techno-logique. Trouvez deux passages du texte où cette idée se trouve formulée.

5. Qu'est-ce que serait, à votre avis, une attitude *responsable* d'une huma-nité à laquelle la technologie offrirait la possibilité de prolonger la vie?

LA PROLONGATION DE LA VIE[20]

Notre thèse est que les nouveaux types et les nouvelles dimensions de l'agir réclament une éthique de la prévision et de la responsabilité qui leur soit commensurable et qui est aussi nouvelle que le sont les éven-tualités auxquelles elle a affaire. Nous avons vu que ce sont là les éventua-lités qui surgissent des œuvres de l'*homo faber*[21] à l'âge de la technique. Mais parmi ces œuvres nouvelles nous n'avons pas encore mentionné la classe potentiellement la plus néfaste. Nous avons envisagé la *technè* seulement dans son applica-tion au domaine *non* humain. Mais l'homme lui-même a commencé à faire partie des objets de la tech-

nique. L'*homo faber* applique son art à lui-même et s'apprête à inventer une nouvelle fabrication de l'inven-teur et du fabricateur de tout le reste. Cet achèvement de son pouvoir de domination qui peut très bien signi-fier la victoire sur l'homme, cette ultime installation de l'art au-dessus de la nature, provoque l'ultime effort de la pensée éthique qui jamais aupa-ravant n'avait eu à envisager des alternatives faisant l'objet d'un choix, face à ce qui était considéré comme les données définitives de la constitu-tion de l'homme.

Qu'on prenne l'exemple de la plus fondamentale de ces données, la mortalité de l'homme. Qui dans le passé avait à se prononcer sur sa mesure souhaitable et pouvant faire

l'objet d'un choix? Sa limite supé-rieure, les «soixante-dix ans et, dans le meilleur des cas, quatre-vingts», ne faisait pas l'objet d'un choix. Son caractère implacable était un objet de plainte, de résignation ou de rêves oiseux, pour ne pas dire stupides, d'exceptions possibles – étrangement il ne fut presque jamais un objet de consentement. [...] La question était simplement de savoir quelle attitude on adopterait face au donné.

Aujourd'hui en revanche, cer-tains progrès de la biologie cellulaire nous font miroiter la perspective pratique de pouvoir contrecarrer les processus biochimiques du vieillis-sement et de prolonger la durée de la vie humaine, peut-être même de l'étendre pour une durée indéter-

---

20. Hans Jonas, *Le principe responsabilité*, traduit de l'allemand par Jean Greisch, Paris, Les Éditions du Cerf, 1990, p. 38-41.

21. L'expression latine *homo faber* signifie «l'homme artisan» ou «l'homme fabricateur». On l'oppose à *homo sapiens*, «l'homme savant ou pensant».

minée. La mort n'apparaît plus comme une nécessité faisant partie de la nature du vivant, mais comme un défaut organique évitable, susceptible au moins en principe de faire l'objet d'un traitement, et pouvant être longuement différé. Une nostalgie éternelle de l'humanité semble être plus proche d'être exaucée. Et pour la première fois nous avons à nous poser sérieusement la question : « Dans quelle mesure cela est-il désirable ? Dans quelle mesure est-ce désirable pour l'individu, dans quelle mesure pour l'espèce ? » Ces questions touchent à rien de moins qu'au sens entier de notre finitude, à l'attitude face à la mort, et à la signification biologique générale de l'équilibre de la mort et de la procréation. Mais antérieurement même à ces questions ultimes se posent les questions plus pratiques de savoir qui doit bénéficier de la bénédiction apparente : des personnes particulièrement valables et méritoires, ayant un rôle et une importance sociaux éminents ? Ceux qui ont les moyens de payer ? Tout le monde ? Il semblerait que la dernière réponse soit la seule juste. Mais cela devrait être payé à l'autre extrémité, à la source. Car il est clair qu'à l'échelle démographique le prix pour une extension de l'âge est un ralentissement proportionnel de la relève, autrement dit un apport moindre de vie nouvelle. Le résultat serait une proportion décroissante de jeunes dans une population de plus en plus âgée. Quel bien ou quel mal cela représenterait-il pour l'état général de l'homme ? L'espèce y

gagnerait-elle ou y perdrait-elle ? Et dans quelle mesure aurait-on *droit* ou tort de barrer la place des jeunes en occupant les postes ? La mortalité n'est que l'envers de la source permanente de la « natalité » (*Gebürtigkeit* pour utiliser une formulation de Hannah Arendt). Il en a toujours été ainsi ; maintenant il faut en repenser la signification dans l'espace de la décision.

Allons jusqu'au bout : en éliminant la mort, nous devons également éliminer la procréation car cette dernière est la réponse de la vie à la première et ainsi nous aurions un monde composé de vieux mais sans jeunes et un monde d'individus déjà connus, sans la surprise de ceux qui n'ont encore jamais existé. Mais peut-être est-ce précisément la sagesse de la loi sévère de notre mortalité qu'elle nous offre la promesse toujours renouvelée, contenue dans l'initialité, dans l'immédiateté et dans l'ardeur de la jeunesse, en même temps que l'apport permanent d'altérité en tant que telle. Il n'y a pas d'équivalent pour cela dans l'accumulation accrue d'expérience prolongée : jamais elle ne peut reconquérir le privilège unique de voir le monde pour la première fois et avec des yeux nouveaux, jamais elle ne peut revivre l'étonnement qui, selon Platon, est le commencement de la philosophie, jamais la curiosité de l'enfant qui, assez rarement, devient soif de savoir chez l'adulte, en attendant de s'y paralyser elle aussi. Ce perpétuel recommencement qu'il est seulement

possible d'obtenir au prix du perpétuel achèvement, peut très bien être l'espoir de l'humanité, la protection qui l'empêche de sombrer dans l'ennui et dans la routine, sa chance de conserver la spontanéité de la vie.

Il faut en outre réfléchir au rôle du *memento mori*[22] dans la vie de l'individu et se demander comment l'affecterait son affaiblissement à la faveur d'une distance indéterminée. Peut-être chacun de nous a-t-il besoin d'une limite immuable de notre attente de vie pour nous inciter à compter nos jours et à faire en sorte qu'ils comptent.

Ainsi il se pourrait que ce qui dans son intention est un cadeau philanthropique que la science fait à l'homme, la réalisation d'un désir nourri depuis des temps immémoriaux – échapper à la malédiction de la mortalité – tourne au désavantage de l'homme. Je ne me livre pas ici à des prophéties et, en dépit de mon préjugé déclaré, je ne me livre même pas à des jugements de valeur. Ma thèse est simplement que rien que la perspective du cadeau soulève déjà des questions qui jamais auparavant n'étaient posées dans l'espace du choix pratique et qu'aucun principe de l'éthique d'autrefois, qui acceptait les constantes humaines comme allant de soi, n'est à la hauteur de leur discussion. Et pourtant on est obligé de les discuter éthiquement et conformément à des principes et non sous la pression des intérêts.

---

22. L'expression latine *memento mori* signifie « la conscience d'être mortel ».

L'éthique du bien de Charles Taylor

Nous allons maintenant achever notre étude des théories éthiques en explorant la pensée fort originale de Charles Taylor. À l'instar de Hans Jonas, Taylor défend une conception de la morale qui s'éloigne des courants rationalistes pour lesquels les exigences morales sont des normes plutôt que des valeurs. Il critique vigoureusement ce qu'il appelle les « éthiques du juste », qui ont tendance à faire de la justice l'exigence morale la plus fondamentale. Sa critique vise autant le kantisme et l'utilitarisme que les éthiques libérales comme celles de Nozick ou de Rawls[1]. À contre-courant de ces mouvements prédominants en philosophie, il cherche à défendre une conception de la morale plus substantielle et plus positive, qui met l'accent sur les valeurs et que l'on peut appeler une « éthique du bien ». En étudiant la pensée de Taylor, nous serons amenés à voir d'un œil différent les théories que nous avons étudiées jusqu'ici.

L'ÉTHIQUE DU BIEN

Taylor définit la morale comme une *hiérarchisation des valeurs*, ce qui nous ramène en quelque sorte à l'examen de la notion de valeur morale que nous avons fait au premier chapitre. Il y a toutes sortes de choses que nous considérons comme des biens ou comme de « bonnes » choses. Selon Taylor, « la question de la morale a trait à une hiérarchisation possible de ces choses, à savoir si on doit donner préséance à certaines choses sur d'autres, en tant que plus dignes ou plus valables, ou en tant que vraiment nécessaires, voire si elles doivent être recherchées, même aux dépens d'autres choses, etc.[2] ». Les évaluations morales ne concernent pas de simples questions de préférences ou de caprices personnels. Ce sont ce qu'il appelle des « évaluations fortes », c'est-à-dire des questions de priorité qui mettent en cause notre sens de la dignité, notre estime de soi ou notre conception de ce qu'est une vie digne d'être vécue. Cet appel à des valeurs supérieures concerne ce qu'il y a d'essentiel pour nous en tant qu'êtres humains. Nos valeurs supérieures constituent l'idéal de vie et les grands buts que nous poursuivons. Ce sont des *biens* auxquels nous sommes profondément attachés. Ce n'est pas notre raison qui nous révèle ces biens et ces valeurs supérieures ou qui peut fonder l'attachement que nous leur vouons. Cet attachement vient de l'intérieur de nous-mêmes. À sa source, il y a un mouvement spontané qui engage nos sentiments, car « nous ne pouvons concevoir le bien humain sans passion[3] ».

---

1. Il est un peu inhabituel de ranger l'utilitarisme dans la catégorie des éthiques du juste, à côté de théories qui, comme nous l'avons vu, lui sont très opposées. Mais pour Taylor les tendances rationalistes de l'utilitarisme, ainsi que la place centrale qu'y occupe le principe d'impartialité « chacun compte pour un », justifient cette catégorisation.

2. Charles Taylor, « Le juste et le bien », *Revue de métaphysique et de morale*, janvier-mars 1988, p. 39.

3. Charles Taylor, « Self-interpreting Animals », dans *Human Agency and Language : Philosophical Papers 1*, Cambridge, Cambridge University Press, 1985, p. 62-63.

Charles Taylor
(né en 1931)

Charles Taylor est né en 1931. Il a étudié l'histoire à l'Université McGill et la philosophie à Oxford, en Angleterre. Il est revenu s'installer à Montréal au début des années 1960. De 1961 à 1971, il a fait le saut en politique active sur la scène fédérale. Il occupa pendant quelques années le poste de vice-président du Nouveau Parti démocratique. Il fut défait à quatre reprises aux élections fédérales, dont une fois, en 1965, par Pierre Elliott Trudeau, qui devint premier ministre du Canada. Il retourna ensuite à la philosophie. Entre 1976 et 1979, il occupa la chaire Chichele en pensée politique et sociale, l'un des postes les plus prestigieux du monde universitaire anglo-américain. Il est revenu à Montréal en 1979, à la veille du référendum sur la souveraineté du Québec pour se consacrer à l'enseignement de la philosophie et des sciences politiques à l'Université McGill. Il est souvent intervenu dans les débats politiques par ses écrits et par de fréquentes interventions dans les médias. Il a notamment coprésidé la Commission d'enquête Bouchard-Taylor sur les accommodements raisonnables. En 1989, il a publié un ouvrage monumental qui l'a consacré comme le philosophe canadien le plus important à l'échelle internationale, *Sources of the Self*.

MORALE ET IDENTITÉ

Les valeurs morales sont ainsi des valeurs positives et des sources de motivation qui guident notre vie. La morale n'a pas à se limiter à la détermination de *normes* de respect mutuel régissant les rapports entre les individus ou de procédures justes et équitables pour la redistribution des richesses ou la résolution des conflits. Elle n'a pas à se contenter d'être une éthique *minimale* et *négative*, en vertu de laquelle notre devoir essentiel consiste à ne pas nuire aux autres et à respecter leurs droits fondamentaux. L'éthique du bien de Taylor est beaucoup plus ambitieuse, puisqu'elle fait intervenir une exigence profonde, qui est inhérente à la condition humaine, soit de donner un sens à notre vie.

Pour qu'une vie ait un sens, elle doit, en particulier, être orientée vers des buts jugés supérieurs et importants. Elle ne doit pas consister seulement à satisfaire des désirs superficiels ou primaires. Il faut ainsi que l'individu accepte de se poser des questions comme « Quelle sorte de personne est-ce que je veux être ? », « Qu'est-ce qu'une vie accomplie et digne d'être vécue ? » ou « Dans quelle sorte de monde est-ce que je veux vivre ? » Ce que ces questions morales définissent, c'est notre *identité*, c'est-à-dire à la fois ce que nous sommes et ce que nous voulons être. Pour Taylor, l'identité personnelle est une réalité complexe, mais elle comprend une importante dimension morale. L'être humain a besoin de savoir ce qui compte par-dessus tout pour lui. Il a besoin d'aspirer à quelque chose de supérieur et, pour cela, il lui faut établir une hiérarchie dans ses valeurs.

Mon identité est une réalité morale, c'est-à-dire que je me définis toujours par rapport à des visions normatives de la vie, des conceptions de la vie humaine qui ont une valeur morale. Un rôle qui contribue à façonner mon identité comporte donc nécessairement une vision de la vie humaine, une intuition de ce qui est bon ou mauvais, de ce qui est admirable ou à mépriser[4].

Prenons le cas d'une adolescente ou d'un adolescent engagé dans la quête de son identité personnelle. Comment cette personne va-t-elle définir ce qu'elle est et ce qu'elle veut être ? Elle va le faire en observant ses tendances profondes, en les comparant à celles d'autrui, en cherchant leur source et en évaluant leur force respective. En cherchant à se connaître, elle va prendre conscience de ses qualités et de ses défauts, mais elle va aussi définir ce qui est le plus important pour elle et ce qui lui semble digne et indigne d'elle. C'est en ce sens que son identité prendra une dimension morale. Par exemple, la loyauté envers ses amis apparaîtra à l'un comme un principe essentiel dans sa vie. Un autre découvrira qu'il déteste l'hypocrisie, qu'il ne supporte pas l'injustice, l'arrogance et la mesquinerie, ou qu'il souhaite par-dessus tout faire preuve d'intégrité dans sa vie et ne jamais renier ses convictions profondes pour des avantages matériels ou par peur d'être mal jugé. On peut encore évoquer des principes du genre : toujours respecter ses engagements, toujours bien faire son travail, choisir une carrière et un mode de vie qui nous amènent à nous dépasser sans cesse plutôt que de chercher la sécurité et la facilité, faire preuve de compassion envers les plus défavorisés, respecter la nature et les animaux.

La personne engagée dans cette quête cherchera donc à discerner ce qui compte le plus pour elle, ce qui donnera à sa vie un sens, un but et une dignité. Bien sûr, quand nous étendons la morale à ce genre de questions, ses frontières deviennent floues, car nous pouvons placer notre dignité ou notre estime de soi dans toutes sortes de comportements et d'attitudes, même une manière de parler, de s'habiller, de manger, de consommer ou de dépenser notre argent, de communiquer, de nous divertir ou d'éduquer nos enfants.

EXERCICE 9.1

Donnez des exemples de comportements qui peuvent être insignifiants aux yeux des autres mais qui ont pour vous assez d'importance pour constituer des critères de jugement moral. En d'autres termes, nommez des comportements qui à vos yeux paraissent indignes, méprisables, bas, incorrects, honteux, pitoyables, lamentables, déplorables, etc., sans nécessairement l'être au regard d'autrui.

4. Charles Taylor, *Rapprocher les solitudes : Écrits sur le fédéralisme et le nationalisme au Canada*, Sainte-Foy, Presses de l'Université Laval, 1992, p. 139.

LES COMPOSANTES DE L'IDENTITÉ MODERNE

Taylor est convaincu que la culture moderne, malgré le relativisme, le pluralisme et l'individualisme qui la caractérisent, est porteuse, comme la culture traditionnelle, d'idéaux moraux substantiels, largement partagés et qui donnent un sens à notre existence. Il est faux de croire que le monde moderne est un désert de valeurs et qu'il faut renoncer à y découvrir une conception positive du bien. Dans son ouvrage monumental intitulé *Sources of the Self*, Taylor s'est attaché à cerner ces biens supérieurs[5] qui constituent l'idéal moral de notre monde moderne. Ces biens sont présents dans notre contexte social actuel, mais ils proviennent de sources historiques et philosophiques profondes. Ce sont ces sources que Taylor a cherché à dégager. Certaines remontent à l'Antiquité grecque et au christianisme, alors que d'autres sont d'éclosion plus récente, comme le courant des Lumières au XVIIIe siècle, le romantisme au XIXe siècle ou le grand courant de la pensée scientifique et technologique. Il serait trop long de résumer ici les analyses de Taylor, mais nous en suggérerons la teneur à l'aide de quelques exemples.

Taylor reconnaît d'abord que les grandes valeurs universalistes telles que la liberté, la justice ou la démocratie forment un puissant idéal qui occupe une place centrale dans les sociétés modernes. Mais elles ne sont pas notre seule inspiration morale. Selon Taylor, la *valorisation de la vie ordinaire* est l'un des biens supérieurs typiques de la modernité. Il entend par là l'investissement moral de l'individu dans la vie économique et privée (amour, famille, travail). L'amour est devenu une valeur fondamentale dans le monde moderne, une valeur qui imprègne profondément notre monde vécu. L'intimité de la vie familiale, comme lieu où se tissent des liens affectifs personnels très puissants entre parents et enfants, est aussi un phénomène typiquement moderne. Comme l'explique Taylor, le monde moderne n'a pas inventé l'amour. Ce qui a changé « n'est pas que les gens se mettent à aimer leurs enfants ou à éprouver de l'affection pour leurs conjoints, mais qu'on en vienne à considérer ces penchants comme une part essentielle de ce qui donne sa valeur et son sens à la vie[6] ». Voilà ce qu'il faut entendre par « bien supérieur ». C'est une façon de définir ce qu'est une « bonne vie », une vie accomplie. Aujourd'hui, beaucoup de gens considèrent qu'il n'est pas sensé pour des conjoints de continuer de mener une vie à deux s'ils ne sont plus amoureux l'un de l'autre. Il y a peu de temps, il s'agissait d'un désagrément sans poids moral véritable face à la norme rigide de l'indissolubilité du mariage.

L'amour, une des grandes valeurs de la vie moderne.

Le *travail*, aussi surprenant que cela puisse paraître, est aussi un bien supérieur propre à l'identité moderne. Il faut se rappeler que, dans l'Antiquité, la couche supérieure de la société se démarquait justement des classes inférieures par son oisiveté. Le travail était alors au bas de l'échelle des valeurs. Il renvoyait à la condition des

---

5. Taylor utilise l'expression « Hypergoods » pour désigner ce que nous appelons ici « biens supérieurs ».

6. Charles Taylor, *Les sources du moi : La formation de l'identité moderne*, trad. de l'anglais par Charlotte Melançon, Montréal, Boréal, 1998, p. 373.

classes inférieures. Au contraire, de nos jours, le président d'une très grande entreprise comme General Motors travaille comme un forcené. À l'époque de la cité grecque antique, si Aristote pouvait voir dans la participation à la vie politique et à la vie intellectuelle l'idéal d'une vie accomplie, c'est parce que des esclaves travaillaient à la place des citoyens libres. L'univers de la production matérielle et des rapports économiques était alors considéré comme un domaine inférieur d'activité humaine. Dans notre monde axé sur le progrès économique, la production de biens matériels ou de services est une activité noble et le chômage est ressenti par la plupart des gens comme une catastrophe et une déchéance morale.

L'idéal altruiste de *bienveillance universelle* est un autre élément constitutif de l'identité moderne. L'être humain moderne semble être devenu plus sensible à la souffrance et à la misère humaines, et même, plus récemment, à la souffrance animale et à toutes les formes d'agression contre le milieu naturel. L'abolition de l'esclavage, l'humanisation du système pénal, l'apparition de l'État-providence, qui dispense des services aux plus démunis, l'élimination du châtiment corporel comme méthode d'éducation, toutes ces innovations de l'époque moderne participent de cet idéal de bienveillance et de justice.

La recherche d'une plus grande *maîtrise de nos conditions d'existence* est l'un des grands idéaux qui définissent l'identité moderne. La société moderne, sous l'impulsion du développement scientifique et technologique, s'est lancée dans une entreprise d'affranchissement à l'égard des contraintes naturelles. La médecine et la mise en place de meilleures mesures d'hygiène nous ont permis de lutter efficacement contre la maladie et d'allonger grandement notre espérance de vie. L'automobile, l'avion et les télécommunications nous libèrent des contraintes de la distance. Le génie génétique permet l'invention de nouvelles espèces végétales et animales. Il y a là un idéal d'une puissance extraordinaire, une façon pour l'homme d'affirmer sa grandeur.

Pour Taylor, la *liberté* et l'*autonomie* individuelles constituent également des biens supérieurs. Ces valeurs ne sont pas seulement des droits que nous devons respecter. Elles incarnent une manière de vivre que nous jugeons moralement supérieure. C'est une conviction très profondément ancrée en nous qu'une vie digne d'être vécue est une vie dont le parcours a été dessiné par la volonté propre de l'individu, une vie dont l'individu peut assumer la responsabilité. Un choix de carrière ou de conjoint imposé par les parents ou déterminé par l'appartenance à une classe sociale ou encore des convictions religieuses imposées par la communauté ne correspondent plus à ce que nous concevons être l'idéal d'une vie accomplie et d'un monde humain.

LES COMPOSANTES DE L'IDENTITÉ MODERNE

- Société juste et démocratique
- Vie ordinaire (amour, travail)
- Bienveillance universelle
- Maîtrise de nos conditions d'existence (par la science et la technologie)
- Autonomie individuelle

LES LIMITES DE LA RAISON

Il faut bien mesurer ce qui sépare une éthique du bien de la plupart des théories que nous avons étudiées jusqu'à présent. Il n'est pas question dans une telle éthique de vouloir accéder au point de vue moral en adoptant un point de vue neutre, détaché, impartial et objectif, et donc parfaitement rationnel. Il ne s'agit pas non plus de nous élever à un niveau universel pour accéder à une sorte de vérité intemporelle ou à des principes absolus. Les exemples que nous venons de donner montrent bien que la morale plonge ses racines dans l'expérience concrète de l'individu, à la fois dans la réalité de sa vie personnelle et dans celle de son contexte de vie social, qui est déterminé par l'histoire. Les valeurs morales ne sont pas des valeurs éternelles qui planent au-dessus de nous et que nous devons appliquer de l'extérieur à notre conduite. Si elles ont un sens pour nous, c'est que nous y sommes profondément attachés. Cet attachement prend sa source dans notre milieu de vie et nos expériences de vie.

Sur le plan social comme sur le plan individuel, la recherche d'un ordre moral est une quête indéfinie. Nos convictions morales changent avec le cours de l'histoire et doivent sans cesse être réexaminées. La raison ne peut nous faire accéder à un point de vue absolu et à des normes immuables. Les philosophes kantiens d'aujourd'hui sont généralement en désaccord avec beaucoup de positions soutenues par Kant à son époque. On sera peut-être surpris d'apprendre que Kant était en faveur de la peine de mort, qu'il acceptait le fait que les domestiques et les femmes n'aient pas le droit de vote, et qu'il était d'avis que la seule finalité naturelle et moralement acceptable de la sexualité n'était pas le plaisir, mais la procréation. Kant n'était pas hors ou au-dessus de l'histoire. Il utilisait sa raison dans certaines limites définies par l'environnement social de son époque, tout en s'efforçant de les dépasser.

Une raison qui éclaire au lieu de fonder

Taylor ne cherche pas du tout à évacuer la raison du domaine des évaluations morales, mais il ne lui accorde pas un rôle *fondateur*, comme le font les éthiques rationalistes. La raison part toujours d'un donné, de valeurs auxquelles les individus sont spontanément attachés parce qu'elles imprègnent leur milieu de vie. Elle intervient dans un milieu de vie déjà présent. Elle n'a pas à définir de principes moraux valables pour tous éternellement. Mais, une fois que nous avons pris en considération notre milieu de vie, la raison peut entrer en scène et remplir une fonction critique importante.

En effet, notre monde vécu n'est jamais parfaitement harmonieux et unifié ; il est toujours rempli de contradictions. Nous devons sans cesse faire face à des conflits entre nos diverses valeurs, à des situations changeantes et à des dilemmes moraux inédits. La raison a pour tâche de nous aider à voir clair dans cette complexité. La réflexion rationnelle nous permet d'expliciter et de rendre communicables et discutables nos évaluations morales spontanées. Elle les clarifie et les ordonne. Elle les soumet à la critique. Elle cherche à formuler nos convictions intimes de la manière la plus adéquate et la plus nette possible, en tenant compte de l'ensemble des circonstances qui composent notre situation. Ce faisant, elle peut avoir un effet rétroactif sur nos convictions spontanées et les modifier en retour.

Par exemple, le contexte socioéconomique difficile des années 1990 a favorisé l'émergence d'un nouvel enjeu moral, celui de l'équité entre les générations. Le fardeau de la dette publique et le vieillissement de la population font craindre que les générations de demain soient forcées de supporter un fardeau de charges sociales beaucoup plus lourd que la génération des *baby-boomers*, notamment dans le domaine de la santé. Cette problématique sociale est nouvelle et elle suscite des réactions émotives qui manifestent sans doute des revendications très légitimes. Nous avons besoin des lumières de la raison pour clarifier et orienter ce genre de débat, même si la raison ne peut fournir de solution simple et définitive à de tels problèmes.

LA DIVERSITÉ DES BIENS

Soulignons un des points importants à retenir de l'analyse des biens supérieurs propres à l'identité moderne. Taylor présente une *diversité* de biens, et il ne tente pas de réduire cette diversité en isolant un bien unique et ultime qui intégrerait et justifierait tous les autres. Au contraire, il croit que cette diversité est indépassable et que les conflits entre nos divers biens expliquent une grande partie de nos dilemmes moraux. Les éthiques rationalistes tendent à établir un *principe unique* capable de fonder et d'englober la totalité du champ éthique. Kant avec son impératif catégorique, les utilitaristes avec leur principe d'utilité maximale, Rawls avec ses deux principes de justice et Nozick avec les droits de liberté et de propriété, tous manifestent la même volonté d'affirmer la supériorité absolue de leur principe sur les principes concurrents. Taylor s'oppose à cette tendance qui contribue selon lui à durcir les positions. Accepter la diversité des biens et des principes est un autre trait caractéristique qui distingue l'éthique du bien de l'éthique du juste. Pourquoi faudrait-il absolument choisir entre l'éthique kantienne, qui veut confiner toute la moralité au seul examen de la pureté de l'intention, et l'éthique utilitariste, qui la réduit à la seule considération des conséquences de l'acte ? Pourquoi ne pas admettre simplement qu'il faut tenir compte des deux ? Pourquoi faudrait-il encore choisir entre la défense des droits individuels et la défense utilitariste du bien commun ?

EXERCICE 9.2

La génération actuelle a-t-elle la responsabilité morale de gérer les finances publiques de manière à assurer aux futures générations un niveau de services relativement égal à celui dont elle jouit ? La réponse à cette question n'a rien d'évident. Il serait peut-être tentant de dire : « Que chaque génération se débrouille avec ses propres problèmes ! » Mais cette position semble difficile à justifier dans la mesure où la génération actuelle finance une partie des services dont elle bénéficie en augmentant une dette publique dont elle reporte la charge sur la génération suivante. Ensuite, l'allongement de l'espérance de vie signifie que les retraités du futur seront plus longtemps à la charge de la population active des plus jeunes, particulièrement au chapitre des soins de santé, dont le coût ne cesse d'augmenter. Mais cette question est complexe et les experts ne s'entendent pas sur ce que nous réserve l'avenir en cette matière. Certains pensent que l'on exagère les problèmes.

À votre avis, a-t-on l'obligation morale d'assurer l'équité dans les contributions et les bénéfices entre les générations ?

Si oui, précisez-en les raisons. Sinon, expliquez pourquoi.

La diversité des principes de justice

Il est naturel de voir une équivalence entre les valeurs de justice et d'égalité. Quand nous pensons à la justice, nous invoquons la notion d'égalité, qu'il s'agisse de l'égalité des droits, des libertés, des chances ou de traitement. On est tenté de réduire la justice à cette seule valeur d'égalité, comme dans la théorie de la justice de John Rawls. Dans l'optique d'une éthique du bien, cependant, il est raisonnable d'admettre une plus grande *diversité de principes de justice* et donc de concilier dans certains cas justice et inégalité.

Dans les faits, notre sens commun reconnaît généralement la légitimité morale d'un autre principe de justice qui implique une forme d'inégalité, soit le principe de contribution suivant lequel une personne mérite de recevoir davantage si elle a contribué davantage. Contrairement à Rawls, Taylor souligne que « cette intuition de la juste distribution selon le mérite entre associés semble très profondément ancrée dans la conscience humaine[7] ». En vertu de ce principe de contribution, nous trouvons acceptable qu'un chirurgien reçoive un salaire bien supérieur à celui d'un éboueur. Nous sommes prêts à accorder un traitement spécial aux anciens combattants parce qu'ils ont vécu l'horreur de la guerre et risqué leur vie pour défendre notre patrie.

La distribution des médailles selon le mérite individuel implique un traitement inégal des individus.

La distribution des honneurs, tels que les prix, les récompenses, les médailles, etc., est un autre domaine où l'inégalité de traitement pourra paraître légitime. Chaque année, les gouvernements décernent des médailles honorifiques à des individus qui ont accompli des actes de bravoure. Des établissements scolaires décernent des prix aux élèves les plus méritants. On distribue des honneurs aux artistes ou aux sportifs à l'occasion de

7. Charles Taylor, « Le juste et le bien », *Revue de métaphysique et de morale*, janvier-mars 1988, p. 52.

galas. Des parents récompensent leurs enfants lorsqu'ils accomplissent de belles choses. Les plus farouches égalitaristes s'opposent à ces manifestations parce qu'ils les considèrent comme entachées d'élitisme et potentiellement humiliantes pour ceux qui en sont exclus. Mais on peut aussi y voir un authentique désir d'exprimer notre admiration ou notre reconnaissance à des personnes méritantes ainsi que notre attachement à certaines valeurs dont leurs actions fournissent des exemples éloquents (ces valeurs seront à la base de nos critères d'attribution du mérite). Nous n'accepterons pas que la distribution des honneurs soit soumise au trafic d'influence ou aux pots-de-vin.

Pour Taylor, il est donc clair que nous devons abandonner la recherche d'un principe unique de justice. Il nous faut accepter que la complexité de notre vie sociale nous demande plutôt de trouver des compromis entre ces divers principes, qui ne peuvent manquer d'entrer en conflit dans certains contextes.

L'IDÉAL D'AUTHENTICITÉ

Comme nous l'avons mentionné dans le chapitre 5, Charles Taylor est associé au courant de pensée communautarien. Il est en effet connu pour sa critique du libéralisme, et particulièrement du libertarisme de Robert Nozick, auquel il reproche de négliger l'aspect social et communautaire de la vie humaine. Soulignons toutefois qu'il récuse cette étiquette de « communautarien ». La raison en est simple. Comme nous venons de le souligner, Taylor est un philosophe de la diversité éthique. Or, l'une des manifestations les plus éloquentes de cette manière de penser se trouve précisément dans son interprétation de l'antagonisme entre individualisme et communautarisme. Cette interprétation n'a rien à voir avec une condamnation sans appel de l'individualisme. Bien au contraire. Taylor reproche aux communautariens les plus conservateurs de ne pas reconnaître les mérites, sur le plan éthique, de l'individualisme, en l'occurrence sa capacité de générer un véritable idéal moral qui occupe une place importante dans la culture moderne et qu'il appelle l'idéal d'authenticité.

L'un des traits constitutifs du mode de vie moderne est l'immense liberté de pensée et d'action qui a été concédée aux individus par la collectivité. Cette nouvelle condition d'existence a progressivement ancré dans nos esprits l'idée que le but fondamental de la vie de tout individu est son épanouissement personnel ou la réalisation d'un projet de vie personnel. Il est vrai que cette quête d'épanouissement peut dériver vers l'égocentrisme, le refus des responsabilités et de l'engagement, la recherche de la facilité et du confort. Mais Taylor montre que l'entreprise d'accomplissement de soi-même prend un sens différent dès le moment où s'impose une exigence morale *intra-personnelle*, c'est-à-dire un devoir moral envers soi-même: «Il existe une certaine façon d'être humain qui est *la mienne*. Je dois vivre ma vie de cette façon et non pas imiter celle des autres. Cela confère une importance toute nouvelle à la sincérité que je dois avoir envers moi-même. Si je ne suis pas sincère, je rate ma vie, je rate ce que représente pour *moi* le fait d'être humain[8]. »

---

8. Charles Taylor, *Grandeur et misère de la modernité*, trad. de l'anglais par Charlotte Melançon, Montréal, Bellarmin, 1992, p. 44.

Taylor parle ici d'un idéal d'authenticité qui constitue un ingrédient spécifiquement moderne de la définition de ce qu'est une «bonne vie» ou une vie digne d'être vécue. L'authenticité est une exigence de fidélité à soi-même, à ce qui fait de chacun de nous un être unique. Elle mobilise toute une palette de vertus, comme la sincérité, l'honnêteté envers soi-même, la fidélité à soi-même, le sens des responsabilités et le courage, qui appartiennent à la sphère de la morale intrapersonnelle. Le courage occupe une place centrale parmi ces vertus, car être fidèle à soi-même est particulièrement ardu lorsque cela exige de renoncer à des avantages matériels et à des gratifications psychologiques, de prendre des risques ou d'affronter la réprobation d'autrui. Nous pouvons évoquer ici différents cas de figure : l'artiste qui renonce à des contrats alléchants pour ne pas prostituer son talent et trahir ses idéaux artistiques ; l'homosexuel qui accepte de vivre ouvertement sa condition en prenant le risque d'être rejeté ou stigmatisé par son entourage ; ou l'adolescent qui prend la décision de renoncer à la lucrative et illustre carrière à laquelle ses parents l'ont depuis longtemps destiné parce qu'il réalise que ce n'est pas «sa place». L'authenticité participe d'une recherche de vérité qui déborde la question du conformisme et de l'anticonformisme. Si ce que je veux réellement au plus profond de moi-même doit m'entraîner hors des sentiers battus ou des cadres sociaux de la «normalité», alors je dois avoir le courage de le faire. Mais il est également possible que «ma» vérité consiste à emprunter des chemins qui n'ont rien d'exceptionnel ou d'original. L'important est que je trouve la place qui est la mienne. Une autre vertu inhérente à l'idéal d'authenticité est le sens des responsabilités, compris, dans la sphère intrapersonnelle qui nous occupe ici, comme une prise en charge par l'individu de sa propre vie dans une conscience lucide des valeurs et enjeux concernés par la décision à prendre.

APPARTENANCE COMMUNAUTAIRE ET RECONNAISSANCE

Il y a quelque chose d'admirable dans la recherche d'authenticité, et c'est le signe, aux yeux de Taylor, que l'individualisme peut comporter de réelles vertus morales. Cette recherche d'authenticité ne met pas pour autant l'individualisme à l'abri de la critique éthique. Comme toutes les autres valeurs, l'authenticité ne peut prétendre faire figure de valeur unique et suprême, et elle charrie son lot d'égarements et d'illusions. Il y a d'abord une manière puérile et superficielle de concevoir l'authenticité qui consiste à voir une affirmation significative d'une identité personnelle dans n'importe quel choix individuel, qu'il s'agisse du choix d'une auto, d'une marque de céréales ou d'une nouvelle coiffure. Il y a aussi le danger de voir la recherche d'authenticité sombrer dans l'anticonformisme à tout prix, dans une recherche de l'originalité pour l'originalité qui relève d'un désir puéril de se faire remarquer et non d'une fidélité à une vérité intérieure et à des valeurs profondes. Il y a enfin et surtout l'illusion de croire qu'un individu peut définir son identité et ses valeurs les plus importantes tout seul, comme un créateur qui inventerait sa vie par ses seules forces et qui ne devrait rien à autrui. C'est ici que Taylor juge important de conjurer les défauts de l'individualisme en rééquilibrant les perspectives par une réaffirmation de la dimension communautaire de la vie humaine.

Taylor s'est particulièrement attaché à montrer l'importance de notre apparte-nance à une communauté dans la formation même de notre identité morale. Il souligne que l'individu ne découvre pas son identité morale en solitaire, mais qu'il l'appréhende pour une large part à travers le regard d'autrui, en se comparant à autrui, en échangeant avec autrui. L'identité, dit Taylor, est inséparable de la *reconnaissance*. L'être humain est incapable d'autosuffisance en ce domaine : « Nous ne saurions nous définir seuls[9]. » Nous avons besoin que notre identité soit reconnue comme valable ou estimable par autrui. Nous avons besoin du regard d'autrui, en particulier du regard de partenaires « significatifs » avec lesquels nous avons noué des liens d'appartenance et de solida-rité au sein d'une communauté concrète : les membres de notre famille et nos amis, nos collègues et nos concitoyens. Nous échangeons avec eux au sujet de nos évalua-tions morales. Nous comparons et confrontons nos jugements aux leurs, et c'est ainsi que nous découvrons peu à peu qui nous sommes et ce en quoi nous croyons.

EXERCICE 9.3

Il y a dans la culture d'aujourd'hui un âge, l'adolescence, où l'apparence physique et vestimentaire revêt une importance considérable et semble même jouer un rôle dans la construction de l'identité personnelle et l'affirmation de soi : vêtements signant l'appartenance à un groupe marginal, coiffure et couleur des cheveux, bijoux, tatouages, perçage corporel, etc. Sauriez-vous formuler les critères qui permettraient de distinguer, parmi toutes ces manifestations, celles qui relèvent vraiment d'une recherche d'authenticité et qui prennent leur source dans des convictions personnelles bien ancrées et celles qui relèvent plutôt de désirs super-ficiels, d'effets de mode et qui ne dépassent pas le niveau des « apparences » ?

La manière et la matière

La figure de l'artiste de génie qui invente un nouveau langage, un nouveau mode d'expression a souvent servi de modèle à l'idéal d'authenticité. On peut penser ici à un Beethoven ou à un Picasso. Mais, selon Taylor, même le créateur de génie a commencé par apprendre de ses devanciers, fut-ce pour ensuite se retourner contre eux et les renier. Il en a besoin comme tremplin pour son cheminement. De plus, même quand il pense avoir créé une œuvre parfaitement originale, le créateur ne ressent-il pas le besoin de la montrer au public en espérant trouver une réception favorable chez quelques âmes complices ? Pour Taylor, le mythe de l'individu auto-suffisant repose, tout comme le point de vue opposé qui pourfend l'individualisme au nom des valeurs de solidarité communautaire, sur une confusion entre deux aspects

---

9. Charles Taylor, « Les sources de l'identité moderne », dans M. Elbaz, A. Fortin et G. Laforest (dir.), *Les fron-tières de l'identité : Modernité et postmodernisme au Québec*, Sainte-Foy, Presses de l'Université Laval, 1996, p. 350.

du choix individuel : la *manière* dont le choix est effectué et la *matière* du choix ou son contenu.

Que mes valeurs morales soient bien le résultat d'un choix libre de ma part et qu'elles correspondent à mes vraies convictions personnelles est une chose fort importante. Mais cela ne signifie pas pour autant que j'ai inventé à moi seul ces valeurs personnelles ou qu'elles n'appartiennent qu'à moi seul. En fait, elles peuvent très bien être partagées par autrui ou appartenir à un courant de pensée enraciné dans une histoire ou une tradition. Pour Taylor, c'est une erreur de concevoir la définition d'une identité morale comme un processus purement individuel, se déroulant en vase clos et dans lequel l'individu autonome exercerait sa liberté souveraine. Que serait une valeur qui n'aurait de valeur que pour moi et qui ne serait reconnue par personne d'autre ? Quel individu n'a jamais inventé à lui seul une valeur morale ? Taylor croit plutôt que « nous trouverons une plénitude authentique seulement par rapport à une réalité supérieure qui possède une signification indépendante de nous ou de nos désirs[10] ».

Ce que dit Taylor, c'est que nous n'inventons pas ou ne créons pas notre identité morale à partir de rien. Cette idée semble n'avoir pour fonction que de nous assurer que notre conception de la vie ne nous est pas imposée de l'extérieur. En réalité, nous *découvrons* notre identité morale à travers une exploration progressive de nous-mêmes. Nous grandissons dans un milieu humain particulier qui nourrit notre identité morale de multiples façons. Nous le faisons d'abord par le biais de coutumes, de traditions, de pratiques et d'institutions, bref d'un mode de vie qui devient naturel parce qu'il est commun et familier. Ensuite, nous apprenons dans notre milieu social un langage, des mots et des notions qui nous serviront à formuler notre conception du bien, à nous situer par rapport aux enjeux importants qui font l'objet de réflexions et de discussions dans l'espace social que nous habitons. « Afin de découvrir en lui ce en quoi consiste son humanité, chaque homme a besoin d'un horizon de signification, qui ne peut lui être fourni que par une forme quelconque d'allégeance, d'appartenance à un groupe, de tradition culturelle. Il a besoin, au sens large, d'une langue pour poser les grandes questions et y répondre[11]. » Quand je cherche ce qui donne un sens à ma vie, je me réclame d'idées et de valeurs déjà présentes dans mon environnement culturel, par exemple l'épanouissement, l'amour, la solidarité, l'ambition, la fidélité, l'équité et le respect.

Les tenants de l'éthique universaliste et rationaliste accordent tant d'importance à la liberté individuelle qu'ils en viennent à croire que l'attachement spontané à des valeurs représente en fait une perte de liberté, un esclavage. Pour revendiquer une liberté individuelle entière, il faudrait que tout soit matière à choix. En réalité, selon Taylor, il faut plutôt se demander à quoi nous servirait d'être libres si nous n'étions attachés à rien : « Sans une identité antécédente, je ne saurais comment choisir[12]. »

C'est dans notre milieu de vie que nous apprenons qu'il y a des manières d'être dignes et indignes, valables et méprisables. Il y a trente ans, la conduite en état d'ivresse,

10. Charles Taylor, *Grandeur et misère de la modernité, op. cit.*, p. 104.

11. Charles Taylor, *Rapprocher les solitudes. Écrits sur le fédéralisme et le nationalisme au Canada, op. cit.*, p. 53.

12. Charles Taylor, « Foucault on Freedom and Truth », dans *Philosophy and the Human Sciences – Philosophical Papers II*, Cambridge, Cambridge University Press, 1985, p. 182.

Nos valeurs s'enracinent dans les mœurs et coutumes qui prévalent dans notre milieu de vie. On n'accepterait plus aujourd'hui qu'un premier ministre donne une conférence de presse une cigarette aux lèvres.

le harcèlement sexuel ou la consommation de tabac dans un endroit public ne constituaient pas des enjeux moraux. Ils le sont progressivement devenus pour des raisons fort complexes, et aujourd'hui les individus doivent prendre position personnellement sur ces questions. Il est primordial qu'ils aient la liberté de le faire, mais il est illusoire de prétendre que cette prise de position se fera d'un point de vue neutre et détaché. Ces questions ne peuvent en effet être importantes que dans le contexte d'une expérience vécue et de préoccupations concrètes partagées avec autrui. Quelle que soit la manière dont on considère les choses, l'individu subira l'influence du milieu dans lequel il vit, et cela n'a en soi rien de négatif (**tableau 9.1**).

Tableau 9.1   La morale: une hiérarchisation de valeurs

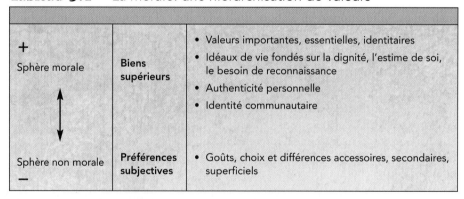

+ Sphère morale ↕ Sphère non morale **–**	**Biens supérieurs**	• Valeurs importantes, essentielles, identitaires • Idéaux de vie fondés sur la dignité, l'estime de soi, le besoin de reconnaissance • Authenticité personnelle • Identité communautaire
	Préférences subjectives	• Goûts, choix et différences accessoires, secondaires, superficiels

MULTICULTURALISME ET RESPECT DES DIFFÉRENCES

Une des pièces importantes de l'identité individuelle réside précisément dans le registre de l'appartenance communautaire. Une partie de ce qui me définit comme personne est, par exemple, mon identité québécoise, canadienne, protestante, francophone ou autochtone. Taylor s'est beaucoup intéressé au débat qui oppose *libéralisme* et *communautarisme*, en particulier dans le contexte du *multiculturalisme* canadien, qui est une conception de la société comme lieu de coexistence de cultures nationales, ethniques ou religieuses différentes. Cette coexistence pose des problèmes de conciliation entre les normes universelles de l'État de droit libéral et l'affirmation de l'identité propre des diverses communautés culturelles. Taylor croit que la reconnaissance sociale et politique de cette identité est importante, car il y va souvent d'une question de dignité pour les diverses communautés. Taylor a appliqué cette analyse au conflit opposant le mouvement nationaliste québécois au reste du Canada. Elle colle parfaitement à la typologie des éthiques du bien et du juste, qui recoupe la distinction que nous avons faite entre valeurs et normes.

Pour les nationalistes québécois, la survie de la langue et de la culture françaises ainsi que l'épanouissement du peuple québécois constituent un but suprême, un bien supérieur. Ils s'identifient à cette *valeur* et y trouvent une part importante de leur identité personnelle. Par exemple, le fait d'avoir de la difficulté à obtenir des services en français dans une ville comme Montréal leur apparaît comme un affront à leur dignité. Ils veulent que leurs enfants et leurs petits-enfants conservent leur langue et s'épanouissent dans leur culture, et c'est pourquoi ils veulent les protéger. Pour atteindre ce but supérieur, ils sont prêts à imposer des restrictions à certaines libertés individuelles. Ainsi, ils sont prêts à interdire ou à limiter l'affichage commercial dans une langue autre que le français ou à forcer les immigrants et même les francophones eux-mêmes à envoyer leurs enfants à l'école française. Aux yeux de Taylor, une bonne partie des revendications nationalistes des Québécois reflètent en réalité leur lutte pour la reconnaissance : reconnaissance par le reste du Canada que le Québec constitue une nation, reconnaissance de l'originalité de l'approche québécoise en divers domaines, reconnaissance d'un statut particulier pour le Québec au sein des organismes internationaux, etc.

Du côté du reste du Canada, l'optique est très différente. Selon Taylor, l'adoption en 1982 de la *Charte canadienne des droits et libertés* a contribué à renforcer l'identité nationale canadienne. Le reste du Canada est très fier de cette charte dont la visée est d'assurer à tous les Canadiens sans distinction un traitement égal et équitable. Cependant, dans l'esprit universaliste de la Charte, il est évident que les restrictions aux libertés individuelles défendues par le Québec pour protéger la langue et la culture françaises sont inacceptables et discriminatoires. C'est d'ailleurs pour cette raison que la loi 101, qui imposait l'affichage commercial unilingue, a été déclarée inconstitutionnelle par la Cour suprême du Canada. De même, toute revendication du Québec faisant référence à un « statut spécial » au sein de la fédération canadienne, à son caractère « distinct » ou à l'idée d'accorder au Québec des pouvoirs spéciaux heurte cet esprit universaliste. On y voit une entorse aux *normes* sacrées d'égalité et d'équité. Pour le reste du Canada, tous les Canadiens et toutes les provinces doivent être sur

La controverse sur la langue d'affichage au Québec, un conflit entre le juste et le bien.

le même pied ; personne n'a droit à un traitement spécial. On voit clairement, par cet exemple, comment il peut être difficile de concilier une éthique du bien et une éthique du juste, lorsque chacune prétend avoir la priorité sur l'autre.

Chose intéressante, le même antagonisme permet de caractériser d'autres situations conflictuelles où les positions des acteurs se trouvent inversées. Ainsi, la communauté anglophone installée au Québec revendique elle-même un statut spécial par rapport aux autres minorités (en vertu de son histoire particulière) et elle voudrait certainement que ce statut continue d'être protégé dans l'éventualité où le Québec deviendrait indépendant. D'un autre côté, si l'on examine les rapports tendus entre les communautés autochtones et le gouvernement du Québec, on constate que les autochtones se trouvent, vis-à-vis du Québec, dans la position qui est celle du Québec face au Canada. Les autochtones voient dans la survie de leur identité culturelle et l'épanouissement de leur communauté un bien supérieur. Mais beaucoup de Québécois contestent plusieurs de leurs revendications et ce qu'ils considèrent comme des « privilèges ». Pour ce faire, ils invoquent la logique universaliste voulant que tous soient égaux devant la loi et concluent que les autochtones n'ont pas droit à un traitement spécial. Taylor termine son analyse ainsi :

> Dans une telle situation, semblable à la nôtre au Québec, la politique doit se concevoir lucidement comme la tentative de concilier deux principes légitimes, même au prix parfois d'accommodements spéciaux, *ad hoc*. Il faut savoir distinguer l'essentiel de l'accessoire dans les deux exigences en présence. Des politiques faites à partir de vibrants appels à des principes purs ne font qu'entretenir l'incompréhension, le conflit et la paranoïa, comme nous le voyons trop souvent au Québec[13].

Taylor reconnaît parfaitement la légitimité de la morale universaliste égalitaire, mais il croit qu'il ne faut pas s'y accrocher de façon rigide. Elle doit être conciliable avec une *acceptation des différences* à la fois individuelles et communautaires. On ne renonce pas à la moralité parce qu'on reconnaît qu'il y a des contextes particuliers et qu'il n'est pas toujours moralement souhaitable de traiter tout le monde de la même façon. Par exemple, les femmes, les vieillards, les homosexuels, les minorités ethniques et religieuses, les autochtones, les Québécois ou les handicapés méritent peut-être un traitement particulier. Bien sûr, il y a toujours le risque, en agissant ainsi, d'accentuer les différences, de durcir les positions, de renforcer les tendances sectaires et de favoriser les affrontements. Dans l'univers social complexe, pluraliste, multiculturel que forme la société actuelle, ces problèmes appellent un processus constant de réflexion et de discussion dans un esprit d'ouverture et de tolérance. Ils demandent une évaluation nuancée du poids des valeurs et des exigences concurrentes. Il importe de distinguer l'essentiel de l'accessoire et d'établir les bonnes priorités, de fixer les limites de l'acceptable et de l'excessif. Il n'y a pas de formule toute faite, de critères objectifs, de procédure rigoureuse qui puisse garantir que nos choix seront les meilleurs.

13. Charles Taylor, « Les sources de l'identité moderne », dans M. Elbaz, A. Fortin et G. Laforest (dir.), *Les frontières de l'identité : Modernité et postmodernisme au Québec, op. cit.*, p. 359.

MODE D'APPLICATION

L'éthique de Taylor se prête mal à l'institution d'une méthode de résolution des problèmes moraux, car elle n'est pas organisée comme un système de principes et de critères. Elle est plutôt tournée vers les valeurs ou vers ce que Taylor appelle les « biens supérieurs », dont elle admet la pluralité et la diversité. Elle voit la recherche de solutions aux problèmes moraux comme un exercice de réflexion visant d'abord à départager l'important de l'accessoire, ce qui revient à dégager les véritables valeurs, et ensuite à trouver un *équilibre* entre les diverses valeurs.

On prêtera néanmoins une attention particulière à certaines valeurs sur lesquelles Taylor s'est penché plus particulièrement :

- les cinq composantes de l'identité moderne,
- l'authenticité,
- l'appartenance communautaire,
- la reconnaissance de l'identité individuelle et collective,
- le respect des différences.

RÉVISION

1. Que signifie l'expression « éthique du bien » accolée à la philosophie éthique de Charles Taylor ?

2. Dans quel sens Charles Taylor dit-il que les exigences morales font partie de l'identité personnelle ?

3. Quelles sont les principales composantes de l'identité moderne selon Taylor ?

4. Quelle place Charles Taylor fait-il à la raison humaine dans la réflexion morale ?

5. Pourquoi Taylor accorde-t-il autant d'importance à l'idée de la diversité des biens moraux ?

6. Quelle est la signification de l'idéal moral d'authenticité dont parle Taylor ?

7. Quelle critique d'inspiration communautarienne Taylor fait-il des interprétations trop individualistes de l'idéal d'authenticité ?

8. Quelle interprétation éthique Taylor propose-t-il du conflit politique opposant les nationalistes québécois au reste du Canada ?

RENVOIS AUX « DOMAINES D'APPLICATION »

On trouvera des illustrations de l'éthique du bien de Charles Taylor dans deux sections de la deuxième partie du manuel («Domaines d'application»).

■ L'éthique de l'environnement :
- le sort des générations futures, p. 243 ;
- l'écologie profonde, p. 254.

■ L'éthique de l'art :
- l'idéal d'authenticité, p. 329 et 345.

EXERCICE DE SYNTHÈSE

Un artiste authentique

Voici le compte rendu d'une entrevue entre la journaliste Nathalie Petrowski et l'acteur québécois Gabriel Arcand[14] :

« En juin prochain, Gabriel Arcand, le plus jeune et le plus ténébreux des frères Arcand, fêtera ses 50 ans. Mais contrairement à la plupart de ses contemporains, Arcand ne pleurera pas ses cheveux gris, ses nouvelles rides ni sa jeunesse perdue. Tout le contraire. "J'ai l'impression de commencer ma carrière, affirme-t-il d'entrée de jeu. Je trouve que je suis aujourd'hui un bien meilleur acteur qu'il y a vingt ans. J'ai peut-être moins de fougue ou d'énergie mais le travail intérieur que je fais maintenant en tant qu'acteur, j'aurais été incapable de le faire avant."

Notre rencontre a lieu dans un bar vide, au deuxième étage du théâtre La Veillée, rue Ontario, entre Panet et Plessis, dans le quartier où vit la mythique Madame de la rue Panet qui n'a jamais mis les pieds dans le théâtre de Gabriel Arcand. […] Physiquement il a changé. Son front s'est dégarni et sa tignasse de cheveux touffus forme maintenant une auréole de patriarche autour de sa tête. Le visage n'a plus la minceur d'une lame de couteau. En même temps, pour avoir connu Arcand du temps où il était maigre et tranchant et où il se cachait maladivement derrière Crime et châtiment *dans les restaurants pour éviter de fraterniser avec son prochain, je suis frappée par une transformation majeure. À 49 ans, Gabriel Arcand a l'air détendu, épanoui et, ma foi, bien dans sa peau.*

C'est d'autant plus frappant que, dans le milieu théâtral, Arcand passe encore pour un moine misanthrope, un troglodyte tourmenté qui ne sourit jamais, ne jure que par Grotowski, son maître à penser polonais, ne lit que du Dostoïevski, son auteur fétiche, et refuse de participer à l'insoutenable légèreté de l'existence. Aujourd'hui pourtant, le troglodyte mythique a l'air joyeux comme un pinson. Que se passe-t-il? Le mythe serait-il devenu humain? Il esquisse un sourire narquois. "Lâchez-moi avec Dostoïevski, avec la Pologne et avec le mythe Gabriel Arcand. Je ne suis pas un mythe ni un moine. Seulement quelqu'un qui a fait certains choix et qui a pris une autre voie, c'est tout."

Né à Deschambault, dans le comté de Portneuf, cadet de Denys le cinéaste, de Bernard l'anthropologue et de Suzanne la criminologue, Gabriel a découvert sa voie à Montréal grâce à son grand frère. "À l'époque, Denys jouait dans des pièces étudiantes au Gésu. J'allais le voir avec ma mère et j'étais complètement fasciné. Denys était pour moi une sorte de personne morale. C'était le grand frère. Le soir, il conférait avec mon père à table et nous écoutions avec respect les hommes parler."

Le jeune Gabriel brûle d'imiter son frère aîné mais se bute au scepticisme de son père, pilote de bateaux. Celui-ci rêve, en effet, que ses fils deviennent avocats, médecins ou notaires. Tout sauf pilotes de bateaux et artistes. Aussi,

---

14. Nathalie Petrowski, «Gabriel Arcand : L'acteur dans son labyrinthe», *La Presse*, 15 mars 1999, p. A7.

après des études à Sainte-Marie, Gabriel s'inscrit-il en philosophie à McGill. Puis, au lieu de prendre le chemin d'une école de théâtre, il s'envole en Europe avec Gilles Maheu de Carbone 14 et Jean Asselin des mimes Omnibus. "Gilles, Jean et moi, nous sommes de la même génération, nous avons eu le même réflexe d'aller en Europe étudier auprès de maîtres différents et, au retour, de fonder nos compagnies, raconte-t-il. Mais ce qui est fascinant, c'est que, malgré nos affinités, nous sommes partis dans trois directions diamétralement différentes." En effet. Alors que Carbone 14 et Omnibus se sont mis à rejoindre un public plus large et à multiplier les tournées à l'étranger, le Groupe de la Veillée s'est enraciné dans le béton montréalais en demeurant presque aussi clandestin et confidentiel qu'à ses débuts en 1974, à Saint-Henri.

Vingt-cinq ans plus tard, Gabriel Arcand est toujours marié à La Veillée et n'envisage aucune séparation. "Pourquoi j'irais voir ailleurs quand personne n'est en mesure de me donner la liberté de création, le plaisir et la satisfaction que je trouve ici? La Veillée, c'est ma vie. Et tout ce que je veux, c'est continuer de travailler ici jusqu'à ma mort." Les raisons d'aller voir ailleurs ne manquent pourtant pas. L'argent. La notoriété. Rejoindre plus de gens. Ou alors tout simplement faire autre chose que de jouer du Dostoïevski, encore que, depuis vingt-cinq ans, Gabriel Arcand n'a pas fait que jouer du Dostoïevski. Avant même de fonder La Veillée, Arcand tournait déjà dans les films de son frère. Sa filmographie est constituée de vingt et un films, dont Réjeanne Padovani, Gina, L'âge de la machine, Le déclin de l'empire américain, Les Plouffe, Agnes of God, Nelligan, et j'en passe.

Tout dernièrement, Arcand a relevé un autre type de défi. Pour la première fois de sa carrière vouée à la recherche et à la modernité, il a accepté de jouer un Molière dans un théâtre institutionnel. Son interprétation de Tartuffe au TNM fut saluée par tous. Depuis, il y a eu plusieurs autres offres. Arcand les a toutes déclinées. Pour des raisons de temps, mais aussi parce qu'Arcand ne joue pas dans n'importe quoi avec n'importe qui. C'est pourquoi, entre autres, vous ne le verrez jamais dans un téléroman. "Je préfère faire une voix hors champ dans une pub, explique-t-il. C'est payant, ça ne prend pas de temps et ça m'évite de m'enterrer pendant trois ans dans un sous-sol à Radio-Canada pour dire des inepties. C'est pas un jugement de valeur. C'est une question de goût. J'aime les choses qui ont plus de saveur."

Une telle intransigeance a un prix. Au lieu de rouler en BMW, Arcand conduit une Fox 89 qui a 208 000 kilomètres inscrits au compteur. Il vit dans un logement sur le Plateau plutôt que dans un château à Westmount. "Si j'avais trois enfants, dont deux malades, on me verrait faire des annonces de Coke plus souvent, mais comme les enfants malades ou les enfants tout court, ça n'existe pas dans ma vie, j'ai les mains libres."

À peine vient-il de passer cette dernière remarque qu'il enchaîne: "Dans le fond, je vis une sorte de paradoxe dans la mesure où je n'ai pas de BMW mais j'ai un théâtre qui vaut pas mal plus cher. Les acteurs riches qui gagnent dix fois mon salaire n'auraient jamais les moyens de se payer un tel théâtre, alors je ne suis pas à plaindre." L'argument est valable, à une nuance près: La Veillée est un théâtre subventionné. Si Arcand en était le propriétaire, il y a longtemps qu'il aurait été obligé de fermer. Pas parce que le théâtre qui s'y fait est mauvais. Au contraire. Plutôt parce que ce théâtre exigeant, qui préfère le risque à la recette et refuse la facilité, n'attire chaque année qu'une poignée d'irréductibles. Arcand connaît la chanson et ses reproches d'élitisme. Pour la première fois de la conversation, il monte sur ses grands chevaux. "On ne fait pas du théâtre pour les autres, on le fait d'abord pour soi-même en y mettant tout son cœur et son âme. Vouloir à tout prix attirer et évangéliser la Madame de la rue Panet, c'est prétentieux et c'est pas réaliste. Madame de la rue Panet ne viendra jamais voir Feuerbach, et je la comprends!

— Pourquoi ne viendrait-elle pas veiller à La Veillée?

— Parce qu'elle ne m'a pas vu dans Omertà, Les Boys ou Virginie, qu'elle ne comprend pas le titre de ma pièce et que ça ne l'intéresse pas. C'est son droit le plus absolu. Laissons-la donc vivre en paix. [...]"

Arcand va plus loin. Il raconte que, tout récemment, La Veillée a été obligé d'annuler toutes les représentations des Bonnes, de Jean Genet. Frédérique Collin, l'actrice principale souffrait d'une péritonite. Plutôt que de la remplacer, Arcand a préféré annuler le spectacle. "Des gens m'ont dit qu'à New York, on aurait tout de suite remplacé Frédérique. Je leur ai répondu: ici, on n'est pas à New York. Ici, on est différent et c'est notre chance. Si nous pouvons nous permettre le luxe de ne pas remplacer une actrice malade alors qu'à New York, ils n'ont pas les moyens, tant mieux. Profitons-en!" [...] »

1. Montrez que les choix de vie et les attitudes de Gabriel Arcand incarnent bien l'idéal d'authenticité défini par Charles Taylor.

2. Trouvez-vous que ce parcours de vie manifeste des vertus admirables sur le plan moral ? Si oui, lesquelles ?

3. Comment l'histoire d'Arcand illustre-t-elle la thèse de Taylor selon laquelle un individu ne peut jamais se définir tout seul ou inventer tout seul les valeurs qui sont au centre de son identité ?

4. Voyez-vous malgré tout dans l'itinéraire de Gabriel Arcand certains éléments qui correspondent aux aspects négatifs de l'idéal d'authenticité : égocentrisme, subjectivisme, refus de l'engagement et des responsabilités ?

5. Opposez l'orientation de vie de Gabriel Arcand à celle d'un (ou d'une) autre artiste qui, à votre avis, ne s'est pas montré à la hauteur des exigences de l'idéal d'authenticité.

ANALYSE

Dans le texte qui suit, Charles Taylor cherche à défendre l'authenticité en tant qu'idéal moral en critiquant une conception courante mais erronée de l'authenticité qu'il appelle subjectiviste, égocentrique et narcissique.

1. Pourquoi Taylor dit-il que la conception subjectiviste de l'authenticité est « intenable », « futile » et « incohérente » ?

2. Exposez la conception morale de l'authenticité défendue par Taylor lui-même en expliquant ce qu'il entend par « horizon de questions essentielles » et en décrivant le rôle qu'il donne à cet horizon dans l'exercice de la liberté de choix individuelle.

3. Montrez que ce texte illustre bien l'importance qu'accorde Taylor à la dimension morale de l'*identité* dont nous avons parlé en début de chapitre.

DEUX CONCEPTIONS DE L'AUTHENTICITÉ[15]

[J'aimerais considérer] certaines exigences inhérentes à l'idéal de l'authenticité, afin de montrer que les modes les plus égocentriques et « narcissiques » de la culture contemporaine sont manifestement intenables. [...]

Lorsque nous cherchons à comprendre ce qu'est se définir soi-même, et à déterminer ce en quoi consiste notre originalité, nous comprenons aussitôt que nous ne pouvons le faire que par rapport à ce qui est significatif. Me définir consiste à chercher ce qui est significatif dans ma différence avec les autres. Je peux bien être la seule personne à avoir exactement 3 732 cheveux sur la tête ou la même taille précisément qu'un arbre des plaines de Sibérie, mais qu'est-ce que ça fait ? Si j'essaie, par contre, de me définir par mes aptitudes à formuler des vérités importantes, à jouer du piano en virtuose, ou encore à faire revivre les traditions de mes ancêtres, je me situe alors dans le domaine des définitions de soi qui font sens.

La différence saute aux yeux. Nous reconnaissons aussitôt que la seconde série d'attributs possède une signification humaine ou que les gens peuvent lui en attribuer une, alors que la première n'en a pas, du moins pas sans explication : il est possible que 3 732 soit un nombre sacré dans une société donnée, et il peut alors être significatif d'avoir ce nombre de cheveux ; mais pour en arriver là, il faut établir un lien avec le sacré. [...]

15. Charles Taylor, *Grandeur et misère de la modernité*, op. cit., p. 51-58.

Les choses prennent de l'importance quand on les situe sur un arrière-plan d'intelligibilité. Appelons cela un horizon. Il s'ensuit que nous devons éviter, si nous voulons nous définir de façon significative, de supprimer ou de refuser les horizons par rapport auxquels les choses prennent une signification pour nous. C'est le genre de geste autodestructeur qu'on pose fréquemment dans notre société subjectiviste. En insistant sur la légitimité du choix entre différentes options, nous nous retrouvons souvent à priver les options de leur signification. [...] Même le sentiment que le sens de ma vie tient au choix personnel que j'ai fait – c'est le cas lorsque l'authenticité se fonde sur la liberté autodéterminée – dépend de ma prise de conscience qu'il existe *indépendamment de ma volonté* quelque chose de noble et de courageux, et donc de significatif dans le fait de donner forme à ma propre vie. Deux représentations de la vie humaine s'opposent ici : d'une part, le courage de celui qui se crée, d'autre part, le laisser-aller de celui qui cède aux facilités du conformisme. Nul n'invente cette opposition ; on la découvre, et on perçoit aussitôt sa vérité. L'horizon est donné.

Mais il y a plus : cet horizon minimal, qui fonde l'importance du choix, ne suffit pas [...]. Il importe certes de choisir ma vie [...] mais à moins que certaines options soient plus significatives que d'autres, l'idée même de choix personnel sombre dans la futilité et donc dans l'incohérence. L'idéal du libre choix ne fait sens que si certains critères valent plus que d'autres. Je ne peux pas prétendre avoir choisi ma vie et déployer tout un vocabulaire nietzschéen seulement parce que j'ai pris un bifteck-frites plutôt que de la poutine au déjeuner. Ce n'est pas moi qui détermine quelles questions comptent. Si c'était vrai, aucune alors n'importerait et l'idée même du libre choix en tant qu'*idéal moral* perdrait toute consistance.

L'idéal du libre choix suppose donc qu'il y a d'*autres* critères de sens au-delà du simple fait de choisir. Cet idéal ne vaut pas par lui-même : il exige un horizon de critères importants, qui aident à définir dans quelle mesure l'autodétermination est significative. À la suite de Nietzsche, je serais vraiment un grand philosophe si je parvenais à redéfinir le système des valeurs. Mais il faudrait pour cela redéfinir des valeurs qui se rapportent aux questions importantes, et non pas le menu de chez McDonald's ou la mode de l'année prochaine.

L'agent qui cherche le sens de la vie, qui essaie de se définir de façon significative, doit se situer par rapport à un horizon de questions essentielles. C'est ce qu'il y a d'autodestructeur dans les formes de la culture contemporaine qui se referment sur l'épanouissement de soi en s'opposant aux exigences de la société ou de la nature, et qui tournent le dos à l'histoire et aux exigences de la solidarité. Ces formes égocentriques et « narcissiques » sont, en effet, bien superficielles et futiles ; elles « aplatissent et rétrécissent » la vie, comme l'écrit Bloom. Mais ce n'est pas parce qu'elles appartiennent à la culture de l'authenticité. C'est plutôt parce qu'elles esquivent ses exigences. Tourner le dos à tout ce qui transcende le moi, c'est justement supprimer les conditions de signification et courtiser du coup la futilité. Dans la mesure où les gens aspirent à un idéal moral, cet enfermement en soi est une contradiction dans les termes ; il détruit les conditions dans lesquelles cet idéal peut se réaliser.

En d'autres termes, je ne peux définir mon identité qu'en me situant par rapport à des questions qui comptent. Éliminer l'histoire, la nature, la société, les exigences de la solidarité, tout sauf ce que je trouve en moi, revient à éliminer tout ce qui pourrait compter. Je pourrai me définir une identité qui ne sera pas futile seulement si j'existe dans un monde dans lequel l'histoire, les exigences de la nature, les besoins de mes frères humains ou mes devoirs de citoyen, l'appel de Dieu, ou toute autre question de cet ordre-là, existent vraiment. L'authenticité ne s'oppose pas aux exigences qui transcendent le moi : elle les appelle.

DOMAINES D'APPLICATION

L'éthique des affaires

La « business ethics », ou « éthique des affaires », connaît actuellement une grande vogue en Occident. Il est de plus en plus courant de voir des entreprises se doter de codes de déontologie et de comités d'éthique. Comment expliquer cette vogue ? Cet intérêt pour l'éthique ne semble pas être issu directement du monde des affaires en tant que tel. Il s'explique plutôt par la convergence de nouvelles tendances et de nouveaux courants d'idées qui appelaient le milieu des affaires à rendre ses pratiques plus conformes à la morale.

Parmi ces tendances et ces courants, mentionnons l'action de nouveaux groupes de pression tels que les associations de consommateurs et les groupes voués à la protection de l'environnement, l'importance toujours grandissante des droits de la personne et de la lutte contre toutes les formes de discrimination, un renforcement général des préoccupations éthiques dans l'opinion publique (sensibilité à tout ce qui touche la santé et la sécurité, tant en ce qui concerne les lieux de travail que les produits de consommation), et, pour couronner le tout, l'émergence d'un État-providence interventionniste qui, en réponse à toutes ces pressions, a multiplié les réglementations à l'endroit des entreprises. Un certain nombre de scandales fortement médiatisés en relation avec le monde des affaires (cas de pollution, de négligence, de corruption, de fraude) a également contribué à réveiller la fibre éthique dans ce milieu.

Y A-T-IL UNE « ÉTHIQUE DES AFFAIRES » ?

On pourrait, de prime abord, être tenté de poser la question suivante : « Y a-t-il un sens à parler d'une "éthique des affaires" ? » Certains diraient qu'il s'agit d'une absurdité, que le monde des affaires n'obéit qu'à une seule loi, celle du profit, et qu'il est, par définition, étranger à toute préoccupation morale. D'autres diraient qu'il ne faut pas établir d'éthique particulière pour ce secteur d'activité : l'économie et les affaires devraient tout simplement être soumises aux mêmes normes morales que toute autre activité sociale.

Toutefois, il est difficile de nier le fait que le marché capitaliste constitue un cas tout à fait spécial pour la réflexion éthique. Les promoteurs de la nouvelle éthique des affaires ont dû, dès le départ, et doivent encore se battre contre une idée très profondément ancrée dans l'esprit de nombreux dirigeants d'entreprise : celle que le monde des affaires bénéficie d'une sorte d'*immunité morale* et que l'économie capitaliste ne peut être féconde que si elle œuvre à l'abri des exigences morales habituelles, qui ne peuvent que faire obstacle à la recherche du profit et de la rentabilité maximale. Et, en effet, on sait bien qu'il existe des moyens plus faciles de faire du profit que celui d'offrir un service et des produits de qualité. Il n'y a qu'à songer à la publicité mensongère, à la dissimulation de défauts de fabrication, au déversement de déchets toxiques dans les rivières, à l'exploitation de la crédulité ou de l'ignorance des gens, à la corruption, à l'évasion fiscale, etc. En outre, on constate l'influence considérable de l'« analyse coûts-bénéfices » dans les décisions d'affaires. Ainsi, les dirigeants d'entreprise sont enclins à traduire tous les aspects d'une décision à prendre en termes économiques quantifiables, c'est-à-dire en termes financiers. Dans cette optique, la décision de licencier des employés ou de recourir à une technique de vente sous pression, par exemple, est évaluée strictement du point de vue de la baisse des coûts de production ou de l'augmentation des ventes. Cette tendance peut malheureusement permettre à une entreprise de justifier certaines de ses pratiques les plus douteuses, comme l'illustre le cas de la Pinto de Ford, devenu exemplaire.

EXERCICE 1

LA PINTO DE FORD[1]

Dans les années 1960, le fabricant d'automobiles Ford Motor Co. souffrait de la rude concurrence que lui faisaient subir les fabricants de sous-compactes, notamment les Japonais. Pour remédier à la situation, le président de l'entreprise, Lee Iacocca, décida en 1968 de produire une nouvelle sous-compacte, la Pinto, et de la mettre sur le marché dès 1970. Il réduisait ainsi à 24 mois le délai normal de production de 43 mois. Comme le style de l'automobile importait davantage que les exigences de l'ingénierie, on déplaça le réservoir à essence vers l'arrière, limitant ainsi l'espace de collision à seulement neuf ou dix pouces. Des notes internes révèlent que les huit premiers modèles d'essai ont été jetés aux rebuts parce que leur réservoir à essence s'était rompu dans des collisions à des vitesses supérieures à 40 km/h.

La Ford Pinto, une auto « explosive ».

En septembre 1977, la National Highway Traffic Safety Administration (NHTSA) commença une enquête après avoir reçu un grand nombre de plaintes à propos du réservoir à essence de la Pinto. L'examen de modèles antérieurs à 1977 lui fit conclure que l'emplacement du réservoir à essence exposait grandement celui-ci à des bris à la suite d'impacts. La compagnie Ford rappela en mai 1978 le million et demi de sous-compactes circulant sur le marché, mais précisa qu'elle n'était pas d'accord avec les conclusions de la NHTSA. Pourtant, pendant les huit années que durèrent les ventes de la Pinto, au moins 53 personnes trouvèrent la mort dans des accidents au volant de cette automobile, parce que son réservoir s'était rompu et que l'essence s'était enflammée.

---

1. Le récit qui suit s'inspire directement de l'ouvrage de Michel Dion, *L'éthique ou le profit*, Montréal, Fides, 1992, p. 103-105.

Pourquoi donc, se demande-t-on, la compagnie Ford n'a-t-elle pas déplacé le réservoir à essence de façon à rendre la voiture plus sûre ? La question s'impose d'autant plus qu'une étude intitulée *Fatalities Associated with Crash-Induced Fuel Leakage and Fires*, réalisée par la compagnie Ford et conduite par J. C. Echold, son directeur de la sécurité routière, établissait à 11 $ par automobile le coût de cette correction. Mais l'étude ne s'arrêtait pas là. Elle justifiait la décision de la compagnie au moyen d'une analyse coûts-bénéfices qui comparait les coûts de la modification du réservoir à essence avec les avantages qui pourraient en résulter (vies sauvées, blessures graves et pertes de véhicules évitées). Plusieurs variables de l'analyse se prêtaient bien à une telle évaluation quantitative, mais comment soupeser une vie humaine ? Que vaut une vie humaine ?

Ford répondit à cette question en s'appuyant sur une étude de la NHTSA qui établissait que la société perdait 200 725 $ chaque fois qu'une personne était tuée dans un accident de la route. Cette estimation incluait divers paramètres tels que la perte de productivité pour les années de travail perdues, les frais d'administration, les souffrances de la victime (estimées à 10 000 $), les frais funéraires, etc. Ford estimait qu'elle produirait au total 12 500 000 véhicules. À 11 $ l'unité, les modifications coûteraient donc 137 500 000 $. Les bénéfices, eux, furent évalués à 49 053 000 $ (selon une prévision de 180 morts, 180 blessés graves et 2 100 pertes de véhicules). Les coûts excédant les bénéfices de 87 millions de dollars, la décision la plus rationnelle, selon Ford, était de ne pas procéder à la modification !

Ajoutons qu'entre 1971 et 1978, Ford dut faire face à une cinquantaine de poursuites judiciaires et même une poursuite au criminel, dont elle fut acquittée. Ford maintint qu'elle n'avait rien à se reprocher sur le plan *légal*, parce qu'elle avait respecté les normes de sécurité alors en vigueur. Ce qu'elle omit de dire, c'est qu'elle avait elle-même retardé pendant plus de neuf ans, par des pressions agressives, l'adoption par la NHTSA de nouvelles normes de sécurité plus exigeantes. Cette manœuvre venait renforcer le doute voulant que la sécurité des consommateurs était vraisemblablement moins importante pour elle que la recherche du profit. Et, bien que Ford puisse affirmer s'être conformée aux lois, une telle attitude peut malgré tout être condamnée sur le plan *moral*.

Il ne faut pas croire qu'un cas comme celui de la Pinto appartient seulement au passé. En 1993, la General Motors a été condamnée à verser des indemnités de plus de 100 millions de dollars aux parents d'un adolescent mort dans un accident de la route. La cause de la mort aurait été un réservoir à essence défectueux ! Dans ce procès, le jury fut particulièrement sensible au témoignage d'un ingénieur du constructeur, qui avoua que la compagnie savait depuis des années que l'emplacement du réservoir comportait un danger, mais qu'elle l'avait dissimulé et n'avait rien fait pour le corriger[2].

2. W. H. Shaw et V. Barry, *Moral Issues in Business*, 6e éd., Belmont, CA, Wadsworth Publishing Company, 1995, p. 84-87.

QUESTIONS

Dans le chapitre sur l'utilitarisme, nous avons observé qu'une analyse coûts-bénéfices purement économique, où tous les paramètres sont traduits en argent, pouvait paraître attrayante à une éthique utilitariste soucieuse d'effectuer des calculs d'utilité rigoureux.

1. Montrez que l'analyse coûts-bénéfices effectuée par la compagnie Ford dans le cas de la Pinto présente certains points communs avec l'ÉTHIQUE UTILITARISTE.

2. Appliquez vous-même à ce cas les principes de l'éthique utilitariste. Y a-t-il une différence entre les conclusions auxquelles vous arrivez et la politique de la compagnie Ford? Comment expliquez-vous cette différence?

3. Quels autres principes éthiques, parmi ceux que nous avons étudiés, pourriez-vous invoquer pour condamner moralement l'attitude de la compagnie Ford dans cette affaire?

UNE MORALE MINIMALE

Le monde des affaires, comme tout système de coopération sociale, ne saurait fonctionner et subsister sans que ses participants respectent un certain nombre de principes moraux fondamentaux. Il y a un ordre moral inhérent aux relations commerciales et aux échanges économiques. Le marché économique capitaliste adhère à une éthique fondamentale de la liberté et de la propriété individuelles ainsi qu'à une notion d'égalité formelle entre individus négociant librement ententes et échanges. Il renvoie à des principes de base tels que le respect des contrats et des promesses, l'interdiction de la fraude ou de l'extorsion. Il s'appuie en outre sur une morale implicite de confiance mutuelle. Par exemple, beaucoup de transactions commerciales et financières s'effectuent dans un cadre informel où le respect de la parole donnée est d'une importance cruciale.

Cependant, il faut reconnaître qu'il s'agit là d'une *morale minimale et négative*, dans laquelle chacun ne vise au fond que son intérêt personnel dans le respect des droits d'autrui. Cette conception correspond tout à fait à l'éthique des DROITS NÉGATIFS extrêmement restrictive préconisée par les adeptes du LIBERTARISME. Nous avons vu au chapitre 7 que, pour les libertariens, les droits fondamentaux se limitent essentiellement aux droits à la liberté et à la propriété. Dans cette optique, on dira, par exemple, qu'un employé qui accepte de travailler pour un salaire de misère ou dans des conditions dangereuses pour sa santé et sa sécurité le fait librement. S'il n'est pas satisfait de ses conditions de travail, il peut quitter son emploi quand il le désire, tout comme son employeur peut le congédier à son gré. On peut dire la même chose de chaque consommateur qui achète un produit. C'est à lui d'être vigilant et d'user de prudence dans ses achats. S'il n'est pas satisfait de la marchandise qu'on lui a vendue, il est libre d'opter pour une autre marque au prochain achat ou d'exiger un remboursement si les termes dans lesquels l'achat a été effectué l'y autorisent. *Les dirigeants d'entreprises sont enclins à rétrécir leur horizon moral à ces exigences minimales.* Ils peuvent ainsi travailler en vase clos, à l'abri des exigences plus élevées de la morale commune, en limitant leurs préoccupations à la recherche du profit et de la rentabilité.

Cette tendance minimaliste trouve son complément naturel dans un légalisme étroit. Tant que l'entreprise se conforme aux lois et aux réglementations de l'État, elle peut se considérer comme moralement irréprochable ; comme nous l'avons vu, ce fut l'attitude de Ford dans le cas de la Pinto (voir à la p. 207). Mais nous savons qu'une morale authentique déborde les limites de la légalité. Les lois viennent souvent corriger avec beaucoup de retard des préjudices ou des injustices qui sévissent depuis fort longtemps. On peut douter qu'il soit moral, de la part des entreprises, de ne jamais prendre l'initiative d'apporter ces correctifs quand elles ont les moyens de les corriger.

LA « MAIN INVISIBLE »

Lorsqu'ils sentent le besoin d'une justification morale plus étoffée, les partisans de la morale minimale en affaires se rabattent généralement sur l'argument UTILITARISTE dit de la « main invisible », formulé par l'économiste anglais du XVIIIᵉ siècle Adam Smith (1723-1790). Suivant cet argument, la beauté du marché économique capitaliste réside dans le fait qu'en laissant chacun suivre ses seuls intérêts égoïstes, le marché parvient tout naturellement à créer le plus grand bien-être pour l'ensemble de la société.

Adam Smith (1723-1790), le père de la théorie dite de la « main invisible ».

Puisque personne ne consent librement à une transaction s'il la croit désavantageuse pour lui, chaque échange entre producteurs et consommateurs ou entre employeurs et employés contribue à apporter à tous des avantages réciproques. La liberté des échanges et la loi de la concurrence font en sorte qu'à la fin les meilleures entreprises vendent aux consommateurs les meilleurs produits possibles au moindre coût possible. *Autrement dit, une sorte de « main invisible » providentielle fait en sorte que le marché capitaliste transforme l'ensemble des motivations égoïstes des individus en un système globalement altruiste, au bénéfice de tous.* Suivant ce modèle, lorsque la libre activité économique entraîne certains effets pervers, les lois du marché finissent par les neutraliser. Pensons, par exemple, à une entreprise qui met sur le marché des insecticides susceptibles de provoquer le cancer chez l'humain : ce fait sera tôt ou tard découvert, le marché incitera des concurrents à proposer des produits sécuritaires et les consommateurs lésés pourront intenter des poursuites contre le fabricant fautif pour obtenir un dédommagement.

De nombreuses critiques ont été formulées à l'encontre de cette théorie de la « main invisible ». Certaines sont très techniques. Elles visent à démontrer que les conditions de concurrence parfaite postulées dans ce modèle ne sont jamais réalisées dans la réalité. En outre, les gens ne sont pas toujours dans des conditions qui leur permettraient de prendre des décisions éclairées favorisant au mieux leurs intérêts, ou encore ils sont souvent motivés par autre chose que l'intérêt égoïste.

Sans entrer en détail dans ces critiques savantes, nous pouvons mettre en lumière un grand nombre d'effets pervers du marché capitaliste libre, que les lois ont cherché progressivement à corriger ou à compenser:

■ l'exploitation éhontée des travailleurs, qui a sévi particulièrement au XIXe siècle et persiste encore aujourd'hui, particulièrement dans les pays du Tiers-Monde;

■ la tendance à la formation de monopoles qui éliminent la concurrence;

■ l'accentuation des écarts entre les riches et les pauvres;

■ la pollution industrielle;

■ la tendance des entreprises à produire des biens non durables, à exploiter les faiblesses, les frustrations et les penchants les plus primaires des consommateurs, tels que la recherche du confort, les excitations superficielles ou le moindre effort, etc.

À cela, les néolibéraux répliquent souvent qu'il n'existe pas malgré tout de meilleur système que le système capitaliste et que les interventions de l'État, en cherchant à corriger ces maux, créent généralement plus de problèmes qu'elles n'en résolvent.

LA RESPONSABILITÉ SOCIALE DE L'ENTREPRISE

C'est à l'économiste Milton Friedman, un des plus célèbres adeptes du NÉOLIBÉRA-LISME, que l'on doit la défense la plus célèbre de la morale minimale. Il l'a formulée dans un article dont le titre, à lui seul, indique bien à quelle enseigne loge son auteur: «La responsabilité sociale de l'entreprise est d'accroître ses profits». Ce texte est paru dans le *New York Times Magazine*, le 13 septembre 1970. Friedman y affirme que la seule responsabilité d'une entreprise consiste à «utiliser ses ressources et à s'engager dans des activités destinées à accroître ses profits, pour autant qu'elles respectent les règles du jeu, c'est-à-dire celles d'une compétition ouverte et libre sans duperie ou fraude».

Cependant, la tendance qui domine aujourd'hui en éthique des affaires est aux antipodes de la position de Friedman. Elle affirme plutôt l'existence d'une responsabilité sociale de l'entreprise au-delà de ses fonctions strictement économiques. Cette responsabilité concerne toutes les parties intéressées par l'activité de l'entreprise et sur lesquelles celle-ci exerce un pouvoir qui engage une responsabilité. Ces parties sont: les actionnaires, les employés, les clients, les fournisseurs, les concurrents, la société civile ou la communauté (régionale, nationale, internationale) et finalement les générations futures. Cette responsabilité ne signifie pas que l'entreprise doive faire passer les intérêts de tous ces groupes avant l'impératif fondamental du profit. Elle signifie seulement que dans ses rapports avec ces groupes, l'entreprise doit remplir un certain nombre d'obligations morales, comme

Milton Friedman, le héraut du néolibéralisme.

honorer ses engagements, ne pas mettre en danger la santé et la sécurité des personnes, respecter leurs droits fondamentaux, ne pas détruire l'environnement, traiter ses partenaires d'une manière juste et équitable, etc.

Si nous prenons le cas de la responsabilité envers les clients, il semble évident que les compagnies de tabac qui ont sciemment ajouté de la nicotine à leurs cigarettes pour augmenter leur effet intoxicant et qui ont caché ou détruit de nombreuses recherches faisant état des risques de la cigarette pour la santé, ont agi d'une manière irresponsable et inacceptable. Pour ce qui est de la responsabilité envers les travailleurs, le cas Wal-Mart est particulièrement pertinent. La plus grande partie des marchandises vendues par Wal-Mart proviennent de pays pauvres ou émergents où les salaires sont très bas et les conditions de travail misérables. Chiffres éloquents : 53 % des importations de Wal-Mart viennent de Chine et 10 % de toutes les exportations chinoises aux États-Unis sont achetées par Wal-Mart. Voici des exemples des conditions de travail observées dans les usines chinoises associées à Wal-Mart : semaines de 7 jours, horaires de travail de 12 à 14 heures par jour, ouvriers surveillés par des gardes et logés dans des campements d'où ils ne peuvent sortir qu'une heure et demie par semaine, payes de 10 cents l'heure, amputées par toutes sortes d'amendes et de déductions au point que certains ouvriers ne gagnent rien : pire, après des années de travail, certains se trouvent en dette envers la compagnie[3] !

Ces deux exemples suggèrent en quel sens il peut y avoir des limites morales que les entreprises ont la responsabilité de respecter dans leur recherche du profit. Nous allons maintenant passer en revue quelques problématiques plus spécifiques en la matière.

L'ÉTHIQUE DE LA DIRECTION D'ENTREPRISE

Le début du XXIe siècle a vu les projecteurs se braquer sur la conduite d'un nombre important de dirigeants de grandes entreprises, dont plusieurs faisaient figure d'icônes médiatisées. Une première controverse concerne leur rémunération.

DES SALAIRES FARAMINEUX...

En 1980, le salaire d'un dirigeant de grande entreprise était en moyenne 42 fois plus élevé que le salaire moyen des employés aux États-Unis. En 2000, il était 600 fois plus élevé. Home Depot a versé la somme astronomique de 210 millions de dollars américains à son ancien PDG Robert Nardelli lorsque celui-ci a quitté ses fonctions en 2007. Han McKinnell, le grand patron du géant pharmaceutique Pfizer, a bénéficié lui aussi d'une prime de départ de plus de 200 millions de dollars. Le véritable problème de la rémunération des dirigeants d'entreprise n'est cependant pas le montant élevé des salaires et bonis, qui répond d'une certaine manière aux lois du marché. Il est dans le fait que des bénéfices extraordinaires soient versés sans être *mérités* et que

3. S. Rosoff, H. Pontell et R. Tillman, *Profit Without Honor : White-Collar Crime and the Looting of America*, 4e éd., Upper Saddle River, NJ, Pearson Prentice Hall, 2007, p. 80-87.

les bonis abondent autant quand la performance est mauvaise que lorsqu'elle est bonne, ce qui viole un principe de justice élémentaire. Nardelli et McKinnell ont justement reçu leurs primes faramineuses au moment où la performance des compagnies qu'ils dirigeaient connaissait des ratés. Le PDG de Walt Disney Corporation, Michael Eisner, a pour sa part touché 800 millions de dollars américains en 13 ans, période pendant laquelle les actions de l'entreprise ont rapporté en moyenne moins que les obligations du gouvernement.

Ces pratiques paraissent d'autant plus odieuses qu'elles viennent souvent récompenser des personnes qui n'ont pas hésité à sacrifier le bien-être de leurs employés au moyen de mises à pied massives, de réductions de salaire draconiennes ou de diminutions et même d'annulations d'avantages sociaux (assurances ou rentes de retraite). Par exemple, alors qu'elle se trouvait au bord de la faillite en 2003, la compagnie American Airlines a arraché à ses employés près de 1,6 milliard de dollars américains en réductions de salaire (10 000 $ sur des salaires de 50 000 $), au moment même où ses dirigeants se versaient des bonis équivalents à deux fois leur salaire annuel! De plus, après avoir essuyé des pertes de 5 milliards au cours des deux années précédentes, l'entreprise trouvait néanmoins le moyen de constituer un fonds spécial de 41 millions pour financer la retraite de ses 45 cadres supérieurs.

... AUX FRAUDES CRIMINELLES

Mais les salaires astronomiques ne sont pas l'élément le plus important de la controverse qui a entouré la conduite des dirigeants d'entreprise. Les années 2001-2003 ont été le théâtre d'une séquence d'événements sans précédent, marquée par une abondance de scandales financiers touchant les plus grandes entreprises mondiales et leurs célèbres dirigeants. Au Canada, c'est la plus grande entreprise canadienne qui en fut frappée, Nortel. En deux ans, la valeur de l'action de Nortel est passée de 120 dollars à 67 cents, entraînant des pertes de 400 milliards pour les actionnaires, dont plusieurs ont été ainsi ruinés. La cause de cet effondrement réside dans des investissements irresponsables des dirigeants (série d'acquisitions d'entreprises trop coûteuses) et, surtout, dans une comptabilité frauduleuse. Ainsi, des pertes de 6 milliards entre 1998 et 2000 furent maquillées en bénéfices de 7 milliards et de fausses ventes de 3 milliards furent inscrites dans les comptes en 2001-2003. Mais Nortel n'est qu'un exemple parmi une lamentable série de scandales éclaboussant des géants de l'industrie: Enron, WorldCom, Parmalat, Vivendi, Ahold, Adelphia, Global Crossing, Tyco, Qwest, Xerox, etc. Ces scandales ont connu des issues diverses. Nortel a licencié 2 ex-PDG, 10 dirigeants et 3 200 collaborateurs. Bernard Ebbers, l'ex-PDG de WorldCom, et Dennis Kozlowski, PDG de Tyco, ont chacun été condamnés à 25 ans de prison. La plus grande firme comptable des États-Unis, Arthur Andersen, impliquée dans un grand nombre de ces scandales, a été dissoute.

Bernard Ebbers, PDG de la compagnie WorldCom, condamné à 25 ans de prison pour fraude.

Considérée de l'extérieur, la conduite des dirigeants de ces compagnies paraît tout à fait irrationnelle. Ils semblaient en proie à une avidité effrénée de richesse et de puissance qui a éteint en eux tout sens des responsabilités. Ils ont manipulé les avoirs de leur entreprise comme s'il s'agissait d'un jouet, au mépris des intérêts des actionnaires et du personnel. Ils ont recouru à toutes sortes de stratégies risquées ou carrément frauduleuses pour mousser la valeur des actions de l'entreprise, et ce, dans leur propre intérêt d'abord, puisque leur rémunération était en grande partie constituée de ces actions. Ainsi, Ken Lay, d'Enron, possédait en 2001 5 millions d'actions valant plus de 350 millions de dollars.

Les victimes innocentes de ces stratagèmes furent les actionnaires et les salariés et, dans bien des cas, ces deux catégories n'en faisaient qu'une. En effet, les compagnies offraient des avantages à leurs employés pour les pousser à acheter des actions avec les économies destinées à leur future retraite. La majorité des employés d'Enron adhérèrent à ce plan d'investissement. Mais le pire est qu'on les a ensuite empêchés de retirer leur argent quand la dégringolade du cours des actions s'est amorcée, ce qui fait qu'ils ont tout perdu. Beaucoup d'entre eux qui cotisaient depuis longtemps avaient accumulé des centaines de milliers de dollars en fonds de retraite. Un employé a vu son épargne retraite de 470 000 $ s'envoler en fumée et s'est retrouvé à 50 ans avec un compte vide. Pendant ce temps, 29 cadres supérieurs d'Enron, sentant la soupe chaude, ont pu vendre leurs actions à leur guise et en ont tiré un revenu de 1,1 milliard. Le PDG Ken Lay a lui-même vendu de ses propres actions pour une valeur de 146 millions au moment même où il exhortait ses employés à continuer à placer toutes leurs économies dans les actions d'Enron !

Plusieurs des dirigeants impliqués dans ces scandales étaient des vedettes médiatisées du monde de la finance, qui faisaient la une des magazines et accumulaient les honneurs pour leur audace et leur ingéniosité. De toute évidence, il s'agissait en réalité de gros ego qui projetaient d'un côté une image de battants audacieux et qui de l'autre puisaient à pleines mains dans les fonds de la compagnie pour soutenir leur train de vie princier ou avantager leurs parents et amis (fêtes somptueuses, achat d'œuvres d'art, appartements luxueux aux frais de l'entreprise, terrains de tennis et de golf personnels, jets privés, bijoux, automobiles de collection, etc.). Bernard Ebbers, notamment, s'est fait accorder un prêt personnel de 400 millions de dollars par les administrateurs de la société WorldCom, alors que celle-ci accumulait des pertes de 11 milliards entre 1999 et 2002. Ces exemples mettent en lumière un des facteurs clés de tous ces scandales, à savoir que les salaires des dirigeants et les rapports financiers trafiqués étaient entérinés par des conseils d'administration ou des comités spéciaux complaisants, formés le plus souvent d'autres dirigeants d'entreprise qui établissaient ainsi des règles dont ils allaient pouvoir bénéficier à leur tour le moment venu[4].

L'ampleur et le nombre de ces scandales ont provoqué une sérieuse réflexion sur les normes éthiques en vigueur dans le milieu des affaires. Diverses avenues de solution ont été suggérées pour redresser la situation. Les trois principales ressortissent à certains des courants éthiques que nous avons étudiés.

---

4. Sur tout ce dossier : K. R. Gray, L. A. Frieder et G. W. Clarck, Jr, *Corporate Scandals : The Many Faces of Greed*, St. Paul, MN, Paragon House, 2005 ; Nicolas Cori, *De la grandeur au gouffre : comprendre les scandales financiers*, Paris, Lignes de repère, 2005 ; Lisa H. Newton, *Permission to Steal. Revealing the Roots of Corporate Scandals*, Malden, MA, Blackwell, 2006.

TROIS AVENUES DE SOLUTION

1. L'éthique de normes

Une première solution est l'approche réglementaire qui correspond à ce que nous avons appelé une «éthique de normes». Il s'agit ici de resserrer les *règles* auxquelles les autorités publiques soumettent les entreprises, de manière à empêcher le retour des abus que nous venons d'évoquer. C'est cette approche qui fut privilégiée par les autorités américaines avec la loi Sarbanes-Oxley et le rapport Breeden, qui imposèrent de nouvelles règles concernant la présentation des rapports financiers et le fonctionnement des conseils d'administration. Exemples : obligation pour les dirigeants d'entreprise de certifier personnellement les rapports financiers, interdiction de cumuler les fonctions de directeur général et de président du conseil d'administration, établissement d'un plafond pour la rémunération des dirigeants, mise en place d'un mécanisme de dénonciation anonyme au sein des entreprises, durcissement des punitions encourues pour une violation des lois, etc. Dans l'esprit d'une éthique de normes, cette solution s'inspire d'une approche *négative* de la régulation morale qui consiste à imposer des limites, des restrictions, des interdits et de soumettre ceux qui les violent à des *sanctions* sévères.

2. L'éthique de valeurs

Une deuxième piste de solution réside dans l'approche *positive* que nous avons associée à une «éthique de valeurs». Cette approche met l'accent sur un certain nombre de grands buts et d'idéaux auxquels les acteurs sont invités à adhérer et à mettre au centre de leurs préoccupations. On parle souvent à ce propos d'établir une «culture d'entreprise» qui passe moins par la voie des contrôles et des menaces de sanction que par des pratiques positives d'encouragement, de récompense et de promotion. Un exemple québécois de cette approche nous est offert par la compagnie Rona, qui affirme placer au centre de ses activités et de ses rapports avec ses partenaires des valeurs telles que le service, la solidarité, le respect, le bien commun et le sens des responsabilités. Ces valeurs se manifestent concrètement dans des conduites consistant notamment à faire participer les employés à la gestion des affaires, à écouter leurs suggestions, à encourager les fournisseurs locaux, à mettre sur pied un organisme d'aide aux personnes atteintes de maladie mentale ou aux athlètes de l'équipe olympique canadienne, etc.

3. L'éthique des vertus

La troisième solution relève de ce sous-domaine de l'éthique de valeurs que nous avons appelé l'ÉTHIQUE DES VERTUS. Au beau milieu du déferlement de scandales qui a marqué les années 2001-2003, Alan Greenspan, président de la banque centrale américaine, a déclaré : «Une cupidité contagieuse a semblé saisir une bonne partie de notre communauté des affaires[5].» La référence au *vice* de cupidité a d'ailleurs occupé une grande place dans les critiques de la conduite des acteurs de ces scandales. Cette

---

5. Nicolas Cori, *op. cit.*, p. 8.

référence évoque l'optique favorisée par le courant de l'éthique des vertus. L'idée de l'éthique des vertus est que, peu importe les normes, les systèmes de contrôle et les sanctions en vigueur, ce sont toujours, en fin de compte, les *individus* qui mentent, qui trompent et qui fraudent, pas les systèmes. Il est clair qu'une partie de la conduite des grands patrons et de leurs complices reflète les vices enracinés dans leur *caractère* : vices d'égocentrisme, d'arrogance, de cupidité et d'orgueil. Il est clair qu'ils ont manqué de ces *vertus* essentielles auxquelles on s'attend des personnes chargées de responsabilités aussi importantes : l'honnêteté, l'intégrité, le sens des responsabilités, le respect d'autrui, la sagesse, la prudence, la maîtrise de soi. Du point de vue de l'éthique des vertus, on aura beau durcir les règles, un individu cupide et malhonnête trouvera toujours le moyen de les contourner ou de les utiliser à son profit. Mais comment, alors, l'éthique des vertus peut-elle être appliquée ?

Un premier niveau d'application réside dans la détermination des critères de sélection des dirigeants, dans l'examen de la conduite passée des candidats, en prenant en considération tant leur caractère que les valeurs qui les animent, et en exerçant une méfiance délibérée à l'égard des dirigeants charismatiques imbus d'eux-mêmes. Un deuxième niveau consisterait à attribuer une plus grande importance à l'éthique des vertus dans les programmes de formation en finances et en administration, par exemple en profitant des stages en entreprise pour placer les élèves dans des situations destinées à éprouver leurs qualités morales. Un troisième niveau, enfin, consiste à aménager le fonctionnement de l'entreprise de manière à favoriser l'expression des vertus désirées, par exemple en préconisant le travail d'équipe, l'écoute des autres, la transparence, la reddition de comptes, etc.

Les trois avenues que nous venons d'examiner peuvent être vues comme complémentaires. Il faut se rappeler surtout que ce ne sont pas les déclarations d'intention qui comptent, mais les actions concrètes. Le code d'éthique d'Enron, qui comptait 60 pages, était considéré à l'époque comme un modèle du genre, ce qui n'a pas empêché ses patrons de le violer allègrement pendant une bonne décennie.

LA SÉCURITÉ AU TRAVAIL

Un deuxième volet important de la responsabilité sociale de l'entreprise concerne la santé et la sécurité au travail, car c'est en ce domaine que les employés sont exposés aux risques les plus importants. Les exemples sont nombreux : risque de blessures, d'électrocution, exposition à des températures extrêmes, à un bruit excessif, à des radiations, à un air malsain contenant de la poussière ou des vapeurs chimiques, etc. Une étude couvrant une période de dix ans a montré qu'un accident de travail survenait à toutes les sept secondes au Canada et qu'à toutes les deux heures environ il se produisait un accident de travail mortel[6].

Dans une stricte logique LIBERTARIENNE, on pourrait faire valoir que l'employeur n'a pas à être tenu responsable des blessures ou préjudices subis par un employé qui

6. D. C. Poff et W. J. Waluchow (dir.), *Business Ethics in Canada*, 2ᵉ éd., Scarborough, ON, Prentice-Hall Canada, 1991, p. 199.

a accepté librement de travailler dans des conditions malsaines ou dangereuses. Normalement, la loi de l'offre et de la demande devrait associer des salaires élevés aux emplois dangereux, mais rien ne garantit qu'il en soit ainsi. Si un employé se trouve « forcé » d'accepter un emploi très dangereux parce qu'il est dans une position économique désespérée, la situation est-elle encore équitable? L'inégalité du rapport de force entre l'employeur et l'employé peut faire en sorte que ce dernier ne puisse véritablement négocier une amélioration de ses conditions de travail. On peut imaginer qu'un employé qui refuserait de travailler dans des conditions qu'il considère comme préjudiciables à sa santé ou à sa sécurité risquerait fort d'être congédié.

Cette situation d'inégalité explique que la santé et la sécurité du travail est un des domaines où l'État a senti le besoin d'intervenir pour protéger les travailleurs en imposant aux entreprises une réglementation minimale[7]. Les entreprises ont souvent tendance à s'opposer à de telles réglementations, qui peuvent faire augmenter leurs frais d'exploitation et par là affaiblir leur position concurrentielle.

Ces exigences minimales imposées aux entreprises sont malheureusement nécessaires, dans la mesure où celles-ci n'assument pas d'elles-mêmes leurs responsabilités en cette matière. Par exemple, par simple respect pour ses employés, un employeur ne devrait-il pas se sentir obligé de les informer clairement des dangers inhérents à un milieu de travail? On pourrait aller plus loin et, dans l'esprit de la RESPONSABILITÉ PROSPECTIVE DE JONAS, attendre de l'employeur qu'il fasse tout en son pouvoir pour réduire au maximum les risques et améliorer la sécurité sur les lieux du travail. Mais une telle obligation pourrait entraîner des dépenses importantes et, comme c'est toujours le cas avec une morale *positive* de ce genre, il est difficile de fixer les *limites* d'une telle responsabilité.

En pratique, il est parfois difficile de départager de façon rigoureuse les responsabilités de chacun dans les incidents touchant la sécurité. Un accident de travail peut être dû à beaucoup de facteurs tels qu'une formation inadéquate, une cadence de travail trop rapide, mais aussi aux erreurs ou à la négligence du travailleur lui-même ou de ses collègues. C'est d'ailleurs l'argument que les entreprises invoquent très souvent pour leur défense quand elles sont poursuivies.

EXERCICE 2

L'AMIANTOSE

Le cas de l'amiantose est l'un des plus célèbres dans le domaine de la santé au travail. Il touche les travailleurs de l'industrie de l'amiante, plus particulièrement les travailleurs québécois des mines de Thedford Mines.

L'industrie de l'amiante existe en Amérique depuis 1879. Dès 1918, des compagnies d'assurances ont commencé à refuser d'assurer la vie des travailleurs de

---

7. Au Québec, par exemple, la *Loi sur la santé et la sécurité du travail*, promulguée en 1979, accorde aux travailleurs des droits de refus et de retrait préventif lorsqu'ils estiment que leur sécurité est menacée. Elle a mis en place des programmes de prévention ainsi que des mécanismes de surveillance appliqués par la Commission de la santé et de la sécurité du travail.

l'amiante. Elles avaient en main certaines données alarmantes dont les entreprises et les gouvernements ont refusé de reconnaître la validité pendant des décennies. Les compagnies d'exploitation minière en cause se sont abstenues de révéler aux travailleurs les risques que présentait l'amiante pour leur santé et leur assuraient même que ces risques étaient nuls, alors qu'elles disposaient d'informations contraires. On sait aujourd'hui que l'amiantose est une maladie cancéreuse due à la respiration de la poussière d'amiante. Elle atteint les poumons et le système digestif et peut entraîner la mort.

Ouvriers procédant à l'enlèvement d'un isolant à base d'amiante. Aujourd'hui, les dangers de l'amiante pour la santé sont si bien reconnus que plusieurs produits de l'amiante sont frappés d'interdiction dans plusieurs pays.

De nombreuses poursuites judiciaires réclamant des compensations pour les torts ainsi causés ont été intentées contre les entreprises d'exploitation. Même s'il était reconnu officiellement depuis 1949 que la poussière d'amiante était nocive pour la santé, les compagnies avaient omis d'installer les dispositifs de contrôle et d'élimination de la poussière d'amiante qu'exigeait la protection de la santé des travailleurs. Elles ont plutôt consacré leurs ressources à défendre leurs intérêts devant les tribunaux.

C'est là une des conclusions du rapport qu'un comité d'étude formé par le gouvernement du Québec a publié en 1976, à la suite d'une grève déclenchée par les travailleurs de l'amiante en 1975. Jusque-là, la compagnie et le gouvernement avaient toujours refusé aux travailleurs l'accès à leurs études sur la salubrité de l'air sur les lieux de travail. Ce sont des tests pratiqués en secret qui ont précipité la crise.

En fait, les compagnies exploitantes soumettaient les employés à des examens annuels dans une clinique qu'elles avaient mise sur pied. Cette clinique persistait à donner aux employés des évaluations rassurantes de leur état de santé, alors qu'ils étaient sérieusement atteints. Quand ces faits furent révélés au grand jour, le directeur de la clinique expliqua qu'il avait agi ainsi pour des raisons «humanitaires» : s'il avait déclaré les employés malades, ceux-ci auraient été forcés d'être déplacés vers des emplois moins payants alors que, de toute façon, il n'y avait rien à faire pour arrêter la progression de leur maladie.

On apprit aussi que, vers 1942 ou 1943, un avocat rencontra des cadres de la compagnie américaine Manville Corporation et leur reprocha, en ces termes, de garder leurs employés dans l'ignorance sur les dangers de l'amiante : «Êtes-vous en train de me dire que vous allez laisser ces gens travailler jusqu'à ce qu'ils tombent morts ? » Et l'un d'eux répondit : «Oui, nous épargnerons de cette manière beaucoup d'argent[8]. »

8. Louise Otis, «Éthique et travail : un défi vers l'égalité », L'Éthique au quotidien, Montréal, Québec/Amérique, 1990, p. 80-81.

QUESTIONS

Plusieurs des théories éthiques que nous avons étudiées s'appliquent de façon pertinente au cas de l'amiantose. Appliquez à ce cas les principes des quatre éthiques mentionnées ci-dessous.

1. En vertu des principes du LIBERTARISME, pourrait-on justifier la décision des entreprises d'exploitation de l'amiante de ne pas informer les travailleurs des dangers qui menacent leur santé et de ne pas installer des dispositifs d'élimination de la poussière d'amiante ?

2. On pourrait sans doute condamner moralement cette même décision en invoquant les principes de trois autres théories que nous avons étudiées : les PRINCIPES UTILITARISTES, le PRINCIPE DU RESPECT DE KANT et le PRINCIPE DE RESPONSABILITÉ PROSPECTIVE DE JONAS. Expliquez de quelle manière dans chacun des cas.

3. Que faut-il penser de l'argument du directeur de la clinique, qui prétendait avoir menti aux travailleurs pour des motifs humanitaires ? Sa position pourrait-elle être justifiée d'un point de vue UTILITARISTE ? La trouvez-vous personnellement acceptable ? Pour quelle raison ?

LA DISCRIMINATION

Quand une entreprise engage ou met à pied des employés, elle le fait généralement dans le but de rentabiliser ses opérations, mais il est possible que d'autres considérations interviennent. Par exemple, un employeur pourrait congédier une employée parce qu'elle a refusé de céder à ses avances ou parce qu'elle cherche à convaincre ses collègues d'implanter un syndicat dans l'entreprise. Ces motifs de renvoi sont condamnables. Au Mexique, encore en 1996, des entreprises qui ne voulaient pas que leurs employées deviennent enceintes les obligeaient chaque mois à présenter la preuve matérielle de leurs règles. De telles pratiques pourraient être justifiées au nom des PRINCIPES LIBERTARIENS qui invoquent le droit à la liberté de gestion et le droit à la propriété.

En vertu de ces droits, l'employeur serait libre d'imposer à ses employées les conditions qu'il juge appropriées ; si celles-ci ne les acceptent pas, elles sont libres de chercher un emploi ailleurs. En revanche, on peut considérer que ces conditions constituent un cas flagrant de discrimination fondée sur le sexe et un affront à la dignité des personnes. Refuser d'embaucher une personne à cause de sa race, de sa religion ou de son âge constitue également une pratique discriminatoire. Au Canada, de telles pratiques discriminatoires sont formellement interdites par l'article 15 de la *Charte des droits et libertés*, qui garantit le « droit fondamental à l'égalité ». Pourtant, une étude du Congrès du travail du Canada, publiée en 2006, confirmait que les travailleurs et les travailleuses de couleur, et particulièrement les jeunes qui sont nés au Canada, font l'objet de discrimination sur le marché du travail. Toutefois, il peut être difficile, dans certains cas, de déterminer de manière précise où s'arrête la liberté de gestion de l'employeur et où commence la discrimination. Ces questions risquent de refaire surface dans les années à venir, avec la tendance croissante des employeurs à être très sélectifs dans le processus d'embauche.

Par exemple, que doit-on penser d'un employeur qui embaucherait de jeunes filles sur la base de leur apparence physique? S'il dirige une agence de mannequins, la chose paraîtra sans doute acceptable. Mais le serait-elle s'il dirigeait un restaurant ou un commerce de vente au détail et qu'il pouvait démontrer que le recours à un personnel au physique attrayant lui permet d'augmenter ses ventes? Que penser encore d'un employeur qui refuserait d'engager une femme parfaitement compétente parce que tous ses employés sont des hommes fermement opposés à cette candidature et qu'il risquerait en l'engageant de détériorer le climat de travail dans son entreprise? Un tribunal de San Francisco a reconnu le droit d'un employeur de rejeter la demande d'emploi d'un homme originaire des Philippines parce qu'il parlait l'anglais avec un accent trop prononcé, et ce même s'il avait obtenu les meilleures notes de tous les candidats aux examens écrits. L'emploi exigeait des contacts fréquents avec le public. Certaines entreprises refusent maintenant d'embaucher des fumeurs ou toute personne consommant de l'alcool, même de façon occasionnelle, ou encore toute personne s'adonnant à un loisir considéré comme dangereux, tels l'alpinisme, la motocyclette ou le pilotage d'avion. De leur point de vue, de telles habitudes de vie présentent des risques pour la santé et la sécurité, et peuvent diminuer d'une façon ou d'une autre la productivité des employés.

LE RESPECT DE LA VIE PRIVÉE

Les activités de supervision et de contrôle auxquelles l'employeur veut soumettre ses employés soulèvent également certains problèmes moraux. Ces activités peuvent mettre en cause ce droit fondamental qu'est le droit au *respect de la vie privée*. Il s'agit d'un DROIT NÉGATIF typique, c'est-à-dire un droit qui protège l'individu contre certains abus d'autrui, un droit qui commande à autrui de *ne pas* se livrer à certaines actions qui lui causeraient un préjudice. Concrètement, on peut penser ici au droit de s'adonner à certaines activités à l'abri des regards indiscrets ou au droit de chacun de déterminer les informations personnelles qui peuvent être divulguées à des tiers.

Les tribunaux canadiens ont reconnu le droit des employeurs d'effectuer une surveillance de leurs employés même dans le contexte de leur vie privée, pourvu qu'ils aient des motifs sérieux de les soupçonner de commettre des actes criminels ou de manquer de loyauté envers leur employeur. Plusieurs observateurs jugent que les tribunaux sont allés trop loin et que ce droit ouvre la porte à des abus. C'est dans des cas de ce genre que s'applique le principe d'*autolimitation des droits*, car il paraît évident que la liberté des employeurs s'arrête là où commence le droit des employés au respect de leur vie privée. Le problème consiste à tracer une ligne de démarcation entre l'acceptable et l'inacceptable. Par exemple, un employeur peut vouloir observer le comportement de ses employés avec les clients ou vérifier s'ils respectent les périodes allouées aux pauses café et aux repas. Il peut aussi vouloir soumettre ses employés à une surveillance exceptionnelle pour mettre fin à des actes de vol ou de vandalisme.

Il pourrait dans ce but utiliser des caméras ou des microphones cachés ou faire appel à des espions. Ainsi, en 1996, la compagnie Canadair a placé des caméras de surveillance dans des toilettes pour découvrir l'identité d'un vandale[9]. Mais de tels procédés sont susceptibles de révéler à l'employeur toutes sortes d'informations qui n'ont aucun rapport avec les buts de l'opération et qui peuvent être préjudiciables à l'employé ou à d'autres personnes. Certains critères pourraient aider à préciser les limites de ce genre d'intervention. Par exemple, l'urgence ou la gravité du problème, le caractère limité dans le temps de la surveillance et l'obligation de détruire, au terme de l'enquête, tous les documents non pertinents.

EXERCICE 3

PROTÉGER L'ENTREPRISE OU LES FŒTUS ?

Voici un cas intéressant qui réunit plusieurs des aspects des rapports entre employés et employeurs dont nous venons de traiter.

On trouve dans la petite ville de Bennington, au Vermont, une usine de batteries d'automobile qui est le fournisseur de compagnies telles que Sears et Goodyear. En 1990, seulement 12 des 280 employés de l'usine étaient des femmes, et aucune d'elles n'était féconde. Pourquoi ? Parce que l'entreprise, Johnson Controls inc., refusait d'embaucher des femmes aptes à avoir des enfants. Elle justifiait ce refus en alléguant que l'air dans une telle usine contient des particules de plomb et d'oxyde de plomb à un niveau acceptable pour des adultes, mais trop élevé pour les enfants et les fœtus. Des études scientifiques, en effet, ont démontré que le plomb peut attaquer le cerveau et le système nerveux central d'un fœtus. Bien qu'elle ne disposât pas de preuves formelles de l'existence de ce problème dans ses usines, Johnson Controls décida néanmoins, par mesure préventive, de n'embaucher que des femmes qui pouvaient fournir la preuve de leur stérilité. Il faut dire qu'en cela elle répondait aux préoccupations de beaucoup de femmes qui demandaient elles-mêmes un transfert lorsqu'elles soupçonnaient que leur emploi comportait des risques pour leur fœtus, et ce même en l'absence de preuves scientifiques irréfutables. D'autre part, il est clair qu'en agissant de la sorte, l'entreprise voulait également se protéger contre d'éventuelles poursuites judiciaires.

Cependant, plusieurs femmes ont manifesté leur opposition à la décision de la Johnson Controls. Elles craignaient que la généralisation de ce genre de politique ait pour effet d'exclure les femmes d'un secteur d'emploi traditionnellement réservé aux hommes. Il y avait là, estimaient-elles, une pratique discriminatoire à l'égard des femmes sous couvert d'un souci de protection des fœtus. C'est sur cette base que la United Automobile Workers, un syndicat qui représente une grande partie des employées de la Johnson, a porté l'affaire devant les tribunaux. Un autre motif de contestation a été invoqué : la pratique de l'entreprise constituait une intrusion dans la vie privée des employées, puisqu'elle les forçait à dévoiler publiquement leur infécondité. Enfin, on peut aussi soutenir que l'entreprise péchait par paternalisme et ne reconnaissait pas aux femmes la liberté et

9. François Berger, « Silence, on tourne... dans les toilettes de Canadair », *La Presse*, 20 janvier 1996, p. A7.

l'autonomie fondamentales en vertu desquelles il revient à elles seules de décider ce qu'elles veulent faire dans ce genre de situation.

La compagnie a rétorqué qu'elle avait la responsabilité morale de défendre des êtres qui se trouvent ici totalement vulnérables et incapables de se défendre, en l'occurrence les fœtus. Elle a, de plus, des obligations face à ses actionnaires, qui auraient à payer les compensations qu'un tribunal pourrait accorder à des enfants nés avec des désordres du système nerveux.

La Cour suprême des États-Unis a statué sur cette cause en donnant raison au syndicat. Elle a déclaré la Johnson Controls coupable de discrimination sexuelle. Dans son jugement, elle a avancé l'argument suivant: le système reproducteur des hommes peut lui aussi subir les effets débilitants de l'exposition au plomb, mais la Johnson ne s'est souciée que de l'éventuelle progéniture de ses travailleuses. Elle n'a pas appliqué aux hommes la condition consistant à fournir une preuve de stérilité. En revanche, il y eut désaccord entre les juges sur d'autres points. La majorité des juges a considéré que le genre de politique pratiquée par la Johnson devait être prohibé, qu'il était inacceptable de placer une femme devant l'obligation de choisir entre avoir un enfant et avoir un emploi. Ils ont considéré que c'était aux futurs parents de prendre les décisions concernant la santé des enfants à naître. Mais une minorité de juges a reconnu, au contraire, que le souci de ne pas faire de tort à des tiers était généralement justifiable, mais en ajoutant qu'une politique de protection des fœtus n'était défendable que si l'employeur manifestait la même diligence à l'égard des autres problèmes de santé liés aux conditions de travail de ses salariés[10].

QUESTIONS

1. Une partie de l'analyse des actions de la Johnson Controls repose sur le critère de l'INTENTION, qui est si fondamental dans la THÉORIE KANTIENNE. Montrez comment ce critère s'applique à ce cas.

2. Faisons l'hypothèse que la compagnie Johnson Controls était sincère quand elle affirmait son souci de protéger les enfants à naître. À quel principe éthique, parmi ceux que nous avons étudiés, un tel souci correspond-il? Expliquez en quoi ce principe s'applique à cette situation.

   Remarque: Vous avez un indice de l'identité de ce principe dans le fait que l'on a accusé la compagnie de faire preuve de *paternalisme.*

3. Ce problème moral met en cause plusieurs DROITS NÉGATIFS. Précisez lesquels. Lequel de ces droits vous paraît le plus important dans ce contexte particulier? Pourquoi?

4. D'un point de vue strictement UTILITARISTE, la compagnie Johnson Controls était-elle justifiée d'adopter sa politique de refus d'embaucher des femmes fécondes?

---

10. W. H. Shaw et V. Barry, *op. cit.*, p. 329-331.

LA DÉNONCIATION PUBLIQUE

Dans la mesure où il existe malgré tout une certaine réciprocité des obligations entre employeurs et employés, il serait injuste de ne parler que des responsabilités de l'entreprise, sans évoquer les obligations correspondantes des employés. Le devoir de loyauté de l'employé envers son entreprise en constitue l'un des aspects intéressants. Pris dans un sens large, il signifie qu'en acceptant de travailler pour une entreprise ou un organisme, l'employé s'engage à promouvoir les intérêts de l'entreprise, à ne pas lui nuire, à respecter la confidentialité des informations auxquelles il a accès dans le cadre de ses fonctions, etc. Il s'agit d'une obligation contractuelle qui n'est pas explicitement inscrite dans la loi, mais qui est clairement reconnue par la jurisprudence. Dans plusieurs jugements, les tribunaux canadiens et québécois ont fait valoir ce devoir de l'employé envers son employeur. Bien sûr, cette règle n'oblige pas l'employé à accomplir des actions illégales ou immorales que l'employeur voudrait lui imposer.

Mais que se passe-t-il lorsqu'un employé se croit tenu, pour des raisons d'équité et de justice, de dénoncer publiquement des pratiques immorales ou illégales qui ont cours dans l'entreprise où il travaille ?

Ce genre de cas est abondamment discuté dans les ouvrages de « business ethics ». Il soulève un problème moral très complexe qui met en cause un grand nombre de valeurs. La première est certainement la RESPONSABILITÉ PROSPECTIVE. Le dénonciateur est quelqu'un qui *sait* quelque chose et qui *peut* éviter certains méfaits en révélant ce qu'il sait. Par exemple, les ingénieurs de la compagnie Ford qui étaient au courant des problèmes de sécurité du réservoir à essence de la Pinto (voir à la p. 207) avaient-ils le devoir de dénoncer publiquement la compagnie ? Ils ont pu se dire qu'il s'agissait d'une question qui outrepassait leurs responsabilités officielles, qu'elle concernait uniquement ceux qui travaillaient à la sécurité.

Certains abordent ce problème plutôt sous l'angle de l'ÉTHIQUE DES DROITS. Il y va d'abord du droit à la liberté d'expression et de conscience. Une personne doit avoir le droit de dire ce qu'elle pense, sans pour cela être menacée de représailles. À l'inverse, l'employeur peut invoquer son droit de propriété et sa liberté de congédier un employé qui n'a aucune loyauté envers lui. Dans les faits, le dénonciateur prend un risque énorme, car pour un rare cas comme celui de Sherron Wadkins, employée d'Enron, acclamée pour avoir dénoncé publiquement les malversations qui avaient cours dans cette entreprise, il y en a une majorité où le dénonciateur doit payer cher pour son geste.

L'explosion de la navette Challenger, en 1986, qui a entraîné la mort des sept membres de l'équipage. Des ingénieurs savaient avant la tragédie qu'un défaut dans les joints d'étanchéité de la fusée mettait sérieusement en danger la vie de l'équipage. Ils ont tenté sans succès d'empêcher les dirigeants de la NASA de procéder au lancement. Auraient-ils dû alerter l'opinion publique ?

La littérature sur le sujet montre que la plupart des dénonciateurs – même ceux qui agissent pour de bons motifs moraux – paient très cher leur dissidence. Dans bien des cas, ils sont congédiés ou rétrogradés, transférés dans des lieux et à des tâches inintéressants, stigmatisés par leurs pairs et condamnés à l'isolement psychologique et professionnel. S'ils tentent de trouver un autre emploi dans leur spécialité, ils s'aperçoivent souvent qu'ils ont été placés sur une liste noire : bien des employeurs ne veulent pas embaucher quelqu'un qui a été un « fauteur de troubles » à son dernier emploi[11].

Un cas largement médiatisé au Canada, qui illustre bien cette problématique, est celui de trois facteurs de Postes Canada qui ont rapporté à leur employeur une pratique illégale de certains de leurs collègues qui consistait à refiler à d'autres facteurs une partie de leur itinéraire de livraison moyennant une rétribution « au noir ». Il s'agissait en quelque sorte d'un système organisé de sous-traitance qui violait les lois fiscales canadiennes et qui donnait lieu à du travail bâclé ou négligent. Or, les trois dénonciateurs ont vécu un véritable enfer par la suite, dû en partie au fait que la société d'État n'a pas protégé leur identité. Ce sont eux qui ont été stigmatisés et punis dans l'affaire. Ils furent victimes de harcèlement et de menaces de la part de leurs collègues et de leurs supérieurs. Deux d'entre eux furent suspendus pour dix jours, mais durent cesser de travailler en raison d'une dépression nerveuse. Le troisième fut congédié. Ils avaient pourtant dénoncé une pratique frauduleuse et inacceptable, et ils avaient procédé à une dénonciation interne auprès de leurs supérieurs, avant d'alerter les médias au sujet de leur mésaventure. Ils ont finalement porté leur cause devant un tribunal d'arbitrage qui leur a donné raison sur toute la ligne et a sévèrement blâmé Postes Canada pour sa conduite dans cette affaire. Le gouvernement fédéral a d'ailleurs adopté en 2007 une loi qui vise à protéger les dénonciateurs de toute forme de représailles, la *Loi sur la protection des fonctionnaires divulgateurs d'actes répréhensibles*.

La personne prise dans une situation de ce genre fait donc face à un dilemme moral important. Jusqu'à quel point doit-elle sacrifier ses intérêts personnels, sa carrière, sa famille et sa tranquillité d'esprit au nom de l'intérêt public ? Elle pourrait, bien sûr, écouter la voix de KANT, qui fait appel à son sens du DEVOIR. Elle pourrait *universaliser* en pensée sa maxime d'action et se demander : « Pourrais-je vouloir que tous fassent comme moi : que tous se taisent ou au contraire que tous dénoncent publiquement les pratiques immorales d'intérêt public ? » Certains ont suggéré le compromis suivant entre le devoir et l'intérêt personnel : la dénonciation devrait être faite de façon anonyme, ou encore, quand cela est possible, la personne devrait changer d'emploi avant de procéder à la dénonciation. Le problème de ces procédés est qu'ils affaiblissent l'action en laissant planer des doutes sur les motifs du dénonciateur. On sera porté à le soupçonner d'agir par ressentiment et de vouloir régler des comptes avec l'entreprise ou d'anciens collègues.

LE CÔTÉ ODIEUX DE LA DÉNONCIATION

Un aspect intéressant de cette problématique intéresse particulièrement l'ÉTHIQUE DES VERTUS, à savoir le stigmate qui frappe ceux que l'on traite, dans le langage courant,

11. F. A. Elliston, « Anonymity and Whistleblowing », dans D. C. Poff et W. J. Waluchow (dir.), *op. cit.*, p. 249.

de « porte-panier » ou de « stool ». Il y a un fort penchant dans notre sens moral naturel à porter un jugement négatif sur tout ce qui s'apparente à une trahison, et tel est le cas de la dénonciation. La trahison est un *vice* qui heurte les vertus de loyauté et de solidarité, et nous tendons à trouver quelque chose d'odieux dans le fait de dénoncer, même lorsque l'action est motivée par des motifs honorables.

Suivant une nouvelle tendance issue des États-Unis en réaction à l'épidémie de scandales et de fraudes dont il a été question plus haut, de nombreuses entreprises se dotent maintenant d'une ligne téléphonique de dénonciation anonyme qui permet aux employés de dénoncer des conduites répréhensibles de tous ordres dans le plus parfait anonymat. De grandes entreprises telles que Quebecor, le Mouvement Desjardins ou Air Canada ont mis sur pied de telles lignes qui sont administrées par des firmes spécialisées. Les entreprises voient là une manière de restaurer la confiance du public et d'afficher leurs préoccupations éthiques. Mais plusieurs observateurs craignent qu'il en résulte un climat de suspicion dans le milieu de travail et que cette pratique mène à des abus du type vendetta personnelle ou règlement de compte.

L'ENTREPRISE ET LES CONSOMMATEURS

Les relations des entreprises avec les consommateurs constituent un autre domaine où peuvent s'entrechoquer la recherche du profit maximal et les exigences morales. L'entreprise occupe généralement une position de force face au consommateur. Elle dispose en effet de ressources et d'une expertise bien supérieures aux siennes. Le consommateur n'a souvent ni le temps ni les connaissances nécessaires pour s'assurer de la qualité ou de la sécurité de toutes les marchandises qu'il achète. Il n'a souvent pas d'autre choix que de s'en remettre à la bonne foi des vendeurs et des fabricants. Une partie de plus en plus grande des ressources des entreprises est consacrée aux activités de commercialisation, ou *marketing*, et c'est sur cet aspect des relations entre les entreprises et les consommateurs que nous allons maintenant nous pencher, car il soulève des problèmes moraux particulièrement intéressants.

LA COMMERCIALISATION

Prise dans son acception la plus large, la commercialisation englobe toutes les étapes de la mise en marché d'un produit, de la conception au service après-vente. Il est clair que le but ultime d'une stratégie de commercialisation est de faire acheter un produit par un consommateur. Le consommateur est la cible de cette stratégie. Il est celui que l'on veut influencer. On voit aisément le problème moral que soulève cette activité, que l'on pourrait accuser de viser essentiellement à manipuler le consommateur, de ne voir en lui qu'un « moyen » au service d'une fin commerciale. Bref, la commercialisation serait, en son essence même, une négation du principe kantien du RESPECT DE LA PERSONNE.

Mais on pourrait aussi présenter les choses sous un jour plus favorable et dire, avec l'American Marketing Association, que le but de la commercialisation est simplement « de créer des échanges qui puissent à la fois satisfaire les consommateurs et les organisations». Dans cette perspective, la gestion des prix et la publicité auraient essentiellement pour fonction de bien informer le client et de lui permettre de faire des choix éclairés conduisant à la satisfaction maximale de ses besoins. La commercialisation ne serait qu'une des étapes du processus général par lequel le marché économique capitaliste, suivant la théorie de la «main invisible» (voir à la p. 210), contribue à la maximalisation du bien-être général de la société. Bien sûr, on admet que, dans le monde des affaires, comme partout ailleurs, il se trouve des gens malhonnêtes qui n'hésitent pas à mentir et à tromper sciemment leurs clients. Mais là comme ailleurs, il reviendrait à l'État et aux tribunaux de protéger le citoyen par des lois et des réglementations appropriées.

Ce portrait est idyllique, bien entendu. On se doute bien que les pratiques réelles n'obéissent pas toujours à ce schéma. De nombreuses techniques de vente sont moralement douteuses: vente sous pression, sollicitation téléphonique maquillée en pseudo-sondage d'opinion, inscription de clauses importantes d'un contrat en caractères minuscules pratiquement illisibles, pseudo-rabais sur des prix courants gonflés artificiellement, etc.

LES TACTIQUES PUBLICITAIRES

Le cas de la publicité est évidemment le plus intéressant en ce qui a trait aux techniques de commercialisation. En règle générale, les messages publicitaires (sauf dans le cas des réductions hebdomadaires des supermarchés ou des circulaires des grands magasins) contiennent très peu d'informations utiles pour le consommateur. Ils véhiculent surtout des images sensuelles aux couleurs attrayantes, des mélodies accrocheuses et des jeux de mots plus ou moins réussis. Il ne semble pas que l'information factuelle sur les propriétés et les qualités inhérentes d'un produit soit la meilleure façon d'en stimuler la vente. Très souvent, ce phénomène s'explique par le fait que le publicitaire tente avant tout de «fabriquer» l'originalité d'un produit qui, pour l'essentiel, est à peu près identique aux autres de sa catégorie. (Pensez à tous ces analgésiques qui ne contiennent tous qu'une chose, de l'aspirine, ou à tous les détergents et crèmes à raser.) On déploie ainsi des trésors d'ingéniosité pour donner au consommateur l'impression qu'il a affaire à quelque chose de «différent», de «nouveau», voire de «révolutionnaire».

Dans les pires cas, l'impression suggérée est carrément *mensongère*. Ainsi, dans les années 1980, la Beech-Nut Nutrition Corporation a mis sur le marché un jus de pommes pour bébé ne contenant, selon la publicité, que du jus de fruits pur à 100% et aucun sucre. La réalité est qu'il contenait une énorme quantité de sucre et aucun jus de pommes. La compagnie Carrington Foods a été condamnée pour avoir apposé sur son produit «Miss Sally's Stuffed Crabs» une étiquette proclamant «Plus de chair de crabe que jamais». Or non seulement le produit ne contenait-il pas plus de chair de crabe qu'avant, mais en fait il n'en contenait pas du tout[12]!

---

12. S. Rosoff, H. Pontell et R. Tillman, *op. cit.*, p. 65.

Les annonceurs jouent parfois sur l'*ambiguïté* du message, comme la Continental Baking Company, aux États-Unis, qui affirmait que son pain appelé « Profile » ferait perdre du poids aux consommateurs. En réalité, tout ce qui différenciait ce « nouveau » pain des autres, c'était ses tranches plus minces, chacune comptant environ 7 calories de moins que celles d'un pain ordinaire. Autre exemple : voulant profiter de la vogue du « tout minceur », la compagnie Sara Lee a lancé une nouvelle gamme de gâteaux, appelée « Sara Lee Léger ». En fait, la légèreté n'avait ici aucun rapport avec les calories, elle désignait plutôt la texture du gâteau, mais le mot suffisait évidemment à tromper le client.

La *dissimulation* compte parmi les techniques les plus insidieuses de l'arsenal publicitaire. Elle consiste dans l'omission volontaire de certaines informations essentielles à l'appréciation éclairée d'un produit. On omet de dire certaines choses, mais on ne ment pas directement. On en trouve un exemple classique dans le slogan du dentifrice Crest : « Aucun autre dentifrice n'est plus efficace que Crest pour enlever la plaque. » Ce message donne à croire que Crest est *plus* efficace que les autres dentifrices. En fait, le message littéral ne dit pas cela. Bien compris, il affirme seulement que Crest est *aussi* efficace que les autres dentifrices. De même, on trouve sur certains pots de beurre d'arachides la mention « sans cholestérol ». Rien n'est plus vrai. Ce que le message omet de dire, toutefois, c'est qu'il ne peut y avoir de cholestérol dans aucun beurre d'arachides, puisque le cholestérol est d'origine animale.

D'autres formes de dissimulation portent sur la présentation visuelle des biens de consommation. Par exemple, si vous trouvez que la soupe aux légumes Campbell qui se trouve dans votre assiette paraît moins épaisse et consistante que celle de la réclame télévisée, c'est parce que dans celle-ci des billes de verre transparent avaient été déposées au fond du bol pour faire remonter à la surface les quartiers de légumes. Dans une publicité de crème à raser de Colgate-Palmolive, on a déjà utilisé du papier abrasif pour démontrer l'efficacité de la crème pour les barbes fortes. Il est vrai qu'il est possible d'accomplir l'exploit de raser du papier abrasif... si on le laisse tremper 80 minutes dans la crème à raser ! C'est pourquoi, dans la réclame présentée à la télévision, on avait plutôt utilisé du plexiglas enduit de sable, à la place du papier abrasif. Dans ce cas, Colgate-Palmolive fut condamnée par la Federal Trade Commission (FTC) des États-Unis pour avoir produit une publicité frauduleuse. La firme contesta ce verdict et porta la cause jusque devant la Cour suprême, qui donna raison à la FTC.

DES MESSAGES IRRESPONSABLES

Les questions morales relatives à la publicité ne se limitent pas aux moyens utilisés pour persuader le consommateur, elles concernent également le *contenu* même des publicités. Ces contenus peuvent être jugés dommageables ou irresponsables dans la mesure où ils encouragent et nourrissent de mauvaises tendances chez le public consommateur. On voit de moins en moins, par exemple, de publicités à caractère sexiste de nos jours, parce que ce genre de publicités a fait l'objet de nombreuses dénonciations dans le passé. Mais on voit encore et toujours de nombreuses publicités d'automobiles qui mettent en scène et exaltent la vitesse au volant et qui n'ont de cesse de mettre en valeur les moteurs puissants et les accélérations foudroyantes des véhicules.

On peut s'interroger sur la responsabilité morale des auteurs de ces campagnes publicitaires quand on songe à l'ampleur de la mortalité due aux excès de vitesse, commis en particulier par des jeunes qui constituent justement la cible de prédilection de ces messages.

Un autre cas pertinent en ce domaine est celui de la publicité de produits alimentaires destinée aux enfants. Le marketing ciblant les enfants a connu de manière générale une croissance phénoménale dans les dernières années. Tout le monde connaît les stratégies de collaboration entre fabricants de nourriture et les producteurs de films pour enfants. Ainsi, M&M a mis sur le marché une collection de 75 emballages différents de ses produits affichant des scènes du film *Star Wars, La revanche des Sith*.

Une panoplie de produits attrayants et mauvais pour la santé auxquels les jeunes peuvent difficilement résister.

La possession de la collection complète exigeait l'achat – et sans doute la consommation – de 20 kg de M&M ! Or ce type de stratégie commerciale est aujourd'hui mis en cause en raison de ses répercussions probables sur un problème de santé alarmant, celui de l'augmentation générale de l'obésité chez les jeunes. Ce phénomène pourrait faire en sorte que la génération actuelle d'enfants vive moins longtemps que celle de leurs parents. On sait que 26 % des Canadiens âgés de 2 à 17 ans étaient obèses en 2007, alors que 15 % seulement l'étaient en 1978. L'obésité est un facteur de risque des maladies graves telles que le diabète de type 2, les crises cardiaques, les problèmes d'articulation et les troubles mentaux. Elle entraîne des coûts énormes pour le système de santé. Des portions trop grosses, des boissons hypercaloriques à faible valeur nutritive, des aliments contenant trop de sel ou de gras trans : voilà ce que les messages publicitaires mettent en valeur. On assiste actuellement à une prise de conscience de l'ampleur de ce problème et de la nécessité de contrôler à la fois le contenu des produits alimentaires (comme en témoigne l'élimination des gras trans qui semble en voie de réalisation) et le contenu des publicités qui en font la promotion.

On connaît bien le genre de tactiques de commercialisation que nous venons de survoler. Sont-elles immorales ? Sur la question, on peut adopter une position laxiste d'inspiration LIBERTARIENNE et dire que les cas examinés ne sont pas si graves, que les méthodes décrites respectent les règles du jeu et que c'est au consommateur d'être vigilant et d'assumer la responsabilité de ses décisions. En revanche, une position plus ferme insistera sur l'inégalité de pouvoir entre entreprises et consommateurs, sur le fait que les spécialistes de la commercialisation disposent de connaissances et de ressources énormes. Ils sondent et étudient l'âme du consommateur sous toutes ses coutures pour trouver ses moindres faiblesses et pour les exploiter. Ils ne cessent de raffiner leurs méthodes, et la guerre féroce que se livrent les entreprises concurrentes les amène à recourir aux techniques les plus sournoises. Leurs études s'intéressent d'ailleurs de plus en plus aux cibles les plus vulnérables, les enfants et même les bébés. La possession de ce pouvoir implique une responsabilité morale fondamentale.

Les entreprises se sont donné certains outils de contrôle, notamment, au Canada, le Bureau d'éthique commerciale (BEC), qui a son propre code d'éthique professionnelle. Mais ce sont essentiellement les organismes gouvernementaux qui assument cette responsabilité. Au Canada, c'est le Conseil de la radiodiffusion et des télécommunications canadiennes (CRTC) qui est chargé de la surveillance des campagnes publicitaires.

UN CAS DE FIGURE : L'INDUSTRIE PHARMACEUTIQUE

Tout ce qui touche la santé a pris dans nos sociétés une importance extraordinaire. Un des dossiers les plus accablants en éthique des affaires concerne justement le secteur de l'industrie le plus directement lié à cette problématique : l'industrie pharmaceutique, qui est une des plus importantes, avec des ventes globales de 602 milliards de dollars américains en 2005. L'actualité récente a mis cette industrie sur la sellette de façon répétée. Le Vioxx, un des médicaments vedettes de la compagnie Merk, a été retiré du marché parce qu'il posait des risques sérieux pour la santé. La compagnie Purdue Pharma a été condamnée à 634,4 millions de dollars américains d'amende pour publicité mensongère au sujet de son antidouleur Oxycontin. Sur le plan international, les compagnies pharmaceutiques ont été accusées d'insensibilité envers les populations des pays pauvres, incapables de payer les prix demandés pour des médicaments dont elles ont un besoin vital, comme les médicaments contre le sida.

Enfant du Kenya recevant un traitement d'AZT, un médicament contre le sida. L'Afrique est la région du monde la plus affectée par l'épidémie de sida et c'est aussi celle qui peut le moins offrir à sa population les médicaments contre le sida, en raison de leur coût exorbitant.

La liste des tactiques moralement condamnables ou discutables employées par les compagnies pharmaceutiques est démesurément longue et a fait l'objet de nombreux ouvrages critiques récemment[13]. En voici un bref aperçu :

- Manipuler les résultats des recherches scientifiques ; supprimer ou trafiquer des données défavorables ; cacher des recherches ; biaiser carrément la présentation des résultats ; employer des chercheurs complaisants placés en conflit d'intérêts ; tenter de bâillonner des chercheurs dont les recherches peuvent nuire à leurs intérêts ; retarder tant qu'ils le peuvent la diffusion publique d'informations sur les dangers d'un médicament de manière à pouvoir engranger les profits le plus longtemps possible ; exclure des essais cliniques les catégories de personnes les plus

---

13. Au Québec, un auteur, en particulier, s'est fait le champion de cette entreprise, Jean-Claude St-Onge, avec ses deux ouvrages : *L'envers de la pilule* (2004) et *Les dérives de l'industrie de la santé* (2006), publiés aux Éditions Écosociété Montréal. Nous nous sommes principalement inspiré de ces ouvrages dans ce qui suit.

susceptibles de souffrir des effets secondaires du médicament (jeunes, vieux, femmes ; ainsi, pour le Viagra, les personnes souffrant de haute pression, de problèmes cardiaques et d'ulcères ont été exclues au départ).

■ Médicaliser des phénomènes ordinaires et naturels comme la ménopause, la perte d'intérêt pour le sexe ou la timidité.

■ Abaisser les seuils de détection des maladies pour élargir le bassin de patients à traiter (exemple : on a inventé la « préhypertension », prélude à l'hypertension, et créé un médicament *ad hoc*).

■ Recycler à peu de frais un médicament existant en y apportant un changement mineur ou en lui inventant une application à d'autres maladies ou à de nouvelles maladies inventées, ce qui permet de prolonger la durée de protection du brevet. Il faut préciser ici que la très grande majorité des « nouveaux » médicaments qui apparaissent sur le marché ne contiennent aucune innovation notable, soit qu'ils sont de simples dérivés de médicaments existants, soit qu'ils sont semblables à d'autres médicaments existants. Tout se joue en fait sur le terrain du marketing, et on remarquera que les médicaments qui fonctionnent vraiment bien, comme l'insuline, la morphine ou la trithérapie contre le sida, n'ont pas besoin de publicité.

■ Monopoliser les activités de formation continue auprès de médecins ou de pharmaciens et les transformer en tribunes publicitaires (ainsi, Novophram a organisé une croisière de deux semaines en mer Baltique, qui tenait lieu de séminaire de formation auprès de 108 pharmaciens, au coût de 1 million de dollars canadiens).

■ Pratiquer un marketing énergique auprès des médecins (il y a plus de 90 000 représentants employés par les pharmaceutiques aux États-Unis), leur verser des cadeaux, offrir des subventions aux universités en échange de collaborations payantes.

■ Pousser les consommateurs à consommer des médicaments inefficaces ou inutiles par un marketing agressif ; pour prendre l'exemple le plus simple, malgré le fait qu'il n'existe aucune façon de prévenir ou de guérir réellement un rhume, le marché mondial des médicaments contre le rhume avoisine les 10 milliards de dollars.

■ Payer des fabricants de médicaments génériques pour qu'ils ne mettent pas leurs produits en marché.

Un des éléments clés du dossier éthique des pharmaceutiques touche leur politique de prix. L'argument classique des compagnies pour justifier les prix exorbitants des médicaments consiste à invoquer les sommes énormes investies en recherche et développement. En réalité, ces investissements sont largement exagérés et les budgets d'exploitation de ces compagnies montrent clairement que c'est le marketing qui représente le poste budgétaire le plus important : de trois à quatre fois celui de la recherche ! En 2000, Merck a dépensé 160 millions pour la seule publicité de son médicament-vedette, le Vioxx. L'industrie américaine du médicament a dépensé, en 2001, 16,4 milliards dans la promotion des médicaments d'ordonnance. La plus grosse partie de ces dépenses va en échantillons gratuits donnés aux médecins (10 milliards). Notons ici que les États-Unis et la Nouvelle-Zélande sont les seuls pays qui permettent la promotion directe des médicaments d'ordonnance auprès des consommateurs. Résultat : les Américains dépensent trois fois plus que les Britanniques pour les médicaments et pourtant leur espérance de vie leur est légèrement inférieure.

LE MÉDICAMENT: UN PRODUIT PAS COMME LES AUTRES

Un autre angle de critique intéressant s'inspire de l'UTILITARISME. Suivant les principes de l'utilitarisme, les compagnies pharmaceutiques devraient concentrer leurs recherches sur les maladies qui sont les plus graves et qui font le plus de victimes, de manière à en maximiser les bénéfices pour «le plus grand nombre». La réalité est que les recherches sont concentrées sur les maladies qui peuvent rapporter le plus de profits. Ainsi, les investissements dans la recherche d'un vaccin contre le sida ont beaucoup diminué, maintenant qu'il est devenu clair que la majorité des usagers potentiels se trouvent dans les pays pauvres et qu'ils n'auront pas les moyens de se l'offrir. Le peu de recherches sur la malaria qui tue un million de personnes ou la maladie du sommeil qui en tue 45 000 chaque année est proprement scandaleux. Sur les 1 556 nouvelles molécules qui ont vu le jour entre 1975 et 2004, seules 21 concernaient les maladies tropicales. Résultat: moins de 10 % des fonds de recherche sont affectés aux conditions qui représentent 90 % des causes de maladie et de mortalité. Toute cette problématique est intéressante d'un point de vue éthique. D'un côté, l'ÉTHIQUE LIBERTARIENNE peut légitimement soutenir que les compagnies ont le droit de faire des profits et qu'elles n'ont pas plus que les autres l'obligation de se transformer en organismes de bienfaisance. Pourtant, l'utilitarisme et le simple sens commun nous inclinent à tracer une distinction importante entre des marchandises d'utilité courante, comme un téléviseur ou la gomme à mâcher, et des médicaments qui ont le pouvoir de sauver des vies ou de soulager des souffrances intolérables. C'est la raison pour laquelle on voit des gouvernements mettre sur pied une assurance médicaments et pas une assurance piscine!

Certains pays comme l'Afrique du Sud et le Brésil ont pris des initiatives pour rendre accessibles les médicaments anti-sida. L'Afrique du Sud a voté une loi lui permettant de vendre et de produire ces médicaments à des prix très inférieurs à ceux demandés par leurs fabricants. Rappelons que plus de 250 000 personnes y meurent du sida chaque année. Or, 41 compagnies pharmaceutiques ont intenté des poursuites contre ce pays pour l'empêcher de mettre sa loi en application. Elles y ont finalement renoncé à la suite du déferlement de protestations que leur initiative a provoqué dans le monde entier. Le Brésil a, quant à lui, offert la trithérapie contre le sida gratuitement à sa population en fabriquant lui-même des médicaments génériques à un coût 79 % moins élevé que le médicament breveté. La seule économie en coûts d'hospitalisation lui a permis d'autofinancer ce programme. Les compagnies pharmaceutiques concernées ont déposé une plainte devant l'Organisation mondiale du commerce (OMC) à ce sujet, en arguant que cette pratique viole la réglementation de l'OMC sur la propriété intellectuelle. Mais cette réglementation prévoit des exceptions en cas d'urgences nationales, et c'est ce que le Brésil fait valoir pour se justifier. Un autre argument non négligeable est que ces compagnies ne perdent rien dans l'affaire, puisque de toute façon elles n'auraient pu vendre leur produit aux sidéens brésiliens en raison de son prix prohibitif.

CONCLUSION

Maintenant que nous avons terminé notre tour d'horizon de l'éthique des affaires, il vaut la peine de revenir à la problématique générale que nous avons mise en place au début de cette section, lorsque nous avons posé la question fondamentale suivante : la morale est-elle conciliable avec la recherche du profit et les impératifs de la concurrence, qui sont les lois intrinsèques du monde des affaires ? Mis à part une MORALE MINIMALE nécessaire à son fonctionnement interne (droit de propriété, libertés formelles, respect des engagements contractuels, etc.), les exigences de la moralité ne peuvent pénétrer cet univers que si elles épousent sa logique interne. En clair, cela signifie que la moralité doit être « payante » pour l'entreprise. Comme l'écrit un des innombrables auteurs dans ce domaine : « Pour que l'éthique soit prise au sérieux par les écoles d'administration et la direction des entreprises, elle doit être liée d'une manière ou d'une autre à la performance économique[14]. » Il ne s'agit pas du tout ici de nier qu'il se trouve dans le milieu des affaires des individus dont le sens moral est aigu et des dirigeants d'entreprise animés des meilleures intentions. Il s'agit simplement de reconnaître la réalité du marché capitaliste, qui est celle d'une guerre perpétuelle et impitoyable qui ne sait faire que des gagnants et des perdants.

Il est évident que si une entreprise décide de se doter de critères moraux plus élevés que ceux de ses concurrentes, c'est-à-dire si elle investit les sommes nécessaires pour diminuer ses émissions polluantes, améliorer la sécurité sur les lieux de travail, offrir des services d'aide à ses employés et s'assurer de la fiabilité ou de la sûreté de ses produits, elle augmentera inévitablement ses coûts de production et risquera d'être écrasée par la concurrence. Les bonnes intentions ont la vie dure dans la jungle des affaires.

Le rôle de l'État

L'État joue évidemment un rôle de premier plan dans le contrôle du marché économique. Les dernières années ont vu la réglementation gouvernementale des activités des entreprises s'accroître et se complexifier d'une façon que les partisans d'un LIBÉRALISME radical trouvent démesurée, voire inadmissible sur le plan des principes. La liste des cibles d'intervention de l'État s'allonge sans cesse : pollution, santé et sécurité du travail, normes de sécurité des produits, étiquetage, publicité, salaire minimum, droit de recours des employés congédiés, intégration des handicapés, programmes d'accès à l'égalité, etc.

Il est indéniable que les normes imposées aux entreprises sont souvent mal conçues, confuses, et qu'elles peuvent avoir un effet défavorable sur la croissance économique. Elles peuvent décourager certains investissements et entraîner une hausse des coûts de production (lesquels, faut-il le rappeler, sont toujours en fin de parcours refilés au consommateur). *Il faut cependant ne pas perdre de vue que cette lourde régle-*

---

14. Rogene A. Buchholz, *Fundamental Concepts and Problems in Business Ethics*, Englewood Cliffs, NJ, Prentice-Hall, 1989, p. 23.

mentation gouvernementale est une réponse aux revendications de nombreux groupes de pression et qu'elle n'aurait pas vu le jour si les entreprises avaient pris l'initiative d'affronter et de résoudre elles-mêmes les problèmes moraux inhérents à leurs activités. Malgré tous ses travers, la réglementation de l'État a une vertu essentielle : elle neutralise l'effet pervers de la loi de la concurrence, qui tend à pénaliser la recherche de la voie la plus morale. *En imposant à tous les mêmes normes, l'État égalise les contraintes auxquelles sont soumises les entreprises et empêche les uns de profiter de la vertu des autres.*

C'est pour cette raison que l'un des grands obstacles à la moralisation des affaires réside actuellement dans la mondialisation de l'économie. Les différences entre les réglementations des divers pays introduisent en effet des facteurs d'inégalité de conditions qui incitent les entreprises à se déplacer vers les milieux offrant les conditions les plus avantageuses et qui pénalisent, par conséquent, les initiatives les plus progressistes. C'est dire qu'il faudra, dans l'avenir, se tourner vers l'établissement d'ententes internationales touchant les normes éthiques de l'industrie et du commerce afin de poursuivre le timide mouvement amorcé en faveur de la moralisation des affaires.

L'éthique de l'environnement

À l'aube du XXIᵉ siècle, la protection de l'environnement s'est imposée comme une préoccupation majeure à l'échelle de la planète. Notre mode de vie axé sur le développement technologique et la production massive de marchandises a des effets désastreux sur l'environnement. Le développement industriel s'accompagne d'une croissance exponentielle de la population, d'un épuisement et d'une dégradation des ressources naturelles, ainsi que d'une accumulation effarante de déchets toxiques. Il entraîne une émission massive de CO_2 dans l'atmosphère qui menace de perturber gravement le climat de la planète. Des milliers d'espèces vivantes animales et végétales sont ainsi menacées de disparition.

Ces problèmes nous obligent à nous interroger sur nos devoirs envers les générations futures, sur notre rapport à la nature et même sur le sens de notre présence sur la terre. Cette nouvelle thématique de l'environnement a suscité un foisonnement de réflexions en éthique et a donné lieu à de virulentes discussions. Pour la philosophie éthique, la question cruciale est de savoir si les grandes éthiques classiques ont les ressources nécessaires pour affronter les défis posés par la protection de l'environnement. Nous connaissons bien ces deux lignes de force de la morale moderne que sont l'universalisme et l'humanisme. L'humanisme affirme la valeur intrinsèque et la dignité morale de l'être humain, et l'universalisme interdit toute forme d'exception et de discrimination dans la reconnaissance de cette dignité et des devoirs moraux qu'elle commande. Envisagés à partir de ces cadres de référence, les problèmes environnementaux se ramènent à un objectif fondamental, celui d'assurer à tous les êtres humains des conditions de vie favorables à leur épanouissement et à leur bien-être général.

Cependant, pour certains penseurs, malgré son indéniable grandeur, cette vision de la morale reste trop étroite, et l'éthique de l'environnement doit nous amener à la réviser en profondeur. Ils prétendent que l'humanisme introduit une forme de ségrégation au cœur de l'universalisme. Selon eux, un universalisme intégral ne devrait pas se limiter aux groupes humains, mais englober aussi les animaux et même la nature dans son ensemble. Ce faisant, ils remettent en question le postulat de base de l'humanisme, à savoir que l'être humain a une dignité fondamentale qui lui est propre. En revendiquant des droits pour les animaux ou pour la nature, on leur confère aussi une dignité morale. Nous nous trouvons donc devant deux conceptions divergentes de l'environnementalisme. Dans un cas, il s'agit de protéger l'environnement pour promouvoir les intérêts des êtres humains, alors que dans l'autre l'accent porte sur la protection de l'environnement pour lui-même, même si cela doit se faire au détriment des intérêts de certaines populations humaines. Ces deux positions donnent lieu à des débats passionnés. Nous allons maintenant en faire un bref survol.

L'ENVIRONNEMENTALISME HUMANISTE

Nous commençons notre enquête en examinant la manière dont les théories éthiques classiques abordent les problèmes environnementaux. Aristote exprime très bien l'une de ces approches dans cet extrait de *La politique* :

> C'est pour les animaux en général que [la nature] a fait naître les plantes ; c'est aux hommes qu'elle destine les animaux eux-mêmes, les apprivoisés, pour le service ou la nourriture, les sauvages, du moins la plupart, pour la nourriture et pour diverses utilités, telles que le vêtement et les autres articles qu'on en tire. La nature n'a rien fait d'imparfait ni d'inutile ; elle a fait tout pour nous[1].

Ce passage exprime une vision instrumentale de la nature. Selon Aristote, les ressources naturelles, les plantes et les animaux constituent des moyens dont l'être humain peut se servir pour satisfaire ses besoins et atteindre ses fins. Cette logique utilitaire correspond à une loi générale de la nature. Chaque espèce vivante en exploite une autre pour sa propre survie. L'être humain, en tant qu'espèce supérieure, dispose de l'ensemble du milieu naturel.

Nous savons que cette relation instrumentale entre l'homme et la nature a été fortement accentuée par le développement de la technologie moderne. Grâce aux moyens fabuleux que celle-ci a mis à sa disposition, l'être humain est en mesure d'affirmer sa domination sur la nature. L'exploitation de la nature permet d'obtenir une organisation de la vie matérielle en apparence de plus en plus efficace, enrichissante et agréable. Ainsi, on utilise les arbres pour fabriquer des journaux. L'automobile facilite nos déplacements. À l'aide des pesticides et des engrais chimiques, nous avons pu accroître prodigieusement notre production agricole.

Cependant, lorsque cette exploitation intensive de la nature entraîne des conséquences fâcheuses, c'est finalement à *lui-même* que l'être humain fait du tort. C'est donc dans l'esprit d'une défense de ses meilleurs intérêts qu'il est amené à modifier ses comportements pour préserver le milieu naturel. Il veut s'assurer d'un approvisionnement stable en eau potable ou en bois d'œuvre et pouvoir respirer un air sain, se baigner dans l'eau fraîche d'un lac, taquiner le poisson et contempler à loisir de beaux paysages. L'humanisme nous conduit ainsi à justifier une subordination de la nature aux besoins de l'être humain. C'est

La vision humaniste étroite de l'environnementalisme : la seule raison que nous avons de protéger les manchots est qu'ils procurent du plaisir aux humains.

---

1. Aristote, *La politique*, trad. par Marcel Prélot, Paris, Gonthier, 1964, p. 29.

cette conception qu'exprime sans détour William Baxter, dans l'analyse qu'il fait de la menace que représente l'utilisation du DDT pour les manchots :

> Mes critères sont fondés sur les gens, non sur les pingouins[2]. Les dommages faits aux pingouins, aux pins de sucre ou aux merveilles géologiques sont tout au plus simplement non pertinents. On doit aller plus loin, à mon avis, et dire que les pingouins sont importants parce que les gens aiment les voir marcher sur les rochers. [...] Je n'ai aucun intérêt à préserver les pingouins pour eux-mêmes[3].

L'UTILITARISME

L'UTILITARISME est une théorie éthique qui s'accorde aisément avec une telle vision des choses. En nous invitant à toujours prendre en compte l'ensemble des conséquences avantageuses et désavantageuses de nos actions, l'utilitarisme semble très bien répondre aux exigences d'une éthique de l'environnement. On peut aisément appliquer le principe du « bonheur du plus grand nombre », qui est cœur de l'utilitarisme, aux problèmes de la lutte contre la pollution ou de la préservation des ressources naturelles. Il convient cependant de faire certaines distinctions.

Nous savons que l'utilitarisme se prête à de nombreuses interprétations. Nous verrons un peu plus loin qu'il peut même être invoqué pour remettre en cause la vision humaniste que nous présentons ici. Cependant, nous avons mentionné qu'il existe une interprétation étroite de l'utilitarisme, populaire chez certains économistes, qui consiste à ramener tous les intérêts humains à leur expression monétaire. Celle-ci permet de faire des calculs d'utilité dits « scientifiques », les analyses coûts-bénéfices.

Il est évident que la protection de l'environnement peut facilement entrer en conflit avec d'autres intérêts économiques. Les écologistes doivent mener des luttes épiques contre les compagnies forestières pour les forcer à respecter certaines limites dans l'exploitation des forêts. À l'été 1992, le Sommet de la Terre de Rio de Janeiro a rassemblé des participants provenant de tous les pays du monde dans un important forum de discussion sur l'avenir de la planète et les problèmes environnementaux. À cette occasion, le président américain George Bush a refusé de signer un traité sur la protection des forêts parce qu'il estimait qu'il risquait d'entraîner de trop grandes pertes d'emploi aux États-Unis.

Un cas classique d'analyse coûts-bénéfices est celui de la lutte du Club Sierra, voué à la défense de l'environnement, contre un projet de station de ski que les entreprises Walt Disney voulaient réaliser dans la vallée King Mineral du parc national de Séquoia en Californie. Ce projet devait entraîner la construction d'infrastructures considérables (routes d'accès, systèmes d'alimentation en électricité, motels, stationnements, etc.) qui devaient servir à accueillir environ 14 000 visiteurs par jour. Le Club Sierra s'opposa au projet en faisant valoir qu'il bouleverserait l'équilibre écologique de la vallée et qu'il mettrait en danger le bien-être des animaux et la préservation des plantes, des rivières et de la montagne elle-même. Il notait aussi qu'il était important

---

2. Il s'agit, bien sûr, des manchots, appelés en anglais *penguins*.

3. Cité dans Joseph R. Des Jardins, *Éthique de l'environnement*, Sainte-Foy, Presses de l'Université du Québec, 1995, p. 67. Nous nous sommes beaucoup inspiré de cet ouvrage admirable dans la rédaction de ce chapitre. Il offre de nombreuses informations pertinentes sur le sujet.

de conserver cette région dans son état naturel pour le plaisir qu'elle pouvait procurer à ses visiteurs. Mais le Service des forêts des États-Unis donna son approbation au projet en invoquant le calcul utilitariste suivant :

> Les 14 000 visiteurs prévus quotidiennement à la station dépasseraient le petit nombre de personnes qui utilisent le territoire pour la randonnée, le camping, la chasse et la pêche. En outre, le fait que les skieurs sont disposés à payer plus pour cette activité que les usagers des régions sauvages – de fait, Disney tire des profits plus importants de leur exploitation que ce que le Club Sierra aurait jamais pu espérer faire avec leurs programmes –, démontre que ce désir de skier est plus intense et plus répandu que le désir de conserver les régions sauvages[4].

Un des présupposés de ce raisonnement est que l'utilité d'un objet se mesure au montant d'argent que les personnes sont prêtes à dépenser pour le posséder. Nous savons que ce recours aux évaluations financières est un expédient attrayant face au problème que pose à l'utilitarisme la mesure des plaisirs et des désagréments que produit une action. Il faut toutefois souligner qu'il apparaît favorable au bien-être des mieux nantis. Le campeur a-t-il moins de plaisir parce qu'il a moins dépensé que le skieur ? Comment peut-on quantifier le simple plaisir esthétique du promeneur en forêt ? Comme l'affirme sèchement un partisan de ces analyses coûts-bénéfices : « Une éthique de l'environnement basée sur un concept esthétique de beauté ne peut s'intégrer à notre système général de prise de décision[5]. »

LE DROIT À UN ENVIRONNEMENT VIABLE ET SAIN

Une autre approche fondamentale de la philosophie éthique moderne qui s'applique aux questions environnementales est l'ÉTHIQUE DES DROITS. Certains défenseurs de cette éthique ont façonné le concept de « droit à un environnement viable ». S'appuyant sur le fait qu'un environnement sain constitue un intérêt fondamental « universalisable », le philosophe William Blackstone a défendu l'existence d'un tel droit, qu'il considère même comme préalable à l'exercice des autres droits fondamentaux, tels que le droit à la vie, le droit à la propriété et le droit à la liberté. Bien sûr, ce nouveau droit se prête à l'exercice du *principe d'autolimitation* des droits fondamentaux, particulièrement en ce qui regarde le droit de propriété. Ainsi, il pourrait être jugé raisonnable en vertu du droit à un environnement viable de limiter le droit de propriété et la liberté des individus ou des entreprises qui polluent l'environnement. Ce droit pourrait aussi servir à obliger les entreprises et les constructeurs d'automobiles à se conformer à des normes de contrôle des émissions de polluants établies par les gouvernements.

Certains gouvernements ont commencé à inscrire ce droit à un environnement viable dans des textes de lois et des réglementations diverses, mais plusieurs philosophes contestent le bien-fondé de cette démarche. Ils font valoir que les droits fondamentaux déjà reconnus suffisent pour défendre la protection de l'environnement. Par

---

4. *Ibid.*, p. 54.

5. William Leiss, « Instrumental Rationality, the Domination of Nature, and Why We Do Not Need an Environmental Ethic », dans P. H. Hanson (dir.), *Environmental Ethics : Philosophical and Policy Perspectives*, Burnaby, BC, Institute for the Humanities/SFU Publications, Simon Fraser University, 1986, p. 176.

exemple, on peut très bien invoquer les droits à la vie, à la liberté et à la sécurité pour dénoncer des actions néfastes pour l'environnement. La qualité de l'eau que nous buvons, des aliments que nous mangeons et de l'air que nous respirons met en jeu notre vie et notre sécurité.

Les générations futures

Même en demeurant à l'intérieur d'un cadre éthique humaniste qui subordonne la protection de la nature à la défense des intérêts humains, il est un aspect de la protection de l'environnement qui pose un défi important à la réflexion éthique, et c'est celui du sort des générations futures. Cette question a reçu une attention considérable dans les ouvrages concernant la protection de l'environnement, alors qu'elle a rarement été abordée par les grands philosophes, anciens ou modernes.

Tout le courant de pensée écologique des dernières décennies nous a fait prendre conscience des effets à long terme de nos actions sur l'environnement. Si nous continuons à avoir un comportement irresponsable sur le plan écologique en accélérant le réchauffement climatique par une exploitation excessive des ressources non renouvelables comme les combustibles fossiles (charbon, pétrole), en rejetant des déchets radioactifs provenant de nos usines d'énergie nucléaire, en dévastant des régions sauvages et en construisant d'immenses centres urbains, nous causons un tort certain à ceux qui habiteront la planète après nous.

Nous n'avons pas encore l'habitude de faire de telles prospectives. Notre tendance est, bien entendu, de les appréhender avec les outils qui nous sont familiers. Ainsi, un UTILITARISTE peut bien se contenter d'affirmer qu'en assurant aux générations futures un environnement sain, nous contribuons à maximiser le bonheur général. Mais opérer un calcul d'utilité sur les intérêts ou les préférences des générations à venir n'est pas une tâche aisée et nous nous trouvons forcés de prendre à leur place de graves décisions.

Les déchets radioactifs produits par les usines nucléaires représentent une grave menace pour les générations futures. Ils resteront actifs pendant des dizaines de milliers d'années, et nous n'avons pas encore trouvé de technique d'entreposage parfaitement sûre pour nous en débarrasser.

Pour sa part, JOHN RAWLS suggère, dans son ouvrage *Théorie de la justice*, d'aborder la question des générations futures à partir de son dispositif fictif du voile d'ignorance. Il ajoute donc à la liste de conditions qui définissent ce qu'il appelle la *position originelle* le fait que les personnes placées sous le voile d'ignorance ignorent à quelle génération elles appartiennent. Elles seraient donc obligées de considérer avec impartialité le sort des générations futures. Selon Rawls, il serait certainement injuste d'imposer aux générations actuelles un fardeau exagérément lourd à l'égard des générations futures, mais il serait tout aussi injuste que les générations actuelles soient libérées de toute charge. Chacun devrait se mettre dans la peau d'un membre des générations futures et passées et chercher un juste équilibre entre l'état de choses qu'il est prêt à léguer à ses descendants et celui qu'il souhaiterait que ses devanciers lui aient légué. Les derniers en lice voudraient probablement que la génération précédente leur laisse un monde qui soit en aussi bonne condition que celui qu'ils ont reçu en héritage, ce qui est relativement exigeant, car cette volonté interdit toute dégradation qui ne soit pas compensée par des mesures correctives adéquates[6].

Rawls a beau jeu d'attaquer sur ce front les partisans du NÉOLIBÉRALISME et leur foi dans les capacités du marché capitaliste de régler tous nos problèmes. En effet, les mécanismes du marché économique ont pour fonction de répondre à la demande actuelle et certainement pas à celle de consommateurs qui n'existent pas encore. Il est clair que l'intervention de l'État-providence sera nécessaire pour réglementer la libre activité économique et assurer la défense des intérêts des générations futures.

EXERCICE 1

LE PROBLÈME D'UNE POLITIQUE DÉMOGRAPHIQUE POUR LE FUTUR

Un des volets importants de notre responsabilité envers les générations futures concerne l'élaboration d'une politique démographique. Nous savons que la croissance actuelle de la population mondiale combinée à la pollution et à la dégradation de l'environnement constitue une menace très grave pour l'avenir de l'humanité. L'augmentation de la population implique une exploitation encore plus grande des terres arables et des forêts, un accroissement des besoins énergétiques et, par le fait même, de la production de déchets et de la pollution. Actuellement, les pays industrialisés sont les plus grands destructeurs de l'environnement, mais la perspective de voir la Chine, le Mexique et d'autres pays fortement peuplés accélérer leur développement économique fait craindre une augmentation dramatique du niveau de pollution à l'échelle de la planète. On sait que, pour des raisons de compétitivité, les pays pauvres n'imposent pas actuellement aux entreprises une réglementation aussi sévère que les pays riches en matière de protection de l'environnement.

Ces problèmes cruciaux nous obligent à nous interroger sérieusement sur la politique démographique que nous devrions adopter à l'échelle de la planète. L'alternative qui se présente à nous est la suivante : il nous faut soit permettre un accroissement continu de la population, avec la conséquence que les générations futures devront vraisemblablement se contenter de conditions de vie inférieures aux nôtres, soit chercher à assurer aux générations futures des conditions de vie au moins égales aux conditions actuelles par un recours à une limitation sévère des naissances.

QUESTIONS

1. Analysez ces deux options d'un point de vue UTILITARISTE. L'utilitarisme nous permet-il de trancher entre les deux ?

---

6. John Rawls, *Théorie de la justice*, trad. de l'américain par Catherine Audard, Paris, Seuil, 1987, p. 169 et 324-333.

2. Analysez les deux options à partir de la POSITION ORIGINELLE DE RAWLS. Imaginez une discussion entre des participants placés sous le voile d'ignorance qui ne savent pas à quelle génération ils appartiendront et qui cherchent à s'entendre sur les principes d'une politique démographique juste et équitable pour toutes les générations.

3. Une autre difficulté inhérente à ce problème tient aux différences entre la situation des pays riches industrialisés et celle des pays pauvres. Il est tentant de chercher à imposer aux pays pauvres une réglementation sévère en matière de protection de l'environnement. Cependant, nous risquerions ainsi de retarder leur développement économique. De plus, nous commettrions une injustice dans la mesure où les pays riches ont pu se développer sans devoir composer avec de telles contraintes.

Comment peut-on ici concilier la justice et la recherche du bien commun? Abordez cette question en confrontant encore une fois le point de vue utilitariste et la position originelle de Rawls. Pour ce dernier cas, imaginez une discussion où les participants ne savent pas s'ils vivront dans un pays riche ou un pays pauvre.

Nos responsabilités envers les générations futures

L'idée de droits des générations futures et la procédure du voile d'ignorance sont des conceptions très formelles et abstraites de nos obligations envers les générations à venir. Ceux qui contestent l'existence même de ces obligations invoquent généralement l'absence d'un critère absolument essentiel aux éthiques rationalistes et universalistes, soit le critère de *réciprocité*. Il est indéniable qu'il y a une asymétrie et une inégalité fondamentales dans nos rapports avec les générations futures. Si nous avons des devoirs envers elles, elles ne peuvent en avoir envers nous. Les droits individuels n'ont de sens que s'ils sont réciproquement reconnus et respectés. Les éthiques du contrat social, comme celle de Rawls, s'appuient elles aussi sur le respect des clauses d'un contrat établi au terme d'une discussion menée dans des conditions d'égalité. L'éthique kantienne favorise ce même type de solution formelle. Nous pourrions ainsi étendre le principe kantien d'universalisation aux membres des générations futures en nous demandant si elles pourraient elles aussi vouloir que tous agissent suivant le principe qui régit nos actions.

L'ÉTHIQUE DE LA RESPONSABILITÉ DE HANS JONAS établit par ailleurs la possibilité d'une éthique de la non-réciprocité, une éthique qui insiste sur les situations d'inégalité et d'asymétrie. Pour Jonas, nous avons une responsabilité indéniable envers les générations futures, car nous disposons d'un savoir et d'un pouvoir qui font en sorte que le sort de ces dernières repose largement entre nos mains. Jonas ne parle pas de cette responsabilité dans les termes purement rationnels chers à Kant ou à Rawls. Il fait appel à nos sentiments, à notre sollicitude. Dans notre conscience de l'existence des générations futures, il y a un appel qui devrait nous émouvoir. Nous devons «prendre soin» d'elles.

On trouve une préoccupation analogue dans l'ouvrage de Joseph R. Des Jardins, *Éthique de l'environnement*, qui aborde la question du rapport aux générations futures sur le plan concret de nos motivations morales et non sur un plan purement théorique. Pour Des Jardins, cette question doit avant tout mobiliser nos sentiments en raison même de son caractère hypothétique :

> Dans notre propos, la « sollicitude » est quelque chose qui s'apparente plus à de « l'amour » ou à de l'altruisme en cela qu'elle fait appel à notre engagement et à notre motivation à l'égard du bien-être des autres. Est-ce que nos préoccupations pour les intérêts des générations futures – pour le genre de vie qu'elles mèneront, le type de personnes qu'elles deviendront – suffisent à motiver notre action dans le présent ? Cela peut-il constituer une raison suffisante pour nous inciter à écarter nos propres intérêts personnels[7] ?

Des Jardins répond oui à cette question. Il donne de nombreux exemples d'actions courantes qui prennent en considération le bien-être de personnes qui existeront dans le futur (aménagement de parcs nationaux, de musées, d'archives ; subventions à la recherche ; investissements dans l'éducation). Il est clair, comme le reconnaissait HUME, que nos SENTIMENTS MORAUX sont d'autant moins intenses que nous sommes physiquement et psychologiquement éloignés de ceux qui en sont l'objet. Notre sollicitude s'adresse d'abord à nos enfants et à nos petits-enfants, puis à nos compatriotes, puis aux futurs habitants de notre région ou de notre pays. Mais, avec l'émergence actuelle d'une sensibilité et d'une conscience écologistes, on peut espérer qu'elle s'élargira pour englober les populations des pays pauvres et de la planète entière.

À l'instar de CHARLES TAYLOR, Des Jardins fait ressortir les limites des éthiques du juste purement rationalistes. Il ne suffit pas, fait-il remarquer, de nous imaginer dans la position des personnes futures et de nous demander si elles penseront qu'il serait souhaitable que nous ayons préservé des espèces animales ou des régions sauvages. Il faut prendre en considération le fait que, si ces choses n'existent pas, ces personnes ne pourront les désirer : « Ce qui nous motive à conserver ces éléments naturels n'est pas leurs désirs, mais bien la conviction qu'une vie où il est possible de connaître et de désirer ces choses est plus complète et plus intéressante que son contraire[8]. » Ce qui peut nous motiver, c'est donc notre attachement à une conception du bien et de ce qu'est une bonne vie, une vie enrichissante. C'est par exemple notre conviction que le contact direct avec des espaces verts ou avec une nature sauvage est une source d'équilibre importante pour un habitant du milieu artificiel et technologique des régions urbaines.

Une nouvelle vertu : le respect de la nature

Cette évocation d'une éthique de valeurs trouve un complément dans une des expressions importantes de l'éthique de valeurs que nous avons appelée l'ÉTHIQUE DES VERTUS. Dans un article récent, Rosalind Hursthouse, qui est une des voix importantes de ce courant de pensée, plaide en faveur de la reconnaissance d'une nouvelle vertu propre à la problématique environnementaliste[9]. On pourrait appeler cette

---

7. Joseph R. Des Jardins, *op. cit.*, p. 110.

8. *Ibid.*, p. 113.

9. Rosalind Hursthouse, « Environmental Virtue Ethics », dans R. L. Walker et P. J. Ivanhoe, *Working Virtue : Virtue Ethics and Contemporary Moral Problems*, Oxford, Clarendon Press, 2007, p. 155-172.

vertu «respect de la nature» ou «souci de la nature». Il s'agit d'un souhait en voie d'accomplissement dans la mesure où on assiste à son émergence dans la culture morale actuelle. Nous avons vu que le terme «vertu» peut être défini comme «une bonne manière de répondre aux exigences d'une situation» et qu'il renvoie à des attitudes et à des manières d'agir ancrées dans le *caractère* des gens. La vertu de respect de la nature amalgame des vertus de sensibilité, d'amour, de prudence et de sens des responsabilités à l'égard de l'environnement naturel.

Hubert Reeves : une des figures inspirantes qui contribue à l'émergence d'une nouvelle vertu : le respect de la nature.

Aux yeux de Hursthouse, l'emploi de la notion de vertu est pertinent ici dans la mesure où nous voulons que le souci de préserver l'environnement fasse partie de la réserve de bonnes dispositions que nous souhaitons inculquer à nos enfants. L'acquisition des vertus passe surtout par l'éducation et par la rencontre de personnalités modèles qui incarnent l'idéal de conduite recherché. Or, l'importance grandissante que prend l'éveil de la conscience environnementale des jeunes dans l'éducation familiale et dans le cursus scolaire va justement dans ce sens. Il en est de même de l'influence grandissante que prennent certaines personnalités publiques dans les débats sur l'environnement. On peut penser ici à des noms tels que Hubert Reeves, David Suzuki, Al Gore, Steven Guilbeault anciennement de Greenpeace, le poète Richard Desjardins ou le biologiste cinéaste Jean Lemire. De plus, la notion de vertu met en lumière le fait que l'amour de l'environnement doit s'incarner dans des habitudes de vie, dans des gestes quotidiens concrets qui supposent la présence d'une nouvelle sensibilité chez l'individu. On parle ici d'actions telles que le recyclage des déchets, l'usage de produits de consommation non polluants, l'implication personnelle dans des campagnes publiques en faveur de causes environnementales (préserver un espace naturel, un parc, une rivière, etc.).

NOS DEVOIRS ENVERS LES ANIMAUX

Jusqu'ici, notre exploration de l'éthique de l'environnement a été confinée au territoire de l'humanisme, c'est-à-dire à une conception qui voit dans l'environnement naturel un moyen d'épanouissement pour l'être humain. Mais cette approche est apparue très vite insuffisante et même pernicieuse à bien des écologistes. Ils ont dénoncé le rapport instrumental à la nature qu'elle sous-entend. Ils accusent ses adeptes de pécher par anthropocentrisme[10]. L'anthropocentrisme est une conception qui fait de l'être humain le centre du monde et l'élève au-dessus de la nature environnante. Sur le plan éthique, l'anthropocentrisme consiste à accorder à l'être humain un statut moral supérieur aux autres êtres ou même à considérer que lui seul possède une dignité morale.

---

10. Le mot grec *anthrôpos* signifie « homme ».

C'est cette prétention qui est combattue avec véhémence par les tenants d'une éthique de l'environnement plus radicale, qui vise à octroyer un statut moral intégral aux autres espèces vivantes et même, dans certains cas, aux objets naturels non vivants, comme les montagnes, les cours d'eau ou les régions sauvages. Nous commencerons par l'examen des thèses qui réclament cette extension du statut moral aux animaux, pour ensuite aborder celles qui veulent l'élargir à la nature tout entière.

Les animaux occupent une place tout à fait spéciale dans la nature. Nous avons avec eux des affinités que nous n'avons pas avec les plantes et les objets inanimés. Ils sont vivants, ils sont en mouvement. Ils ressentent manifestement du plaisir et de la douleur. Nous pouvons communiquer et avoir des interactions enrichissantes avec beaucoup d'entre eux. Bref, les animaux ont la faculté d'éveiller ce sentiment naturel de SYMPATHIE et cette vertu de BIENVEILLANCE que HUME a placés au fondement de notre sens moral. Cette bienveillance se manifeste d'ailleurs avec évidence chez les jeunes enfants, qui s'attachent de façon spontanée et parfois très intense aux animaux qu'ils côtoient. Elle n'épargne cependant pas les adultes. Le nombre d'animaux de compagnie dans les villes modernes s'est considérablement accru dans les dernières décennies. Les animaleries et les cliniques vétérinaires font des affaires en or. Nous dépensons aujourd'hui pour nos animaux domestiques des sommes que nous aurions jugées insensées il n'y a pas vingt ans. Plusieurs personnes voient dans cette place grandissante des animaux domestiques dans la vie des individus vivant en milieu urbain une réponse à la solitude croissante qui les affecte.

Les animaux nous sont également « utiles » à bien d'autres égards. Nous les apprécions en effet aussi pour le plaisir que nous procurent la chasse et la pêche sportives. Nous les piégeons et les tuons pour leur fourrure ou leur chair. Nous avons ainsi exterminé des espèces entières. La pollution de l'environnement est aussi responsable de la disparition de certaines espèces. Nous utilisons les animaux dans nos laboratoires de recherche (au-delà de 200 millions chaque année, dans le monde entier). Nous leur inoculons des virus et des substances cancérigènes. Nous testons sur eux de nouveaux médicaments. Nous appliquons sur leur peau ou sur leurs yeux des produits de nettoyage, des peintures, de l'encre, de l'antigel ou des cosmétiques dont nous voulons évaluer le degré de toxicité. Nous les mangeons, et pour augmenter la productivité de nos techniques d'élevage, nous les entassons dans des endroits exigus, obscurs et étouffants où ils sont incapables de bouger et où nous les nourrissons de force. Nous les plaçons en captivité dans des cages de fer pour le plaisir de les observer. Avons-nous le droit de faire souffrir ou de tuer ainsi des animaux pour notre agrément?

Manifestation d'un groupe de défense des animaux dans les rues de Paris en 2007.

Peter Singer : une défense utilitariste des animaux

Les premières sociétés protectrices des animaux sont apparues au XIXe siècle en Angleterre. Elles s'attaquaient surtout à la cruauté envers les animaux domestiques et à la pratique de la vivisection dans la recherche médicale. Mais ce n'est que tout récemment que les défenseurs des animaux ont pris position de façon plus radicale en étayant leur point de vue d'une argumentation philosophique approfondie. Le pionnier en ce domaine est Peter Singer, dont l'ouvrage *La libération animale* a eu un retentissement important et a suscité la controverse.

Singer est un UTILITARISTE avoué. Il s'inspire au départ d'un passage célèbre de l'œuvre de Jeremy Bentham dans lequel celui-ci s'interroge sur le critère fondamental qui devrait fonder la reconnaissance du statut moral d'un être. De même que le sexe ou la couleur de la peau ne sont pas des critères moraux acceptables, l'appartenance à l'espèce humaine ne l'est pas non plus. Selon Bentham, la question n'est pas de savoir si les animaux peuvent raisonner ou parler, mais s'ils peuvent souffrir[11]. Ces propos rendent bien compte de l'inspiration *hédoniste* de Bentham, qui voyait dans le plaisir et la douleur le fondement naturel de la moralité. Pour que quelque chose puisse être utile à un être, il faut que celui-ci ait des intérêts, et pour avoir des intérêts, il faut pouvoir souffrir. Singer écrit :

> La capacité à souffrir et à éprouver du plaisir est *une condition nécessaire sans laquelle un être n'a pas d'intérêts du tout*, une condition qui doit être remplie pour qu'il y ait un sens à ce que nous parlions d'intérêts. Il serait absurde de dire qu'il est contraire aux intérêts d'une pierre d'être promenée le long du chemin par les coups de pied d'un écolier. Une pierre n'a pas d'intérêts parce qu'elle ne peut pas souffrir. [...] Une souris, par exemple, a un intérêt à ne pas recevoir de coups de pied, parce que si elle en reçoit elle souffrira[12].

Or, les animaux ressentent manifestement du plaisir et de la douleur. Dès lors, ils ont droit à une considération morale égale à celle que nous accordons aux humains. Tous les êtres sensibles doivent être inclus dans nos calculs d'utilité et dans notre recherche du «plus grand bonheur du plus grand nombre». Leur droit à cette égale considération s'exprime, nous l'avons vu, dans le principe d'égalité «chacun compte pour un», qui doit présider au calcul d'utilité. Cela ne signifie pas, pour Singer, que nous ne devrions faire aucune distinction entre les intérêts des êtres humains et ceux des animaux. Au contraire, nous devons apprécier la qualité particulière des expériences de chaque espèce. Donner une taloche à un enfant peut lui causer une douleur plus grande qu'à un cheval. L'être humain peut souffrir de bien des choses qui restent étrangères à la sensibilité animale. La conscience de l'écoulement du temps et la capacité de former des projets d'avenir sont des éléments importants de l'expérience humaine. Ainsi, un être humain condamné à mort souffrira davantage qu'un animal, car il connaît le sort qui l'attend. En revanche, un animal placé provisoirement dans une cage pourra parfois souffrir davantage que l'être humain, car il ne peut comprendre le but et le caractère provisoire de sa détention.

11. Jeremy Bentham, *An Introduction to the Principles of Morals and Legislation*, Londres, University of London, The Athlone Press, 1970, p. 283.

12. Peter Singer, *La libération animale*, Paris, Grasset, 1993, p. 37-38.

Mais est-il juste que, pour nous assurer que la viande de veau que nous consommons soit bien tendre et rosée, nous séparions les veaux de leur mère dès les premiers jours de leur existence? Cela justifie-t-il que nous les enfermions pendant seize semaines dans des stalles très étroites, que nous remplacions leur alimentation normale par un régime liquide de lait en poudre et que nous les privions d'eau et haussions la température des étables pour les forcer à consommer cette nourriture en grande quantité? Pour Singer, la réponse à cette question est un non catégorique. Nos petits plaisirs gastronomiques ne valent pas cette souffrance.

L'idée fondamentale de Singer est qu'il y a une continuité entre les espèces animale et humaine, continuité en vertu de laquelle il est possible que l'animal ait une priorité morale sur l'être humain dans certaines circonstances. Il appelle « spécisme » la discrimination morale fondée sur l'appartenance à une « espèce », de la même manière que nous appelons racisme la discrimination fondée sur la race. *Il revendique donc une extension de la morale moderne universaliste à tous les êtres qui souffrent.* Bien sûr, Singer est forcé d'admettre que la limite de cette extension reste floue. S'il est évident que les mammifères et les oiseaux souffrent, la chose est moins claire pour les animaux invertébrés, pour les mollusques, les crustacés ou les insectes. C'est également pourquoi Singer ne reconnaît pas de statut moral aux plantes.

Conformément à la logique utilitariste qui met l'accent sur la quantité et la somme totale des souffrances, Singer considère que les problèmes qui doivent retenir l'action des défenseurs des animaux sont ceux qui ont des effets massifs, soit l'utilisation de millions d'animaux dans la recherche en laboratoire et l'élevage industriel en vue de l'alimentation. Ces problèmes sont plus urgents que le sauvetage des espèces en voie d'extinction comme les baleines bleues ou le tigre de Sibérie, ou encore la protection des bébés phoques et des chiens errants.

Nous connaissons les difficultés inhérentes au calcul d'utilité. Il est difficile de comparer les plaisirs et les intérêts de différents êtres sensibles, à plus forte raison s'il s'agit d'animaux et d'êtres humains. On pourrait imaginer toutes sortes de cas complexes où ce genre de calcul serait difficile à effectuer. Par exemple, devrions-nous subordonner les intérêts des animaux sauvages habitués à traverser librement un habitat à nos propres intérêts en clôturant des terres pour les cultiver? Devrions-nous empêcher l'exploitation d'une forêt pour préserver la vie des animaux qui la peuplent, étant donné tous les bienfaits que peuvent retirer les êtres humains d'une telle exploitation? Devrions-nous intervenir pour protéger certains animaux contre d'autres animaux prédateurs? Avons-nous le droit de tuer les rats qui infestent une maison et qui risquent de mordre nos enfants[13]?

Tom Regan : l'affirmation des droits des animaux

Nous avons vu, au chapitre 4, que l'utilitarisme est réfractaire à la notion de droit fondamental. On ne s'étonnera donc pas d'apprendre que la perspective proposée par Peter Singer a été contestée au nom d'une ÉTHIQUE DES DROITS étendue aux animaux. Les personnes qui se consacrent à la protection des animaux utilisent de plus

---

13. Ces exemples s'inspirent de ceux formulés par Joseph R. Des Jardins, *op. cit.*, p. 151.

en plus l'expression « droits des animaux ». En 1978, on a proclamé à la maison de l'UNESCO à Paris la *Déclaration universelle des droits de l'animal*, dont le texte fut révisé en 1989. En 1983, le philosophe Tom Regan entreprit d'élaborer une justification rigoureuse de la notion de droit des animaux dans un ouvrage intitulé *The Case for Animal Rights.*

Regan partage la plupart des convictions de Singer et s'oppose comme lui à l'utilisation des animaux dans la recherche et dans l'industrie de l'alimentation ou les loisirs (chasse, zoos, etc.). Mais il croit que l'utilitarisme n'est pas le meilleur instrument pour fonder rationnellement les droits des animaux. Il reprend l'exemple cher à Singer de l'élevage industriel du veau. Admettons que les éleveurs de veaux acceptent de modifier leurs méthodes et qu'ils permettent aux veaux de vivre dans des conditions saines et même agréables et imaginons que la demande de viande de veau soit très forte dans un marché donné. Alors la comparaison des quantités de plaisirs et de souffrances respectives des êtres humains et des veaux pourrait nous amener à conclure que l'élevage industriel du veau doit être toléré. En effet, suivant le principe utilitariste, il n'est pas mauvais en soi de tuer et de manger du veau. Cette pratique n'est mauvaise que dans la mesure où elle entraîne plus de souffrances que de plaisir chez l'ensemble des êtres concernés. La position de Singer pourrait également justifier toutes sortes de meurtres ou de manipulations des animaux, pourvu qu'ils aient une certaine utilité et qu'ils soient pratiqués sans réelle douleur pour l'animal. Pour Regan, les principes utilitaristes sont donc déficients :

> La misère du veau est pathétique, affligeante [...] mais le mal fondamental n'est pas la douleur, ni la souffrance, ni la privation. Tous ces états accentuent le mal. Parfois, souvent, ils l'empirent. Mais ils ne sont pas le mal fondamental. Le mal fondamental est le système qui nous permet de voir les animaux *comme nos ressources*, ici pour nous – pour être mangés, ou manipulés chirurgicalement, ou utilisés pour le sport ou pour gagner de l'argent[14].

Regan croit donc qu'il faut s'appuyer sur une éthique des droits pour défendre efficacement les animaux. Or, la reconnaissance des droits d'un être équivaut à la reconnaissance de sa valeur intrinsèque. Ainsi, toute personne humaine a des droits fondamentaux parce qu'elle est une personne humaine dont la valeur intrinsèque doit être respectée et protégée. KANT a exprimé cette idée en disant que nous ne devons pas utiliser autrui simplement comme un moyen pour arriver à nos fins, mais qu'il nous faut RESPECTER sa liberté et sa dignité. Le problème réside dans l'extension d'un tel principe de respect aux animaux. Dans une perspective kantienne, on ne peut reconnaître à l'animal des droits authentiques, car la dignité morale est associée à la liberté et à l'usage de la raison, qui n'appartiennent qu'aux êtres humains.

Regan essaie de contourner cet obstacle en faisant remarquer que nous reconnaissons des droits fondamentaux aux jeunes enfants, aux déficients mentaux, aux comateux ou aux victimes de la maladie d'Alzheimer, même s'ils ne sont pas capables de faire des choix réfléchis et rationnels et ne peuvent donc agir d'une façon morale. Ils n'ont aucun devoir envers autrui et ne peuvent être considérés comme moralement responsables. Ils ont pourtant un statut moral et nous n'acceptons pas qu'ils soient

---

14. Tom Regan, « The Case for Animal Rights », dans Peter Singer (dir.), *In Defense of Animals*, Oxford, Blackwell, 1985 ; cité dans Joseph R. Des Jardins, *op. cit.*, p. 146.

traités comme de simples choses. Pourquoi n'en serait-il pas de même pour les animaux? Regan pense donc que la valeur intrinsèque qui est la base du statut moral repose sur autre chose que la liberté ou la rationalité. Elle est le fait de tous les êtres qui sont « sujets-d'une-vie ». Ils ont une vie à eux et cette vie compte pour eux :

> Être le sujet-d'une-vie [...] implique plus qu'être simplement en vie et plus qu'être simplement conscient. Être le sujet-d'une-vie, c'est [...] avoir des croyances et des désirs ; une perception, une mémoire et un sens de l'avenir, incluant son propre avenir ; une vie émotionnelle, avec des sensations de plaisir et de douleur ; des préférences et des intérêts pour le bien-être ; l'habileté à entreprendre une action pour satisfaire ses désirs et atteindre ses buts ; une identité psycho-physique avec le temps ; et un bien-être individuel dans le sens où ils réussissent leur vie ou non, indépendamment de leur utilité pour les autres[15].

Selon Regan, les animaux qui peuvent revendiquer un tel statut sont les mammifères mentalement normaux d'un an ou plus. Ces animaux ont pour lui un droit *égal* aux humains à un respect fondamental. Nous n'avons pas le droit de leur dérober la vie et de les empêcher de réaliser leurs fins. Ces droits sont absolus et ne peuvent être sacrifiés, sur la base d'un calcul utilitariste, aux intérêts des êtres humains. Par exemple, les plaisirs de centaines de milliers de visiteurs d'un zoo ne pourraient jamais justifier les souffrances de quelques dizaines d'animaux en captivité.

On sait que l'affirmation du caractère « absolu » des droits est une position qui s'expose à de nombreuses critiques. La théorie de Regan n'y échappe pas. Par exemple, il admet que, dans un cas extrême comme celui d'un naufrage où il faudrait choisir entre la vie d'un humain et celle d'un chien, nous devrions trancher en faveur de l'être humain. D'autre part, le critère de démarcation qu'il propose, soit celui des « mammifères mentalement normaux d'un an ou plus », ne peut manquer de paraître arbitraire. Les oiseaux et les jeunes animaux méritent-ils d'être exclus de la sphère des droits des animaux ?

La critique humaniste

Les tenants d'une éthique humaniste n'ont pas tardé à répliquer aux thèses de Peter Singer et de Tom Regan. Dans son livre *Le nouvel ordre écologique*[16], le philosophe français Luc Ferry s'est fait le porte-parole de la tradition humaniste. Il reprend la position de KANT suivant laquelle seuls les êtres humains ont un statut moral et des droits moraux. Il s'en prend également à l'argument utilitariste selon lequel le statut moral ne doit pas être fondé sur la raison, mais sur les intérêts. Ferry soutient que Singer méconnaît ainsi le critère fondamental qui définit la moralité chez Kant. Ce critère essentiel est la liberté qui se manifeste dans la « bonne volonté ». La liberté fait accéder l'être humain à la DIGNITÉ MORALE en lui permettant de dépasser la poursuite aveugle de ses intérêts et en le rendant capable d'agir d'une manière désintéressée, ce qu'exprime l'idée de bonne volonté. Or, une telle attitude de désintéressement semble n'être possible qu'aux êtres humains. C'est ce qui amène l'être humain à faire parfois volontairement passer les intérêts des animaux avant les siens. L'inverse n'est pas vrai.

---

15. Tom Regan, *The Case for Animal Rights*, Berkeley, University of California Press, 1983, p. 243 ; cité dans Joseph R. Des Jardins, *op. cit.*, p. 148.
16. Luc Ferry, *Le nouvel ordre écologique*, Paris, Grasset, 1992.

L'animal ne peut avoir de devoirs moraux envers nous. Encore une fois, comme dans le cas des générations futures, nos rapports moraux avec les animaux sont des rapports de non-réciprocité. Il n'y a pas de contrat entre nous et eux. Cela explique que Rawls, dans *Théorie de la justice*, n'accorde pas d'attention à cette question. La fiction de la position originelle ne les inclut pas, car les animaux ne peuvent prendre part à une discussion avec nous.

La part des sentiments et de la responsabilité

Pour rendre compte d'un devoir moral envers des êtres plus faibles que nous et soumis à notre pouvoir, nous pouvons faire appel à l'ÉTHIQUE DE LA RESPONSABILITÉ. Plutôt que de nous évertuer à démontrer que les animaux sont nos égaux, on peut chercher dans la réelle inégalité de pouvoir et la menace que nous représentons pour eux la vraie source de notre motivation à les protéger. Si nous acceptons de reconnaître l'inégalité fondamentale des rapports entre l'homme et l'animal sur le plan du pouvoir, il devient possible d'attribuer à l'homme des devoirs envers les animaux sans nécessairement reconnaître à ceux-ci des droits. Cependant, il faut tenir compte également du fait que, pour Hans Jonas, la responsabilité est d'abord un sentiment.

On peut penser qu'il est futile de vouloir fonder ce devoir de façon strictement rationnelle, comme le font Peter Singer et Tom Regan, alors que c'est essentiellement notre capacité d'empathie et de bienveillance qui est en cause. N'est-il pas important que nous trouvions d'abord une motivation de protéger les animaux dans les liens affectifs que nous avons avec eux, même si cela implique que nous soyons parfois partiaux et que, par exemple, nous protégions mieux les chats que les rats? Singer insiste beaucoup dans son livre *La libération animale* sur le fait qu'il a voulu faire appel « à la raison plutôt qu'à l'émotion ou au sentiment[17] ». Pourtant, l'essentiel de son ouvrage est consacré à un compte rendu détaillé de traitements cruels envers les animaux qui ne peuvent que provoquer des haut-le-cœur. La base de son argumentation rationnelle en faveur des animaux est le principe d'égalité « chacun compte pour un ». Singer semble oublier en cours de route que ce principe s'applique à l'évaluation des intérêts d'êtres qu'il a lui-même définis comme capables de souffrir. Or, cette référence à la souffrance met en cause notre sensibilité morale et nos sentiments. Beaucoup de gens perdent le goût de manger de la viande rien qu'à voir un reportage sur l'élevage industriel et l'abattage des porcs. Le plus grand obstacle à notre engagement envers les animaux est sans doute l'ignorance et l'absence de contact direct avec leurs conditions de vie.

---

17. Peter Singer, *op. cit.*, p. 362.

EXERCICE 2

L'EXPÉRIMENTATION ANIMALE

L'expérimentation animale est l'une des questions les plus controversées parmi les questions qui sont soulevées par les organismes voués à la défense des animaux.

Chaque année, des millions d'animaux sont mutilés, soumis à des souffrances énormes et tués au cours d'expériences scientifiques réalisées dans de multiples secteurs de recherche : psychologie, armement, sécurité routière, produits de consommation et, surtout, industrie pharmaceutique et médecine.

Les expériences les plus controversées sont certainement celles qui portent sur les produits de consommation, tels que les cosmétiques, les produits de nettoyage et les produits corrosifs ou éventuellement dangereux pour la santé, dont on cherche à évaluer le degré de toxicité. Il est de plus en plus admis que ces tests sont grossiers et sans intérêt réel sur le strict plan scientifique.

Grâce aux interventions des organismes de défense des animaux, ce genre de test est de moins en moins répandu. Cependant, dans le domaine de la recherche pharmaceutique et médicale, les problèmes éthiques demeurent aigus.

Ce problème peut être envisagé sous divers angles. La position extrême consiste à nier à l'être humain le droit de sacrifier les animaux pour son propre bien-être et donc à interdire toute expérimentation animale. Une position plus modérée affirme le devoir des chercheurs de prendre toutes les mesures nécessaires pour que leurs recherches s'effectuent dans le plus grand respect de l'animal en tenant compte le plus possible de son propre bien-être, en minimisant ses souffrances et en évitant de mener des recherches lorsque la pertinence n'en est pas clairement démontrée. On insistera aussi sur l'importance d'une meilleure circulation de l'information à l'intérieur du milieu scientifique, de façon à éviter la répétition inutile d'expérimentations dont il n'y a plus rien à apprendre.

Deux manières d'aborder le problème de l'expérimentation animale : L'être humain a-t-il le droit d'utiliser des animaux dans des expériences scientifiques ? Ces expériences sont-elles utiles ou nécessaires ?

Une autre question importante porte sur la validité même des recherches. Sur ce dernier point, il faut avouer que le profane nage un peu dans la confusion. D'un côté, des experts affirment péremptoirement que « la quasi-totalité des progrès de la médecine moderne n'ont été possibles que grâce à l'expérimentation animale[18] ». De l'autre, les partisans de la libération animale citent d'autres chercheurs qui reconnaissent que « l'expérimentation animale est peu fiable parce que la physiologie animale dans son ensemble n'est pas comparable à celle de l'homme[19] ».

18. Sophie Seroussi, « Expérimentation animale : Des souris ou des hommes », *Science & Vie*, juin 1981, p. 18.

19. Valérie Garland, « L'expérimentation animale, une vieille habitude ? », *Science & Vie*, septembre 1991, p. 93.

Cependant, on voit apparaître de plus en plus de solutions de rechange à l'expérimentation animale qui résultent des progrès de la technologie. Les principales sont les cultures de cellules ou de bactéries in vitro qui permettent de travailler sur des cellules plutôt que sur des organismes, les modélisations mathématiques et les simulations par ordinateur, l'utilisation d'œufs de poule pour les tests d'irritabilité. Un principe éthique de base pourrait donc être que le chercheur se demande d'abord s'il lui est possible d'obtenir l'information qu'il recherche par d'autres moyens que l'expérimentation animale. Mais bien des chercheurs se tournent vers ces nouvelles méthodes pour la seule raison qu'elles sont plus économiques et plus efficaces.

Aujourd'hui, la majorité des chercheurs soutiennent néanmoins que l'expérimentation animale est encore nécessaire dans de nombreux secteurs de recherche. Par exemple, le professeur Luc Montagnier de l'Institut Pasteur, codécouvreur du virus du sida, a déclaré : « Le sida est une maladie redoutable. Si on veut protéger notre espèce, on est obligé de sacrifier quelques animaux[20]. » Souris, lapins, macaques et chimpanzés ont effectivement été utilisés dans la recherche sur le sida. Cependant, un phénomène surprenant a rendu l'expérimentation animale beaucoup moins nécessaire dans ce cas et c'est le fait que les sidéens se sont offerts eux-mêmes en grand nombre pour participer volontairement aux recherches. On comprend que c'est le caractère désespéré de leur situation qui les y a poussés. Cette situation nous rappelle qu'une autre solution de remplacement à l'expérimentation avec des animaux peut être, dans certains cas, l'expérimentation sur des sujets humains.

QUESTIONS

1. Imaginez que vous siégez à un comité chargé de répondre à la demande d'un chercheur qui réclame l'autorisation d'utiliser comme sujets de recherche, à la place d'animaux, des déficients mentaux profonds, sans famille, placés dans des établissements où ils sont condamnés à mener une vie de reclus jusqu'à la fin de leurs jours. Comparez les implications morales de l'utilisation d'animaux avec celle de ces déficients humains. À quelles conclusions vous mènerait, respectivement, l'application des principes éthiques suivants :

   a) les principes UTILITARISTES ?

   b) les principes de l'ÉTHIQUE DES DROITS (confrontez les droits de la personne aux droits des animaux) ?

2. Beaucoup de pratiques humaines s'attirent la condamnation des défenseurs des animaux. On peut mentionner, en plus de l'expérimentation animale dans la recherche médicale, la chasse sportive, la chasse ou l'abattage à des fins alimentaires, l'utilisation du cuir, de la fourrure ou des défenses animales, le maintien en captivité dans les zoos, l'utilisation d'animaux pour des tours d'adresse dans les cirques.

---

20. Cité dans Lea Di Cecco, « Expérimentation : peut-on se passer des animaux ? », *Sciences et Avenir*, septembre 1989, p. 37.

Considérez chacune de ces pratiques. Avec lesquelles êtes-vous d'accord? Avec lesquelles êtes-vous en désaccord? Explicitez les différents critères qui vous semblent pertinents ici pour tracer la frontière entre les pratiques acceptables et celles qui ne le sont pas. Ces critères ont-ils plus à voir avec l'UTILITARISME, avec la notion de DROITS ou avec des SENTIMENTS de compassion?

NOS DEVOIRS ENVERS LA NATURE

Alors que beaucoup de philosophes humanistes jugent que Peter Singer va trop loin en accordant un statut moral aux animaux, bien des environnementalistes considèrent qu'il ne va pas encore assez loin. Ses principes utilitaristes justifient une protection du bien-être des animaux *individuels*, dotés d'une sensibilité, mais n'accordent pas un statut moral aux *espèces* animales. Une espèce est d'une certaine façon une construction de l'esprit. Elle n'est pas un organisme vivant et n'éprouve pas non plus de souffrance ou de plaisir. Il ne faut donc pas s'étonner que Singer n'accorde pas beaucoup d'importance à la préservation des espèces menacées d'extinction. Au surplus, il n'inclut pas dans ses préoccupations les plantes et la nature non vivante, s'en tenant plutôt à une politique non interventionniste qu'on peut résumer ainsi: laissons les animaux en paix et cessons d'être cruels envers eux.

On trouve chez certains environnementalistes une vision beaucoup plus large de nos devoirs moraux envers l'environnement naturel. Beaucoup d'entre eux revendiquent un statut moral non seulement pour les animaux dotés de sensibilité, mais aussi pour les espèces vivantes en tant que telles ou pour des écosystèmes entiers, comme les régions sauvages, les forêts, les lacs, et finalement pour la nature tout entière. Une grande diversité de courants de pensée s'inspire de cette vision. Nous avons vu, par exemple, que Hans Jonas étendait la RESPONSABILITÉ PROSPECTIVE de l'humanité actuelle non seulement aux générations futures, mais également à la nature vivante et finalement à la nature tout entière. Jonas disait que le seul fait d'exister conférait à la nature une *valeur* que l'humanité devait reconnaître et protéger. Cependant, on ne trouve pas dans les écrits de Jonas d'indications précises sur les implications de cette responsabilité, hormis l'impératif général de ne pas détruire la nature. Le courant de pensée le plus radical en la matière est cependant celui de l'écologie profonde. Cette expression, «écologie profonde», a été forgée par le philosophe norvégien Arne Naess. Il visait à distinguer une vision radicale de l'éthique environnementaliste d'une vision «superficielle», limitée à des questions comme la lutte contre la pollution ou l'épuisement des ressources, questions qui n'ont comme objectif que la protection des intérêts humains et non ceux de la nature en elle-même.

L'ÉCOLOGIE PROFONDE

L'écologie profonde est un mouvement de pensée très ambitieux qui introduit une dimension spirituelle dans la réflexion éthique en faisant de la nature une sorte de bien ou de valeur morale suprême. Elle cherche à transformer complètement notre vision du monde et notre conception de la vie et du bonheur. Elle remet en cause les principes de l'humanisme moderne, soit la croyance que l'humanité se meut dans une sphère culturelle séparée et supérieure à la dimension naturelle des choses et la croyance que la nature existe « pour » l'homme. Elle s'oppose à la philosophie individualiste, qui n'attribue de réalité qu'aux organismes individuels isolés et oublie leur intégration dans le tout, le milieu global. Elle tente d'effacer la frontière entre l'homme et la nature et de réintégrer l'être humain dans la nature en tant que l'une de ses manifestations.

Le *Rainbow Warrior*, navire de Greenpeace, mouvement radical voué à la cause de l'environnementalisme. Harcelé par un hélicoptère des forces armées françaises, il navigue aux abords de la zone des essais nucléaires français menés pendant l'été 1995 dans les atolls de Mururoa, en Polynésie française.

Selon l'écologie profonde, une vie accomplie et digne d'être vécue est une vie en harmonie et en symbiose avec la nature. La nature est une source de beauté et de sagesse profonde dans laquelle l'individu trouvera les ressources pour surmonter les limites de son égoïsme et de son individualisme. L'individu doit s'unir à quelque chose de plus grand et de plus important que lui-même, qui lui révèle une fraternité et une solidarité fondamentales avec tout ce qui vit, tant dans le monde non humain que dans le monde humain. À la limite, cette exigence peut se traduire très concrètement par une vie à la campagne, dans de petites communautés décentralisées et organisées suivant des principes collectivistes. On préconise ainsi un retour à des manières de vivre simples moins dépendantes des technologies et libérées de la culture urbaine de la consommation à outrance. L'impératif général serait le suivant : « Nous devrions vivre avec un impact minimal plutôt que maximal sur les autres espèces et sur la terre en général[21]. »

Il s'agit donc d'une conception éthique qui définit notre *identité* même et le sens profond de notre vie. Elle appelle davantage qu'une adhésion purement intellectuelle et rationnelle. Elle vise à nous transformer et à régir tous les aspects de notre vie, puisqu'elle subordonne tout à un bien suprême. Il s'agit d'un exemple extrême d'une ÉTHIQUE DU BIEN telle que la définit CHARLES TAYLOR. Nous la qualifions d'extrême, car la nature y est érigée en valeur suprême, alors que Charles Taylor, comme nous l'avons vu, défend plutôt une conception pluraliste qui cherche à concilier une diversité de biens ou de principes.

---

21. Citation rapportée par Joseph R. Des Jardins, *op. cit.*, p. 261.

La critique de l'écologie profonde

L'écologie profonde semble obéir au préjugé suivant lequel tout ce qui est naturel est bon. Il s'agit là d'une vision romantique des choses qui se trouve démentie par la réalité. Si on fait l'effort de considérer la nature un peu plus objectivement, on constatera qu'elle est aussi mauvaise que bonne. La nature comprend à la fois des phénomènes comme de beaux couchers de soleil, le gazouillis des oiseaux, mais aussi le désert, les cyclones, les moustiques, les serpents venimeux, la peste et les virus. Sans nier qu'il y ait des choses bonnes et admirables dans la nature, peut-être faut-il éviter de la déifier et savoir y distinguer les aspects négatifs et les aspects positifs, comme chez l'être humain.

Mais l'argumentation de l'écologie profonde est minée par une autre faiblesse notoire. L'être humain occupe dans une telle conception des positions contradictoires, puisqu'il est à la fois *dans* la nature et *hors de* la nature. On le considère, d'une part, comme un organisme vivant au même titre que tous les organismes vivants et, d'autre part, comme une espèce qui occupe un rôle éminent parmi les espèces. Si l'être humain est un produit de l'évolution naturelle, s'il n'est qu'une espèce vivante parmi tant d'autres et si les processus naturels sont essentiellement bons, en quoi les actions de l'être humain ont-elles une portée éthique particulière? Si l'être humain fait partie de la nature, ses actions devraient elles aussi s'insérer dans l'ordre naturel. Comment pourrait-on l'accuser d'être un danger pour la nature, s'il n'en est lui-même qu'une expression parmi d'autres? S'il détruit des espèces vivantes par son action, en quoi cela est-il différent de la destruction que l'évolution naturelle du climat sur terre ou que toutes les catastrophes naturelles comme les ouragans, les tremblements de terre, les météorites géants et les volcans peuvent provoquer? C'est en ce sens que Jan Naverson attaque la position de l'écologie profonde:

> Le problème avec la Nature est qu'elle inclut tout, y compris nous-mêmes. *Peu importe ce que nous lui faisons subir*, cela restera toujours vrai. Serions-nous amenés à faire sauter avec des bombes à hydrogène tout ce que nous voulons faire sauter dans notre environnement, les miettes qui en resteraient seraient tout aussi «naturelles» et formeraient tout autant un «système global» que ce qui existe actuellement ou a jamais existé. Il est donc inutile, dès lors, de s'évertuer à vouloir «préserver» la Nature; peu importe ce que nous ferons, elle demeurera intégralement «la Nature» comme avant. Le souci que nous avons de notre environnement n'a de sens véritable que parce qu'il s'agit de notre environnement, et que, de ce point de vue, notre sort sera amélioré si nous vivons dans certaines conditions plutôt que d'autres: les choses seront plus belles ou auront une meilleure odeur, notre santé sera meilleure ou nous pourrons avoir en plus grande quantité les choses que nous désirons. Prétendre que la Nature aurait en elle-même des intérêts conflictuels avec les nôtres, lesquels auraient préséance sur les nôtres ou leur seraient simplement égaux, nous entraîne dans un cul-de-sac conceptuel. L'écologie «profonde» est trop profonde – en vérité, elle est un gouffre sans fond[22].

La riposte de l'humanisme aux prétentions de l'écologie profonde est de dire que les implications morales des actions humaines sont une conséquence de la position exceptionnelle de l'être humain dans la nature. Ses responsabilités morales lui viennent tout simplement de ses facultés conscientes et rationnelles. En reconnaissant ces

---

22. Jan Naverson, «Against Animal Rights», *Environmental Ethics: Philosophical and Policy Perspectives*, Burnaby, BC, Institute for the Humanities/SFU Publications, Simon Fraser University, p. 120-121.

responsabilités, nous sommes conduits à accorder à l'homme un statut spécial dans la nature. En vertu de l'éthique de la responsabilité, la reconnaissance de la supériorité du pouvoir de l'être humain sur son environnement naturel doit le conduire à soumettre ses actions au contrôle de sa conscience morale, plutôt que de se sentir libre d'exercer son pouvoir comme bon lui semble.

LA RESPONSABILITÉ DES ÉTATS: LE RÉCHAUFFEMENT CLIMATIQUE

On reproche aussi à l'aile radicale du mouvement écologique de masquer les véritables enjeux de ses revendications en faisant porter à «l'humanité dans son ensemble» la responsabilité de la dégradation de l'environnement. Il est vrai que nous sommes tous concernés par cette question et qu'un changement dans nos habitudes de vie personnelles est nécessaire pour améliorer la situation. Mais il ne faut pas oublier non plus la responsabilité particulière des grandes entreprises, et particulièrement de certains secteurs industriels, dans les différentes formes de pollution. Ainsi, la pollution des Grands Lacs et du fleuve Saint-Laurent est d'abord le résultat de la pollution industrielle et il est difficile de ne pas voir la disproportion qui existe entre le fait de laisser tomber un papier gras dans la rue et le déversement de 44 000 tonnes de pétrole sur les rivages de l'Alaska par le pétrolier *Exxon Valdez*.

Le sujet de l'heure en éthique environnementale est le réchauffement climatique et cette problématique a mis en évidence, plus que toute autre, l'importance cruciale de l'action des gouvernements. Le protocole de Kyoto, ratifié à ce jour par plus de 150 pays, à l'exception notable des États-Unis et de l'Australie, vise à limiter les concentrations de gaz à effet de serre dans l'atmosphère de manière à atténuer le phénomène du réchauffement climatique. Les pays signataires se sont engagés à prendre des mesures en ce sens de manière à atteindre des objectifs déterminés d'ici 2012. Le Canada fait partie des signataires, mais le gouvernement canadien s'est attiré les foudres des environnementalistes en déclarant, en 2006, qu'il jugeait «irréalistes» les objectifs fixés par le protocole de Kyoto. La situation du Canada est particulièrement délicate à ce chapitre. L'exploitation des sables bitumineux de l'Alberta est au cœur du problème. Cette exploitation est une source de croissance économique fabuleuse, mais elle serait également responsable de près de 50 % de la croissance des émissions de gaz à effet de serre pour l'ensemble du Canada entre 2003 et 2010. La limiter pose évidemment des problèmes difficiles au gouvernement canadien.

Les voies d'intervention des gouvernements sont cependant fort nombreuses. Elles peuvent passer par la fixation de seuils d'émission qui forcent les entreprises soit à diminuer leur exploitation, soit à employer des techniques de production innovatrices, moins polluantes que les techniques actuelles. Elles peuvent également consister en mesures visant à diminuer la consommation d'énergie, comme des réglementations touchant les véhicules automobiles, favorisant le transport en commun ou imposant l'emploi d'ampoules électriques moins énergivores. La tendance est forte pour les États occidentaux de tout faire pour éviter les sacrifices qu'impose le problème du réchauffement climatique, d'autant plus que, comme le soulignent les experts, ce sont encore une fois les pays pauvres qui risquent de souffrir le plus des conséquences d'un réchauffement important (sécheresse et pénurie d'eau, famine, ouragans, inondation des côtes dans des zones à risque qui se trouvent pour 75 % en Asie, etc.).

Bien sûr, il existe une polémique sur les prévisions relatives au réchauffement climatique. Une grande incertitude frappe ces prévisions. Selon le fameux rapport de 2007 du GIEC (Groupe d'experts intergouvernemental sur l'évolution du climat), l'augmentation des températures sur notre planète d'ici 2100 pourrait osciller entre + 1,1 °C et + 6,4 °C, en tenant compte des marges d'incertitude. Il s'agit d'un écart notable qui peut faire la différence entre une catastrophe mondiale et une crise d'importance secondaire. Il existe également de l'incertitude sur la part du réchauffement qu'il faut attribuer à des causes naturelles et sur celle qu'il faudrait mettre sur le compte de l'activité humaine. Mais ces incertitudes soulèvent une problématique fondamentale en éthique de l'environnement: c'est la place que doit prendre ce que l'on appelle le « principe de précaution » par rapport au « principe de prévention ». Il convient de parler de prévention dans le cas d'un phénomène nuisible dont les effets sont connus, certains et prévisibles. Par exemple, promouvoir des habitudes de vie saines dans la population permet à coup sûr de prévenir de nombreux problèmes de santé. La précaution est un principe qui intervient dans un contexte caractérisé à la fois par l'incertitude de la prévision des effets d'un phénomène et par leur extrême gravité ou leur irréversibilité. L'ÉTHIQUE DE LA RESPONSABILITÉ PROSPECTIVE DE JONAS ne nous laisse pas d'autre choix ici que le principe de précaution, puisqu'elle nous interdit catégoriquement de mettre en péril la survie de l'humanité. C'est une obligation unilatérale que nous avons envers les générations futures.

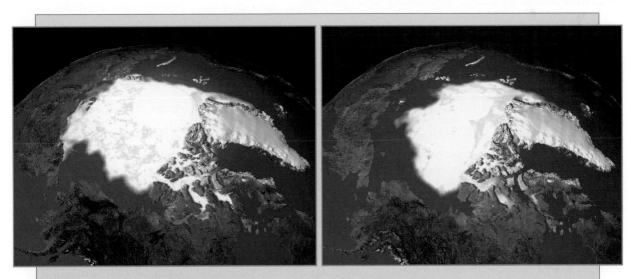

La calotte glacière du pôle Nord en 1979 (à gauche), puis en 2005 (à droite). Un effet indéniable du réchauffement climatique.

EXERCICE 3

L'ERREUR BORÉALE

L'une des controverses les plus médiatisées des dernières années en matière d'environnement est celle qu'a suscitée le film-pamphlet *L'Erreur boréale*, de Richard Desjardins et Robert Monderie. Ce documentaire porte sur l'exploitation de la forêt boréale québécoise par les entreprises forestières. Des vues aériennes d'immenses territoires forestiers complètement rasés ont frappé l'imagination du public et soulevé l'indignation populaire. Les entreprises se sont retrouvées sur la sellette, de même que le ministère des Ressources naturelles (MRN), grand maître d'œuvre du régime forestier. Tout n'est pas exact dans *L'Erreur boréale*, mais le film a eu le mérite de lancer un important débat dans l'espace public.

Au Québec, l'exploitation forestière génère plus de 200 000 emplois directs ou indirects, principalement dans le secteur des entreprises de sciage et de pâtes et papiers. Elle comptait, en 1997, pour plus de 12 % du PIB québécois (18,4 milliards de dollars). Les entreprises forestières coupent chaque année environ 1 % des arbres du territoire forestier. Selon le régime forestier actuel, qui est entré en vigueur en 1986, 85 % de la forêt publique québécoise ont été cédés, pour une durée de 25 ans, à environ 260 entreprises de sciage et de pâtes et papier, par le moyen de Contrats d'approvisionnement et d'aménagement forestier (CAAF) qui les obligent en retour à assurer la pérennité de la ressource ligneuse.

Une forêt rasée : un spectacle désolant qui soulève des interrogations sur les dangers d'une exploitation abusive de nos forêts.

Voici d'abord une série d'arguments avancés par les critiques de la politique actuelle du MRN, qui comptent tout particulièrement des écologistes, des spécialistes de la foresterie et des amants de la nature.

Tout d'abord, la forêt boréale québécoise est actuellement surexploitée et une rupture des ressources est à craindre. Toute la politique gouvernementale sur la forêt semble dictée par les seuls besoins de l'industrie forestière, sans réel égard pour le développement durable de la forêt et pour la protection du paysage, des habitats fauniques et de la biodiversité. Chose étrange, le ministère de l'Environnement est tenu à l'écart de la détermination et de la mise en œuvre de la politique forestière au profit du seul MRN.

Ensuite, le MRN laisse toute la gestion et la protection de la forêt entre les mains des entreprises forestières. Il ne contrôle pas de façon rigoureuse leurs activités. Il les laisse mesurer elles-mêmes le bois qu'elles coupent et, partant, déterminer elles-mêmes les sommes qu'elles doivent verser au gouvernement en droits de coupe. Il leur demande de « consulter », sans plus, les intervenants intéressés par leurs activités (pourvoyeurs, municipalités, etc.). Comme l'écrivait un éditorialiste : « Comment s'imaginer que des compagnies privées dont l'objectif est un profit maximal pour leurs actionnaires [...] seront réellement préoccupées par le sort de notre bien commun dans cent ans[23]? » Le MRN a vendu son âme aux entreprises. En conséquence, la politique forestière devrait être évaluée et son application surveillée par un organisme neutre et indépendant placé, par exemple, sous la responsabilité du vérificateur général.

Avec le système d'exploitation actuel, les arbres n'atteindront plus jamais la vieillesse (100 ans et plus). Or, d'une part, les vieux arbres constituent en eux-mêmes une beauté de la nature, un bien précieux que nous devons préserver. D'autre part, ils sont nécessaires à la vie d'une série d'espèces tout à fait uniques : végétaux, champignons, insectes, petits animaux, certains oiseaux rares et même des caribous des bois. Nous avons le devoir d'assurer la préservation des espèces vivantes qui peuplent notre territoire.

Enfin, les quotas actuels sont fondés sur des scénarios, révisés tous les cinq ans, qui sont exagérément optimistes. Ainsi, ces scénarios ne tiennent pas compte de la possibilité qu'il y ait des épidémies. Mais surtout, ils tablent sur le fait que les méthodes de reboisement préconisées à l'heure actuelle auront pour effet d'augmenter la croissance de la forêt, ce qui n'a jamais été démontré. Il faudrait donc aller moins vite et ralentir le rythme des coupes. Il y a en effet trop d'incertitude dans les prévisions actuelles et il y a lieu de craindre que nous laissions aux générations futures une forêt en piètre état. Personne ne sait vraiment dans quel état seront les hypothétiques forêts de l'avenir. Ce constat alarmant a été entériné depuis par la Commission d'étude de la gestion de la forêt québécoise dans son rapport paru en 2004. La Commission a appelé le gouvernement à agir de manière décisive et urgente afin de remédier à la situation et lui a conseillé de diminuer immédiatement de 20 %, par rapport aux plans en vigueur, la quantité de matière ligneuse exploitable pour les essences surexploitées comme le sapin et l'épinette. Cette recommandation a été appliquée par le gouvernement québécois, qui a reconnu la gravité de la situation. Des signes de baisse significative des réserves en matière ligneuse sont déjà visibles en Gaspésie et dans le Bas-Saint-Laurent. Étant donné la gravité des risques que le régime d'exploitation actuel fait courir, il serait plus sage de ralentir le rythme d'exploitation et de continuer de faire des études prospectives en profondeur. Il serait également plus sage d'assurer un développement économique modéré mais stable à long terme, plutôt que de succomber à l'attrait de gains immédiats.

Voici maintenant la réplique des entreprises forestières.

Tout d'abord, laisser vieillir les arbres est un gaspillage, surtout quand on sait qu'une bonne partie d'entre eux seront de toute manière détruits par une épidémie ou un incendie. *L'Erreur boréale* est un film malhonnête et insidieux. Desjardins et Mondavie ont joué avec les émotions du public, alors qu'il faut plutôt s'efforcer d'avoir une vision rationnelle du problème. Il est vrai qu'une forêt fraîchement

---

23. Michel Venne, « Erreur boréale (bis) », *Le Devoir*, 5 juin 2000, p. A6.

coupée offre un spectacle désolant, mais il faut se rendre compte que les territoires dégarnis restent voués à la foresterie et que dans quelques décennies on y retrouvera encore des arbres en santé.

Ensuite, les vues aériennes du film *L'Erreur boréale* sont trompeuses, car elles ne permettent pas de voir la croissance déjà entamée des jeunes repousses au sol. Le bois est une ressource renouvelable et les entreprises n'ont pas intérêt à mettre en péril sa pérennité. Après la période sombre des «coupes à blanc» des années 1970 et 1980, les entreprises assurent maintenant le reboisement des territoires de coupe, soit par la méthode appelée «CPR» (coupe avec protection et régénération), soit par des méthodes de sylviculture (à partir de semis).

Bien sûr, les méthodes de reboisement peuvent être améliorées. Mais il ne faut pas dramatiser. La problématique de la forêt boréale n'a rien à voir avec la déforestation de la forêt tropicale qui, elle, est une véritable tragédie, parce qu'elle signifie la mort définitive de forêts qui sont rasées pour faire place à une exploitation agricole. L'industrie forestière occupe une place importante dans l'économie québécoise. Elle génère beaucoup d'emplois et il serait insensé que le Québec ne tire pas profit des ressources naturelles dont il a la chance de disposer pour assurer une croissance économique qui profite finalement à l'ensemble de la collectivité.

QUESTIONS

1. Faites une analyse d'ensemble du problème de l'exploitation de la forêt boréale à partir de l'ÉTHIQUE UTILITARISTE puis à partir de l'ÉTHIQUE DE LA RESPONSABILITÉ PROSPECTIVE de Jonas. Ces deux analyses vous mènent-elles à une conclusion claire?

2. Montrez que la plupart des arguments présentés correspondent à la perspective que nous avons appelée «environnementalisme humaniste».

3. Y a-t-il, dans le texte, des arguments qui s'apparentent plutôt à la perspective de l'«écologie profonde», dont nous avons dit qu'elle voit dans la nature un bien intrinsèque?

4. Quelle est votre opinion bien pesée sur toute cette question?

La bioéthique

C'est en 1970 que le mot «bioéthique» est apparu pour la première fois dans un ouvrage intitulé *Bioethics: Bridge to the Future*[1]. Quelques années plus tard, en 1978, on publiait une encyclopédie en quatre volumes consacrée à des problèmes de bioéthique, l'*Encyclopedia of Bioethics*. Aujourd'hui, la bioéthique est de loin le domaine de recherche le plus fécond et le plus populaire en éthique. On explique généralement cet essor par le fait que les innovations technologiques survenues dans le domaine biomédical depuis les années 1960 ont fait surgir des problèmes moraux inédits et extrêmement graves. On peut penser ici aux technologies de prolongation de la vie, qui ont donné un sens nouveau au problème de l'euthanasie, à la déshumanisation des soins de santé qu'a entraînée l'invasion de la technologie dans la pratique médicale, aux techniques de diagnostic prénatal des maladies héréditaires, qui nous mettent aux prises avec la problématique de l'avortement sélectif, aux nouvelles technologies de reproduction assistée, comme la fécondation in vitro, qui nous ont obligés à nous interroger sur le statut moral des embryons entreposés dans un congélateur.

Certains auteurs donnent à la bioéthique une extension encore plus grande en y incluant toutes les questions d'ordre éthique qui touchent de près ou de loin aux domaines de la santé et de la recherche biomédicale. Ces questions ressortissent notamment à l'éthique de la recherche avec des sujets humains, aux politiques de santé publique, aux problèmes d'accessibilité et d'affectation des ressources, à l'éthique des relations entre médecin et patient, à l'avortement, aux soins aux personnes âgées, à la confidentialité des données relatives au profil génétique, etc. Nous nous contenterons ici d'une définition courante et un peu plus restrictive, tirée d'un ouvrage récent sur le sujet: «La bioéthique est la recherche éthique appliquée aux questions posées par le progrès biomédical[2].»

QUE PEUT APPORTER LA PHILOSOPHIE À LA BIOÉTHIQUE?

Le philosophe n'est ni un chercheur, ni un médecin. Il n'est pas engagé directement dans la pratique biomédicale. Sa spécialité est la réflexion sur les grandes questions et la clarification de principes fondamentaux. Mais à quels principes le philosophe peut-il avoir recours pour éclairer de façon pertinente les dilemmes moraux en bioéthique? Nous avons vu qu'il y a des divergences importantes entre plusieurs grandes philosophies éthiques. De plus, nous vivons actuellement une période de pluralisme sur le plan des valeurs morales. Or le respect de ce pluralisme implique qu'aucun système de valeurs morales ne peut être considéré comme supérieur à tous les autres et encore moins être imposé à tous.

---

1. V. R. Potter, *Bioethics: Bridge to the Future*, Englewood Cliffs, Prentice-Hall, 1971.
2. Guy Durand, *La Bioéthique: Nature, principes, enjeux*, Paris, Éditions du Cerf/Fides, 1989, p. 27.

LE PLURALISME AMBIANT

Ce constat nous renvoie à la question fondamentale du PLURALISME, qui se pose avec une acuité particulière dans le champ de la bioéthique. Il est évident qu'il est impossible d'obtenir un large consensus actuellement sur des questions comme l'avortement, l'euthanasie ou la procréation assistée. Pour un témoin de Jéhovah, la transfusion sanguine est immorale ; pour certains catholiques conservateurs, toute forme de contraception est immorale ; pour le Juif orthodoxe, la vie doit toujours être prolongée à tout prix. Face aux questions portant sur la vie, la mort, la procréation, la vieillesse, la santé ou la souffrance, il paraît fondamental de respecter les idéaux de vie et les valeurs de chacun.

Qui peut déterminer le meilleur choix à faire entre un traitement qui permet d'augmenter l'espérance de vie d'un cancéreux et le refus des souffrances et des effets secondaires indésirables que ce traitement comporte ? Certains cancéreux refusent des traitements qui pourraient allonger leur vie parce qu'ils préfèrent consacrer le temps qu'il leur reste à achever une œuvre qui leur tient à cœur. C'est là leur but principal et ce choix correspond à leur conception d'une vie accomplie, d'une vie digne d'être vécue. Qui peut affirmer qu'ils ont tort ?

Ce constat du pluralisme des valeurs est certes inquiétant. Mais la philosophie éthique s'en trouve-t-elle réduite au silence pour autant ? Selon Anne Fagot-Largeault, ces difficultés ne doivent pas masquer le fait qu'il existe malgré tout actuellement une certaine zone de consensus, une «bioéthique commune» constituée par un noyau dur de convictions morales, même si elle admet que ce noyau dur a des contours flous[3]. Nous allons essayer de préciser la nature de ce noyau. Il se ramène essentiellement à deux grands principes : le principe d'autonomie et le principe de bienfaisance.

UNE MORALE MINIMALE : LE PRINCIPE D'AUTONOMIE

Nous avons vu, au chapitre 5, que le LIBÉRALISME POLITIQUE prétend résoudre le problème du pluralisme en se rabattant sur une morale minimale et négative, c'est-à-dire sur une morale réduite à un noyau central de normes, telles que l'impartialité, la liberté et l'égalité, et à des procédures équitables pour régler les conflits. Le libéralisme renonce ainsi à définir une morale collective substantielle comprenant des valeurs et des idéaux et se concentre sur la défense du droit individuel à l'autonomie. Un État parfaitement libéral n'imposerait pas ses vues à ses citoyens sur des questions comme l'avortement ou l'euthanasie. Il les laisserait décider eux-mêmes de ce qui est bien ou mal en ces matières.

La morale minimale : il revient à chaque personne de décider pour elle-même si l'avortement est moralement acceptable ou non.

---

3. Anne Fagot-Largeault, «La réflexion philosophique en bioéthique», dans Marie-Hélène Parizeau (dir.), *Les fondements de la bioéthique*, Montréal, ERPI, 1992, p. 14-16.

On retrouve une perspective similaire en bioéthique. La plupart des philosophes qui ont tenté de formuler les principes fondamentaux de la bioéthique ont en effet accordé une attention toute spéciale au principe de l'autonomie de l'individu. On peut citer ici l'ouvrage de H. Tristram Engelhardt, *The Foundations of Bioethics*[4], ainsi que celui de Tom L. Beauchamp et James F. Childress, *Principles of Biomedical Ethics*[5], qui est devenu le manuel de base des cours de formation en bioéthique aux États-Unis. On trouve dans ce dernier ouvrage la définition suivante de l'autonomie : « L'autonomie est une forme de liberté d'action personnelle dans laquelle l'individu détermine le cours de ses actions conformément à un plan qu'il a choisi[6]. » Qu'il s'agisse de refuser ou d'accepter un traitement médical douloureux, de participer à une recherche scientifique comportant des risques, de décider si l'on doit faire avorter un fœtus atteint d'une maladie héréditaire grave ou de donner un de ses organes pour une opération de transplantation, dans tous les cas il semble essentiel d'assurer aux individus concernés l'autonomie la plus complète dans leur prise de décision.

Pour Engelhardt, on peut sans doute créer un consensus sur l'idée que l'éthique s'oppose en principe à l'usage de la force et de la contrainte. L'éthique se définirait essentiellement par la volonté de résoudre les conflits de manière non violente dans le respect de la liberté de l'autre. Seule l'adhésion libre des personnes en cause peut conférer une autorité morale à une norme ou à une décision. En l'absence de croyances morales communes partagées par tous, les différends moraux ne peuvent être résolus que par un accord conclu entre personnes libres et autonomes se vouant un respect mutuel.

Le consentement libre et éclairé

En bioéthique, le principe d'autonomie trouve une formulation particulière dans la règle du « consentement libre et éclairé ». Le patient a le DROIT de prendre ses décisions sans subir de pressions indues de la part du personnel médical ou de son entourage. Il a aussi le droit d'être informé de tout ce qu'il doit savoir pour prendre une décision éclairée. Cette exigence implique qu'il existe une bonne communication entre le médecin et lui. Le médecin doit faire l'effort de s'exprimer dans un langage accessible et il doit s'assurer que le patient a bien compris l'information qu'il lui communique.

L'éthique minimale, dont la théorie d'Engelhardt offre un bon exemple, est une éthique du consensus fondée sur une *procédure formelle* de discussion dans un cadre démocratique. Elle n'a aucun contenu substantiel et positif. Elle définit simplement certaines limites à respecter, une manière juste de faire les choses, soit celle qui permet la libre expression des volontés et l'établissement d'accords par consentement mutuel. Les individus engagés dans une situation problématique discutent ensemble et les seules normes auxquelles ils devront obéir sont celles sur lesquelles ils seront parvenus à s'entendre, sans que les motifs de ce consentement soient nécessairement

---

4. H. Tristram Engelhardt, *The Foundations of Bioethics*, New York/Oxford, Oxford University Press, 1986.

5. Tom L. Beauchamp et James F. Childress, *Principles of Biomedical Ethics*, New York/Oxford, Oxford University Press, 1979. Ce manuel en était à sa cinquième édition en 2001.

6. *Ibid.*, p. 56.

identiques. Pour Engelhardt, à la limite, ces motifs n'ont même pas à être rationnels. Ils peuvent être simplement l'expression d'émotions irrationnelles, comme une peur excessive de souffrir ou l'angoisse de voir son corps mutilé. Chacun s'avance jusqu'à la limite des compromis que lui autorisent ses convictions morales personnelles. Par exemple, un médecin catholique opposé à toute forme d'euthanasie ou d'avortement qui est en présence d'une personne qui réclame ce qu'il réprouve pourrait lui exprimer ouvertement ses réticences, mais devrait néanmoins respecter sa liberté d'opinion et lui recommander de s'adresser à des collègues aux convictions plus compatibles avec les siennes.

Le principe de bienfaisance

Par ailleurs, Engelhardt admet que, malgré son caractère fondamental et primordial, cette éthique minimale n'est pas suffisante pour répondre à tous les enjeux moraux de la bioéthique. Il considère qu'on ne peut laisser totalement vide l'autre pôle de l'éthique, que l'on peut appeler son pôle positif, c'est-à-dire celui où la morale nous appelle à la sollicitude, à l'entraide et au soutien actif d'autrui. Après tout, on ne peut ignorer le fait que la médecine existe d'abord et avant tout pour réaliser des objectifs concrets et très importants, notamment soigner les maux, soulager les souffrances, sauver des vies, améliorer la qualité de vie et redonner la santé. Engelhardt dit fort justement : « Le souci d'assurer un consentement libre et éclairé n'a de sens que s'il y a quelque chose d'important à accomplir [...][7]. »

Dans une société pluraliste comme la nôtre, il est devenu difficile de s'entendre sur la nature précise du bien. Mais il demeure évident pour tous que « le but de l'action morale est l'accomplissement de bienfaits et l'évitement de maux[8] ». Sur la base de cette idée générale, nous pouvons donc placer au cœur de l'éthique ce qu'Engelhardt appelle un « principe positif de bienfaisance », qui vient compléter le principe de justice qu'est le principe d'autonomie. Suivant la terminologie adoptée dans ce livre, nous parlerons plutôt ici d'une *valeur* de bienfaisance, car il s'agit de la poursuite d'un but et d'un idéal dont les prescriptions restent moins strictes et moins claires que celles qui découlent de la *norme* d'autonomie.

Il est possible de lier les deux exigences d'autonomie et de bienfaisance si nous admettons l'idée que *le bien que je peux faire à autrui ne peut être contraire au bien que lui-même recherche.* En d'autres termes, le bien que je recherche doit être le même que celui qui est recherché par autrui. L'impératif de bienfaisance s'énonce donc ainsi : « Fais aux autres leur bien[9]. » Il est possible qu'autrui soit attaché à des valeurs morales qui heurtent mes propres convictions, mais mon devoir moral sera encore une fois d'ajuster mes actions à ses convictions, évidemment dans la mesure du possible, car il ne saurait être question que je renonce à mes convictions morales les plus profondes pour le bien d'autrui.

---

7. H. Tristram Engelhardt, *op. cit.*, p. 80.

8. *Ibid.*, p. 86.

9. *Ibid.*, p. 76.

Des conceptions diverses de la bienfaisance

On peut dire qu'Engelhardt s'en tient ici à une conception de la bienfaisance qui se rapproche de ce que Kant voyait comme la face positive de l'impératif du respect de la personne, c'est-à-dire l'obligation de contribuer activement au bonheur d'autrui en m'identifiant à autrui et en faisant de ses fins *mes* fins. Mais la bienfaisance se prête à d'autres formulations que nous connaissons déjà. Une ÉTHIQUE DES VERTUS mettra l'accent sur des attitudes ou des vertus de compassion, d'empathie et de bienveillance. Il est souvent reproché aux médecins de manquer de sensibilité et de tact dans leurs rapports avec leurs patients et on loue fréquemment en contrepartie les manifestations de ces vertus chez le personnel infirmier, qui noue des rapports plus intimes et réguliers avec les malades. Le *bien* du malade ne réside pas seulement dans le choix du meilleur traitement, mais également dans une attention aux petits détails, dans une capacité de s'adapter à la personnalité du malade, à son état émotionnel ou à son âge, ainsi que dans des traits de caractère comme la gentillesse ou la bonne humeur.

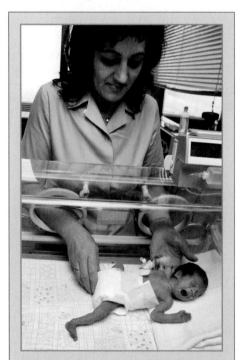

Le problème des limites de la bienfaisance : jusqu'où devons-nous aller pour tenter de sauver la vie d'un bébé prématuré ?

Pour leur part, Beauchamp et Childress insistent surtout sur la conception UTILITARISTE, dans laquelle la bienfaisance dépend d'un *calcul d'utilité* qui consiste à mettre dans la balance les conséquences avantageuses et désavantageuses d'une action. La pratique de la médecine et la recherche biomédicale se prêtent bien à ce type d'analyse, car elles donnent souvent lieu à des projets qui comportent, à côté de certains effets bénéfiques, des risques et des effets indésirables. On fera appel ici à la technique de l'analyse coûts-bénéfices familière à l'approche utilitariste. La technologie médicale moderne offre des possibilités d'intervention inouïes. Les dilemmes typiques de la bioéthique surgissent lorsque vient le temps d'évaluer s'il est justifié d'investir des ressources énormes et coûteuses pour obtenir des bénéfices parfois minces et incertains. Par exemple, vaut-il la peine de procéder à une intervention chirurgicale onéreuse dont les chances de succès sont d'environ 20 % et qui ne pourrait au mieux que prolonger la vie du patient de quelques mois ?

Nous pourrions faire aussi intervenir dans cet examen du principe de bienfaisance le PRINCIPE DE RESPONSABILITÉ PROSPECTIVE DE HANS JONAS. Il s'agit sans contredit d'un principe très pertinent dans le contexte des rapports entre médecin et patient, où la vulnérabilité du patient vis-à-vis du médecin est évidente. Il peut être dangereux, par exemple, que le médecin utilise son immense pouvoir auprès du malade pour lui imposer des interventions qui correspondent à ses préoccupations et à ses objectifs personnels. Jonas serait tout particulièrement sensible également au danger de déshumanisation des soins que peuvent entraîner l'envahissement de la technologie et le gigantisme bureaucratique du système hospitalier.

Le danger du paternalisme

Engelhardt souligne qu'il y a une tension inévitable entre le principe d'autonomie et l'idéal de bienfaisance. Le médecin possède des connaissances et une expertise dont est dépourvu le patient. Son sentiment de responsabilité est alimenté par la conscience de cette inégalité qui est fondée sur la vulnérabilité du patient. Il peut être fort tentant pour le médecin, animé des meilleures intentions, de vouloir passer outre à un avis du patient qu'il considère comme contraire à ses propres intérêts. Tel est le danger du paternalisme, attitude qui était sans doute plus facilement acceptée dans le contexte des sociétés traditionnelles, où les possibilités d'intervention des médecins étaient de toute manière plutôt limitées, mais qui apparaît plus dangereuse dans le contexte actuel, où le médecin dispose de moyens d'intervention très puissants.

La dissimulation de la vérité à un malade, par exemple du fait qu'il est atteint d'un cancer (comme cela se faisait souvent il y a peu de temps), peut engendrer une grande détresse chez le malade lorsqu'il se rend compte ensuite qu'il a été l'objet d'une tromperie de la part de son entourage. Par ailleurs, il existe effectivement des patients qui préfèrent s'en remettre totalement à leur médecin, soit parce qu'ils lui vouent une confiance aveugle, soit parce qu'ils préfèrent ne pas tout savoir. Mais il est dangereux pour le médecin de présumer qu'il en va effectivement ainsi, simplement pour s'éviter des démarches pénibles.

Pensons au dilemme qui se pose à un médecin qui veut effectuer une transfusion sanguine sur un témoin de Jéhovah. Celui-ci est susceptible de la refuser au nom de ses croyances religieuses. Si le médecin doit respecter l'autonomie du patient et s'abstenir de lui apporter un secours qu'il refuse, il devrait accéder à sa requête.

EXERCICE 1

LE MÉDECIN FACE AU PRINCIPE D'AUTONOMIE

Il peut sembler que le respect de l'autonomie des patients doive toujours prévaloir sur les objectifs de bienfaisance. Cependant, il n'est pas toujours facile de respecter cette primauté dans les situations concrètes.

Prenons le cas suivant. Une femme est gravement atteinte d'un cancer du sein et le diagnostic n'est établi qu'à un stade très avancé de la maladie. Le médecin lui offre de subir un traitement de chimiothérapie qui peut prolonger sa vie d'un an ou plus. La patiente refuse le traitement. Elle est profondément déprimée par ce qui lui arrive et ne semble pas avoir l'énergie de lutter. Elle invoque surtout sa crainte des effets secondaires du traitement, plus particulièrement la perte des cheveux. Elle a toujours été très soucieuse de son apparence et cette perspective l'angoisse au plus haut point.

Mais le médecin voit les choses d'un autre œil. Il pense que sa patiente est dans un état dépressif temporaire qui l'empêche de porter un jugement éclairé sur sa situation. Il a souvent vu des malades traverser de telles phases d'abattement profond et il arrive fréquemment que ceux-ci retrouvent la volonté de vivre et de se battre. Il est convaincu que le traitement proposé en vaut la peine. Une année de vie de plus, ce n'est pas rien et il n'est pas interdit d'espérer que sa rémission se prolonge, comme cela se produit dans certains cas. Il répugne à acquiescer au souhait de sa patiente et à renoncer au traitement. Il aurait l'impression de ne pas avoir fait son devoir de médecin.

Il reprend donc la discussion avec elle et tente de lui faire changer d'avis. Mais elle maintient son refus. Dans l'état où elle se trouve, tout retard dans l'administration du traitement pourrait avoir des conséquences désastreuses. Le médecin pourrait communiquer avec les membres de sa famille et leur demander d'user de leur influence sur elle pour qu'elle accepte le traitement. Il pourrait même la faire déclarer « incompétente » en raison de son état dépressif et demander à la famille d'autoriser le traitement à sa place. Que devrait-il faire[10]?

QUESTIONS

1. Montrez comment le médecin qui est en faveur du traitement et la patiente qui le refuse pourraient tous deux justifier leur position à l'aide des PRINCIPES UTILITARISTES.

2. Appliquez à ce cas le principe du RESPECT DE KANT, tant dans sa forme négative que dans sa forme positive. À quelles conclusions arrivez-vous?

3. Voyez-vous une manière concrète de faire, dans ce cas, un compromis entre autonomie et bienfaisance ou croyez-vous plutôt que l'une doit avoir une priorité absolue sur l'autre?

QU'EST-CE QU'UNE PERSONNE HUMAINE?

Si la seule chose qui intéressait les philosophes était de rappeler des principes éthiques déjà connus, on ne pourrait expliquer l'effervescence que la bioéthique a suscitée dans le milieu philosophique. Cet intérêt s'explique notamment par le fait que les nouvelles technologies biomédicales ont remis en cause certains des concepts fondamentaux utilisés par les philosophes pour élaborer leurs réflexions morales, tout particulièrement, le concept de personne humaine.

Les développements récents de la science et de la technologie biomédicales ont amené les penseurs à se questionner sur des réalités que l'on avait coutume de considérer comme des évidences. Prenons par exemple le concept de vie. Il n'y a pas si longtemps, on aurait considéré qu'une personne dont le cœur ne bat plus ou qui ne

---

10. Ce récit s'inspire d'un cas similaire relaté dans Nacia Faure, « Vers une nouvelle éthique médicale : Retour à une médecine humaniste », citée dans Joanne Côté et coll., *L'éthique au quotidien*, Montréal, Québec/Amérique, 1990, p. 179-180.

respire plus ne vit plus. Or, on sait maintenant qu'il y a une vie qui persiste dans un organisme même après que le cœur a cessé de battre. En fait, la technologie nous permet de maintenir en vie des comateux en les nourrissant et en les faisant respirer par des moyens artificiels. Aujourd'hui, notre connaissance du fonctionnement du cerveau nous amène à considérer la fin de l'activité cérébrale comme le critère ultime de la mort. D'autre part, si l'on voit dans la vie mentale l'essence de l'existence humaine, la fin de l'activité des fonctions supérieures du cerveau sera considérée comme plus déterminante que celle du cerveau inférieur, qui ne régit que les fonctions végétatives telles que la respiration, la digestion et la circulation. Si un individu se fait greffer un nouveau cœur, personne ne mettra en doute son intégrité personnelle. Il n'en serait sûrement pas de même s'il subissait une greffe du cerveau ! On peut dès lors se demander si la vie d'un humain dont le cerveau supérieur est éteint est digne d'être vécue et si nous avons le devoir de tout faire pour soutenir une vie purement végétative.

La remise en question du concept de personne humaine s'explique également par les découvertes et les interventions de la science biomédicale sur les débuts de la vie. Encore récemment, les savants abordaient ces questions en s'appuyant sur des repères très simples, comme la conception ou la naissance. Maintenant qu'ils connaissent en détail les étapes du développement de l'embryon et du fœtus, les choses se compliquent singulièrement. Il n'est plus aussi facile de déterminer le moment précis où une personne humaine se met à exister. De plus, les chercheurs sont maintenant capables de produire des embryons hors de l'utérus maternel. On peut même parfois les congeler et envisager de les utiliser à des fins de recherche. On peut donc se demander si ces embryons sont des êtres humains à part entière, s'ils ont des droits moraux, s'ils ont des parents et si ceux-ci ont des droits sur eux. Il s'agit là de problèmes éthiques inédits et troublants, qui bouleversent nos schémas de pensée traditionnels.

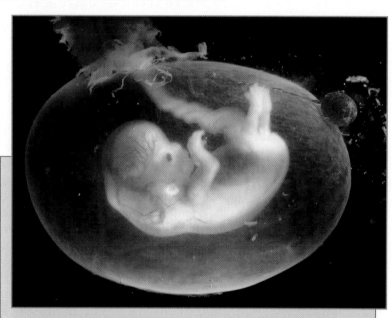

Fœtus de 8 semaines dans sa poche amniotique. Peut-il déjà être considéré comme une personne humaine ?

Ces problèmes alimentent certains des débats philosophiques les plus importants en bioéthique. Ils recoupent en partie les controverses sur l'avortement et l'euthanasie. On peut se demander si les pratiques comme celles d'abréger la vie d'un fœtus ou d'un malade en état de coma prolongé, de prélever des organes ou des tissus cellulaires sur eux, ou encore de les utiliser pour mener des recherches scientifiques ne nient pas à des individus le statut de personnes à part entière. On semble plutôt les traiter comme des êtres qui sont moins que des personnes ou comme de simples moyens au service d'autrui. Au cœur de tout ce débat réside donc la définition de ce qu'est une personne humaine et des critères de la dignité morale. Voici un bref aperçu de diverses thèses concurrentes sur cette question.

Le caractère sacré de la vie

Une première thèse, défendue avec ardeur par l'Église catholique et les mouvements pro-vie, attribue à l'embryon dès sa conception le statut d'être humain intégral avec tous les droits moraux qui s'y rattachent. Il les conserve ensuite jusqu'à sa mort. Cette position peut être résumée dans les termes suivants : « La personne est coextensive à l'organisme qui la sous-tend et l'exprime. Elle dure autant que cet organisme vit. En conséquence, dès sa conception, et jusqu'à son dernier souffle, l'être humain est une personne à part entière. L'embryon de quelques jours, le vieillard sénile, le malade en état de coma chronique, ont la même dignité que vous et moi, et ils ont droit au même respect[11]. » Cette thèse établit une équivalence entre la vie et la dignité morale. On pourrait dire qu'elle voit dans la vie le bien suprême et lui reconnaît un caractère sacré. Elle proscrit tout avortement (sauf peut-être lorsque la vie de la mère est en danger), toute forme de contraception, toute manipulation de l'embryon (comme dans la fécondation in vitro) et toute forme d'euthanasie.

Le critère utilitariste de la sensibilité

Une façon d'attaquer la position des tenants de la thèse du caractère sacré de la vie consiste à leur demander pourquoi ils n'accordent de dignité morale qu'à la vie « humaine ». Pourquoi la vie d'un animal, capable de souffrir, ne serait-elle pas aussi importante que celle d'un fœtus humain ? Cette argumentation s'inspire de l'ÉTHIQUE UTILITARISTE, qui associe l'existence d'obligations morales à la sensibilité, c'est-à-dire à la capacité de ressentir du plaisir et de la douleur. Le fœtus aurait donc droit à une protection à partir du moment où il est doté de sensibilité. Mais il n'aurait pas alors un statut moral supérieur à celui de tout animal capable de souffrir. Cette position est beaucoup moins restrictive que la précédente. Elle permet d'envisager la possibilité de mener des recherches scientifiques sur l'embryon à un stade antérieur à la formation du système nerveux. On pourrait aussi faire des recherches sur un comateux dans la mesure où l'on est sûr qu'il ne souffre pas et qu'il ne peut récupérer ses facultés mentales. Cette approche nous oblige aussi à prendre en compte les retombées positives de telles expérimentations pour l'avenir de l'humanité. Il est possible que ces expériences permettent un jour de sauver d'autres vies humaines.

Le critère kantien de l'autonomie

Il existe une troisième conception qui s'éloigne encore plus radicalement de la thèse du caractère sacré de la vie, celle qui associe la dignité morale à l'autonomie du sujet humain. Elle correspond à la ligne dure défendue par des philosophes d'inspiration kantienne, comme H. T. Englehardt, qui n'hésitent pas à soutenir des thèses très controversées. Nous avons vu que, pour KANT, toute la DIGNITÉ MORALE de l'être humain réside dans son caractère d'être conscient, libre et rationnel, capable de juger par lui-même du bien et du mal, du juste et de l'injuste. Seul un être autonome, libre

---

11. Anne Fagot et Geneviève Delaisi, « Les droits de l'embryon (fœtus humain) et la notion de personne humaine potentielle », *Revue de métaphysique et de morale*, juillet-septembre 1987, p. 364.

et rationnel mérite le respect dû à la personne humaine. Or, on ne naît pas autonome. On devient progressivement une personne humaine grâce à un processus d'éducation et d'intégration sociale. On peut aussi perdre ce statut de personne humaine avant la fin de sa vie si l'on se trouve plongé dans la sénilité ou le coma.

Engelhardt distingue nettement les concepts d'être humain et de personne humaine : « D'autre part, tous les humains ne sont pas des personnes. [...] Les fœtus, les enfants, les déficients mentaux profonds et les comateux irrécupérables constituent des exemples d'humains qui ne sont pas des personnes. Ces êtres sont membres de l'espèce humaine. Elles n'ont pas en elles-mêmes et par elles-mêmes un statut au sein de la communauté morale[12]. » On pourrait ajouter à cette liste d'autres catégories comme celle des vieillards séniles ou celle des embryons.

Il ne faut pas croire qu'Engelhardt nie la pertinence de toute considération morale envers ces humains qui ne sont pas des personnes. Ce qu'il dit, c'est qu'ayant fait du principe d'autonomie le concept fondateur de l'éthique, il ne peut attribuer à des êtres non autonomes un droit au respect égal à celui que nous devons aux êtres autonomes. Mais cela n'empêche pas, ajoute-t-il, que nous puissions vouloir leur offrir notre protection et leur témoigner une certaine considération morale inspirée par la sollicitude, soit sous l'impulsion de sentiments de compassion ou pour des motifs utilitaristes, tels que le désir d'éviter des douleurs inutiles. Mais sa position lui permet de défendre la règle du droit à l'avortement, d'autoriser la destruction d'embryons congelés (avec l'accord des parents ou géniteurs) et d'admettre qu'on puisse, dans certaines conditions, mener des expériences scientifiques sur des embryons.

Le problème principal de cette conception est qu'en répartissant les êtres humains en deux catégories exclusives de personnes et de non-personnes, elle contredit notre sentiment d'une continuité dans le développement de la personnalité humaine. Comment pouvons-nous déterminer concrètement la limite qui marque le passage de la non-personne à la personne ? Quand est-on vraiment autonome ? Qui peut déterminer cela ? Quand un mineur devient-il un être responsable ? Il n'y a pas de réponse facile à ces questions et le critère de l'autonomie n'a peut-être pas toute la clarté souhaitable.

LE CRITÈRE DE LA POTENTIALITÉ

Une quatrième conception vient s'insérer entre les deux positions extrêmes de ceux qui affirment le caractère sacré de la vie et de ceux qui défendent le critère de l'autonomie. Cette conception fait intervenir la notion de « personne potentielle ». Elle définit l'embryon et le fœtus (on commence à parler de fœtus entre le deuxième et le troisième mois de la grossesse) comme un être humain potentiel, qui mérite, à ce titre, que lui soient reconnus des droits moraux. Ce critère n'est pas vraiment basé sur un état de fait, mais sur la valeur que le milieu social attribue au fœtus, sur la conscience que nous avons de l'existence d'un potentiel d'humanité chez le fœtus. Même si celui-ci n'est pas encore conscient et capable de comportements libres ou de jugements rationnels, il possède la constitution nécessaire pour y arriver. Il faudrait donc traiter le fœtus comme une personne, même s'il n'en est pas encore une.

---

12. H. Tristram Engelhardt, *op. cit.*, p. 107.

Les critiques de cette position font valoir «qu'il est absurde de traiter une personne potentielle comme une personne actuelle[13]». Serait-il sensé, demandent-ils, de traiter un président potentiel des États-Unis comme le vrai président actuel et de lui permettre de commander aux forces armées? Malgré son caractère inévitablement flou, la notion de personne potentielle a l'avantage d'être en accord avec l'intuition simple et commune voulant que l'être embryonnaire soit un être en développement et qu'il soit difficile de voir un fossé infranchissable entre le fœtus en gestation, l'enfant et l'adulte qu'il deviendra plus tard.

Toute cette question des critères du statut moral peut nous entraîner dans des discussions très abstraites, mais on ne peut l'ignorer. Entre ces positions extrêmes, il y a sans doute place pour une attitude plus réaliste et pragmatique qui reconnaît des variations dans nos obligations morales selon les contextes d'intervention et les états différents des êtres qui en sont l'objet: embryon, fœtus, enfance, âge adulte, vieillesse, coma superficiel ou profond, etc.

Dans la suite de ce chapitre, nous allons explorer quelques-uns des thèmes dominants en bioéthique: le génie génétique, les nouvelles techniques de reproduction assistée, le clonage humain et l'euthanasie. La quatrième section, qui porte sur la science et la technologie, aborde également des thèmes associés à la bioéthique, notamment les parties traitant de la recherche sur des sujets humains, de la technoscience et des OGM (organismes génétiquement modifiés).

LA GÉNÉTIQUE

Plusieurs pensent que, de tous les secteurs de pointe du développement technologique, c'est celui de la génétique qui aura les plus graves conséquences sur le développement de l'humanité et qui posera les problèmes éthiques les plus profonds. Les connaissances dans ce domaine se développent à un rythme inouï et permettent déjà les interventions les plus étonnantes. Par exemple, elles servent à identifier des criminels ou à établir la paternité d'un homme. Elles permettent tout particulièrement de découvrir les causes de certaines maladies héréditaires, de détecter les anomalies génétiques chez l'embryon et le fœtus et donc de les prévenir et peut-être même de les traiter.

Dans le noyau de chaque cellule du corps humain se trouvent 23 paires de chromosomes. Les chromosomes sont des structures en bâtonnets constituées d'acide désoxyribonucléique (ADN). L'ADN est une longue molécule, en forme de double hélice, qui contient l'information présidant au fonctionnement des cellules, notamment à la synthèse des protéines, qui sont les constituants fondamentaux de tous les êtres vivants. Les gènes sont des portions définies d'ADN qui correspondent à des caractères héréditaires spécifiques d'un organisme.

Depuis les années 1980, les biologistes moléculaires du monde entier se sont lancés dans un incroyable projet d'exploration du génome humain, c'est-à-dire de l'ensemble des gènes de l'être humain. Un des objectifs de cette entreprise est de per-

---

13. Gilbert Hottois et Marie-Hélène Parizeau (dir.), *Les mots de la bioéthique*, Montréal, ERPI, 1993, p. 322.

mettre de localiser et d'identifier les gènes responsables de plus de 3 000 maladies héréditaires. À l'heure actuelle, plusieurs de ces gènes défectueux sont déjà connus et des cliniques offrent des services de dépistage des maladies héréditaires. Les personnes qui recourent le plus souvent à ces services sont celles qui connaissent ou soupçonnent l'existence d'une maladie héréditaire grave dans leur lignée familiale et qui veulent savoir si elles en sont atteintes à leur tour ou si elles risquent de la transmettre à leur progéniture.

On sait que le cancer du sein et de l'ovaire est parfois relié à une anomalie génétique détectable. Ainsi, on connaît le gène responsable de la chorée de Huntington (danse de Saint-Guy), une maladie dégénérative du système nerveux, celui de la fibrose kystique, celui de l'ataxie de Friedreich, celui de la dystrophie musculaire de Duchenne ainsi que plu-

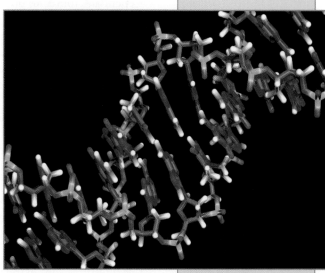

Molécule d'ADN.

sieurs gènes prédisposant à l'autisme. Apprendre que l'on est porteur d'un gène responsable d'une anomalie génétique grave est une expérience éprouvante, même si ce diagnostic ne révèle parfois que l'existence d'une prédisposition à la maladie et non une fatalité. Cette prise de connaissance place les personnes devant des choix difficiles : Faut-il communiquer la nouvelle aux membres de sa famille ? Faut-il renoncer à avoir des enfants ? Certaines femmes vont jusqu'à procéder à une mammectomie préventive (ablation des seins) à la suite d'un test de prédisposition au cancer du sein.

LE DIAGNOSTIC PRÉNATAL

Il est aussi possible de procéder à un test de dépistage génétique sur l'embryon. C'est ce qu'on appelle le diagnostic prénatal, qui existe sous diverses formes. La plus simple est l'échographie, mais on ne cesse d'améliorer les techniques de diagnostic prénatal. La fécondation in vitro a contribué à élargir le champ d'application de ces techniques. En effet, le fait que les ovules fécondés se trouvent hors du ventre maternel facilite grandement l'application de tests de dépistage. De plus, l'existence d'embryons multiples permet de sélectionner les embryons sains avant de procéder à la réimplantation, notamment chez les couples qui risquent de transmettre une anomalie génétique à leurs enfants. On utilise pour désigner ces cas l'expression de diagnostic préimplantatoire. Certains craignent que la fécondation in vitro soit utilisée un jour comme une étape préalable au diagnostic prénatal.

Lorsque ces techniques de dépistage confirment la présence d'une anomalie génétique grave, les parents doivent décider s'ils veulent un avortement ou au contraire s'ils souhaitent mener la grossesse à terme. L'avortement est la solution la plus souvent retenue. Les médecins qui procèdent au diagnostic prénatal font souvent pression sur les parents pour qu'ils choisissent l'avortement. Il faut comprendre que, si les parents sont opposés à l'avortement, il est peu utile pour eux de recourir au diagnostic prénatal, d'autant plus que celui-ci comporte des risques d'avortement spontané importants.

Cependant, toutes les situations ne sont pas simples. Certaines anomalies entraîneront la mort précoce du futur enfant, d'autres une mort tardive. Par exemple, la chorée de Huntington ne se manifeste que vers l'âge de 40 ans. Elle entraîne une grave dégénérescence physique et mentale, et la mort survient environ de 10 à 20 ans plus tard, tandis qu'une affection comme la maladie de Tay-Sachs ne laisse à un enfant qu'une espérance de vie de 2 à 4 ans. Certaines anomalies entraîneront de graves souffrances. D'autres peuvent être traitées avec succès (cancer du sein, diabète). La moitié des autistes ont une intelligence normale ou supérieure à la moyenne. Les diagnostics n'indiquent souvent que l'existence d'une prédisposition à développer une maladie, non une certitude, et l'on ne peut pas toujours prévoir le degré de gravité de la maladie dans chaque cas individuel. Ainsi, parmi ceux qui sont atteints du spina-bifida, certains réussiront à marcher, d'autres seront condamnés au fauteuil roulant. Certains enfants atteints de mongolisme parviennent à terminer leurs études primaires et font la joie de leurs parents. Le syndrome de Turner provoque la stérilité mais ne cause aucun retard mental ou psychomoteur. Faut-il faire avorter la mère d'un fœtus qui en est atteint?

Ces questions sont extrêmement difficiles. En plus de toute la controverse sur l'avortement et le statut moral de l'embryon dont nous avons déjà traité, elles font intervenir les notions controversées de normalité et d'anormalité et ouvrent la porte à l'avortement sélectif. Elles amènent des parents à imposer leur vision de ce qu'est une bonne vie ou une vie digne d'être vécue. La vie d'une personne stérile ou intellectuellement déficiente vaut-elle la peine d'être vécue? Toutes ces interrogations mettent en cause le droit d'exister des handicapés, des déficients, mais également la responsabilité d'assumer les charges supplémentaires que ceux-ci imposent à leurs parents et à toute la société. De plus, même en supposant que le fœtus ne constitue pas une personne humaine, ces décisions n'impliquent-elles pas un manque de respect à l'égard de l'enfant futur dont on veut programmer et manipuler à l'avance le destin?

Le spectre de l'eugénisme

La notion d'avortement sélectif fait craindre le pire à certains observateurs, qui agitent le spectre de l'eugénisme. L'eugénisme est une théorie qui prône l'amélioration de l'espèce humaine ou d'une race humaine particulière par élimination des individus jugés faibles et déficients. L'idéologie nazie a constitué l'expression la plus perverse et la plus horrible de cet idéal de pureté génétique. On peut craindre qu'une forme insidieuse d'eugénisme soit présente dans le désir des parents d'avoir un enfant parfait. La baisse actuelle du taux de natalité et la tendance à l'enfant unique dans les sociétés occidentales ne risquent-elles pas de renforcer ce désir? On sait que la venue d'un enfant taré dans une famille nombreuse n'est pas ressentie de manière aussi dramatique.

Un autre facteur qui pourrait alimenter cette tendance est le fait que le nombre de maladies héréditaires décelables par le diagnostic prénatal ira toujours en s'accroissant. La notion de handicap risque alors de prendre une extension très grande et, par effet d'entraînement, la naissance d'un enfant handicapé pourrait devenir une réalité de moins en moins acceptable, voire un critère de distinction sociale. On jugera peut-être irresponsables les parents qui ne recourront pas au diagnostic prénatal. Les médecins auront peut-être tendance à prescrire toujours davantage le diagnostic prénatal pour se protéger contre d'éventuelles poursuites judiciaires. Des considérations économiques comme la volonté de réduire les coûts des soins de santé ne risquent-elles pas également d'encourager les recherches et les technologies qui permettraient d'empêcher la venue au monde d'enfants lourdement handicapés ?

Certains jugent tous ces scénarios de malheur inutilement alarmistes. D'autres y voient au contraire une évolution très plausible. On frissonne en lisant ces propos de Francis Crick, prix Nobel de physiologie et de médecine : « Aucun enfant nouveau-né ne devrait être reconnu humain avant d'avoir passé un certain nombre de tests portant sur sa dotation génétique [...] s'il ne réussit pas ces tests, il perd son droit à la vie[14]. »

La connaissance du génome humain n'est pas seulement utile pour approfondir notre compréhension et notre traitement des maladies traditionnelles. Elle ouvre aussi la porte à la recherche des bases génétiques de plusieurs autres caractères des individus, tels que l'apparence physique, l'intelligence, les maladies mentales comme la schizophrénie, l'orientation sexuelle, l'alcoolisme ou certaines tendances agressives, criminelles ou dépressives. Ces critères de sélection pourraient s'ajouter à ceux touchant les maladies héréditaires. Nous n'en sommes pas encore là. Beaucoup des recherches sur les sujets que nous venons de mentionner sont encore préliminaires et donnent lieu malheureusement à des conclusions prématurées. On reproche d'ailleurs à l'engouement actuel pour la recherche en génétique de contribuer à répandre dans la population la croyance que tout s'explique par les gènes. On sous-estime ainsi l'importance des facteurs d'ordre social, économique et environnemental.

Toutefois, il y a lieu de s'alarmer quand on considère le succès qu'ont obtenu certaines cliniques offrant la possibilité de choisir, au moyen du diagnostic prénatal, le sexe de l'enfant. Les parents qui n'ont qu'un ou deux enfants ne seront-ils pas tout naturellement tentés de choisir le sexe de leur enfant ? Une des pires éventualités serait de voir se répandre une telle pratique, dont les effets prévisibles seraient un déséquilibre démographique entre les deux sexes favorisant le sexe mâle. Cette tendance a déjà des effets inquiétants dans des pays surpeuplés, tels que la Chine et l'Inde, où on note un déficit du nombre de femmes de plus de vingt-cinq millions.

LA CARTE GÉNÉTIQUE

La connaissance de plus en plus approfondie du génome humain pourrait mener à l'établissement de la carte génétique de chaque individu. Cette carte contiendrait la liste de tous les traits, de toutes les tendances et de toutes les maladies héréditaires d'une personne. Certains incidents ont déjà mis en évidence le fait que ces informations hautement confidentielles pourraient être utilisées d'une manière discriminatoire. On peut penser aux avantages que peuvent trouver des employeurs et des compagnies d'assurance à disposer de ces informations. La France interdit aux assureurs et employeurs l'accès aux informations génétiques, alors qu'aux États-Unis certains employeurs les utiliseraient déjà dans leurs procédures d'embauche. Mais le problème

---

14. Gérard Huber, « La protection de la lignée germinale », *Science & Vie*, hors série, n° 181, décembre 1992, p. 132.

ne s'arrête pas là, car rien « ne peut empêcher une personne qui se sait dotée d'une carte génétique particulièrement "intéressante" de la produire ! De même, on peut imaginer que si les individus qui ont un "bon génome" commencent à s'en prévaloir sur le marché du travail, ceux qui refuseront de le faire seront soupçonnés de cacher une tare[15] ! »

Le dopage génétique

Le sport obéit à une logique de compétition qui engage ses acteurs dans une quête indéfinie d'amélioration de leurs performances. On sait que la médecine et la pharmacologie jouent désormais un rôle très important et très controversé en ce domaine. Nous faisons allusion ici à la problématique bien connue du dopage sportif. De multiples drogues et médicaments permettent aux athlètes d'améliorer leurs performances. Les stéroïdes anabolisants ont pour effet d'augmenter la masse musculaire. L'érythropoïétine (EPO) stimule la production de globules rouges dans le sang et l'apport d'oxygène aux tissus. Les amphétamines sont des stimulants utilisés pour vaincre le stress ou augmenter la concentration. Les avancées de la génétique laissent cependant entrevoir l'arrivée d'une forme révolutionnaire de dopage : le dopage génétique.

L'idée du dopage génétique trouve sa source dans une expérimentation fortement médiatisée, menée par le professeur H. Lee Sweeney à la fin des années 1990. Elle consistait à introduire directement dans le tissu musculaire de souris un gène synthétique ayant la propriété d'accroître la masse musculaire. Il en résulta un accroissement de 15 % à 30 % (même chez des souris sédentaires) et un arrêt de l'atrophie des muscles chez les souris vieillissantes. L'implantation d'un tel gène se fait au moyen de virus inoffensifs. Un aspect crucial de la technique employée est le fait que le gène injecté se retrouve seulement dans les muscles et qu'il ne circule pas dans le sang et dans l'urine, ce qui rend impossible sa détection par les moyens usuels. Seule une biopsie (prélèvement d'un fragment de muscle) permettrait d'établir la présence du gène synthétique ou du virus ayant servi à l'implanter.

Les recherches du docteur Sweeney visaient à améliorer le sort des personnes atteintes de maladies comme la dystrophie musculaire ou simplement victimes des effets naturels du vieillissement. Mais il est clair que ce gène pourrait tout aussi bien être implanté chez des personnes en bonne santé, telles que des athlètes désireux d'améliorer leurs performances. La difficulté de détection de cette nouvelle forme de dopage la rend évidemment très attrayante aux yeux de ces derniers. D'autres avenues de dopage génétique sont également possibles à l'heure actuelle, comme l'implantation d'un gène ayant pour effet d'augmenter la production d'EPO dans l'organisme. On évoque également une manière négative de provoquer la croissance musculaire par le retrait des cellules des muscles du gène de la myostatine, une protéine qui a la propriété de contrôler et de stopper la croissance musculaire.

Mais nous n'avons pas encore évoqué l'aspect le plus inquiétant de l'histoire du docteur Sweeney, qui est le fait qu'après la diffusion des résultats de ses recherches, il

---

15. Dorothée Benoît-Browaeys, *La bioéthique*, Toulouse, Éditions Milan, 1995, p. 24-25.

a été inondé de centaines d'appels provenant d'athlètes et d'entraîneurs désireux de faire l'expérience du transfert de gènes qu'il avait mis au point. Malgré les mises en garde du docteur spécifiant que l'emploi sécuritaire d'un tel gène auprès des humains ne serait pas possible avant plusieurs années, certains étaient prêts à servir immédiatement de cobayes pour les premiers essais. Cet empressement aveugle à se jeter sur toute innovation portant la promesse d'une amélioration des performances est alarmant. Il témoigne malheureusement de l'état d'esprit qui règne actuellement dans le milieu sportif et nous amène à nous poser la question suivante : La lutte contre le dopage a-t-elle une chance de réussir ? A-t-elle même un sens ? Assistons-nous ici à une lutte absurde et sans fin, similaire à celle que les forces policières livrent aux trafiquants de drogue ?

EXERCICE 2

LE DOPAGE GÉNÉTIQUE

Le professeur Julian Savulescu, de l'Université d'Oxford, défend une position controversée sur la question du dopage génétique. Il est d'avis que nous devrions lever l'interdiction totale qui frappe l'usage de produits dopants et permettre ceux qui ne présentent pas de danger immédiat pour la santé. Il place dans cette catégorie l'EPO et les hormones de croissance (mais d'autres chercheurs ne sont pas d'accord avec lui à ce sujet). Les stéroïdes resteraient interdits, cependant, car leurs effets nocifs sont bien documentés. Le dopage génétique le serait également, pour le moment, tout simplement parce qu'il n'a pas encore été testé et évalué sur les humains. Bref, il s'agirait d'adopter à l'égard de ces produits les règles générales qui sont appliquées aux médicaments. Rappelons ici que nous acceptons que des médicaments soient utilisés à défaut d'études sur leurs effets à long terme sur la santé. On pourrait évidemment aller encore plus loin et libéraliser complètement le recours aux produits dopants, en laissant les athlètes décider eux-mêmes des risques qu'ils sont prêts à courir pour parvenir à la victoire, mais beaucoup pensent que les athlètes ont ici besoin d'être protégés contre eux-mêmes par les pouvoirs publics. Il semble en effet que certains athlètes soient prêts à tout, même à sacrifier leur santé, pour parvenir à la victoire.

Mais supposons que l'on parvienne à établir un procédé de dopage génétique sans danger pour la santé, serait-il encore moralement condamnable ? Ne faudrait-il pas le permettre, selon le critère du professeur Savulescu ? L'argument généralement invoqué en faveur de cette condamnation est le fait que le dopage viole le principe de l'*égalité des chances*. Cet argument est particulièrement discutable dans le cas du dopage génétique, cependant, pour la bonne raison que les inégalités génétiques existent dans la réalité et qu'elles expliquent même en bonne partie les inégalités de performance des athlètes en compétition. Il est admis aujourd'hui que les athlètes qui dominent outrageusement leur sport sont génétiquement surdoués. Ils disposent de capacités physiques prodigieuses, par exemple des capacités cardiaques et de récupération hors du commun. Mais qu'est-ce qui est le plus juste au fond ? De laisser le génétiquement surdoué profiter de sa supériorité « naturelle » pour empocher les victoires ou de permettre aux autres d'avoir les mêmes avantages que lui par des moyens « artificiels » ? L'athlète naturellement doué suscite l'admiration. Il n'a pourtant pas de mérite à posséder ces dons que la loterie de la reproduction lui a gratuitement octroyés. Il est clair qu'il y va ici de la valeur que nous attribuons à ce qui est « naturel » et à ce qui est « artificiel ». En quoi ce qui est naturel serait-il plus admirable ou moralement acceptable que ce qui est obtenu artificiellement ?

À une époque où la vie sociale est dominée par la science et la technologie, la dévaluation de ce qui est acquis de manière artificielle peut paraître vide de sens. Il est intéressant de signaler que le célèbre Tiger Woods jouit d'une vision supérieure à la moyenne parce qu'il a eu recours à la chirurgie au laser pour corriger sa vue naturellement déficiente et que cette pratique est aujourd'hui très répandue dans le milieu du golf, un sport où la vue joue un rôle de premier plan. Le fait que Tiger Woods ait recouru à la chirurgie devrait-il atténuer l'admiration que nous lui vouons ? Et que dire de tous ces lanceurs de baseball qui ont recours à une opération qui consiste à implanter dans leur coude un tendon prélevé sur une autre partie de leur corps, comme le poignet ou la jambe ? Cette opération solidifie leur coude et lui confère plus de puissance et de résistance. Conçue à l'origine pour soigner des athlètes victimes d'une rupture de tendon du coude, elle est maintenant sollicitée par des athlètes simplement désireux d'améliorer leurs capacités. Il s'agit manifestement d'un moyen artificiel d'améliorer ses performances qui ne suscite pourtant aucune controverse.

Que nous inspirera l'athlète génétiquement amélioré : la fascination ou l'horreur ?

L'Agence mondiale antidopage (AMA) a, semble-t-il, reconnu l'inévitabilité de l'avènement du dopage génétique, puisqu'elle incite déjà ses chercheurs à trouver des tests permettant de le détecter ! L'idée même du dopage génétique ne relève donc pas de la science-fiction, bien qu'il suscite déjà chez certains des visions d'horreur à l'idée de compétitions sportives réunissant des athlètes modelés par le génie génétique et capables de performances époustouflantes. Mais quelle sera l'attitude générale du public devant un tel phénomène ? La fascination l'emportera-t-elle sur l'horreur ? Cette éventualité pose donc des problèmes éthiques fondamentaux. Elle nous oblige à nous interroger sur le sens même de l'activité sportive, sur ce qui en constitue les traits essentiels et sur ce qui menace de la déshumaniser.

Il viendra certainement un jour où le génie génétique sera mis à la portée de tous pour corriger certaines déficiences naturelles dues à des maladies ou simplement au vieillissement. Quelle sera alors notre attitude face à l'usage du dopage génétique par des sportifs ? N'y a-t-il pas malgré tout une limite aux transformations que l'on peut faire subir à l'organisme humain dans le but de l'améliorer, une limite au-delà de laquelle il risque de perdre son caractère d'humanité ?

QUESTIONS

1. Trouvez des passages du texte qui précède qui se prêtent à l'application des théories éthiques suivantes : le LIBERTARISME, l'ÉTHIQUE DE LA RESPONSABILITÉ PROSPECTIVE DE JONAS, l'UTILITARISME, l'ÉTHIQUE DE KANT.

2. Quelle serait à votre avis la politique à suivre au sujet du dopage génétique ? Devrait-il être permis, totalement interdit ou permis à certaines conditions ? Justifiez votre réponse.

LES NOUVELLES TECHNIQUES DE REPRODUCTION ASSISTÉE

La technologie moderne semble engagée dans une lutte sans merci contre l'ensemble des maux et des infirmités qui affligent l'être humain. L'un d'eux est la stérilité, qui frapperait, selon certaines études, de 10 % à 15 % de la population. Cette proportion irait en s'accroissant pour des raisons qui ne sont pas encore bien connues. Des études récentes font état d'une baisse marquée de la qualité et de la concentration des spermatozoïdes dans le sperme, phénomène qui pourrait être causé par certains polluants[16]. Malgré tout ce qu'on a pu dire sur le déclin de la famille dans le monde moderne, le désir d'avoir un enfant demeure très intense pour la majorité des hommes et des femmes d'aujourd'hui.

Pour remédier à la stérilité, la technologie moderne a inventé diverses techniques de reproduction artificielle ou assistée. La plus simple est l'insémination artificielle avec le sperme du conjoint ou celui d'un donneur anonyme, dans le cas où le conjoint est stérile ou porteur d'une maladie héréditaire grave. Mais la technologie qui a véritablement révolutionné ce domaine, à cause des voies multiples qu'elle ouvre, est celle de la fécondation in vitro (FIV). La technique générale de la FIV consiste à prélever des ovules dans les trompes de Fallope d'une donneuse, à les inséminer et à les cultiver ensuite dans une éprouvette pendant quelques jours. On réinsère ensuite les embryons ainsi produits dans l'utérus de la femme avec l'espoir qu'au moins l'un d'eux parviendra à s'y implanter. Après des débuts assez difficiles, le taux de succès de la FIV serait actuellement d'environ 25 %, mais les méthodes de calcul aboutissant à ces données sont quelque peu controversées.

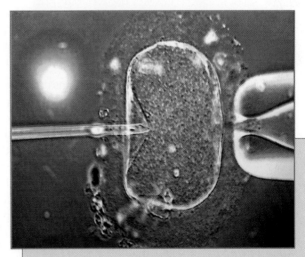

Fécondation in vitro. Le spermatozoïde est déposé au centre de l'ovule au moyen d'une pipette d'injection.

---

16. Louise Vandelac, « Technologies de la reproduction : L'irresponsabilité des pouvoirs publics et la nôtre... », *Sociologie et sociétés*, automne 1996, p. 64.

LE PROBLÈME DES EMBRYONS SURNUMÉRAIRES

Un des problèmes soulevés par la FIV provient de la nécessité d'avoir recours à une multiplicité d'embryons. Pour remédier au faible taux de réussite de la FIV, on a recours à un traitement hormonal et médicamenteux qui stimule artificiellement le système reproducteur de la femme et déclenche la production de plusieurs ovules à la fois. On peut alors implanter plusieurs embryons et donc augmenter les chances de succès. Cette pratique explique également la fréquence des grossesses multiples chez les mères ayant recours à la fécondation in vitro. Mais une autre conséquence de ce procédé est que certains embryons surnuméraires ne seront pas utilisés immédiatement. On les congèlera en vue d'une tentative ultérieure, ce qui évitera de devoir soumettre la femme à un nouveau traitement hormonal et à de nouvelles opérations de prélèvement et de réimplantation qui nécessiteraient de véritables opérations chirurgicales.

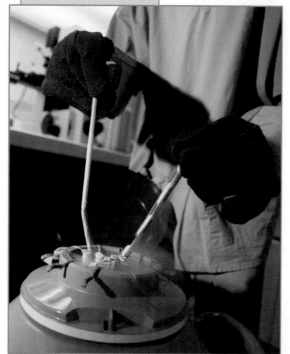

Embryons congelés.

Le sort de ces embryons surnuméraires pose un grave problème. Des scientifiques voudraient les utiliser pour mener des expériences scientifiques d'un grand intérêt qui ne peuvent être pratiquées sur des embryons normaux. Ils veulent s'en servir notamment pour améliorer la FIV, pour élucider les causes de l'infertilité et les mécanismes de la transmission des maladies héréditaires ou les causes des avortements spontanés, et pour élaborer des techniques de diagnostic génétique et de manipulation génétique. Sur le plan éthique, le problème est de savoir si les géniteurs de ces embryons conservent un lien de parenté avec ceux-ci et si leur consentement est nécessaire pour que l'on dispose librement des embryons, pour les donner, les détruire ou les utiliser à des fins de recherche.

Les partisans d'une conception du caractère sacré de la vie s'opposent radicalement à toute manipulation des embryons, alors que ceux qui préconisent plutôt l'approche UTILITARISTE sont prêts à les accepter, étant donné les bénéfices que l'on peut en escompter pour un grand nombre d'humains. D'aucuns souhaitent néanmoins la mise en vigueur de certaines normes visant à éviter les abus. En plus d'exiger le consentement libre et éclairé des parents biologiques, certains suggèrent de restreindre la recherche aux seuls embryons excédentaires et donc d'interdire la production d'embryons aux fins de recherche, pour éviter l'apparition d'un commerce d'embryons. D'autres proposent de limiter les recherches à la période de 14 jours qui suit la fécondation, soit avant que l'individuation de l'embryon soit vraiment achevée et que les organes essentiels aient commencé à se former (système nerveux, cœur, etc.). En appliquant le critère utilitariste de la capacité de souffrir, d'autres suggèrent que l'on allonge cette période à 30 jours, c'est-à-dire jusqu'à l'apparition d'une activité cérébrale[17].

---

17. Charles Suzanne et Gilbert Hottois, *Bioéthique et libre-examen*, Bruxelles, Éditions de l'Université de Bruxelles, 1988, p. 23.

LE PROBLÈME DES GROSSESSES MULTIPLES

Un autre problème relatif à la FIV vient du fait qu'elle occasionne de nombreuses grossesses multiples (jumeaux, triplés et même quadruplés), une fois sur trois en réalité (contre seulement 3 % des cas dans les grossesses naturelles). Or, les enfants issus de grossesses multiples risquent davantage de connaître des problèmes de santé que les autres enfants. On parle ici de mortalité néonatale, de retards d'apprentissage, de troubles de l'attention, de dépression, etc. Ces divers troubles affectent de 3 à 10 fois plus souvent les jumeaux, et le pourcentage est pire pour les triplés et les quadruplés. Les grossesses multiples comportent également des risques pour les mères elles-mêmes et même pour les couples, qui sont plus susceptibles de divorcer! Les cliniques de fertilité ont une responsabilité importante dans toute cette problématique. On les accuse de ne pas informer suffisamment et assez sérieusement les couples qui ont recours à la FIV de l'importance de ces risques, car tant les cliniques que les couples sont naturellement portés à demander l'implantation d'embryons multiples pour maximiser les chances de réussite de l'intervention.

EXERCICE 3

LE CLONAGE HUMAIN

Chez presque tous les animaux à reproduction sexuée, les cellules de l'organisme appelées cellules «somatiques» ont la propriété de se reproduire elles-mêmes et de se multiplier. Mais elles n'ont pas la propriété de reproduire un organisme individuel entier. Seules les cellules dites «reproductrices» (spermatozoïdes, ovules) ont cette capacité. Le mécanisme de la reproduction sexuée implique normalement la fusion des gamètes mâle et femelle aboutissant à un organisme nouveau qui est une entité nouvelle, unique et non la réplique identique de l'un ou l'autre de ses géniteurs. Or, on a découvert qu'il était possible de contourner ce mécanisme et d'obtenir un *clone*, c'est-à-dire une copie exacte d'un organisme individuel entier, en utilisant une technique de transplantation nucléaire : il s'agit de débarrasser un ovule de son propre noyau et de le remplacer par le noyau d'une cellule somatique. Ce dernier a alors la propriété de produire un organisme entier qui sera identique à celui d'où provient le noyau transplanté.

Le clonage trouve une foule d'applications intéressantes et fructueuses dans les domaines de l'agriculture, de l'élevage et de la production génétiquement contrôlée d'animaux de laboratoire. Il ouvre également des perspectives intéressantes chez l'humain dans le secteur de la reproduction de tissus ou d'organes de substitution. Ces tissus ou organes seraient produits à partir des propres cellules somatiques du receveur et seraient parfaitement sains et compatibles avec l'organisme de ce dernier. On pourrait par exemple reproduire la peau, le foie, les artères, la vessie, les poumons, etc. Toutefois, le clonage d'êtres humains complets semble poser des problèmes moraux très graves et est l'objet de vives controverses.

Considérons d'abord les arguments de ceux qui se déclarent favorables à certaines utilisations, en particulier thérapeutiques, du clonage chez l'humain. Certaines personnes considèrent, par exemple, que le clonage n'est qu'une technique supplémentaire offerte aux couples ou individus souffrant de stérilité ou à des couples homosexuels, particulièrement ceux pour lesquels les autres techniques de reproduction assistée s'avèrent inefficaces. Imaginons un homme qui deviendrait incapable de produire du sperme à la suite d'un accident ou d'une maladie. Il pourrait certes adopter un enfant ou avoir recours à la FIV avec le sperme d'un donneur anonyme. Mais la perspective, promise par le clonage, de créer un lien biologique et génétique avec son enfant pourrait lui paraître plus enviable. De même, deux conjoints stériles pourraient désirer que leur futur enfant soit le double génétique de l'un d'entre eux. Ainsi, pour certains observateurs, le clonage n'est qu'une option parmi d'autres qui s'offre aux individus dans leur stratégie de procréation, et la société a le devoir de reconnaître leur liberté de choix dans ce domaine. Ces observateurs partent du principe que chaque individu est fondamentalement libre de faire ce qu'il veut de son propre corps. Or la cellule somatique d'où est extrait le noyau qui sera transplanté dans l'ovule récepteur appartient à l'individu qui décide d'avoir un clone comme enfant. De quel droit empêcherait-on un individu de se reproduire lui-même ? En revanche, un clonage qui se ferait sans le consentement du porteur du noyau cloné violerait ces principes de liberté et d'autonomie. Imaginons, par exemple, qu'une personne mette la main sur un cheveu de Tom Cruise ou sur un cil de Céline Dion… Ces derniers ne seraient peut-être pas heureux de se retrouver un jour devant leur copie conforme !

Passons maintenant aux arguments des opposants au clonage humain. Deux arguments sont constamment invoqués : l'un concerne l'*instrumentalisation* de l'être humain, l'autre le respect de son *unicité*. Un clone est une « copie » génétique d'un individu. Or, copier un être humain semble aller à l'encontre d'un aspect fondamental de la vie humaine qui est le caractère unique de chaque individu. La reproduction sexuée naturelle fait de la naissance de chaque bébé un événement unique et imprévisible et le début d'une aventure tout aussi singulière dont le déroulement est laissé à la liberté de l'individu concerné. L'idée d'une existence qui serait le calque d'une autre semble violer ce critère fondamental d'unicité.

Certains chercheurs croient que ces cris d'alarme lancés à propos de la préservation de l'unicité de chaque individu humain sont exagérés. En effet, il existe déjà des clones humains naturels : les vrais jumeaux. Or, l'expérience montre que l'identité biologique entre jumeaux n'est jamais parfaite et que leur quasi-identité génétique ne les empêche pas d'avoir une personnalité propre et originale. Des génomes identiques ne font pas des personnes identiques. Le caractère unique d'une personnalité dépend bien plus de ses expériences de vie que de son héritage génétique. De plus, ces chercheurs croient qu'il est douteux que le clonage mène à une identité biologique parfaite. De nombreux facteurs aléatoires entrant en jeu dans le processus de développement de l'embryon sont susceptibles d'introduire chez le clone des variations qui n'existent pas chez les vrais jumeaux naturels : la manipulation du noyau transplanté peut provoquer des mutations de son ADN ; l'environnement physiologique changeant de la mère porteuse peut aussi affecter le développement de l'embryon de bien des façons. En réalité, nous ne savons pas vraiment de quoi aura l'air un clone humain et comment se déroulera sa vie dans un milieu familial concret. Mais même s'ils accordent un certain crédit à cette contre-argumentation, les adversaires du clonage répliquent que le fait que les clones ne soient pas *réellement* identiques n'empêcherait peut-être pas qu'ils le soient aux yeux de leur entourage ou de leur milieu social, enclin à les étiqueter comme des individus « clonés », et cette perception d'autrui pourrait être lourde à porter pour eux.

Les opposants au clonage élèvent une autre objection fondamentale. L'enfant cloné n'est-il pas réduit par ses parents à une fonction *instrumentale* ? Prenons le cas d'un enfant cloné pour remplacer un autre enfant disparu à la suite d'une mort accidentelle ou pour procurer à une sœur ou à un frère malade des tissus ou des organes de remplacement. Sera-t-il aimé pour lui-même ? Les parents risquent-ils de lui retirer leur amour s'il s'avère qu'il diffère trop de l'être dont il devait être le double ? Un parent a-t-il le droit de décider à l'avance de la forme et des traits de son futur enfant ? N'est-ce pas là une manière de faire de l'enfant un objet voué à la satisfaction des désirs et des rêves du parent ? N'est-il pas primordial de laisser le hasard de la loterie génétique déterminer le caractère unique et imprévisible de chaque individu ?

Les jumeaux identiques : des clones naturels.

À cela, les partisans du clonage rétorquent que personne n'a jamais le choix de son bagage génétique. Personne n'a jamais à donner son consentement à ce chapitre. Que ce soit la nature ou les parents qui en décident, quelle différence cela fait-il ? De plus, la loterie génétique produisant un grand nombre de spécimens affectés de toutes sortes de déficiences, il n'est peut-être pas si mauvais ou si grave que les parents interviennent pour préorienter favorablement l'héritage génétique de leur enfant. Ensuite, nous n'essayons pas, en temps normal, de contrôler les raisons pour lesquelles les parents décident d'avoir des enfants. Or ces raisons peuvent impliquer bien des désirs et des intérêts égoïstes des parents. Des parents peuvent décider d'avoir un deuxième enfant pour remplacer leur premier enfant mort accidentellement. Des conjoints décident d'avoir des enfants pour sauver leur couple. Rien n'empêche normalement les parents de rêver que leur futur enfant ait telle ou telle caractéristique, puis d'être déçus quand il ne les porte pas et de chercher à le refaçonner suivant leurs désirs. Pourquoi en serait-il autrement pour le clonage ? Enfin, il est peut-être exagéré de réduire l'existence du clone à sa fonction instrumentale. Les parents qui aiment un enfant cloné parce qu'il a sauvé la vie de sa sœur peuvent aussi apprendre à l'aimer pour lui-même.

En réponse à ces contre-arguments, il faut considérer que le clonage, par sa nature même, risque de faire naître des rêves chimériques qui dépassent les attentes et les espoirs habituels et légitimes des parents à l'égard de l'enfant à venir. La beauté de l'indétermination génétique naturelle n'est-elle pas que le parent accepte l'enfant tel qu'il est et lui prodigue un amour inconditionnel ? N'y a-t-il pas là quelque chose d'essentiel dans la condition humaine, quelque chose qu'il serait trop dangereux d'altérer ?

Un autre aspect de l'essence humaine qui paraît menacé par le clonage est la filiation. Nous avons tous besoin de repères pour identifier les liens de filiation que nous avons avec nos parents, frères, sœurs et ancêtres. Le clonage bouleverse radicalement cette logique. L'enfant d'un homme qui fait porter son clone par son épouse est en effet le jumeau de son père. L'enfant qui serait cloné à partir d'un premier enfant serait à la fois le fils et le frère de ce dernier. Des clonages à répétition de ce genre feraient voler en éclats la notion même de génération et feraient de l'application de l'interdiction de l'inceste un puzzle insoluble. Devons-nous nous aventurer à ébranler de la sorte l'édifice de la filiation qui a jusqu'ici été la base de la vie humaine?

La perspective du clonage humain a été à l'origine de scénarios de science-fiction. On pense notamment aux robots humains du film *Blade Runner*. Le clonage pourrait aussi alimenter des fantasmes d'immortalité chez certains individus particulièrement imbus d'eux-mêmes. Mais surtout, les dérives eugénistes possibles du clonage font pousser des cris d'alarme à ses opposants. Le clonage pourrait, disent ces derniers, être utilisé à des fins d'amélioration de la race humaine ou de programmation de la reproduction. Une société ou un dictateur mégalomane pourrait vouloir programmer la reproduction d'un certain nombre de spécimens prédéfinis en fonction d'un emploi ultérieur: produire en masse des soldats d'élite, des individus intellectuellement surdoués, des athlètes dotés d'attributs supérieurs, etc. Par ailleurs, ce qui est plus troublant encore, certains pourraient penser à un régime de reproduction asexué. Le clone n'a pas deux parents, mais un seul. Ainsi, le clonage pourrait faire naître l'utopie d'une société composée uniquement de femmes se reproduisant sans l'aide des hommes. L'utopie masculine correspondante supposerait qu'un mécanisme purement artificiel puisse un jour remplacer l'ovule et la mère porteuse.

La technique du clonage est loin d'être au point. Il a fallu répéter l'opération 200 fois avant d'obtenir la fameuse brebis Dolly! Beaucoup de clones animaux meurent très tôt ou sont affectés de déficiences et malformations diverses (excès de poids, morts prématurées, défauts du système immunitaire, etc.). On soupçonne qu'ils pourraient souffrir de stérilité. Il serait certainement immoral de procéder à des opérations de clonage chez l'humain avant que toutes les garanties aient pu être données quant à la sécurité de cette technique.

Le débat sur le clonage a débouché jusqu'ici sur un affrontement entre deux camps antagonistes. Il y a, d'un côté, ceux qui pensent que les risques et dangers potentiels du clonage humain sont tout simplement trop grands et qu'il faut en décréter l'interdiction totale. Il y a, de l'autre, ceux qui pensent que ces périls anticipés sont exagérés, que le clonage humain peut apporter certains bénéfices importants et qu'il suffirait d'en interdire certains usages bien déterminés pour contrôler les excès auxquels il pourrait donner lieu (la recherche d'immortalité, la programmation eugéniste, le clone «réservoir à organes», etc.). L'humanité pourrait-elle apprendre à vivre avec des clones et à les traiter avec dignité[18]?

---

18. Voici deux références intéressantes sur la question du clonage: Nicolas Journet, «Faut-il avoir peur du clonage?», *Sciences Humaines*, mai 1999, p. 12-17; Henri Atlan et coll., *Le clonage humain*, Paris, Seuil, 1999.

QUESTIONS

1. Repérez parmi tous les arguments qui précèdent des éléments correspondant aux théories et principes éthiques suivants : le PRINCIPE KANTIEN DU RESPECT DE LA PERSONNE ; le LIBERTARISME ; le PRINCIPE DE RESPONSABILITÉ PROSPECTIVE DE JONAS et son impératif de survie de l'humanité ; l'UTILITARISME.

2. Quels arguments vous paraissent les plus forts parmi tous ceux qui se sont dégagés et qui sont liés aux quatre théories qui précèdent ?

3. Quel serait votre choix entre l'option de l'interdiction totale et celle d'une interdiction partielle ? Pourquoi ?

L'EUTHANASIE

L'euthanasie est l'un des sujets de discussion les plus populaires et les plus controversés de toute la bioéthique. La mort est une expérience limite pour l'être humain, une expérience qui lui fait affronter les dilemmes les plus profonds et les plus fondamentaux de l'existence. Les médias accordent une grande place à tout ce qui concerne l'euthanasie. Cette publicité explique peut-être que le débat sur cette question est obscurci par un certain nombre d'imprécisions et de confusions que nous allons tenter de corriger quelque peu dans les pages qui suivent.

La question de l'euthanasie concerne les comportements et les attitudes à adopter à l'égard des mourants. Essentiellement, l'euthanasie est l'action par laquelle on met fin à l'agonie et aux souffrances d'une personne mourante. Les problèmes que soulève une telle intervention sont aussi vieux que l'humanité, et ce n'est pas d'aujourd'hui que les familles ou les médecins ont à y faire face. Ce qui a redonné au problème de l'euthanasie une acuité nouvelle, c'est essentiellement l'avancement technologique qui a mis entre nos mains des moyens très puissants de prolonger la vie des malades ou de soulager leurs souffrances. Ces moyens nouveaux nous ouvrent une série de possibilités d'intervention dont les sociétés anciennes n'ont jamais disposé.

Manon Brunelle, ex-assistante réalisatrice à Télé-Québec, a déclenché toute une polémique lorsqu'elle a mis fin à ses jours en Suisse devant les caméras de la télévision. Atteinte d'une sclérose en plaques des plus virulentes, elle avait déjà tenté de se suicider en 2000 en ingurgitant une énorme quantité de pilules. Mais elle fut sauvée et réanimée, ce qu'elle n'a jamais pardonné à ses sauveurs. Elle a profité de l'existence d'une organisation suisse vouée à l'aide au suicide, *Dignitas*, pour mettre fin à ses jours en relançant le débat sur le droit à l'euthanasie. Elle a dû s'expatrier pour mourir dans la dignité.

La médecine moderne vit à l'heure de la prouesse technique, ce qui tend à repousser à l'arrière-plan les questions importantes de la qualité de vie et de la dignité des malades. La majorité des gens meurent maintenant dans le milieu aseptisé de l'hôpital, un milieu dominé par la technologie médicale et par une organisation bureaucratique du travail allouant un pouvoir considérable aux médecins. Tel est le contexte dans lequel se pose aujourd'hui le problème moral de l'euthanasie.

L'autonomie et le refus de traitement

On trouve dans la littérature sur l'euthanasie un certain nombre de distinctions classiques passablement controversées. On différencie, par exemple, l'euthanasie « passive » de l'euthanasie « active ». L'euthanasie passive, pour laquelle il y a arrêt de traitement ou décision de ne pas entreprendre de traitement, entraîne indirectement la mort du malade. Plusieurs auteurs refusent cependant de voir là une euthanasie réelle. Ils considèrent que les décisions qui y sont associées sont tout à fait justifiées et relèvent d'un refus d'acharnement thérapeutique, c'est-à-dire d'un refus de s'entêter à prolonger la vie quand tout espoir de guérison et d'amélioration du sort du malade a disparu. L'euthanasie active implique, quant à elle, un acte médical causant directement et volontairement la mort. On distingue par ailleurs l'euthanasie « volontaire » de l'euthanasie « involontaire ». On fait alors la différence entre une euthanasie qui répond à un souhait exprimé lucidement par le malade et une euthanasie pratiquée sur un malade inconscient ou comateux, incapable ou n'ayant jamais eu la capacité d'exprimer sa volonté.

Voici un cas troublant rapporté par une infirmière. Il s'agit d'un homme qui s'est arraché le visage lors d'une tentative de suicide ratée avec une arme à feu. À son arrivée à l'hôpital, on pratique une trachéotomie pour qu'il puisse respirer. Puis on l'envoie aux soins intensifs :

Cet homme sans visage souffrait atrocement. Il gémissait comme un chien. C'était effrayant. Il fallait tous les jours changer ses pansements en salle d'opération, sous anesthésie. Cette personne-là, c'était un corps avec une balloune blanche à la place de la tête. Au quatrième jour, nous, on a demandé au patron du département pourquoi ils le prolongeaient puisqu'au fond, rien n'était possible, puisque le monsieur, quand il communiquait avec nous, nous écrivait : « Je veux mourir, laissez-moi mourir. » C'est là que le patron a dit à ses internes et résidents : « Je vous le donne ce patient… faites-en ce que vous voulez. » « Un beau cas de greffe », ont-ils dit. Il y en a un cependant qui a murmuré : « Si c'était mon père, j'accepterais pas qu'on le traite comme ça. »

Le monsieur était sur un respirateur, les deux mains attachées solidement, parce que quand on le détachait, il n'avait qu'une idée : essayer d'arracher les tubes. Il a dû subir des essais de greffes… et quand la gangrène s'est installée, les résidents subitement n'ont plus trouvé que c'était un beau cas. Ils se sont évaporés ! À la fin, ça puait tellement dans la chambre du monsieur que plus personne ne voulait entrer. J'étais toute seule avec lui. Il avait un regard que je ne suis pas prête d'oublier. Ça a duré douze jours. Là, moi, j'en pouvais plus. Et j'ai gueulé… Je me disais qu'est-ce que tu fais là dans cette chambre à côté de cet homme ? Tu n'as pas le droit de donner ces soins à quelqu'un qui est maintenu en vie de façon aussi absurde et, qui plus est, contre son gré !

Finalement, un médecin du département a eu pitié. Il a prescrit de fortes doses de morphine et l'homme est mort tout doucement. Mais il a dû souffrir pendant douze jours pour qu'on lui accorde finalement le droit de mourir ! Plus jamais je ne referai ça, soigner quelqu'un contre son gré[19].

Ce récit met en cause le PRINCIPE KANTIEN DU RESPECT DE LA PERSONNE HUMAINE. Dans ce cas, on a pratiqué des expériences sur cet homme sans son consentement. On l'a littéralement utilisé comme un cobaye, un simple moyen de mener des recherches.

19. Monique de Gramont, « Aujourd'hui, on la cache, on la nie », *Châtelaine*, novembre 1977, p. 92-94.

On a aussi prolongé sa vie en le plaçant sur un respirateur sans son consentement. Cet homme voulait mourir. Il disait «laissez-moi mourir». Au départ, sa demande constituait un refus de traitement. Or, il faut savoir qu'en l'état actuel des choses, même si l'euthanasie est illégale au Canada, le refus de traitement est reconnu par la loi. De plus, même si des ambiguïtés subsistaient dans l'esprit de certains médecins ou de certains établissements hospitaliers, plusieurs jugements récents des tribunaux ont confirmé ce droit de refuser un traitement, qui est une expression du principe fondamental d'autonomie de la personne.

On peut citer ici le cas de Nancy B., une Québécoise de vingt-cinq ans qu'une maladie condamnait à vivre jusqu'à la fin de ses jours branchée à un respirateur. Nancy B. a demandé que l'on débranche le respirateur qui la maintenait en vie. La direction de l'Hôtel-Dieu de Québec craignait de contrevenir à la loi en acquiesçant à sa demande et porta l'affaire devant les tribunaux. Le juge Jacques Dufour décida que l'hôpital devait accéder à la requête de Nancy B. en précisant que ce cas ne constituait ni un homicide, ni même une aide au suicide. Un autre jugement récent d'un tribunal ontarien, dans le cas Malette, a clairement établi qu'un médecin devait se conformer au refus d'un témoin de Jéhovah de se faire administrer une transfusion sanguine, en vertu, encore une fois, de son droit à l'autonomie et du principe du consentement libre et éclairé. Il n'y a donc pas lieu de parler d'euthanasie passive dans une situation de ce genre où un patient, lucide et conscient, refuse un traitement.

Il faut comprendre toutefois que, du point de vue des médecins qui ont à appliquer de telles décisions, la certitude que leur action aura pour conséquence la mort du malade représente une lourde charge. Ils peuvent, dans bien des cas, être convaincus que leur devoir de bienfaisance leur commande de tout faire pour sauver ou prolonger la vie d'une personne.

Il ne faut pas oublier non plus que les médecins rencontrent également le dilemme inverse. Il arrive en effet que le patient ou sa famille réclame des traitements extrêmes, rares ou coûteux, alors que le médecin les considère comme inutiles. Le PRINCIPE UTILITARISTE de comparaison des bienfaits et des souffrances est l'une des règles auxquelles les médecins se rapportent. On jugera qu'un traitement est disproportionné si les souffrances qu'il occasionne excèdent les bienfaits qu'on peut en espérer. Dans cette perspective, on pourra estimer qu'un traitement qui ne fait que retarder la mort ou prolonger brièvement une vie strictement biologique, sans améliorer l'état du patient, ne mérite pas d'être entrepris.

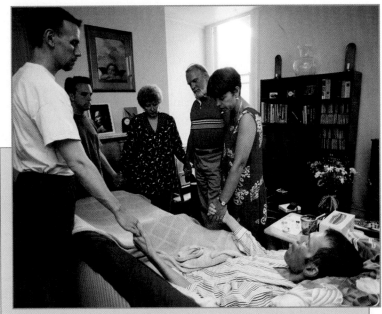

Proches au chevet d'un sidéen. Le désir de suicide du mourant est parfois un appel à l'aide lancé à son entourage.

L'application du principe d'autonomie présente des difficultés particulières dans le cas des patients dont l'autonomie est limitée ou pratiquement inexistante, par exemple les comateux, les vieillards séniles, les enfants ou les nouveau-nés non viables. La décision est plus facile à prendre lorsque la personne a exprimé sa volonté dans un document écrit comme un testament. Mais les tribunaux ont également recours à l'entourage du malade, qui peut parfois témoigner des dernières volontés de celui-ci. Dans d'autres cas, on remettra complètement la responsabilité de la décision à la famille, ce qui est extrêmement délicat, car les membres de la famille ne sont pas toujours capables de prendre en compte les intérêts propres du malade. Beaucoup de facteurs émotionnels et d'intérêts personnels peuvent contaminer leur décision.

Le soulagement de la douleur

Nous venons d'examiner certaines applications du principe d'autonomie et de refus de traitement dans le contexte de la fin de la vie. Nous avons clairement établi que le fait de ne pas procéder à une intervention médicale ou de cesser un traitement avec le consentement libre et éclairé du malade respectait les limites de ce principe largement reconnu et ne posait donc pas de problème éthique insurmontable.

Dans l'exemple de l'homme sans visage, c'est l'administration d'une forte dose de morphine qui a mis un terme au calvaire du patient. On dit souvent que cette pratique constitue une forme d'euthanasie déguisée. Cette caractérisation appelle certains éclaircissements.

Il est clair que l'administration de médicaments visant à soulager les douleurs intolérables qui affligent un mourant ne saurait être assimilée à l'administration d'une mort directe et rapide. Le but poursuivi est de soulager les douleurs et de permettre au mourant de vivre ses derniers jours dans la dignité. Une forte dose de morphine peut entraîner la mort, mais celle-ci constitue un effet indirect et involontaire de l'intervention. Certains auteurs invoquent à ce propos la vieille doctrine catholique du *double effet*, introduite au IVe siècle, selon laquelle un acte peut avoir un double effet, l'un moralement acceptable (soulager la souffrance) et l'autre mauvais, mais indirect et non réellement voulu (hâter la mort). Dans le cas que nous avons présenté plus haut, on peut présumer au contraire que le médecin avait comme but premier de provoquer directement la mort pour mettre fin à l'agonie. Bien sûr, la distinction reste théorique et ne peut prétendre lever toutes les ambiguïtés. Il est évident que le médecin qui augmente la dose et la fréquence d'un médicament comme la morphine sait qu'il risque de tuer le malade.

Les soins palliatifs

Les médecins eux-mêmes ont bien du mal à démêler cet écheveau et plusieurs s'abstiennent de prescrire la dose de médicaments suffisante pour soulager la douleur de leurs malades en phase terminale par crainte d'être accusés d'avoir précipité leur mort. Plusieurs voient une solution à ce problème dans une politique claire qui donnerait la priorité à ce que l'on appelle les soins palliatifs. Les soins palliatifs sont des soins qui n'ont plus pour objet d'agir sur la cause de la maladie, mais d'atténuer ses symptômes et d'adoucir les derniers jours du mourant. Ces soins comprennent certes des interventions médicales visant à soulager les douleurs, mais aussi un soutien psychologique et spirituel. Le but premier des soins palliatifs est de permettre au mourant de vivre la fin de sa vie dans la dignité avec un entourage bienveillant.

Malheureusement, les soins palliatifs ne règlent pas tous les problèmes. Il existe encore des cas où les douleurs du mourant sont si intenses que les médicaments existants ne peuvent le soulager et où la seule façon d'y parvenir est de maintenir le malade dans un état de somnolence ou d'inconscience. Les mourants formulent parfois leur demande d'aide au suicide en demandant au médecin de les aider à «s'endormir». Ne serait-il pas justifié dans ces cas de provoquer la mort d'une façon directe?

D'autre part, il existe des situations où le soulagement de la douleur immédiate n'est pas l'enjeu le plus important de la décision de cessation de vie. Une personne atteinte d'un cancer de la gorge, à laquelle il ne reste que quelques jours à vivre, pourrait demander l'euthanasie pour ne pas vivre la terreur d'une mort par suffocation[20]. Quand l'agonie se prolonge ou que le malade a perdu toute autonomie, il peut arriver un moment où il ne voit plus de sens à la continuation de sa vie et demande au médecin de mettre fin à ses jours de manière anticipée. Bien sûr, il peut toujours se suicider par ses propres moyens. Mais l'accomplissement même du suicide dans l'état où il se trouve est souvent une expérience affreuse et traumatisante, et il peut paraître plus humain de l'aider à mourir dans la paix et la dignité, rapidement, sûrement et sans douleur. L'euthanasie se présente alors comme une demande d'aide au suicide, action actuellement défendue par la loi au Canada. Lors de la XIe Conférence internationale sur le sida, tenue à Vancouver en 1996, on a révélé les résultats d'une enquête réalisée auprès de 228 spécialistes du sida de la région de San Francisco. On y apprenait notamment que 53 % des répondants ont admis avoir aidé des sidéens à se suicider en leur prescrivant de trop fortes doses de narcotiques.

La légalisation de l'euthanasie

Résumons les principales conclusions auxquelles nous sommes parvenus. Selon la plupart des spécialistes actuels en bioéthique, le terme *euthanasie* devrait être réservé pour désigner «l'acte de provoquer la mort par compassion à l'égard d'un malade incurable pour mettre fin à ses souffrances[21]». L'euthanasie est donc par définition une intervention «active». Il n'y aurait lieu de parler d'euthanasie «passive» que dans le cas rare et extrême où un médecin refuserait de procéder à un traitement qui offre de bonnes chances de sauver la vie du patient contre la volonté de celui-ci. Mais le fait de ne pas administrer un traitement à la suite du refus du malade ou de provoquer indirectement la mort en cherchant à soulager ses douleurs ne constituerait pas un acte d'euthanasie.

---

20. D. J. Roy et coll., *La bioéthique, ses fondements et ses controverses*, Saint-Laurent, ERPI, 1995, p. 463.
21. Gilbert Hottois et Marie-Hélène Parizeau (dir.), *op. cit.*, p. 208.

Les arguments contre la légalisation de l'euthanasie

À ce jour, les Pays-Bas, la Belgique et l'État de l'Oregon sont les seuls États à avoir complètement légalisé l'euthanasie. L'opposition la plus farouche à toute forme de légalisation vient de ceux qui professent une éthique du caractère sacré de la vie. Ils voient la vie en elle-même comme le bien ou la valeur morale suprême et jugent immorale toute intervention directe en vue d'y mettre un terme. Mais le motif le plus fréquemment invoqué par les opposants à l'euthanasie est la crainte que sa légalisation ouvre la porte à toutes sortes d'abus : crainte que les mourants soient l'objet de pressions et de manipulations subtiles de la part de leur entourage ou du personnel médical, crainte de voir l'euthanasie s'étendre systématiquement aux personnes en perte d'autonomie, crainte que des objectifs économiques de réduction des coûts des soins de santé n'aboutissent à présenter l'euthanasie comme une option préférable à des moyens de traitement fort coûteux.

Les arguments en faveur de la légalisation de l'euthanasie

Les partisans de la légalisation de l'euthanasie sont d'avis que cette crainte des abus n'est pas fondée. Ils y voient un sophisme de la « pente fatale ». À leur avis, il suffirait de mettre en place des normes claires, sévères et restrictives pour prévenir les abus, comme c'est le cas dans les États où l'euthanasie a été légalisée. Ils peuvent également faire valoir, tout comme H. T. Engelhardt, que si une personne a le droit de refuser un traitement qui pourrait lui sauver la vie, c'est que nous lui reconnaissons en fait le droit au suicide. H. T. Engelhardt formule cette idée ainsi : « Dans la mesure où les individus possèdent ce droit pour eux-mêmes, ils devraient également avoir le droit d'être aidés par autrui. [...] le mal qui est au cœur du meurtre [...] n'est pas le fait d'enlever la vie à un individu, mais de la lui enlever sans sa permission[22]. » Engelhardt pousse ici jusqu'à sa dernière extrémité la logique du principe d'autonomie. Si un médecin consent librement à aider une personne qui lui demande de l'aider à se suicider et si le suicide en lui-même n'est pas un crime, qu'est-ce qui pourrait justifier son interdiction ? On sait que pour KANT le suicide est inacceptable, car il ne résiste pas au TEST DE L'UNIVERSALISATION : je ne peux vouloir que tous se suicident comme moi. En m'enlevant la vie, je détruis l'essence de ma dignité morale et de mon humanité, ma liberté, ma capacité de me déterminer moi-même. Engelhardt adopte quant à lui une position franchement LIBERTARIENNE : chacun a le droit de faire ce qu'il veut de son corps et de sa vie. Il croit que Kant commet l'erreur de voir une contradiction logique là où il n'y a qu'un argument de fait portant sur l'absurdité de la disparition matérielle de l'humanité qu'entraînerait l'universalisation du suicide. Selon Engelhardt, si je choisis librement de renoncer à ma liberté en m'enlevant la vie, j'agis encore librement ; ma décision n'implique aucune contradiction logique avec le concept de liberté.

La difficulté de cette position permissive est que, pour être moralement acceptable, la décision de recourir au suicide doit être le fruit d'un consentement libre et éclairé. Or, s'il n'est pas exclu que le désir du suicide découle d'une réflexion consciente et lucide, il est sûrement très fréquent qu'il soit le fait d'un être profondément

---

22. H. Tristram Engelhardt, *op. cit.*, p. 306.

perturbé, désespéré ou plongé dans une dépression profonde. Mais alors, n'est-ce pas notre sollicitude qui doit prendre le pas sur la norme du respect de l'autonomie ? Plutôt que de notre aide au suicide, cette personne ne sollicite-t-elle pas notre attention et notre affection ? Le soutien actif de l'entourage peut parfois amener la personne qui nourrit des idées suicidaires à modifier sa vision des choses et à voir naître en elle une motivation nouvelle face aux épreuves qui l'affligent. Fait intéressant, des enquêtes montrent que les personnes atteintes de maladies en phase terminale souhaitent disposer d'une aide au suicide même si la très grande majorité d'entre elles affirment ne pas vouloir y recourir. Le seul fait de savoir que cette aide existe a l'effet paradoxal de soulager les angoisses du malade et de lui permettre d'affronter cette épreuve avec plus de sérénité[23].

EXERCICE 4

LE CAS SUE RODRIGUEZ

Le cas des personnes atteintes d'une maladie dégénérative est sans doute celui qui soulève de la façon la plus déchirante le problème de l'euthanasie. Une personne qui sait à l'avance qu'elle est condamnée à perdre progressivement ses facultés mentales et physiques peut être amenée à demander une aide au suicide, sachant qu'elle n'aura pas la capacité de se donner elle-même la mort au moment où elle le souhaitera. Ce cas de figure est au cœur d'une cause qui a été portée devant la Cour suprême du Canada en 1993. Il s'agit du cas de Sue Rodriguez. Cette femme était atteinte d'une maladie dégénérative incurable, la sclérose latérale amyotrophique. Mme Rodriguez, alors âgée de quarante-deux ans, avait demandé aux tribunaux qu'on lui accorde le droit d'obtenir l'aide d'un médecin pour mettre fin à ses jours. À la suite d'une longue croisade judiciaire, sa cause fut portée devant la Cour suprême, qui a débouté sa demande dans un jugement partagé : une majorité de cinq juges a rejeté la requête de Sue Rodriguez alors que quatre juges minoritaires l'ont jugée recevable.

Les juges majoritaires ont soutenu que le caractère sacré de la vie et le souci d'éviter les abus que pourrait entraîner une décriminalisation de l'aide au suicide pour les plus faibles et les plus démunis devaient ici prévaloir contre les intérêts individuels. Le juge en chef de la Cour suprême, Antonio Lamer, se trouvait dans les rangs des juges minoritaires. Il justifia sa position de la manière suivante. Le suicide n'est plus un acte criminel au Canada, mais la loi interdit toujours l'aide au suicide. Cette loi est discriminatoire,

Sue Rodriguez.

---

23. Michel Arseneault, « L'Europe au cœur du débat », *L'Actualité*, 1er décembre 2004, p. 42-46.

car elle introduit une inégalité entre les individus. «Elle empêche les personnes physiquement incapables de mettre fin à leur vie sans aide de choisir le suicide sans contrevenir à la loi, alors que cette option est en principe ouverte au reste de la population[24].» Un autre juge dissident, le juge Cory, a développé une argumentation différente fondée paradoxalement sur le droit à la vie. Il écrit: «La mort est tout simplement l'acte final du théâtre de la vie. Si, comme je le crois, la mort fait partie de la vie, alors la mort comme étape de la vie a droit à la protection constitutionnelle prévue à l'article 7. Il s'ensuit que le droit de mourir avec dignité devrait être aussi bien protégé que n'importe quel autre aspect du droit à la vie[25].»

Rappelons le dénouement controversé de cette histoire. Le 12 février 1994, Sue Rodriguez est décédée, avec, selon toute vraisemblance, l'assistance d'un médecin dont l'identité est demeurée inconnue.

QUESTIONS

1. Nous savons que Kant s'oppose au suicide en vertu du principe d'universalisation. Serait-il possible toutefois de justifier l'aide au suicide à partir de son PRINCIPE DU RESPECT DE LA PERSONNE?

2. Un des arguments avancés par les juges majoritaires est d'inspiration UTILITARISTE. Trouvez lequel et explicitez le calcul d'utilité qui le sous-tend.

3. Les juges minoritaires ont clairement pris dans cette affaire la défense des droits individuels. À votre avis, les droits qu'ils invoquent sont-ils des droits négatifs ou des droits positifs? Expliquez.

4. Quelle est votre opinion personnelle sur l'affaire Sue Rodriguez? Quel argument vous paraît le mieux justifier votre position?

24. Cité dans Isabelle Paré, «Sue Rodriguez condamnée à vivre», *Le Devoir*, 1er octobre 1993, p. A1.
25. Cité dans Jean-Robert Sansfaçon, «La mort après Sue Rodriguez», *Le Devoir*, 15 février 1994, p. A8.

L'éthique de la science et de la technologie

Nous vivons aujourd'hui dans un monde dominé par la science et la technologie. Notre travail, nos loisirs et nos modes d'interaction et de communication avec autrui sont continuellement remodelés par les découvertes scientifiques et les innovations technologiques. Que serait notre quotidien sans l'automobile, le téléphone, la pilule anticonceptionnelle, la télévision ou l'ordinateur ? Notre environnement – la maison, le bureau, les lieux publics – est de plus en plus dominé par la technologie. En moins d'un siècle, la science et la technologie ont complètement transformé notre milieu de vie.

Tout ce développement présente un grand intérêt pour la réflexion éthique. Il définit l'horizon général sur lequel se profile une grande partie des nouveaux enjeux de l'éthique en ce début de siècle. Cette marche forcée vers l'avenir nous oblige à nous questionner sur ce qu'est essentiellement un être humain. Par exemple, en perfectionnant les machines, en les rendant de plus en plus intelligentes et performantes, nous sommes amenés à réfléchir sur ce qui différencie essentiellement l'homme de la machine, sur l'éventualité que la machine surpasse un jour l'être humain et sur le danger d'un système où l'être humain serait contrôlé par la machine. La science et la technologie nous donnent des pouvoirs considérables, qui s'accompagnent évidemment de responsabilités énormes. Nous devons faire des choix très importants, pour nous, pour nos enfants et pour les générations futures. C'est le sentiment de l'importance de ces choix qui leur confère une dimension morale.

L'ordinateur, une invention technologique qui a transformé nos vies.

Par ailleurs, nous pouvons constater que ce développement obéit à une logique propre où n'entre en ligne de compte aucune préoccupation morale. Ce mouvement est si puissant qu'il tend à évacuer les considérations morales ou à les traiter comme des obstacles. Les rapports entre la morale et le couple science-technologie sont souvent conflictuels. Nous allons, dans ce chapitre, examiner les sources de ce conflit et quelques-unes de ses manifestations les plus typiques, plus particulièrement dans les domaines de la recherche scientifique et de l'informatique.

L'ORDRE DES FAITS ET L'ORDRE DES VALEURS

On sait que la méthode scientifique exerce aujourd'hui une hégémonie incontestable sur l'évolution des connaissances humaines. Elle a délogé la religion et la philosophie de la position dominante qu'elles occupaient dans le monde ancien. En faisant prévaloir son modèle d'une connaissance objective de la réalité, fruit d'un mariage entre la logique et l'expérimentation, la science a dévalué les autres types de pensée, désormais considérés comme subjectifs, abstraits ou sans fondement. On peut dire que l'éthique a elle-même été l'une des cibles de cette disqualification.

La scission entre l'éthique et la science repose en réalité sur une distinction fondamentale entre l'ordre des faits et l'ordre des valeurs. La science se caractériserait notamment par sa capacité d'établir la réalité objective des phénomènes qu'elle étudie, alors que la morale ferait intervenir un processus d'évaluation subjectif de la réalité. Ainsi, la science peut mesurer objectivement le déroulement, l'efficacité ou les résultats d'une action. Par ailleurs, cette même action peut être soumise à une évaluation morale et être qualifiée de « bonne » ou de « juste ». Or, cette qualité morale n'appartient pas à l'action elle-même ; elle tient entièrement dans l'appréciation subjective qu'on en fait.

La science cherche à décrire ce qui est. Elle élève une prétention à la neutralité et s'abstient de porter des jugements de valeur. Un énoncé scientifique comme « Si on fait usage du tabac, on compromet sa santé » ne contient aucune recommandation. Il ne s'agit que d'un jugement hypothétique. C'est seulement par un jugement de valeur sur l'importance qu'il accorde à la santé qu'un individu peut adopter une règle de vie et se prescrire d'arrêter de fumer. Il peut aussi préférer continuer de fumer pour le plaisir qu'il en retire, quitte à écourter sa vie de quelques années. C'est dans cet esprit que Jacques Monod, prix Nobel de médecine, écrit : « Il n'y a strictement aucun moyen de prouver objectivement qu'il est mauvais de faire la guerre, de tuer un homme, de le voler, ou de coucher avec sa mère[1]. »

LES FONDEMENTS ÉTHIQUES DE LA SCIENCE

L'analyse qui précède peut sembler mener à la négation de tout fondement solide et objectif des jugements moraux et poser l'activité scientifique comme essentiellement extérieure à la morale. Cette perception est pourtant très contestable et peut être assez facilement réfutée. Il suffit de montrer que l'activité scientifique elle-même est impossible sans un fondement éthique et qu'elle présuppose implicitement un certain nombre de principes éthiques.

C'est la thèse que soutient le philosophe allemand Karl-Otto Appel dans le passage suivant : « L'*argumentation rationnelle* qui est déjà présupposée non seulement dans chaque science, mais aussi dans chaque discussion de problèmes, présuppose elle-même la validité de normes éthiques universelles[2]. » Selon Appel, l'activité scientifique est inconcevable en dehors d'une communauté de discussion réunissant l'ensemble des scientifiques. Cette discussion ne peut avoir de sens que si elle respecte un certain nombre de normes morales fondamentales, telles que l'interdit du mensonge, la liberté d'expression, l'égalité de tous les participants à la discussion et la loi du meilleur argument, suivant laquelle seule la force des arguments doit prévaloir dans une discussion et non des éléments extérieurs tels que le pouvoir ou le statut social. Si les savants mentent, s'ils commettent des fraudes, s'ils s'appuient sur l'argent et le pouvoir pour

---

1. Jacques Monod, « De la relation logique entre connaissance et valeurs », dans Watson Fuller (dir.), *Responsabilité biologique*, Paris, Herman, 1974, p. 20.

2. Karl-Otto Appel, *L'éthique à l'âge de la science : L'a priori de la communauté communicationnelle et les fondements de l'éthique*, trad. par R. Lellouche et I. Mittman, Lille, Presses Universitaires de Lille, 1987, p. 90.

faire avancer leurs idées, s'ils font entrave à la libre discussion et à la libre circulation des idées, c'est tout l'édifice de la science qui s'écroule et toute l'activité scientifique qui perd son sens. Sans cet ensemble de principes moraux fondamentaux, la science ne peut plus aspirer à la rigueur objective et à la rationalité.

La même idée peut être abordée sous l'angle de l'ÉTHIQUE DES VERTUS. La recherche de la vérité objective demande des traits de caractère et des attitudes qui ont une dimension morale. L'impartialité, l'honnêteté intellectuelle, l'humilité, la maîtrise de soi et la discipline sont des *vertus* essentielles au travail scientifique. Le parti d'accepter de voir le monde tel qu'il est, d'aller au fond des choses et de regarder la réalité en face, sans savoir à l'avance si cette réalité nous plaira ou non, est un engagement exigeant et lourd de conséquences.

La pratique scientifique est donc impossible sans l'appui d'une éthique. Mais le respect de cette éthique n'a rien d'automatique.

LA RÉALITÉ DE LA RECHERCHE SCIENTIFIQUE

L'activité scientifique ne s'exerce pas en vase clos. La recherche n'est pas à l'abri des conflits d'intérêts et des activités illégales. On assiste actuellement à une prolifération de questionnements éthiques sur les pratiques scientifiques. Le milieu scientifique ne jouit plus de la confiance aveugle du public et des gouvernements. Trop de scandales, de fraudes et de pratiques répréhensibles ont été dévoilés pour qu'on puisse se fier entièrement à la parole des chercheurs. On sait trop bien maintenant que les scientifiques, malgré la grande rigueur que leur impose leur travail, peuvent être tentés, comme le commun des mortels, de déroger à leurs devoirs moraux.

Le milieu scientifique est aussi un milieu où règne une compétition féroce, où la poursuite de la gloire et la course à la découverte et aux contrats lucratifs sont des motivations puissantes. La recherche scientifique s'exerce à l'intérieur d'organismes privés ou publics qui sont en concurrence les uns avec les autres. Dans de nombreux secteurs de recherche, les entreprises gardent leurs découvertes secrètes. La recherche civile industrielle est régie par les lois de la concurrence économique. Elle s'effectue en grande partie sous le sceau de la confidentialité et de la protection des brevets, et les chercheurs protègent jalousement le fruit de leurs travaux pour s'en assurer la propriété intellectuelle.

Un domaine où la recherche scientifique a vu son étoile pâlir au point de perdre beaucoup de crédibilité est celui de la recherche pharmaceutique, dont nous avons exposé les procédés douteux dans la section sur l'éthique des affaires. Il est évident que le fait d'être commandité par une compagnie pharmaceutique fait peser de sérieux doutes sur l'objectivité du chercheur et sur la validité des résultats de recherche, dont on sait qu'ils sont couramment tronqués, falsifiés ou dissimulés lorsqu'ils s'avèrent trop négatifs. Un stratagème qui favorise ces pratiques est que les compagnies signent avec les chercheurs des ententes qui leur garantissent un contrôle sur la publication des résultats de recherche. Une enquête du *British Medical Journal* a démontré que les recherches commanditées par l'industrie pharmaceutique étaient quatre fois plus susceptibles de donner des résultats positifs que celles financées par des sources indépendantes de l'industrie[3].

Jusqu'à tout récemment, il n'existait aucun contrôle éthique rigoureux de la recherche scientifique. Il est facile de rapporter un grand nombre de pratiques passées qui seraient difficilement concevables aujourd'hui. Par exemple, on peut citer les cas de chercheurs qui ont exposé des enfants arriérés au virus de l'hépatite, qui ont transplanté des tissus cancéreux à l'insu des receveurs ou qui ont laissé évoluer la syphilis sans traitement dans une population de Noirs, « pour voir » l'évolution de la maladie[4]. Il y a eu très clairement une évolution des sensibilités à l'égard des problèmes moraux inhérents à la recherche, notamment en ce qui concerne la question de la recherche avec des sujets humains.

Le dossier des fraudes scientifiques pèse lourd également dans ce bilan éthique. Dans les dernières décennies, certains cas de fraudes ont eu un écho retentissant dans les médias et ont contribué à nourrir la suspicion à l'endroit du milieu scientifique. Par exemple, le psychologue américain Stephen Breuning a été condamné pour avoir publié des travaux sur les enfants hyperactifs retardés en se réclamant d'études qu'il n'avait jamais effectuées. Entre-temps, certains États américains s'étaient appuyés sur ces études pour réorienter leur politique de traitement de ces cas. Un des plus éminents psychologues britanniques, Cyril Burt, célèbre pour ses recherches sur l'hérédité de l'intelligence auprès de couples de vrais jumeaux, est tombé dans une disgrâce totale lorsque des enquêtes ont révélé que la plus grande partie de ses observations étaient de la pure fiction. Autre exemple : en 2005, le Sud-Coréen Hwang Woo-suk, un chercheur très connu, pionnier de la recherche sur le clonage, a reconnu avoir falsifié des résultats de recherche portant sur la production de cellules souches compatibles avec celles du donneur originel.

Les cas de fraudes majeures et délibérées demeurent toutefois exceptionnels[5]. Il ne faut pas oublier que le caractère ouvert de la recherche scientifique fait en sorte qu'une fraude peut difficilement rester ignorée très longtemps. D'autre part, les écarts bénins aux normes éthiques sont sans doute assez fréquents, mais les dénonciations fort peu nombreuses. Il y a à cela plusieurs raisons. D'abord, on peut comprendre qu'il est très difficile pour des étudiants ou des collaborateurs d'un chercheur de dénoncer celui-ci. Ensuite, il est impossible pour la communauté scientifique de procéder à une vérification systématique du respect des normes éthiques dans l'ensemble des recherches qui sont publiées dans le monde.

---

3. Sophie Allard, « Industrie pharmaceutique : des recherches faussées ? », *La Presse*, 2 juin 2003, p. A4.

4. Sur ces exemples et bien d'autres, on peut consulter A. Fagot-Largeault, *L'homme bio-éthique*, Paris, Maloine, 1985, et Pierre Thuillier, « L'expérimentation sur l'homme », *La Recherche*, juillet 1986, p. 952-965.

5. À ce sujet, on peut consulter l'article de M. Blanc, G. Chapoutier et A. Danchin, « Dossier : Les fraudes scientifiques », *La Recherche*, juillet-août 1980, p. 858-866, ainsi que l'ouvrage de William Broad et Nicholas Wade, *La souris truquée : Enquête sur la fraude scientifique*, Paris, Seuil, 1987.

LA RECHERCHE SUR DES SUJETS HUMAINS

La recherche menée sur des sujets humains est l'un des aspects les plus controversés de la recherche scientifique. Les attitudes du milieu scientifique ont beaucoup évolué en cette matière tout au long du siècle. La date la plus importante dans cette évolution est 1947, l'année de l'adoption du code de Nuremberg.

LE CODE DE NUREMBERG

Après la Deuxième Guerre mondiale, le tribunal international de Nuremberg tint des procès contre les criminels de guerre nazis. Un tribunal américain particulier traita le cas de plusieurs médecins et scientifiques accusés d'avoir mené des expériences scientifiques inacceptables sur des cobayes humains. Les juges condamnèrent ces médecins pour meurtres, atrocités, tortures et crimes contre l'humanité. Ces médecins avaient entre autres étudié les mécanismes d'infection sur des blessures infligées aux sujets pour les besoins de l'expérience. D'autres expériences portaient sur le refroidissement entraînant la mort, sur des maladies mortelles, telles que le typhus et le paludisme, volontairement inoculées aux sujets, sur les seuils de résistance à la douleur, sur des méthodes de stérilisation comme l'injection de formol ou de nitrate d'argent dans les voies génitales, qui condamnèrent des centaines de femmes à la mort la plus atroce.

Des criminels de guerre nazis devant la Cour internationale de Nuremberg.

En réaction à ces horreurs, le tribunal militaire américain de Nuremberg formula un code de recherche médicale comprenant dix principes éthiques. C'est le code de Nuremberg. Voici un extrait des plus importants de ces principes.

Le consentement volontaire du sujet humain est absolument essentiel. Cela veut dire que la personne intéressée doit jouir de la capacité légale totale pour consentir [...]. Il faut aussi qu'elle soit suffisamment renseignée, et connaisse toute la portée de l'expérience pratiquée sur elle, afin d'être capable de mesurer l'effet de sa décision. Avant que le sujet expérimental accepte, il faut donc le renseigner exactement sur la nature, la durée, et le but de l'expérience, ainsi que sur les méthodes et moyens employés, les dangers et les risques encourus, et les conséquences pour sa santé ou sa personne, qui peuvent résulter de sa participation à cette expérience.

Le sujet humain doit être libre, pendant l'expérience, de faire interrompre l'expérience, s'il estime avoir atteint le seuil de résistance, mentale ou physique, au-delà duquel il ne peut aller[6].

---

6. Tiré de Claire Ambroselli, *L'éthique médicale*, n° 2422, Paris, PUF, coll. Que sais-je?, 1988, p. 104-105.

Ce nouveau code d'éthique professionnelle eut une grande influence. Il met l'accent sur ce qui est devenu la règle éthique la plus importante dans la recherche avec des sujets humains, la règle du consentement libre et éclairé. Mais l'adhésion du milieu scientifique à une éthique de la recherche véritablement respectueuse des sujets humains fut un processus lent et progressif.

L'APPROCHE UTILITARISTE

Pendant très longtemps, beaucoup de scientifiques se sont bornés à régler de façon expéditive les problèmes éthiques de la recherche sur les sujets humains, en se contentant d'une analyse UTILITARISTE communément appelée analyse coûts-bénéfices. Une telle analyse met en balance l'ensemble des conséquences avantageuses et désavantageuses d'une recherche, tant pour le chercheur lui-même et les participants à l'expérience que pour la société ou l'humanité dans son ensemble, qui devrait bénéficier tôt ou tard des retombées positives de cette recherche. La communauté scientifique a utilisé ce type d'analyse pour justifier à peu près n'importe quoi. Par exemple, au XIXe siècle, von Hubbenet présenta avec fierté les résultats d'une recherche dans laquelle il avait transmis la syphilis à de jeunes filles à leur insu, à un moment où n'existait encore aucune thérapeutique efficace contre cette maladie. Dans son esprit, il était évident que les bénéfices que pouvait espérer l'humanité d'une telle recherche éclipsaient complètement le tort fait aux quelques victimes.

Il est difficile toutefois de reconnaître la moindre rigueur à un tel calcul d'utilité. On met ici en balance des choses incommensurables. D'une part, une expérience très précise aux conséquences limitées, d'autre part des bénéfices hypothétiques et généraux pour un futur lointain et dont la réalisation implique la mise en commun d'un ensemble de travaux scientifiques. On peut facilement justifier n'importe quel tort fait à un nombre limité de personnes en prétendant que des bénéfices plus larges en seront éventuellement retirés. La tentation est encore plus forte quand on a recours à des prisonniers, à des malades mentaux ou à des personnes déjà gravement malades.

L'un des pires exemples d'abus de ce genre a eu lieu à Montréal à la fin des années 1950, lorsque le Dr Ewen Cameron de l'Institut Allan Memorial, attaché à l'Université McGill, a mené en secret une recherche, subventionnée par la CIA, sur 53 patients schizophréniques, alcooliques ou dépressifs. Il s'agissait d'expériences de « lavage de cerveau ». Elles consistaient à maintenir les patients dans un état de sommeil prolongé, pendant plusieurs mois, en leur administrant des électrochocs et des drogues comme le LSD et en leur faisant entendre des messages enregistrés des milliers de fois. Ces expériences furent un échec total, mais elles eurent des effets dévastateurs sur plusieurs des patients. Neuf d'entre eux ont intenté des poursuites contre la CIA et ont obtenu en 1988 des indemnités totales de 750 000 $. Il est intéressant de mentionner que le Dr Cameron était

Le Dr Ewen Cameron de l'Institut Allan Memorial, spécialiste du « lavage de cerveau » dans les années 1950.

considéré à cette époque comme une sommité dans son domaine, qu'il occupa le poste de président de l'American Psychiatric Association et qu'il fut même l'un des cinq spécialistes appelés à évaluer l'état de santé mentale des criminels de guerre nazis lors des procès de Nuremberg[7]!

L'APPROCHE DÉONTOLOGIQUE

De nos jours, il est clair que les considérations utilitaristes, bien que toujours populaires, ont cédé le pas à une éthique déontologique qui affirme le primat du principe de respect de la personne et des droits individuels. Un appel au PRINCIPE KANTIEN DU RESPECT DE LA PERSONNE est tout à fait pertinent pour fonder les principes d'une éthique de la recherche avec des sujets humains :

> Toute démarche scientifique, par ses méthodes et quelle qu'en soit la discipline, vise à acquérir des connaissances ou des savoir-faire *sur* des êtres humains. Or, certains moyens de la mise en œuvre de la démarche scientifique [...] sont susceptibles de provoquer une relation d'objectivation entre le chercheur et le sujet de recherche. Ce dernier devient alors un *objet* d'expérience. Il existe un réel danger de penser ou de traiter le sujet de recherche simplement comme un objet d'expérience, en ignorant ou en compromettant sa pleine humanité. [...] La question éthique devient alors : *comment, dans la recherche scientifique, respecter la dignité des personnes et éviter les multiples formes de déshumanisation ?* Bref, comment traduire par des mesures concrètes l'impératif kantien du respect de la personne[8] ?

En pratique, l'impératif du respect se traduit par une série de *normes* stipulées dans des codes de déontologie. Ces normes énoncent certains droits fondamentaux des participants à la recherche. Le code de Nuremberg, que nous avons cité plus haut, contenait déjà l'essentiel de ces normes. La plus importante de toutes est celle affirmant le droit du participant à un consentement libre et éclairé. Cette norme consacre l'autonomie inaliénable du sujet. Elle vise aussi à établir une égalité fondamentale entre le scientifique chercheur et le sujet pressenti, qui se rencontrent en tant que personnes libres et concluent un accord dans un contexte de respect mutuel.

Que le consentement soit *libre* implique d'abord qu'aucune pression ne sera exercée sur les sujets pour obtenir leur participation, qu'aucune sanction ne découlera d'un refus de leur part. Par exemple, les étudiants d'université, qui sont la population de cobayes préférée des chercheurs, ne devraient pas craindre une mauvaise évaluation de leurs professeurs par suite d'un refus. Un patient ne devrait pas voir l'accès à un service médical lié à sa participation à une recherche. Un détenu ne devrait pas devoir échanger sa libération conditionnelle contre sa participation à une recherche dangereuse. Que le consentement soit *éclairé* implique que le chercheur aura informé le sujet pressenti de tous les aspects de la recherche qu'il aurait intérêt à connaître et surtout de tout ce qui pourrait avoir des effets désagréables sur lui ainsi que de tout ce qui présente le moindre risque pour sa santé physique ou mentale. À ces considérations,

---

7. Normand Grondin, « Expériences sur les cerveaux humains », *Justice*, janvier 1990, p. 18-21. L'un des patients du Dr Cameron a écrit un livre relatant son expérience : Jean-Charles Pagé, *Les fous crient au secours*, Montréal, Éditions du Jour, 1961.

8. Ministère des Approvisionnements et Services Canada, *Guide d'éthique de la recherche avec des sujets humains : Rapport préliminaire*, 1966, p. 1-5.

il faut ajouter un autre aspect important du respect de l'autonomie du sujet qui est formulé dans l'article 9 du code de Nuremberg, à savoir la liberté des sujets de mettre en tout temps un terme à leur participation.

La question de la protection de la vie privée et aussi celle de la confidentialité des données prennent de plus en plus d'importance dans les nouveaux codes de déontologie régissant la recherche avec des sujets humains. Ces préoccupations sont absentes du code de Nuremberg. Les chercheurs sont astreints à suivre des protocoles de plus en plus stricts à cet égard. On sait que cette préoccupation est liée en particulier aux développements de l'informatique et de l'enregistrement électronique des données, dont nous traitons plus loin dans ce chapitre.

LA RESPONSABILITÉ PROSPECTIVE

L'ÉTHIQUE DE LA RESPONSABILITÉ PROSPECTIVE, de Hans Jonas, fournit une perspective théorique pertinente pour l'étude de la recherche sur des sujets humains. S'il est une situation où l'inégalité de pouvoir et de savoir est flagrante, c'est bien celle créée par la relation entre le chercheur et les sujets de l'expérience. Il est clair qu'en général les sujets pressentis pour participer à une expérience scientifique ont une confiance aveugle dans le chercheur. Ils tiennent pour acquis que ses intentions sont nobles. Ils sont curieux de connaître le déroulement de l'expérience. Peu importent les actions bizarres qui leur sont demandées, ils présument spontanément qu'elles doivent avoir une justification scientifique. La plupart des gens sont prêts à faire dans le cadre d'une expérimentation scientifique toutes sortes de choses qu'ils refuseraient ordinairement d'accomplir. Les sujets sont donc, suivant l'analyse de Jonas, dans une situation d'extrême vulnérabilité qui devrait commander une sollicitude extrême de la part du chercheur, qui doit alors protéger le sujet contre sa propre crédulité et prendre ses intérêts à cœur.

> [...] une expérience avec des sujets humains – tant en psychologie qu'en médecine – constitue une situation tout à fait spéciale, une interaction caractérisée par une énorme différence de pouvoir. D'un côté l'on trouve une attitude de confiance et un abandon de l'identité propre, de l'autre le pouvoir de contrôle et de réglementation. Voilà qui donne une responsabilité toute spéciale aux chercheurs, car la nature singulière de la situation expérimentale leur confère un statut et un rôle qui s'apparentent davantage à celui d'un médecin face à un patient qu'à celui d'un partenaire de statut égal[9].

Bien sûr, la norme du consentement libre et éclairé contribue à compenser l'inégalité de pouvoir entre chercheur et sujets, mais il serait illusoire de penser qu'un respect formel de cette norme garantit l'égalité réelle de cette relation. C'est pourquoi le principe de responsabilité exige davantage du chercheur, car il peut être tentant pour celui-ci de se retrancher derrière une position formaliste et de considérer qu'une fois qu'il a obtenu le consentement libre et éclairé du sujet ou de son tuteur, il lui est loisible d'agir à sa guise. Sa responsabilité peut exiger de lui qu'il intervienne pour protéger le sujet contre lui-même, s'il voit par exemple que celui-ci réagit mal à certaines conditions de l'expérience. Cette responsabilité s'accroît évidemment avec le degré

---

9. Heinz Schuler, *Ethical Problems in Psychological Research*, trad. de l'allemand par M. S. Woodruff et R. A. Wicklund, New York et Toronto, Academic Press, 1982, p. 44.

de vulnérabilité du sujet. Par exemple, soumettre des personnes âgées à un test de mémoire peut demander beaucoup de tact, car un tel test peut menacer leur estime de soi et provoquer chez elles des sentiments d'anxiété et d'humiliation. De même, soumettre des adolescents à un traitement ou à une opération qui laisse des marques visibles sur leur corps peut représenter pour eux une terrible violation de leur intégrité physique, alors que des personnes âgées s'en offusqueront moins[10].

L'ÉTHIQUE DES VERTUS

Il est intéressant de mentionner également que l'on fait appel, dans certains manuels portant sur la recherche scientifique, aux notions de VERTUS ou de TRAITS DE CARACTÈRE MORAUX. Les chercheurs disposent d'une grande autonomie dans leurs activités. Il est sans doute peu souhaitable qu'ils soient l'objet de contrôles systématiques, lourds et tatillons. On doit pouvoir s'en remettre, pour cette raison, à des qualités humaines fondamentales, des attitudes et des traits de caractère qui témoignent de la moralité de leurs actions.

> La détermination, la curiosité, l'originalité, la ténacité, la rigueur sont au nombre des qualités qu'un chercheur doit nécessairement posséder ou développer pour réussir en recherche ; c'est grâce à ces qualités des chercheurs que la recherche a pu progresser et atteindre les niveaux d'excellence que la société lui reconnaît aujourd'hui. Il arrive cependant qu'à ces qualités essentielles s'ajoutent l'ambition, la cupidité, l'orgueil, l'égocentrisme qui peuvent donner lieu à des comportements répréhensibles dans certaines circonstances ou dans certains environnements[11].

On ne peut envisager des vertus telles que l'humilité, la compassion, la générosité ou l'intégrité comme les éléments d'un code de déontologie. Elles doivent d'abord être fortifiées par un système d'éducation familial et scolaire. Elles peuvent ensuite être intégrées aux programmes de formation des chercheurs et finalement être considérées en tant que critères d'évaluation de leur performance.

LA RECHERCHE EN SCIENCES HUMAINES

Bien sûr, le domaine médical est celui où il est le plus facile de trouver des cas litigieux dans la recherche menée sur des sujets humains. Mais il en existe aussi dans le secteur des sciences sociales et de la psychologie. Une de ces expériences controversées est la fameuse expérience de Stanley Milgram sur le phénomène de la soumission à l'autorité, dont voici un résumé :

> Selon le schéma de l'expérience, deux individus viennent dans un laboratoire de psychologie pour apporter leurs concours à des recherches sur la mémoire et l'acquisition des connaissances. L'un est appelé « l'enseignant » et l'autre « l'élève ». L'expérimentateur explique qu'il s'agit d'étudier les effets de la punition sur l'acquisition des connaissances. L'élève est conduit dans une salle où on le fait asseoir sur une chaise électrique en réduction ; on lie ses bras avec une courroie pour prévenir des mouvements excessifs, et on fixe

---

10. Ministère des Approvisionnements et Services Canada, *op. cit.*, p. 2-12.

11. Diane Duquet, *L'éthique dans la recherche universitaire : une réalité à gérer*, Sainte-Foy, Conseil supérieur de l'éducation, Direction des communications, 1993, p. 45.

une électrode à son poignet. Puis on lui annonce qu'on va lui lire des listes de mots simples groupés deux par deux et qu'on mesurera ensuite sa capacité à se souvenir du second mot lorsque le premier lui sera répété. À chaque erreur, il recevra une décharge électrique de plus en plus violente.

L'expérience, en fait, est axée sur l'enseignant. Celui-ci observe d'abord l'élève ligoté sur son siège, puis s'installe devant un impressionnant « générateur de courant électrique ». Le tableau de bord de l'appareil comporte trente commutateurs à manette alignés à l'horizontale. Chaque commutateur est clairement identifié par une étiquette indiquant le voltage produit (entre 15 et 450 volts) et qualifiant la force de la décharge : légère, modérée, forte, très forte, intense, extrêmement intense et, enfin, « Danger, décharge très violente ».

Tous les sujets, avant de commencer à « enseigner », reçoivent à titre d'échantillon une décharge de 45 volts, et la secousse les renforce dans leur conviction que l'appareil fonctionne réellement.

L'enseignant est un sujet de bonne foi. Il s'est présenté au laboratoire en réponse à une annonce parue dans un journal local et demandant des volontaires pour une étude scientifique sur la mémoire. L'élève, ou la victime, est en réalité un acteur qui ne reçoit aucune décharge électrique. Le but de l'expérience est de constater jusqu'où ira un individu placé dans une situation concrète, dont les données sont quantifiables : une situation où il lui est ordonné d'infliger une douleur de plus en plus grande à une victime qui proteste.

Un conflit apparaît quand l'homme qui reçoit la décharge commence à manifester un malaise. À 75 volts, il grogne ; à 120 volts, il se plaint bruyamment ; à 150, il exige qu'on arrête l'expérience. Plus le voltage s'élève, et plus sa protestation se fait véhémente et chargée d'émotion. À 285 volts, il réagit par un cri d'agonie. Bientôt après, il ne profère plus aucun son[12].

Il est évident que les sujets « enseignants » dans cette expérience ont une responsabilité morale à l'égard des « élèves ». Cependant, intervenir en leur faveur signifie contester l'autorité du scientifique, ce que la majorité des sujets n'ont pas osé faire. En effet, cette expérience a été répétée de multiples fois, dans de nombreux pays et avec de nombreuses variantes. En moyenne, dans le cadre expérimental de base, environ 62 % des « enseignants » se plient aux exigences de l'expérimentateur jusqu'à l'extrême limite. Cette expérience ne démontre pas la cruauté ou le sadisme des participants, car la grande majorité d'entre eux n'obéissent à l'expérimentateur qu'avec beaucoup de réticence et manifestent une anxiété très intense. Il est évident qu'ils ne ressentent pas d'agressivité à l'endroit des « élèves ». L'expérience fait plutôt ressortir la tendance du subalterne à se décharger de ses responsabilités sur une autorité supérieure.

Cette expérience célèbre ne souleva pas seulement la controverse par ses conclusions alarmantes sur le phénomène de la soumission à l'autorité. Elle fut aussi sévèrement critiquée pour ses effets perturbateurs potentiels sur les participants à l'expérience. Milgram lui-même rapporta que plusieurs des sujets étaient secoués à la fin de l'expérience. Elle prêtait le flanc à la critique parce qu'elle ne respectait pas la règle du consentement libre et éclairé à deux égards. D'abord, les sujets n'étaient pas prévenus du fait que l'expérience pourrait se révéler pénible à traverser. Ensuite, l'expérimentateur y avait délibérément recours à la tromperie et à la dissimulation, puisqu'il mentait aux

---

12. Stanley Milgram, « Les dangers de l'obéissance », *Dialogue*, vol. 7, n° 2, 1976, p. 20-21. Cet article présente un bon résumé du travail de Milgram. Pour un compte rendu plus exhaustif, on peut consulter l'ouvrage suivant : Stanley Milgram, *Soumission à l'autorité : Un point de vue expérimental*, Paris, Calman-Lévy, 1979.

participants sur la nature réelle de l'épreuve à laquelle ils prêtaient leur concours. Milgram tenta de se justifier en disant d'abord qu'il lui était impossible de prévoir que son expérience aurait des effets aussi dramatiques sur les sujets[13]. D'autre part, les sujets furent invités à des entrevues postexpérimentales dans le but de s'assurer de leur bonne condition psychologique et de les aider à comprendre et à assumer leur expérience. Milgram cita même des lettres de sujets qui exprimaient leur satisfaction d'avoir participé à cette recherche et d'autres qui disaient avoir appris à mieux se connaître grâce à elle. Toutefois, d'autres chercheurs qui répétèrent l'expérience de Milgram constatèrent certains effets négatifs persistants chez plusieurs sujets.

D'autres expériences ont également alimenté les débats sur l'éthique de la recherche en sciences humaines. Certaines portaient sur la facilité à entraîner des sujets à commettre des actes immoraux, tels que voler, escroquer, mentir ou mettre sa propre vie en danger. La plupart des expériences portant sur le stress posent des problèmes éthiques, car la validité de l'expérimentation dépend de l'authenticité des réactions des sujets. Plusieurs expériences sur la peur de mourir furent conduites auprès de soldats de l'armée américaine sans que ceux-ci soient avertis à l'avance de ce qui les attendait. On leur fit vivre des expériences traumatisantes, telles que le risque d'écrasement en avion. On fit croire à d'autres qu'une erreur fatale lors d'une prise de sang allait les mener rapidement à la mort[14].

Par ailleurs, la recherche en sciences humaines s'accommode mal du principe du consentement éclairé, car beaucoup d'expérimentations dans ce domaine ne sont possibles que si les sujets restent ignorants des objectifs réels de la recherche ou de certains de ses aspects. Dans bien des cas, cette ignorance ne présente aucun inconvénient réel pour le sujet. Un compromis possible consiste donc à informer le sujet pressenti de tout ce qui peut avoir des effets désagréables pour lui ou de ce qui peut menacer son bien-être. Mais certains chercheurs ont néanmoins soutenu que toute forme de dissimulation et de duperie était inacceptable sur le plan moral.

D'un strict point de vue kantien, toute duperie et tout mensonge impliquent une manipulation d'autrui et un manque de respect à son égard. Toutefois, nous savons également que le consentement moral est l'un des critères du PRINCIPE DU RESPECT chez KANT. Kant nous dit que nous devons nous demander avec la plus grande honnêteté : « Est-ce qu'autrui pourrait consentir moralement à l'action que je veux entreprendre ? » Transposée dans le contexte de la recherche, cette exigence appelle le chercheur à un effort sincère pour se mettre à la place du participant à l'expérience et pour faire siens ses intérêts. Il est possible de concevoir que le participant lui-même pourrait donner son accord à la tromperie dont il est l'objet s'il en connaissait les objectifs et les conditions de réalisation. Donc, pour autant que le chercheur peut raisonnablement croire que le sujet pressenti n'aurait pas d'objection à participer à la recherche et ne remettrait pas en question son consentement s'il disposait de toutes les informations pertinentes, il pourrait considérer avoir été fidèle au principe du respect, même s'il garde le secret sur certains aspects de l'expérience.

---

13. Tous les collègues de Milgram avaient prédit avant l'expérience que la grande majorité des sujets refuseraient tout simplement d'obéir !

14. Sur ce cas et les précédents, voir Heinz Schuler, *op. cit.*, p. 73-74, 87-88. On trouvera également une bonne analyse de ces questions dans C. Selltiz, L. S. Wrightsman et S. W. Cook, *Les méthodes de recherche en sciences sociales*, Montréal, Éditions HRW, 1977, p. 198-246.

EXERCICE 1

UNE RECHERCHE CONTROVERSÉE

Voici un exemple de recherche controversée en sciences humaines. Elle porte sur un thème classique : les effets de la récompense et de la punition sur la réussite scolaire[15].

L'étude consistait à utiliser cinq systèmes de notation différents dans la correction d'examens. Ces cinq systèmes étaient d'une sévérité graduée, allant du plus rigoureux au plus indulgent. Ils furent appliqués aux premiers examens mi-semestriels d'un cours dans un collège. On évalua ensuite les conséquences de ces divers systèmes de notation sur le rendement des élèves lors d'un second examen mi-semestriel. Les différences dans les notes étaient très marquées. Par exemple, le système le plus rigoureux attribua un échec à 30 % des élèves, alors qu'un autre système leur donnait des notes variant de 60 % à 70 %. Après le deuxième examen, on informa les élèves de l'affaire et on publia de nouvelles notes pour le premier examen conformes au système de notation habituel. Il est bien évident qu'entre-temps certains étudiants avaient dû vivre des moments d'angoisse, croyant avoir échoué au premier examen, et c'était évidemment un des buts de l'expérimentation. Cependant, il faut noter que les résultats démontrèrent que ces différents systèmes de notation n'avaient eu aucun effet sur le rendement des élèves lors du second examen.

QUESTIONS

Analysez cette expérience sur le plan éthique.

1. Cette expérience est-elle conforme au PRINCIPE DU RESPECT DE KANT ?

2. Considérez maintenant l'expérience d'un point de vue UTILITARISTE. Est-elle justifiable de ce point de vue ?

3. À votre avis, cette expérience était-elle justifiable sur le plan moral ?

LA TECHNOSCIENCE

Jusqu'ici, nous avons étudié les implications morales de la pratique scientifique sur le seul plan de la recherche, mais un examen plus complet des dimensions éthiques de la science demande que nous considérions également un élément fondamental du développement scientifique moderne, la technologie. Au XXe siècle, il est apparu très clairement que la science était désormais inséparable de la technologie. Plusieurs

---

15. L. R. Goldberg, « Grades as motivants », *Psychology in the Schools*, no 2, 1965, p. 17-24.

n'hésitent pas à affirmer que ce qui caractérise l'activité scientifique contemporaine est justement la prédominance de la technique : « La science est devenue un moyen de la technique[16]. » On utilise même le néologisme de « technoscience » pour désigner cette intrication des deux domaines. Aujourd'hui, la grande majorité des recherches scientifiques sont menées en vue d'applications techniques immédiates, et même les recherches les plus fondamentales en physique ou en biologie sont toujours justifiées en dernier ressort par leurs retombées.

LA VISION HUMANISTE

Ce mariage avec la technique constitue un point fort du questionnement éthique sur l'activité scientifique. « Alors que la science théorique pouvait se dire pure et innocente, la technoscience, parce qu'elle est essentiellement activité modificatrice et productrice dans le monde, n'est jamais totalement innocente[17]. » Quand la technoscience produit l'arme nucléaire, la pollution de l'atmosphère et la fécondation in vitro, elle pose clairement aux humains des problèmes moraux.

La façon la plus naturelle d'aborder ces problèmes consiste à voir dans la technologie un moyen au service d'objectifs humains. La technologie n'est en elle-même ni bonne ni mauvaise. Ce sont les fins pour lesquelles on l'utilise qui doivent être l'objet d'un jugement moral. Nous sommes ici en présence d'une conception humaniste de la technique qui place cette dernière au service du bien-être de l'humanité. L'être humain est la source des valeurs et la technique est l'instrument de leur réalisation.

Cette vision correspond à la philosophie humaniste classique, exprimée par exemple par Descartes dans un passage célèbre du *Discours de la méthode*, où il appelait les humains à se rendre « maîtres et possesseurs de la nature[18] ». La technoscience a permis l'amélioration des conditions d'hygiène, la baisse de la mortalité infantile, l'accroissement de la population et de l'espérance de vie, une meilleure alimentation, la démocratisation de l'accès aux connaissances. La liste de ses bienfaits est impressionnante. Elle a donné un sens nouveau et concret à la notion d'humanité en ouvrant l'ère des communications et du transport à l'échelle planétaire. Même Marx, dans son idéal communiste d'une société sans classes, voyait dans la technique un élément émancipateur qui permettrait de réaliser concrètement une société juste où tous trouveraient la satisfaction de leurs besoins. C'est l'idéologie du progrès sans fin, l'utopie d'une société où règne un bonheur sans partage.

Remarquons que dans cette conception humaniste, la science conserve sa neutralité fondamentale à l'égard de la morale. Quand une découverte scientifique ou un instrument technique sert des fins mauvaises, c'est que des humains l'utilisent à de mauvaises fins. La réflexion morale devrait donc porter sur la question des fins et des valeurs.

16. Jacques Ellul, *La technique ou l'enjeu du siècle*, Paris, Arman Colin, 1954, p.8.

17. Gilbert Hottois, *Le paradigme bioéthique : Une éthique pour la technoscience*, Montréal, ERPI, 1990, p. 31.

18. René Descartes, *Discours de la méthode*, suivi de *La Dioptrique*, Paris, Gallimard, coll. Folio/Essais, 1991, p. 131.

La technoscience comme fin en soi : l'impératif technicien

Si l'on en croit ce modèle humaniste, les choses se passeraient en gros de la façon suivante. Des chercheurs font des inventions, par exemple l'ordinateur, ou des découvertes, par exemple l'insuline, et ils offrent cet instrument technique à l'humanité, qui décide si elle veut l'utiliser et comment elle veut l'utiliser en fonction de ses buts et de ses valeurs morales. Or nous savons bien que les choses ne se passent pas ainsi. Nous ressentons un malaise devant le développement de la technoscience, et ce malaise tient à ce que nous sentons que le contrôle de ce développement nous échappe.

Il semble y avoir au cœur de l'essor fulgurant de la technoscience un impératif fondamental. Si, pour le savant, la recherche de la connaissance objective est une fin en soi et un but suprême, ne peut-on dire la même chose de l'innovation technique pour la technoscience ? Nous n'avons jamais, en tant que société, consciemment et volontairement choisi de nous engager dans un processus généralisé d'informatisation. Or ce processus paraît maintenant inexorable. Nous devons nous y adapter sans savoir vraiment où il nous entraîne. Il est possible actuellement d'effectuer le développement complet d'embryons de mammifères in vitro, c'est-à-dire à l'extérieur de l'utérus maternel. Nous parviendrons certainement à le faire pour les fœtus humains. Que ferons-nous quand cette technique sera à notre disposition ? Le seul fait de développer cette technique n'est-il pas déjà lourd d'implications morales ?

Il est faux de dire que l'ensemble du progrès technique obéirait à un but conscient déterminé d'avance. L'innovation technique s'immisce dans notre environnement, nous la favorisons de toutes les façons, puis nous nous demandons *après coup* ce vers quoi nous nous dirigeons et de quoi sera fait le monde de demain. Cela, nous ne le savons pas.

Notre monde est donc sous l'emprise de ce que le philosophe Gilbert Hottois appelle « l'impératif technicien » : « Faire tout ce qu'il est possible de faire, réaliser toutes les expériences, développer toutes les potentialités[19]. » Ainsi, le père de la bombe atomique, Edward Teller, écrit : « L'homme technologique doit produire tout ce qui est possible et il doit appliquer la connaissance acquise, sans limites[20]. » C'est bien là le sentiment qui nous vient devant le spectacle du développement technologique actuel. Tout est possible. Et cette constatation exprime tout autant notre fascination que notre peur. Nous avons raison d'avoir peur, car cet impératif est radicalement étranger à toute morale qui, par essence, « invite à ne pas faire tout ce qui est possible, à restreindre librement la liberté, parce qu'il y a de la valeur, du bien et du mal[21] ».

Si l'idée de tout connaître est un but qui ne pose pas *a priori* de problème moral, il en est tout autrement de l'idée de tout faire. Fallait-il inventer les armes nucléaires et chimiques ? Faut-il chercher à éliminer de notre existence tous les handicaps, toutes les tares héréditaires, toutes les imperfections physiques ? Faut-il chercher à repousser

---

19. Gilbert Hottois, « Bioéthique : Du problème des fondements à la question de la régulation », dans Gilbert Hottois et Charles Suzanne (dir.), *Bioéthique et libre-examen*, Bruxelles, Université de Bruxelles, 1990, p. 107.

20. Cité dans Gilbert Hottois, *Le paradigme bioéthique : Une éthique pour la technoscience, op. cit.*, p. 125.

21. Gilbert Hottois, « Bioéthique : Du problème des fondements à la question de la régulation », dans Gilbert Hottois et Charles Suzanne (dir.), *op. cit.*, p. 107.

Des enfants de la thalidomide : les dangers de l'impératif technicien.

toutes les limites de la nature, à prolonger la vie jusqu'à la dernière extrémité, à sauver des fœtus prématurés de vingt-quatre semaines, à embellir les seins des femmes avec des implants en silicone ? Fallait-il introduire des colorants artificiels dans nos aliments ? Les exploits techniques nous emballent et nous fascinent. Nous savons pourtant qu'ils s'accompagnent inévitablement d'effets pervers et de conséquences indésirables. Pensons à ces bébés de la thalidomide, nés difformes parce que leurs mères avaient pris pendant leur grossesse un sédatif jugé bénin. Pensons encore à l'effet destructeur sur la couche d'ozone de l'atmosphère de ces fameux gaz CFC inventés en 1928 et utilisés massivement pendant une trentaine d'années dans les réfrigérateurs et les bombes aérosol.

Il est évident qu'en plus de la passion de la découverte et de l'innovation qui anime tout ce développement, il y a un système économique qui le stimule, l'appelle et rend possible sa réalisation concrète. C'est pour élever son niveau de productivité que l'industrie de la viande bourre le bétail et la volaille d'antibiotiques et d'hormones de croissance, dont on commence à soupçonner qu'ils provoquent peut-être la précocité de la puberté chez les fillettes et un affaiblissement du système immunitaire chez les consommateurs de viande. Les nouveaux produits et les nouvelles technologies sont l'un des meilleurs atouts de l'entreprise sur le marché. Il y aura toujours quelque part un acheteur pour une innovation, fût-elle une bombe à neutrons ou une technique qui facilite le changement de sexe.

EXERCICE 2

LE SAVANT ET LA GUERRE

L'idée que la technoscience est fondamentalement neutre sur le plan moral est facilement contestable lorsqu'on examine la responsabilité des scientifiques dans la course aux armements et la guerre. Qui oserait affirmer que la participation à des recherches sur des armes de destruction n'a pas d'incidence morale ? On peut prendre l'exemple des savants qui travaillent à mettre au point de terribles armes chimiques et bactériologiques ou des mines antipersonnel. Par exemple, entre 1931 et 1940, des scientifiques japonais ont mené en Chine des expérimentations pour tester leurs armes bactériologiques. Plus de 3 000 personnes sont mortes dans des conditions atroces à cause de ces recherches. Quant aux mines antipersonnel, on estime qu'elles tuent chaque mois dans le monde 800 personnes, dont la très grande majorité sont des civils. Les blessures très graves qu'elles occasionnent entraînent fréquemment une amputation. De grandes régions de pays comme le Cambodge, l'Afghanistan ou la Bosnie sont devenues pratiquement inhabitables à cause de ces mines.

La guerre est une monstruosité contre laquelle il est tentant de prononcer une condamnation morale absolue. Mais il est troublant de constater que même un ardent pacifiste comme le célèbre savant Albert Einstein admit que la guerre était nécessaire pour répondre à la menace que faisait peser l'Allemagne nazie sur le monde libre. Einstein usa même de son influence pendant la Deuxième Guerre mondiale en écrivant une lettre au président Roosevelt pour l'inciter à aller de l'avant dans la production de la bombe atomique. Einstein prit cette initiative parce qu'il était convaincu que les Allemands s'étaient déjà engagés dans la même entreprise et qu'il redoutait qu'ils puissent ainsi en tirer un avantage insurmontable.

Cette problématique nous amène à une vision plus nuancée du problème, qui fait appel à une distinction entre guerre juste et guerre injuste. Une guerre pourrait être considérée comme juste si elle ne fait que répondre à une agression ou si elle vise à neutraliser de manière préventive un projet d'agression. Dans le même esprit, on pourrait justifier moralement la course aux armements les plus perfectionnés par le fait qu'elle a pour but de dissuader des agresseurs potentiels de se lancer dans une campagne militaire. Mais nous savons bien que ces distinctions sont douteuses et que l'esprit patriotique et les intérêts économiques peuvent influer grandement sur l'évaluation de la moralité d'une action militaire ou d'une participation au commerce des armes.

Pour le savant qui contribue à la recherche militaire, la question est fort complexe. Le savant peut toujours arguer que ce n'est pas lui qui prendra la décision d'utiliser l'engin de destruction qu'il a contribué à mettre au point. Il peut soutenir qu'il n'a pas réellement de pouvoir d'intervention dans la conduite de la guerre. Le pouvoir de décision est entre les mains de ses supérieurs militaires et des chefs politiques auxquels il revient de déterminer la légitimité morale de leurs décisions. Par exemple, Albert Einstein éprouva une grande culpabilité lorsque les Américains larguèrent leurs bombes atomiques sur les villes japonaises de Hiroshima et de Nagasaki en 1945. Il n'était pas d'accord avec cette action. Il savait qu'il avait contribué d'une manière indirecte au développement de la bombe, mais il n'avait plus désormais aucune prise sur son utilisation. Sa contribution ne l'empêcha pas cependant de participer à plusieurs campagnes publiques en faveur de la paix jusqu'à sa mort en 1955. Bien sûr, Einstein aurait pu se dire, comme bien d'autres, qu'avec ou sans son concours, la bombe atomique aurait vu le jour de toute façon et que le refus d'un savant de participer à une recherche militaire est sans conséquence, puisqu'il y en a toujours d'autres qui sont prêts à faire le travail à sa place[22].

Il faut bien admettre que la recherche militaire ne manque pas d'attraits pour le savant. Elle lui propose des défis passionnants et met souvent à sa disposition des conditions et des budgets de recherche incomparables. Par exemple, en 1983, le président américain Ronald Reagan appela les scientifiques américains à relever un grand défi, celui de délivrer le peuple américain de la crainte d'une attaque nucléaire. Il lança ainsi un programme de recherche militaire extrêmement ambitieux, l'Initiative de

---

22. Sur toute cette affaire, on peut consulter les articles de François de Closets, « Albert Einstein : La tragédie de l'homme », *Sciences et Avenir*, avril 1979, p. 92-100, et de Michel Paty, « Einstein et l'arme atomique : La responsabilité des scientifiques », *La Pensée*, mars-avril 1986, p. 51-62.

défense stratégique (IDS), également baptisé la « Guerre des étoiles », en raison de ses allures futuristes. Le projet visait à développer un système d'interception et de destruction des missiles balistiques ennemis basé sur l'utilisation de lasers à rayons nucléaires, de faisceaux de particules, de projectiles téléguidés tirés par des pistolets électromagnétiques, le tout sous le contrôle d'un système informatique central. Pour les savants, ce projet était une véritable mine d'or. Mais il suscita très vite beaucoup d'opposition sur le plan politique et dans le milieu scientifique. Il fut finalement abandonné en 1991. Par exemple, le système confiait à des ordinateurs le contrôle de toutes les opérations. Or, des informaticiens firent valoir qu'il était impossible d'assurer la fiabilité absolue d'un tel système totalement automatisé en raison de la complexité des calculs à effectuer. Des erreurs aux conséquences tragiques resteraient toujours possibles. L'un d'eux, David Lorge Parnas, défendit ce point de vue devant des groupes de travail de l'IDS. Il raconte ceci : « Après avoir présenté les conclusions que je viens d'exposer, j'ai sollicité l'avis d'autres scientifiques et n'en trouvai aucun qui était en désaccord avec mes conclusions techniques. Toutefois, ils me dirent que le programme devait être poursuivi, non pas parce qu'il nous délivrerait de la peur des armes nucléaires, mais parce que les fonds de recherche contribueraient grandement à l'avancement de la science informatique[23] ! »

Soulignons en terminant que le dernier président américain, George W. Bush, a donné à la relance de la « Guerre des étoiles » une place importante dans son programme politique. Mais sa mise en œuvre demeure retardée par des difficultés techniques.

QUESTIONS

1. Quelle théorie éthique, parmi toutes celles que nous avons étudiées, permettrait de condamner radicalement toute guerre et toute participation à une guerre ? Justifiez votre réponse.

2. Trouvez dans le texte qui précède les propos qui s'apparentent à un point de vue UTILITARISTE sur la question de la moralité de la guerre et sur l'engagement des scientifiques dans la recherche militaire. Quel genre de position générale sur ces questions pouvez-vous dégager de la perspective utilitariste ?

3. Trouvez dans le texte qui précède des passages qui illustrent ce que devrait être le comportement d'un savant inspiré par les principes de la RESPONSABILITÉ PROSPECTIVE telle que la définit HANS JONAS.

4. Imaginez que vous êtes chercheur ou technicien et que le ministère de la Défense de votre pays vous offre des conditions de rêve pour vous et votre famille si vous acceptez de participer à des recherches sur des armes chimiques ou de travailler dans une usine de fabrication de ces armes. Accepteriez-vous de le faire ? Quels valeurs ou principes invoqueriez-vous pour justifier votre acceptation ou votre refus ?

---

23. David Lorge Parnas, « Professional Responsibility to Blow the Whistle on SDI », dans M. D. Ermann et coll., *Computers, Ethics, and Society*, Oxford, Oxford University Press, 1990, p. 364.

JUSQU'OÙ FAUT-IL CONTRÔLER LA TECHNOSCIENCE?

Avec la fascination à l'égard de la technique viennent aussi la peur et la méfiance. L'environnement, la santé physique et mentale des individus et les relations humaines en général sont menacés par l'innovation technique. De nombreux groupes font actuellement pression sur les gouvernements pour que ceux-ci exercent un meilleur contrôle sur le développement de la technique. La charge de la preuve tend de plus en plus à s'inverser. L'innocence de la technique n'est plus présumée. On exige que les nouveaux produits et les nouvelles techniques soient testés et que leur sûreté soit démontrée avant leur mise en marché. Mais cela n'empêche pas que beaucoup de médicaments sont encore lancés prématurément sur le marché sans que leur innocuité à long terme ait été prouvée de façon irréfutable. Il existe de fortes résistances dans le camp de l'industrie et chez les scientifiques eux-mêmes.

UN MILIEU SCIENTIFIQUE DIVISÉ

De nombreux scientifiques sont de prime abord réfractaires à toute forme de contrôle de la recherche. Leur argumentation repose sur le principe de la liberté de la recherche. Avant la grande conférence sur l'environnement tenue à Rio de Janeiro en 1992, un groupe de savants de renom avaient formulé une défense farouche de cette liberté et un acte de foi dans le progrès scientifique et technologique, qu'ils ont intitulé « l'appel d'Heidelberg ». Ils s'inquiétaient du fait que les écologistes réussissent à convaincre les gouvernements d'imposer de sévères contraintes au développement technologique : « Nous nous inquiétons d'assister, à l'aube du vingt et unième siècle, à l'émergence d'une idéologie irrationnelle qui s'oppose au progrès scientifique et industriel et nuit au développement économique et social[24]. » Ces scientifiques proposent la rationalité scientifique comme solution à tous nos maux. Ils considèrent que les critères scientifiques doivent prévaloir dans l'organisation de toutes choses. La solution aux problèmes engendrés par les nouvelles techniques, c'est la technique elle-même. C'est toujours plus de technique. Nous corrigerons les effets de la pollution par des techniques d'antipollution et l'épuisement des ressources naturelles par l'invention de nouvelles techniques de production agricole ou la fabrication de nouvelles espèces végétales et animales plus productives. Mais il n'est surtout pas question d'arrêter le progrès.

Cet optimisme à tout crin est cependant loin d'être partagé par tout le milieu scientifique. Ainsi, plusieurs scientifiques ont pris l'initiative de sonner l'alarme devant certaines dérives de l'innovation technologique. Paul Berg, de l'Université Stanford, a proposé en 1974 un moratoire sur certains types de manipulations génétiques, notamment celles qui comportaient la combinaison de gènes animaux avec des bactéries dans le but de créer de nouvelles formes de vie. Le médecin français Jacques Testart a dénoncé l'aveuglement avec lequel la technologie biomédicale se lançait dans

---

24. Cité dans François Ost, *La nature hors la loi*, Paris, La Découverte, 1995, p. 191-192.

Le médecin Jacques Testart, détracteur des nouvelles technologies dans les domaines de la procréation assistée et de la génétique.

l'expérimentation des techniques de procréation assistée ou dans les manipulations génétiques. L'écologiste Brewster Kneen s'est fait le critique de l'industrie de la biotechnologie, qui est à l'origine de l'apparition des organismes génétiquement modifiés (OGM) dans notre alimentation. Enfin, en 1988, un groupe de savants publiait une déclaration qui rétrospectivement apparaît comme étant aux antipodes de l'appel d'Heidelberg :

> La recherche, qu'elle soit dite « fondamentale » ou « appliquée », est orientée par des choix économiques, sociaux, sanitaires ou militaires. Le chercheur ne peut ignorer cette orientation et la société est en droit de la juger. Fonctionnant sur un mode réductionniste, en ignorant toute autre forme de connaissance et de vérité, la science entre en conflit avec la nature, la culture et les personnes. Ainsi, sauf à être contrôlée et maîtrisée, elle fait courir des risques graves à l'environnement, aux peuples et aux individus[25].

Ce texte met en lumière le fait que la technoscience n'est pas neutre et qu'il faut examiner les valeurs et les buts qui orientent son développement. La science, en elle-même, ne définit pas les fins du progrès technique. Mais, en tant que citoyen et en tant qu'être humain, le savant a une responsabilité fondamentale à cet égard.

Il serait absurde et illusoire de vouloir arrêter brutalement tout le progrès technologique. Il est difficile en effet de nier les effets bénéfiques et la contribution extraordinaire de la technoscience au développement de l'humanité. Mais nous sentons bien que sur certains points névralgiques ce progrès représente une menace pour l'être humain.

La voie moyenne : la régulation

Il serait sans doute extrêmement difficile d'effectuer un calcul utilitariste objectif de l'ensemble des avantages et des désavantages du progrès de la technoscience. Tant les partisans que les détracteurs du développement technologique pourraient multiplier les exemples d'applications heureuses ou malheureuses et se livrer aux prévisions à long terme les plus contradictoires. Il semble tout aussi irréaliste de vouloir arrêter l'avancement de la recherche dans ce domaine que de vouloir interdire certains types de recherches, comme celles portant sur les manipulations génétiques ou les drogues psychotropes, puisqu'on bloquerait ainsi des perspectives qui pourraient devenir un jour des solutions pour nous-mêmes ou pour les générations futures. Il serait illusoire et présomptueux de notre part de nous poser en juges du futur de nos descendants. S'il y a une chose que nous pouvons apprendre des changements actuels, c'est bien l'imprévisibilité de l'avenir de l'humanité. En même temps, il n'est pas impossible que certaines percées techniques entraînent l'irréparable ou s'annoncent si dangereuses que l'humanité entière établisse un consensus sur leur interdiction totale.

---

25. *Ibid.*, p. 192.

Il semble évident que la prudence est de mise dans beaucoup de secteurs et qu'il faut s'entendre sur une forme de régulation institutionnelle. Laissé à lui-même, le milieu scientifique ne semble pas capable de régler sa propre activité et de rassurer la population sur la moralité de ses recherches. La population est ainsi amenée à demander au gouvernement d'intervenir pour surveiller et contrôler ses activités en fonction de l'intérêt public. Ainsi, aux États-Unis, malgré une grande résistance des milieux scientifiques, certains États ont réussi à imposer un certain nombre de règles, notamment sur l'introduction de nouveaux médicaments, les normes de sécurité des produits, la protection de l'environnement, etc. De plus, plusieurs pays ont adopté des lois interdisant le clonage humain ou l'expérimentation sur les embryons.

EXERCICE 3

LES ORGANISMES GÉNÉTIQUEMENT MODIFIÉS OU OGM

L'un des dossiers éthiques les plus controversés des dernières années est celui de la technologie des organismes génétiquement modifiés, ou OGM. Les OGM ont suscité un débat à la fois virulent et fortement médiatisé. Ce débat est intéressant, car il divise le milieu scientifique en deux camps antagonistes et illustre parfaitement les deux perspectives qui s'opposent dans la plupart des problématiques éthiques reliées à la technoscience.

Rappelons que la technologie des OGM consiste à introduire dans certaines espèces végétales des gènes étrangers qui leur confèrent des propriétés désirables, telles que la tolérance aux herbicides ou la capacité de fabriquer elles-mêmes leur propre insecticide. Les espèces ciblées sont le maïs, le blé, le colza, la betterave, le canola, la pomme de terre et le soja. Cette technologie était utilisée sur 7 % des terres cultivées dans le monde en 2006. Elle s'est rapidement répandue dans l'industrie alimentaire de pays comme le Canada, les États-Unis ou l'Argentine, alors qu'elle a provoqué une levée de boucliers en Europe et au Japon. Elle s'est également beaucoup répandue au Québec dans la dernière décennie. Une bonne partie de la production du maïs, du soja et du canola y est maintenant faite à partir d'OGM. C'est principalement l'économie de pesticides qui rend les OGM attrayants pour les agriculteurs. Le problème est que cette pratique risque de se retourner contre l'industrie québécoise, car plusieurs pays refusent d'importer des aliments transgéniques. Voici d'abord les principaux arguments en faveur de cette technologie.

Tout d'abord, les défenseurs de la technologie des OGM soulignent que ceux-ci ne sont pas fondamentalement différents des variétés naturelles. Les modifications qu'on y apporte sont infimes. La transformation génétique des plantes est d'ailleurs loin de constituer une nouveauté. Depuis 10 000 ans, l'agriculture humaine n'a cessé de progresser par le truchement de croisements volontaires ou accidentels entre variétés de la même espèce ou entre espèces apparentées. Le blé, par exemple, n'est pas une plante qui pousse à l'état sauvage. Il est le résultat du croisement accidentel de trois plantes sauvages. Tous les vignobles d'Europe sont composés de vignes croisées avec des variétés américaines résistantes à un fameux puceron, le phylloxéra, qui menaçait de les anéantir au XIXe siècle. Toute vie sur terre est le fruit d'un incessant processus de mutation génétique. Un défenseur des OGM écrit: «Nous sommes tous des OGM[26].»

Ensuite, les OGM ont une incidence favorable sur la santé, car ils réduisent l'utilisation des insecticides artificiels. Ils accroissent également l'efficacité des herbicides et procurent d'importants gains de productivité pour l'industrie. Ils permettent par ailleurs d'envisager de nombreuses autres applications intéressantes, dont plusieurs sont déjà amorcées: un accroissement de la résistance au gel ou de la richesse vitaminique des plantes, une production de fibres plastiques par les plantes, l'élimination de protéines allergènes de certains aliments comme le riz (des millions d'Asiatiques souffrent d'allergies au riz) et la production d'un fil de soie plus résistant qu'un fil d'acier à partir du lait de chèvre.

Enfin, les OGM sont cultivés à grande échelle depuis environ 1990 en Amérique et sont commercialisés depuis 1994. Il faut au moins dix ans d'études préalables pour lancer un OGM sur le marché, ce qui laisse amplement le temps d'observer ses effets. Les OGM ont aussi été consommés de façon massive par les animaux d'élevage, en particulier par les porcs, dont le métabolisme est très semblable à celui des humains, sans effet notable sur leur santé. Trois cents millions d'humains en consomment actuellement dans le monde, apparemment sans problème.

Voici maintenant les principaux arguments des opposants aux OGM (quelques contre-arguments des partisans des OGM sont aussi insérés en italique).

Tout d'abord, aucune étude sérieuse n'a été menée sur les effets à long terme de l'ingestion d'OGM. Bien qu'il n'y ait pas d'effets immédiats véritablement alarmants, rappelons qu'il a fallu des décennies pour que l'on découvre la toxicité du tabac, les effets cancérigènes de la respiration des poussières d'amiante ou, mieux encore, la toxicité de pesticides comme le DDT, retiré du marché depuis plusieurs années. Les gènes étrangers introduits dans les plantes peuvent interagir avec les autres gènes de manière imprévisible. Des expériences récentes menées sur des animaux avec du soja et des pois génétiquement modifiés ont révélé l'apparition de réactions allergiques, ce qui a forcé l'interruption du développement de ces OGM.

Ensuite, les insecticides sécrétés par les plantes elles-mêmes sont présents dans les plantes en dose beaucoup plus grandes que les insecticides artificiels habituellement utilisés. Contrairement à ceux-ci, ils ne partent pas quand on lave les plantes, puisqu'ils sont présents dans les plantes elles-mêmes. Ces insecticides sont par la suite consommés par les humains et par les animaux d'élevage. *Ici, les partisans des OGM affirment que les insecticides sécrétés par les plantes elles-mêmes sont plus faciles à digérer et à éliminer que les pesticides artificiels, carrément indigérables.* De plus, cette production interne d'insecticide crée les conditions d'apparition de «super insectes» mutants, résistants à la toxine sécrétée par les plantes.

Comme bon nombre de plantes cultivées, telles que la tomate, le blé ou le maïs, les plantes génétiquement modifiées ne poussent pas à l'état sauvage. Il n'y a donc pas à craindre qu'elles se répandent de façon incontrôlée dans la nature.

---

26. Gérard Millette, «OGM: Méfions-nous de l'épouvantail médiatique», *La Presse*, 11 janvier 2000, p. B3.

Toutefois, quelques risques existent dans le cas de certaines variétés comme la betterave ou le colza, qui pourraient transmettre à d'autres plantes, par pollinisation, leurs propriétés de résistance aux herbicides. Un tel phénomène obligerait les agriculteurs à avoir recours à de nouveaux herbicides, encore plus puissants et dangereux pour l'environnement. *Les partisans de la technologie des OGM répliquent à ce sujet qu'il est possible de contrer la transmission des propriétés de résistance aux herbicides par une autre modification génétique qui empêcherait les plantes de se reproduire.*

Enfin, il est vrai que les modifications génétiques et transgéniques (par échange de gènes entre espèces) sont des processus naturels. Mais il y a un monde entre des processus naturels qui s'échelonnent sur des millions d'années ou même des expériences de croisements d'espèces étalées sur des siècles et des modifications génétiques comme celles des OGM introduites en l'espace d'une dizaine d'années. C'est justement cette accélération foudroyante du changement qui pose problème. Les risques à long terme de l'introduction des OGM dans l'alimentation sont trop grands, d'autant plus que les avantages présumés des OGM (meilleur rendement, moindre usage de pesticides) sont loin d'être démontrés. Il n'y a aucune véritable urgence à utiliser les OGM. Le recours à cette technologie n'obéit qu'à un seul véritable impératif, celui de réduire les coûts de production et d'augmenter les profits des multinationales de l'alimentation.

Une autre controverse concerne l'étiquetage des denrées contenant des OGM. Les opposants aux OGM réclament des autorités publiques qu'elles rendent obligatoire l'étiquetage de ces produits, en invoquant le droit du consommateur d'être informé et de faire un choix éclairé. Notons que l'Union européenne a rendu l'étiquetage des OGM obligatoire dès 1997, mais il ne l'est toujours pas au Canada.

Ajoutons en terminant que les deux camps se renvoient le fardeau de la preuve dans toute cette affaire. Les opposants aux OGM invoquent le *principe de précaution*: il faut produire des preuves concluantes de l'innocuité d'un produit avant de le commercialiser. Le camp adverse s'en remet quant à lui à un *principe de vigilance*: en l'absence de risque majeur appréhendé, il faut suivre pas à pas et avec attention l'enchaînement des effets d'une innovation technique; un minimum de précautions élémentaires suffit et tant qu'il n'y a pas d'indices sérieux de nocivité on peut commercialiser l'innovation[27].

QUESTIONS

1. Quelle théorie éthique invoqueriez-vous pour justifier votre position si vous étiez dans le camp des défenseurs de la technologie des OGM? Développez votre argumentation.

2. Quelle théorie éthique invoqueriez-vous pour justifier votre position si vous étiez dans le camp des opposants à la technologie des OGM? Développez votre argumentation.

3. Quelle est votre opinion personnelle sur tout ce débat?

---

27. Voici quelques références intéressantes au sujet des OGM: Henri Kempf, *La guerre secrète des OGM*, Paris, Points, 2007; Gilles-Éric Seralini, *Ces OGM qui changent le monde*, Paris, Flammarion, 2004.

LES NOUVELLES TECHNOLOGIES DE L'INFORMATION ET DE LA COMMUNICATION

Pour illustrer l'orientation actuelle que prend la réflexion éthique sur la techno-science, nous allons maintenant explorer un de ses domaines d'application les plus dynamiques, celui des nouvelles technologies de l'information et de la communication. Nous assistons actuellement à un processus que rien ne paraît devoir arrêter, celui de l'informatisation de l'ensemble des activités sociales. Les applications de la technologie informatique pénètrent toutes les sphères de la société. Il est évident que cette invasion de l'informatique est un phénomène irréversible et qu'elle aura à longue échéance un effet encore difficile à évaluer.

Que nous promettent les nouvelles technologies de l'information et de la communication, un enrichissement ou un appauvrissement de l'être humain ?

Il y a à peine vingt ans, personne ne prévoyait la rapidité des changements que nous traversons actuellement. Aujourd'hui, les avis sont très partagés quant aux conséquences de ces transformations sur la société :

> Les promoteurs des technologies de l'information y voient le siège de la liberté, par la fin du labeur pénible et grâce au robot, par le temps libre gagné, l'autonomie spatiale, l'ubiquité que confèrent l'ordinateur portable et le téléphone sans fil. Ils y voient la promotion de l'intelligence, grâce notamment à l'accès encyclopédique au savoir que peuvent emmagasiner les grands ordinateurs et la diffusion qu'ils autorisent. Un gage d'immortalité, car l'ordinateur promet la mémoire collective éternelle. C'est un instrument d'égalité, le progrès devient accessible à tous sans obstacles pécuniaires ou culturels. Il amène un monde de convivialité, par le rétablissement de la communication humaine, y compris à l'échelle planétaire, grâce aux réseaux et messageries. Et d'abondance, c'est la technologie de sortie de crise, un pôle de croissance, une industrie non polluante, économe en énergie. Il promet le développement des sociétés du tiers-monde.

Les sceptiques ne lui associent que des horreurs, comme l'esclavage, par la dictature télématique de Big Brother, la bureaucratie assistée par ordinateur, l'impérialisme militaire, l'homme au service du robot ; l'inculture, la fin de l'écrit, une baisse du niveau intellectuel et de la création artistique grâce aux images de synthèse ; l'insécurité due aux défaillances de l'ordinateur, le viol de la vie privée ; l'injustice, car il existe une inégalité économique et culturelle d'accès aux technologies ; un vide social, car l'écran supprime le face-à-face, refoule l'irrationnel, isole le travailleur devant sa machine ; une crise de l'Occident, par l'aggravation du chômage, la crise des valeurs ; et la dévastation du tiers-monde, par la croissance de la division internationale du travail, la fin de la diversité culturelle par la standardisation et à cause du fossé technologique qui risque de s'établir[28].

On voit que les implications du développement de ces nouvelles technologies sont très vastes. Nous nous contenterons ici d'en signaler quelques-unes.

---

28. Michel Venne, *Vie privée et démocratie à l'ère de l'informatique*, Québec, Institut québécois de recherche sur la culture, 1994, p. 12-13.

LE FICHAGE: CONFIDENTIALITÉ ET VIE PRIVÉE

La création de fichiers de renseignements personnels est l'une des applications les plus communes des outils informatiques. L'État est un leader en ce domaine. Tous les ministères se dotent de banques de données contenant des informations de nature économique, sociale, culturelle, démographique, médicale ou génétique. L'informatisation des fichiers de renseignements a de multiples avantages. Elle permet une gestion plus efficace des services, une meilleure connaissance des besoins, une réduction des coûts administratifs, mais elle facilite aussi l'application des mesures de contrôle et la chasse aux fraudeurs. Cette opération permet à l'État d'accumuler une énorme quantité d'informations sur les individus fichés et d'en faciliter l'accès et la manipulation. Évidemment, il y a lieu de craindre des abus et des violations de certains DROITS FONDAMENTAUX NÉGATIFS, comme les droits à la vie privée, à l'égalité ou à la sécurité. Par exemple, les fonctionnaires pourraient fouiller à loisir la vie privée des contribuables pour débusquer les fraudeurs en couplant des renseignements d'ordres divers. Vous avez déjà eu des problèmes de santé mentale, vous avez déjà fait faillite, vous avez bénéficié de l'aide sociale pendant plusieurs années, vous souffrez d'une maladie chronique grave, vous avez divorcé à deux reprises, vous avez déjà été traité pour des problèmes d'alcoolisme? Toutes ces données sont enregistrées quelque part. Ce sont des renseignements personnels qui peuvent ensuite être traités et corroborés par des procédés d'analyse automatisés.

La perspective de voir ainsi l'individu être réduit à une sorte de double informatisé dont les données seront ensuite manipulées par l'appareil bureaucratique suscite beaucoup d'inquiétude. Une telle opération ouvre la porte à l'injustice et à la discrimination, surtout que les données les plus sensibles touchent bien davantage les personnes les plus démunies et les plus défavorisées de la société. Il peut suffire qu'un individu ait un profil qui s'apparente à celui d'un fraudeur pour que la machine administrative le place sous surveillance ou même le déclare coupable sans autre examen. Ce sera ensuite à l'individu de se battre contre cette machine pour faire valoir ses droits. On peut penser ici à l'exemple de cette dame déclarée morte par la Régie de l'assurance-maladie, qui dut se battre pendant des mois pour faire admettre qu'elle était bien vivante! On sait également que des personnes à la recherche d'un emploi, qui craignent les effets de ce fichage informatique, paient comptant leurs consultations chez le psychiatre pour éviter que d'éventuels employeurs en retrouvent la trace dans le fichier de l'assurance-maladie. Mais un tel stratagème n'est justement pas à la portée de tout le monde!

Par ailleurs, les mesures de sécurité nécessaires pour protéger la confidentialité des renseignements personnels laissent grandement à désirer:

> Si le citoyen est fiché, il doit s'attendre à ce que le caractère confidentiel des renseignements personnels qu'il fournit de bonne foi soit protégé. Or, malgré les promesses de confidentialité, les fichiers gouvernementaux sont des paniers percés. Leur sécurité est mal assurée, les responsables sont négligents, de nombreuses personnes non autorisées ont accès aux informations, des fonctionnaires participent au marché noir des renseignements personnels et vendent ou échangent des informations à des détectives privés. Quand ce ne sont pas de petits futés, pirates du *cyberespace*, qui percent les systèmes pour jeter un œil sur vos secrets[29].

---

29. Michel Venne, *op. cit.*, 1994, p. 35.

Plusieurs incidents malheureux ont montré que le ton alarmiste de ce texte était tout à fait justifié. Qu'il suffise de rappeler les visites illégales des bases de données de la Société de l'assurance automobile du Québec (SAAQ) par des personnes qui étaient à la solde des gangs de motards. Cette intrusion a conduit à de multiples meurtres et attentats, comme celui dont a été victime le journaliste Michel Auger.

Les entreprises privées, les compagnies d'assurances, les agences de crédit ont elles aussi des fichiers informatisés sur leurs clients, et ceux-ci n'ont aucun contrôle sur l'utilisation qui est faite de ces renseignements personnels. On craint beaucoup, par exemple, l'usage que les compagnies d'assurances et les employeurs peuvent faire des données sur le profil génétique ou du dossier médical des personnes. Des portes se fermeront devant vous et vous essuierez peut-être des refus inexplicables à vos demandes d'emploi à cause d'un dossier négatif qui circule à votre insu dans certaines banques de données. Au contraire, vous serez peut-être l'objet de toutes sortes de sollicitations commerciales indésirables, comme ces parents de nouveau-nés qui reçoivent à leur grande surprise des offres de service de studios de photographie ou de compagnies d'assurances.

Internet

L'explosion récente du développement des communications par ordinateur soulève également un certain nombre de problèmes importants[30]. Plusieurs observateurs voient dans des systèmes comme Internet le moteur d'une véritable révolution sociale. On célèbre ces systèmes de communication ouverts et flexibles par lesquels les individus du monde entier échangent librement des informations, se libérant ainsi du monopole de l'information exercé par les gouvernements et les grandes entreprises. On parle à ce propos d'une véritable démocratisation du savoir et d'un foisonnement sans précédent d'idées créatrices. Internet n'est pas centralisé et hiérarchique, mais incarne plutôt l'esprit universaliste de l'égalité de tous. Tous y ont droit de parole et de réplique dans un climat de libre discussion. Les frontières nationales, régionales et institutionnelles s'en trouvent abolies.

Mais la liberté extraordinaire qui règne dans ces systèmes de communication a son envers. L'ouverture et la liberté des communications peuvent mettre en danger le respect de la vie privée et le caractère confidentiel de l'information. On peut certes utiliser des systèmes cryptographiques pour traduire les messages dans un code chiffré inintelligible. Mais il y a un autre problème. Nous savons qu'Internet est utilisé à toutes sortes de fins que l'on peut condamner moralement : la propagande raciste, la prostitution juvénile, la pornographie, les fraudes financières, le piratage de logiciels, la diffusion d'informations dangereuses sur l'armement ou la fabrication d'explosifs, etc. Ce genre d'écarts a suscité des revendications en faveur de diverses formes de censure ou de contrôle par l'État. De telles interventions mettent évidemment en

---

30. Sur cette question, on pourra se rapporter à Pierre Lévy, *Les technologies de l'intelligence*, Paris, Seuil, coll. Points sciences, 1993, et *id.*, *L'intelligence collective : Pour une anthropologie du cyberespace*, Paris, La Découverte, 1994 ; voir aussi Michel Venne, *Ces fascinantes inforoutes*, Québec, Institut québécois de recherche sur la culture, 1995, et le dossier « Nouvelles technologies, mythes et réalités », paru dans *Sciences humaines*, mars 1996, p. 14-31.

cause les DROITS FONDAMENTAUX à la liberté d'expression et d'opinion, et un large mouvement d'opinion s'y oppose avec véhémence, car on considère que la liberté d'expression est l'essence même d'Internet.

Par ailleurs, la libre circulation et l'échange des idées facilitent le vol d'idées et le plagiat. Il est difficile de faire respecter les normes sur la propriété intellectuelle ou les droits d'auteur dans un système aussi anarchique et incontrôlable. Nous sommes donc en présence d'un phénomène qui met en conflit plusieurs droits fondamentaux différents, à savoir d'une part le droit à la vie privée et le droit à la liberté d'expression, et d'autre part le droit à la sécurité et le droit à la propriété. Nous avons vu au chapitre 7 combien il est difficile d'établir une hiérarchie claire entre plusieurs droits fondamentaux différents. Nous en avons un bel exemple ici.

EXERCICE 4

LE PIRATAGE MUSICAL SUR INTERNET

À la fin des années 1990, Internet a commencé à être le théâtre d'une nouvelle pratique qui a eu l'effet d'une bombe. Il s'agissait d'une technologie permettant de télécharger gratuitement des fichiers musicaux par l'intermédiaire de sites comme Napster ou MP3.com. Cette pratique a été rendue possible par l'invention d'un nouveau format de compression des sons appelé MP3. Le site MP3.com offrait à ses visiteurs une liste de fichiers à télécharger, alors que celui de Napster, créé par un petit génie de 18 ans, Shawn Fanning, permettait aux internautes d'échanger entre eux leurs fichiers musicaux. Le site Napster aurait été visité plus de 25 millions de fois en un an, ce qui témoigne clairement de son immense et fulgurante popularité. On dit que le terme MP3 aurait remplacé « sex » comme mot le plus utilisé dans les moteurs de recherche sur Internet! Cette innovation fut donc accueillie comme une bénédiction par un grand nombre d'amateurs de musique. Pour d'autres, au contraire, il s'agissait d'une activité de piratage inacceptable.

L'argument principal des adversaires de ce copiage gratuit de fichiers musicaux est que cette pratique viole la loi sur les droits d'auteur. Cette pratique porte atteinte au droit de propriété de l'artiste sur son œuvre ainsi qu'au droit de contrôle des compagnies de disques sur la diffusion de leurs produits. Elle menace toute l'industrie du disque, car elle risque d'entraîner des pertes de revenus importantes pour les maisons de production et pour les artistes. Les dernières années ont effectivement été marquées par une diminution importante des ventes de CD.

Le téléchargement gratuit trouve cependant son lot de défenseurs. Ceux-ci font valoir que le fonctionnement des sites d'échange est fondé sur un bel idéal moral, celui d'une communauté d'internautes adhérant

Le baladeur numérique : une révolution pour l'industrie de la musique.

à un système de partage volontaire et d'échange gratuit. En effet, tout internaute qui veut accéder à ces sites doit donner son autorisation pour que le système puisse explorer son propre disque dur et communiquer la liste des fichiers MP3 dont il dispose. C'est une sorte de retour à une économie de troc. Les utilisateurs sont généralement des jeunes peu fortunés qui, de toute manière, n'auraient pas acheté le disque copié. D'autres défenseurs de la gratuité font cependant valoir que le copiage de quelques spécimens de la production d'un artiste peut donner à celui ou celle qui en use le goût de se procurer ensuite certains de ses disques. Il faut admettre qu'il y a une certaine contradiction entre ces deux affirmations (à moins que l'on suppose que l'on ne parle pas ici des mêmes personnes).

S'il est clair que nous assistons actuellement à une diminution des ventes de CD, il reste difficile cependant de chiffrer la part de cette diminution attribuable au piratage, car d'autres facteurs interviennent, dont l'avènement d'une panoplie de jeux et de modes de divertissements électroniques qui occupent une part grandissante des loisirs des jeunes. Le piratage persiste encore cependant et il ne semble pas que les nombreuses campagnes publicitaires visant à le décourager aient un grand effet sur les jeunes, qui ne semblent pas y voir de problème moral. Les nouveaux réseaux « peer-to-peer » ainsi que l'emploi de connexions à haut débit pourraient même le rendre encore plus facile et attrayant, en particulier dans des marchés émergents comme ceux de la Chine et de la Russie où fleurit déjà une culture de la contrefaçon. Selon les résultats d'une enquête menée auprès des étudiants de l'Université Laval, 55 % des répondants ne ressentaient aucune culpabilité lorsqu'ils téléchargeaient des fichiers MP3. Cependant, il est intéressant de souligner que la baisse des ventes de CD au Québec touche beaucoup moins les artistes québécois, comme si les jeunes éprouvaient une plus grande réticence à pirater les œuvres de leurs compatriotes.

Pour les jeunes artistes peu connus, particulièrement ceux qui habitent loin des grands centres urbains, les sites d'échange sont un moyen de se faire connaître et d'élargir leur auditoire. En réalité, ce sont les stars de la chanson et les multinationales qui souffrent le plus du piratage. Les artistes de la relève et ceux de la scène alternative y trouvent souvent leur profit. Internet est en effet un moyen de diffusion intéressant pour ceux qui sont largement ignorés par les grands magasins de disques et les radios commerciales, et les spectacles restent pour eux comme pour tous les acteurs de l'industrie une source importante de revenus.

QUESTIONS

1. Essayez de répondre à la question qui clôt le texte en appliquant à la problématique générale du piratage les principes éthiques suivants : le PRINCIPE D'UNIVERSALISATION DE KANT, les PRINCIPES LIBERTARIENS, les PRINCIPES UTILITARISTES.

2. Y a-t-il accord ou désaccord entre les conclusions auxquelles vous a mené l'application des trois principes précédents ? Justifiez votre réponse.

3. Quelle est votre opinion personnelle sur toute cette controverse ?

L'éthique de l'art

La pratique artistique constitue certainement un champ d'activité très important dans la société moderne. Elle semble pourtant, à première vue, avoir été négligée par les chercheurs dans le renouveau récent de la philosophie éthique. Il n'existe pas, à proprement parler, de secteur de recherche nommé « éthique de l'art », analogue à ceux que nous avons appelés « éthique des affaires », « éthique de l'environnement », « éthique de la recherche » ou « bioéthique ». Faut-il en conclure que l'art ne constitue pas un domaine susceptible de donner naissance à des problématiques morales ? Après tout, les œuvres d'art, qui sont des produits de l'imagination, ne semblent pas présenter des menaces directes pour autrui, comparables à celles que peuvent comporter un jouet d'enfant peu sécuritaire, des déchets polluants ou une technique de modification génétique des aliments. Les choses ne sont toutefois pas si simples.

N'importe quelle activité humaine est susceptible de soulever des questions morales. Il suffit d'abord que sa pratique implique des rapports avec autrui qui mettent en jeu des exigences et des responsabilités mutuelles. Or, l'artiste aura beau se targuer d'œuvrer dans une sorte d'espace transcendant de création pure, il n'en demeure pas moins qu'il est aussi un acteur social concret, engagé dans des interactions avec autrui, qu'il s'agisse de ses rapports avec son entourage immédiat, avec le public auquel il destine ses œuvres, avec le marché économique ou avec l'État dont il dépend souvent pour pouvoir vivre de son art. Ce réseau de relations et de dépendances ne peut manquer de susciter un certain nombre de problèmes moraux, tout particulièrement lorsque les diverses contraintes qu'il impose à l'artiste entrent en conflit avec les exigences que celui-ci s'impose à lui-même dans la pratique de son art. Ces exigences, qui relèvent de cette facette de la vie morale que nous avons appelée « intrapersonnelle », sont basées sur les valeurs d'intégrité, d'authenticité et de fidélité à soi-même. Ces valeurs, que nous n'avons pas véritablement abordées dans les sections précédentes, interpellent tout spécialement l'artiste. La pratique artistique soulève donc effectivement un ensemble de problématiques éthiques d'une teneur tout à fait particulière, et c'est à leur examen et à leur discussion que nous allons consacrer ce dernier chapitre.

Nous allons commencer notre étude par une brève incursion dans l'histoire de l'art. L'entrée de l'art dans l'ère moderne a été marquée par une véritable révolution dont il est important de bien apprécier la portée. Nous verrons que cette révolution est le miroir de celle qui frappait au même moment le domaine moral. Elle se caractérise en effet par une affirmation radicale de la liberté et de l'autonomie de l'individu[1].

---

1. Dans tout ce chapitre, nous utiliserons le mot *art* dans son sens le plus large, c'est-à-dire que nous y inclurons la littérature, le théâtre, la danse, de même que les arts populaires comme la chanson et le cinéma.

L'ART PRÉMODERNE

Une situation d'infériorité

Dans le monde ancien, l'art ne jouissait pas d'une grande reconnaissance sociale et culturelle. Il était généralement considéré comme une activité inférieure aux autres productions de l'esprit beaucoup plus « nobles » qu'étaient la science et la philosophie. La culture prémoderne plaçait l'art dans la catégorie des activités simplement « utiles ». Le mot latin *ars* avait d'ailleurs le sens d'habileté technique, de savoir-faire et sera employé jusqu'au XVe siècle surtout pour désigner des activités d'ordre manuel. L'art était jugé comme inférieur parce qu'on estimait que ses produits appartenaient essentiellement au monde matériel ou sensible, monde inférieur, comme l'avait soutenu Platon, au monde intellectuel ou intelligible des idées pures et abstraites. Dans *Phèdre*, Platon établit une hiérarchie des activités humaines en fonction de leur degré de perfection. Il y distingue neuf degrés d'excellence. Or, l'artiste n'occupe que le sixième rang de cette hiérarchie, derrière des personnages comme le philosophe, le chef politique, le médecin, le gymnaste, le financier et le devin. Il se situe tout juste devant l'artisan, le laboureur, le sophiste démagogue et le tyran! Voici ce qu'Aristote avait à dire, pour sa part, au sujet de la profession de musicien : « Mais nous considérons comme de vils artisans les musiciens professionnels et cette pratique n'est pas digne d'un homme de bien à moins qu'il soit ivre ou qu'il s'amuse[2]. »

On trouve également dans la culture ancienne une hiérarchisation des divers arts fondée sur la dichotomie intellectuel/matériel. Ainsi, jusqu'à l'époque moderne, les arts les plus prestigieux ou « nobles » seront les arts dits « libéraux », qui utilisent la langue comme moyen d'expression et sont donc, pour cela, considérés comme plus « spirituels ». Ce sont la poésie, la rhétorique (l'art oratoire) et les lettres en général. D'autre part, les arts inférieurs sont les arts « mécaniques », qui font appel à la dextérité manuelle et à l'habileté corporelle ou au travail sur des matériaux : la peinture, la sculpture, la danse et la musique. Cette vision des choses a dominé le monde ancien, et ce n'est qu'à l'époque de la Renaissance que s'est amorcé le mouvement qui allait faire accéder l'art en général, et les arts mécaniques en particulier, à une plus grande reconnaissance sociale.

Une autre raison de la position d'infériorité des arts dans le monde ancien fut la fameuse théorie de l'imitation, dont la paternité a été attribuée aux philosophes de la Grèce ancienne Platon et Aristote[3]. Cette théorie de l'art a dominé la culture occidentale jusqu'au XVIIIe siècle. Elle repose sur l'idée que l'art est essentiellement une imitation de la nature ou une copie d'une réalité préexistante. Or, comme il va de soi que l'original est supérieur à la copie, les productions artistiques doivent être considérées comme des formes appauvries ou dégradées d'une réalité première qui les dépassera toujours en perfection. Platon dira dédaigneusement des poètes qu'ils ne

---

2. Aristote, *Les politiques*, trad. par Pierre Pellegrin, Paris, GF-Flammarion, 1993, p. 530.

3. Remarquons que la pensée de ces deux philosophes comportait bien des nuances qui ont ensuite été oubliées par les commentateurs.

sont que des « imitateurs » et des « créateurs de fantômes ». À cela s'ajoute l'idée que la nature est l'œuvre d'une intelligence divine et que cette œuvre est parfaite. L'art humain qui s'efforce de la reproduire paraît nécessairement inférieur et imparfait en regard de l'œuvre divine originale. Dieu est donc le seul vrai « créateur » qui soit, et l'artiste ne pourra jamais prétendre être plus que son humble imitateur.

Les canons du Beau

Dans la vision prémoderne des choses, la nature et le monde étaient conçus comme une œuvre parfaite, harmonieuse, ordonnée, gouvernée par des lois éternelles qui portaient la marque d'une intelligence divine. L'art, dont le rôle était d'imiter la nature, devait chercher à restituer la beauté de cette harmonie. Il lui fallait donc chercher à en comprendre les lois pour ensuite s'y conformer. La conclusion logique de ces prémisses est que l'expression artistique de la beauté devait obéir à des canons, c'est-à-dire à des dogmes ou à des lois absolues. L'artiste des époques prémodernes voyait ainsi sa liberté créatrice considérablement limitée par la nécessité de se conformer à ces canons. De plus, les lois du Beau inscrites dans la nature des choses étaient souvent définies par des sources de connaissance extérieures à l'art en tant que tel, comme la science, la philosophie, la religion ou les mathématiques. Une idée maîtresse dans la conception ancienne du Beau était l'assimilation de la beauté à la perfection et celle de la laideur à l'imperfection. À l'idée de perfection étaient associées celles d'ordre, de symétrie, d'équilibre des proportions, de simplicité, de clarté, de totalité ou de complétude, d'intégrité et d'unité. En revanche, tout ce qui était asymétrique, inachevé, incomplet, déséquilibré, embrouillé ou morcelé était jugé laid.

Le Parthénon sur l'Acropole d'Athènes : quand le Beau était synonyme de grandeur, de perfection et d'harmonie.

On peut donner plusieurs exemples de ces canons dans les différents arts : en musique, les règles d'harmonie de la musique tonale, la structure de la sonate ou de la symphonie, ou encore la règle de la résolution des dissonances ; en poésie, les règles de la versification et de la rime, la structure du sonnet ; en théâtre, la règle des trois unités (de temps, de lieu et d'action) ou celle de la séparation des genres (tragédie, comédie) ; en peinture, les lois de la perspective, le dessin du contour des objets, etc. À ce poids des dogmes s'ajoutait celui d'un système d'apprentissage étroitement réglementé de l'exercice de la fonction d'artiste, laquelle était régie par des corporations placées sous l'autorité de « maîtres » qui transmettaient leur savoir à leurs apprentis et exerçaient sur eux une autorité incontestée. Bien entendu, ces canons n'ont jamais étouffé complètement la créativité des artistes, mais ils la confinaient dans un espace très étroit avec pour résultat que la vitesse d'évolution de l'art ancien ou prémoderne était très lente, en comparaison de la folle effervescence de l'art moderne. Cet art donnait lieu à la constitution de styles dont la durée de vie pouvait s'étendre sur des siècles et non sur quelques années, comme c'est souvent le cas aujourd'hui.

L'ART ASSUJETTI À UNE AUTORITÉ EXTÉRIEURE

L'art ne constituait pas, dans le monde prémoderne, un secteur d'activité véritablement autonome. C'était une pratique sociale assujettie à l'autorité du pouvoir religieux, du pouvoir politique et de la morale sociale. L'artiste devait respecter les diktats de ces différents pouvoirs. Il devait se conformer aux nombreuses conventions véhiculées par la morale de l'époque dont nous avons souligné, dans le cinquième chapitre de ce livre, le caractère sectaire et autoritaire. La pratique artistique constituait justement un des domaines de la vie sociale qu'une morale autoritaire se faisait fort de tenir en laisse. Un des facteurs importants qui assurait cette sujétion de l'art aux pouvoirs sociaux était le fait que la production artistique était essentiellement alimentée par un système de commandes venant des princes, des aristocrates ou des pouvoirs religieux. Dans ce système, l'artiste se voyait souvent imposer des contraintes très sévères qui touchaient plusieurs aspects de son œuvre : choix du sujet, composition, style, etc. Il devait impérativement plaire à son mécène ou à son commanditaire. Par exemple, presque tout l'art européen, du Moyen Âge au XVIIe siècle, a été consacré à des sujets et à des thèmes inspirés des mythologies gréco-romaines ou de la culture religieuse chrétienne ainsi qu'à la réalisation de portraits des membres de la noblesse et de leurs familles. La plus grande part de cette production était destinée aux cérémonies religieuses ou politiques et au divertissement des membres de l'aristocratie. Pour prendre un exemple québécois plus récent, même Paul-Émile Borduas, qui allait devenir à la fin des années 1940 un des chefs de file de la révolution de l'art moderne au Québec, se destinait au départ, comme bien d'autres de ses confrères, à une carrière de décorateur d'églises, genre dans lequel la liberté d'initiative de l'artiste était extrêmement réduite.

L'art assujetti à la religion : *La Vierge à l'Enfant avec le petit saint Jean-Baptiste,* du peintre Raphaël (1483-1520).

L'ART DANS LE MONDE MODERNE

L'entrée du monde occidental dans l'ère moderne a sonné le glas de cette situation d'infériorité et d'assujettissement de l'art. L'art moderne a connu une évolution parallèle à celle qui a marqué les sphères morale et politique. Le citoyen a revendiqué et conquis la liberté et l'égalité sur le plan politique. L'individu a réclamé la liberté de mener sa vie à sa guise dans la sphère de la vie privée. De même, l'artiste a-t-il revendiqué et acquis le droit de définir librement son projet artistique, d'être le seul maître de la détermination du contenu et de la forme de son œuvre.

C'est ainsi que les XIXᵉ et XXᵉ siècles furent le théâtre d'une vaste entreprise de destruction des canons traditionnels du Beau qui régnaient jusque-là sur le monde des arts. L'artiste moderne revendique une liberté absolue. Les exemples de bouleversement et de destruction des canons anciens pullulent :

Charles Baudelaire (1821-1867) : « L'artiste ne relève que de lui-même. »

- en peinture, les impressionnistes introduisent le flou, l'inachèvement, le trivial ; puis ce sera la marche vers la transfiguration du réel (expressionnisme, symbolisme, surréalisme) et vers la peinture abstraite ou non figurative ;

- en théâtre, les règles des trois unités et de la différence des genres volent en éclats ; en poésie, les vers libres remplacent les sonnets ; en littérature, l'automatisme prétend donner libre cours aux forces de l'inconscient en faisant fi de toute structure préétablie ;

- en musique, la dissonance devient légitime, tout l'ordre de l'harmonie tonale est remis en cause, les structures traditionnelles de la symphonie ou de la sonate sont dissoutes.

On assiste également à une remise en question de la fameuse équation « art = beauté ». L'harmonie, l'unité, l'équilibre, l'immuable ne font plus la loi. Des artistes trouvent maintenant des vertus à la surabondance, à l'excès, à l'inachèvement, à la vulgarité, à l'instabilité des choses. Ils délaissent les grands sujets mythologiques ou religieux pour s'intéresser à la vie quotidienne, aux gens ordinaires et aux choses simples de la vie (romans de Zola, opéras de Puccini, peintures de Manet, de Degas, de Toulouse-Lautrec, etc.). Le grand sculpteur Auguste Rodin dira : « Une chose ne peut être belle que si elle est vraie[4]. » L'artiste prend goût à la destruction des cadres traditionnels. Il commence à déconstruire systématiquement les schémas de perception

---

4. Cité dans Herbert Read, *La philosophie de l'art moderne*, trad. de l'anglais par Simone Manceau, Paris, Sylvie Messinger, 1988, p. 220.

habituels de la réalité (impressionnisme, cubisme) ; il pulvérise nos cadres de référence les plus familiers (musique atonale, opéras sans « airs », romans sans récit linéaire, poèmes sans phrases). Il invente des manières originales et inédites de voir la réalité plutôt que d'essayer de reproduire inlassablement la perfection des choses en suivant des procédés éprouvés.

L'entrée de l'art dans la modernité est synonyme de l'accession de la pratique artistique à l'autonomie. L'idée de l'autonomie de l'art signifie, pour paraphraser le principe du respect kantien, que l'art n'est plus un moyen au service d'une fin extérieure à lui-même. Il devient une fin en soi. Il n'a pas à servir la religion, la politique ou la morale. De plus, la modernité signifie que l'art atteint, en tant que

Femme tirant son bas, de Toulouse-Lautrec : quand les canons du Beau s'effacent derrière l'exigence de vérité.

pratique, un statut d'égalité avec les autres grandes sources de connaissance et d'expression que sont la science, la philosophie et la religion. Il a acquis ses lettres de noblesse. Il n'est plus considéré comme une activité inférieure et moins noble que les autres. Il est maintenant admis que l'art possède des vertus qui lui sont propres. Il fait accéder l'être humain à des vérités et à des modes de perception uniques et incomparables. Mais l'autonomie ainsi revendiquée est aussi celle de l'artiste en tant qu'agent individuel, seul maître de son œuvre, libre de ses projets, de ses choix, de son cheminement personnel, de ses explorations. Le poète Baudelaire se fit le champion de cette autonomie lorsqu'il écrivit : « L'artiste ne relève que de lui-même. Il ne promet aux siècles à venir que ses propres œuvres. Il ne cautionne que lui-même. Il meurt sans enfants. Il a été son roi, son prêtre et son Dieu[5]. »

LA MORALE DE L'AUTONOMIE

Nous venons de voir que l'idée maîtresse de la révolution moderne de la pratique artistique est l'idée d'autonomie, que l'on doit comprendre comme l'affirmation de la primauté de l'idéal artistique sur toute autre considération extérieure, incluant les considérations morales et les canons esthétiques traditionnels. Mais il est important de comprendre que l'affirmation de cette valeur suprême contient en elle-même certaines exigences supérieures qui composent une morale propre à la pratique artistique. Les deux grands devoirs auxquels l'artiste moderne doit obéir sont les suivants : la sincérité et la créativité. L'artiste peut faire tout ce qu'il veut dans la pratique de son art. Il ne doit se laisser arrêter par aucune barrière, mais il doit néanmoins être fidèle à ces deux valeurs, que l'on peut considérer comme les VERTUS propres de l'artiste. Il doit être sincère, fidèle à lui-même et il doit consacrer la liberté qu'il revendique à un véritable travail de création. Examinons ces deux idées de plus près.

---

5. Charles Baudelaire, cité dans Marc Jimenez, *Qu'est-ce que l'esthétique*, Paris, Gallimard, coll. Folio/Essais, 1997, p. 303.

L'impératif d'authenticité

L'artiste qui revendique l'autonomie doit assumer avec sérieux l'engagement personnel qui en découle. Il doit se vouer à son art avec la plus totale sincérité et doit s'efforcer d'être authentique, c'est-à-dire fidèle à un certain idéal qu'il s'est librement donné. Son droit à la liberté le soulage de toutes les contraintes extérieures que la société pouvait auparavant lui imposer, mais il a, en contrepartie, le devoir d'être fidèle à sa vérité intérieure. Cela signifie concrètement qu'il ne doit pas, dans son art, être dominé par le souci de plaire, de vendre, d'avoir du succès ou par la peur de choquer. L'artiste authentique *doit* accomplir ce qu'il croit sincèrement correspondre à sa vérité intérieure. Il ne doit obéir qu'à la seule voix intime qui le pousse à faire ce qu'il doit faire.

Plusieurs artistes ont écrit des pages admirables sur ce sujet. L'un d'eux est le poète Rainer Maria Rilke, qui écrit dans ses *Lettres à un jeune poète* :

> Vous demandez si vos vers sont bons. Vous me le demandez à moi. Vous l'avez déjà demandé à d'autres. Vous les envoyez aux revues. Vous les comparez à d'autres poèmes et vous vous alarmez quand certaines rédactions écartent vos essais poétiques. Désormais (puisque vous m'avez permis de vous conseiller), je vous prie de renoncer à tout cela. Votre regard est tourné vers le dehors ; c'est cela surtout que maintenant vous ne devez plus faire. Personne ne peut vous apporter conseil ou aide, personne. Il n'est qu'un seul chemin. Entrez en vous-même, cherchez le besoin qui vous fait écrire : examinez s'il pousse ses racines au plus profond de votre cœur. Confessez-vous à vous-même : mourriez-vous s'il vous était défendu d'écrire ? Ceci surtout : demandez-vous à l'heure la plus silencieuse de votre nuit : « Suis-je vraiment contraint d'écrire ? » Creusez en vous-même vers la plus profonde réponse. Si cette réponse est affirmative, si vous pouvez faire front à une aussi grave question par un fort et simple : « je dois », alors construisez votre vie selon cette nécessité[6].

Rainer Maria Rilke (1875-1926) : « Mourriez-vous s'il vous était défendu d'écrire ? »

Rilke parle ici d'un impératif de sincérité qui est le *devoir* d'obéir à une nécessité intérieure, à un élan intime auquel il peut être tentant d'être infidèle lorsqu'on se laisse dominer par le goût du succès ou le souci de plaire. L'auteur dramatique Eugène Ionesco a lui aussi écrit des pages éloquentes sur ce thème : « Ainsi donc, pour écrire des œuvres littéraires […] il suffit tout simplement d'être sincère. […] Dans sa sincérité, dans sa recherche, dans son exploration, l'artiste ou l'écrivain apporte sa vérité, la vérité ou la réalité de sa personne, une réalité inattendue, pour lui aussi inattendue, une révélation…[7] » Être sincère, c'est être authentique, fidèle à soi-même et honnête envers soi-même, mais c'est aussi respecter une sorte de nécessité intérieure dont on n'est pas le maître absolu. En s'efforçant de donner libre cours à une inspiration qui vient de lui-même, le créateur ouvre en quelque sorte un espace de vie autonome à l'œuvre elle-même. Il découvre son œuvre en même temps qu'il l'invente. L'œuvre appartient à son auteur, mais elle a également une vie propre que

6. Rainer Maria Rilke, *Lettres à un jeune poète*, trad. de l'allemand par Bernard Grasset et Rainer Biemel, Paris, Grasset, 1971, p. 17-18.

7. Eugène Ionesco, « L'auteur et ses problèmes », dans *Notes et contre-notes*, Paris, Gallimard, 1970, p. 25-26.

celui-ci doit respecter. Ionesco ajoute : « L'auteur doit laisser ce monde éclore[8]. » Le peintre Wassily Kandinsky fait lui aussi valoir cette exigence morale : « Est beau ce qui procède d'une nécessité intérieure de l'âme », dit-il. Pour lui, « l'artiste a non seulement le droit, mais le devoir de manier les formes de la manière qu'il juge *nécessaire* pour atteindre ses buts ». Il lui reconnaît donc une liberté entière et illimitée « dans le choix de ses moyens ». Mais en même temps, cette liberté reste assujettie à un devoir fondamental d'honnêteté envers l'œuvre qui jaillit de l'intérieur et qui, à un certain point, « se détache de lui [et] acquiert une vie autonome[9] ».

Nous retrouvons donc au cœur de la pratique artistique moderne cet IDÉAL D'AUTHENTICITÉ dans lequel Charles Taylor a vu une pièce maîtresse de la morale moderne, et qui est un *devoir de fidélité à soi-même*. Taylor, nous l'avons vu, définit la vertu d'authenticité par un trait qui s'applique à la perfection à la démarche de l'artiste : l'idée que chaque individu doit réaliser dans sa vie une manière d'être, un parcours unique et original qui n'appartient qu'à lui. Cette exigence nous fait comprendre le lien intime qui unit le devoir d'authenticité à une deuxième composante de la morale de l'autonomie de l'artiste, le devoir de créativité.

L'impératif de créativité

L'artiste revendique la plus grande liberté d'expression, mais cette revendication n'a de justification que si elle présuppose la présence en lui d'un besoin puissant d'exprimer quelque chose d'important. Or, comme ce que l'artiste veut exprimer vient maintenant essentiellement de son monde intérieur personnel, il s'ensuit que l'œuvre qu'il va créer devrait avoir une autre caractéristique fondamentale : elle devrait porter un sceau d'originalité et exprimer une vision des choses à nulle autre pareille. La reconnaissance de l'autonomie de l'artiste moderne a signé la mort de l'ancienne théorie de l'imitation que nous avons évoquée plus haut. L'artiste autonome ne peut plus être un simple imitateur de la nature ou des œuvres de Dieu. Il devient un créateur à part entière, un inventeur de formes inédites et de mondes imaginaires, et cette volonté d'explorer des terres inconnues véhicule un devoir moral de créativité. « Le romancier, écrit Milan Kundera, est un découvreur qui, en tâtonnant, s'efforce à dévoiler un aspect inconnu de l'existence[10]. » L'artiste doit se montrer à la hauteur de la prétention qui anime sa revendication d'autonomie, qui est celle d'avoir quelque chose de personnel et d'unique à communiquer. Un des aspects moraux de cette exigence est qu'elle fait appel à une *vertu* morale importante qui est le courage. En effet, créer de l'inédit demande du courage : le courage de sortir des sentiers battus, de tenter ce qui n'a jamais été tenté, le courage de prendre des risques, dont le risque de se tromper ou même d'échouer, le courage d'assumer le caractère imparfait ou exploratoire d'une œuvre. L'exigence de créativité est aussi le refus de s'en remettre à des « trucs », à des recettes, le refus de se répéter, de chercher la formule gagnante et de s'y complaire, de suivre les modes et les courants qui « marchent ». C'est le devoir de se renouveler et de se dépasser soi-même, et donc le refus de la facilité. Combien d'artistes ou de

8. *Ibid.*, p. 43.
9. Wassily Kandinsky, *Du spirituel dans l'art et dans la peinture en particulier*, Paris, Denoël/Gonthier, 1972, p. 169-175.
10. Milan Kundera, *L'art du roman*, Paris, Gallimard, coll. Folio, 1986, p. 176-177.

comédiens se contentent de répéter une formule qui a eu un certain succès et deviennent ainsi des caricatures d'eux-mêmes ?

Ces mêmes impératifs s'appliquent en effet aux interprètes, musiciens, comédiens ou danseurs qui doivent trouver en eux, par un processus intérieur, une vérité et une sincérité d'interprétation, tâche difficile et risquée qui demande du courage et de l'intégrité, alors qu'il est souvent plus facile de s'appuyer sur des astuces techniques, de calculer ses effets, de caboriner ou de copier un modèle observé de l'extérieur sans l'habiter soi-même de l'intérieur.

LES ASPECTS PROBLÉMATIQUES DE LA MORALE DE L'AUTONOMIE

Nous avons analysé en détail les deux pièces maîtresses de la morale de l'autonomie de l'artiste, l'authenticité et la créativité. D'une part, ces deux vertus imposent à l'artiste des exigences fortes qu'il ne lui est pas toujours facile de respecter, particulièrement lorsqu'elles entrent en conflit avec d'autres préoccupations importantes d'ordre familial, social ou économique. D'autre part, l'idéal typiquement moderne d'une pratique artistique affranchie de toute contrainte morale n'a jamais cessé de poser problème et de soulever des controverses. Nous allons maintenant analyser les problématiques éthiques qui procèdent de cette double conjoncture.

L'ARTISTE EST-IL AU-DESSUS DE LA MORALE ?

En choisissant de placer au sommet de son échelle de valeurs sa liberté de création et sa fidélité à son projet créateur, l'artiste peut parfois se trouver en terrain mouvant sur le plan moral, particulièrement lorsque ce choix l'amène à bafouer d'autres valeurs morales. Un premier cas de figure, qui relève de la sphère morale des relations interpersonnelles, est celui de ces artistes qui ont choisi de sacrifier leurs responsabilités parentales à la poursuite de leur idéal artistique. On peut penser ici au cas célèbre du peintre Paul Gauguin qui a abandonné sa femme et ses cinq enfants pour aller s'installer à Tahiti dans le but de pouvoir se consacrer à son art en toute liberté. Plus près de nous, le film percutant de Manon Barbeau, *Les enfants du Refus global*, a présenté de façon dramatique ce problème du conflit entre les vocations de parent et d'artiste. Il raconte l'histoire de certains artistes québécois signataires du manifeste du *Refus global*, qui ont, comme Gauguin, abandonné leurs enfants pour se consacrer en toute liberté à leur art. Ce film porte sur le destin de ces enfants, dont fait partie l'auteure du film, fille du peintre Marcel Barbeau. Il a soulevé une vive controverse au Québec. Certains y ont vu un règlement de comptes ou un portrait trop partial, alors que d'autres ont applaudi le courage de Manon Barbeau et dénoncé le silence qui avait régné jusqu'alors sur cet épisode dramatique. Ce film soulève une question éthique fort importante : ces artistes avaient-ils le droit de faire passer la valeur de fidélité à leur vocation d'artiste avant leurs responsabilités de parents ? Peut-on les accuser d'avoir sacrifié le bonheur de leurs enfants à un rêve d'épanouissement personnel ? En revanche, on peut aussi penser que dans la mesure où leur vocation artistique occupait une place plus importante que celle de parent dans leur identité et leurs valeurs personnelles, ils devaient, par souci d'authenticité et de fidélité à eux-mêmes, faire ce qu'ils ont fait. Cependant, dira-t-on encore, ne leur revenait-il pas de bien peser les implications du rôle de parent avant de s'y engager, et ne devaient-ils pas assumer les conséquences de leurs actes? Toute cette affaire est évidemment fort complexe et beaucoup de facteurs doivent être pris en compte, parmi lesquels le climat social étouffant de l'époque qui brimait la liberté d'expression de ces artistes assoiffés de liberté. Le PRINCIPE DE RESPONSABILITÉ PROSPECTIVE DE HANS JONAS plaide évidemment ici en faveur de l'engagement parental, alors que le devoir d'authenticité paraît légitimer celui de l'artiste envers son art.

Manon Barbeau, enfant du *Refus global*, aux côtés de son père, le peintre Marcel Barbeau.

Un débat public semblable a eu lieu aux États-Unis au sujet du sort des enfants des écrivains d'un autre groupe d'artistes qui a suivi un parcours similaire à celui du groupe du *Refus global*. Il s'agit de la *Beat Generation*, comprenant Jack Kerouac, Williams Burroughs, Lucien Carr et John Allen Cassady. Le fils de Lucien Carr, aujourd'hui romancier à succès, a commenté en ces termes la conduite de ces derniers: «Les beat voulaient tellement briser les moules et créer un nouveau mode de vie qu'ils ont jeté le bébé avec l'eau de la baignoire. Ils ont balancé le cadre social nécessaire au maintien d'une famille. Si un élément a été perdu dans l'équation beat, c'est l'idée des enfants[11].» Il est intéressant de contraster ce jugement avec celui que pose le fils de Paul-Émile Borduas dans le film *Les enfants du Refus global*. On constate en effet que celui-ci refuse de blâmer son père de l'avoir abandonné alors qu'il était tout jeune. «Il a toujours été correct avec moi», dit-il. Il sait gré à son père de lui avoir appris le sens de l'autonomie et porte sur cet événement douloureux un regard empreint d'une sagesse tout orientale faite d'acceptation et de confiance dans la vie.

Passons maintenant à un deuxième cas de figure de l'éthique de l'art, celui du droit de l'artiste d'utiliser ses proches ou des personnes vivantes comme source d'inspiration et de les représenter, sous un jour souvent défavorable, sous la forme de personnages de roman ou de théâtre. On comprend que les intéressés puissent être choqués ou humiliés de voir leur intimité et leurs faiblesses crûment exposées au public et aux membres de leur entourage. Cette pratique ne contrevient-elle pas au PRINCIPE KANTIEN DU RESPECT DE LA PERSONNE, dans la mesure où elle revient à utiliser ces personnes comme un «simple moyen» pour servir une fin artistique, surtout si cela se fait à leur insu ou sans leur consentement? N'y a-t-il pas aussi dans une telle conduite une absence flagrante des *vertus* de délicatesse et de tact? Le dramaturge québécois Michel Marc Bouchard, qui avoue s'inspirer d'une expérience de vie de sa mère dans une de ses pièces, précisait dans une entrevue qu'il n'était pas question qu'il écrive l'histoire de sa mère: «C'est trop délicat, et d'autant plus que plusieurs membres de sa famille sont encore vivants[12].» Bien sûr, tout écrivain puise une partie de son inspiration dans l'entourage des personnes qu'il côtoie et observe. Cependant, écrit le romancier Milan Kundera, «il devrait penser à rendre introuvables les clés qui pourraient les faire déceler; d'abord à cause du minimum d'égards dû aux personnes qui, à leur

---

11. Richard Hétu, «Les enfants du refus américain», *La Presse*, 12 avril 1998, p. A1.

12. Nathalie Petrowski, «Le grand voyageur de Saint-Cœur-de-Marie», *La Presse*, 17 juillet 2000, p. A7.

surprise, trouveront des fragments de leur vie dans un roman… ». Et il condamne vertement ce qu'il appelle la pratique du *roman à clés* : « C'est pourquoi le *roman à clés* (qui parle de personnes réelles avec l'intention de les faire reconnaître sous des noms fictifs) est un faux roman, chose esthétiquement équivoque, moralement malpropre[13]. »

Michel Tremblay a fait de toute cette question le sujet de sa pièce *Le vrai monde?*. Le personnage principal de cette pièce est un jeune écrivain qui a écrit une pièce de théâtre dont sa mère a fait la lecture. Elle est horrifiée de constater que les personnages sont les membres de la famille de son fils, son père, sa mère et sa sœur, et que leurs secrets les plus intimes y sont mis à nu. Elle garde de cette lecture « l'impression d'être trahie par mon propre enfant[14] ». Elle accuse aussi son fils d'avoir donné une image déformée de la réalité, alors que lui est plutôt convaincu d'avoir révélé de dures vérités que les membres de sa famille ont toujours refusé de s'avouer. Dans cette pièce, Michel Tremblay s'est inspiré d'un dilemme moral qu'il a lui-même vécu. Tremblay s'est beaucoup inspiré d'une de ses propres tantes pour créer le personnage d'Albertine dans sa pièce *Albertine, en cinq temps*, et il avoue avoir ressenti de la culpabilité lorsque cette dernière est morte au moment où il écrivait *Albertine* : « "Elle est morte maintenant. Avais-je le droit?… Avais-je le droit, pendant tout ce temps, non seulement de me servir de son essence pour dire des choses que je croyais intelligentes mais de gagner ma vie avec elle, qui est restée dans son petit univers, alors que moi j'ai acquis, en partie sur son dos, ma réputation à travers le monde?" Les artistes ne devraient sans doute pas se poser ce genre de questions. N'ont-ils pas tous les droits?…[15] »

Un troisième cas de conflit entre l'autonomie de l'artiste et ses responsabilités morales est celui de ces œuvres que l'on soupçonne d'avoir eu un effet pervers, voire fatal, sur un auditoire vulnérable. On peut donner ici l'exemple de ces films violents et irrévérencieux que l'on a accusés d'avoir une influence pernicieuse sur la jeunesse. La sortie du film *Tueurs nés* (*Natural Born Killers*) d'Oliver Stone a été suivie de plusieurs meurtres, dont les jeunes auteurs ont affirmé que c'étaient les personnages de Mickey et de Mallory, les « tueurs nés » mis en scène par Stone, qui avaient inspiré leurs actes. C'est Stanley Kubrick lui-même qui, se fondant sur ses droits d'auteur, a exigé en 1973 que son film *Orange mécanique* soit retiré définitivement des salles britanniques après quatorze mois de projection ininterrompue (cette interdiction a été levée au printemps 2000). Le réalisateur avait été accusé à l'époque d'avoir suscité une série de viols et de meurtres perpétrés par des jeunes fascinés par le personnage principal de son film. On a également dénoncé le film *Ferrovipathes* (*Trainspotting*) parce qu'il dépeignait de façon crue l'enfer de la toxicomanie. On peut aussi mentionner le suicide du chanteur-vedette du groupe *Nirvana*, Kurt Cobain, que certains soupçonnent d'avoir inspiré celui de quelques adolescents. Soulignons que la même accusation de pousser la jeunesse au suicide a été adressée à Goethe, écrivain allemand du XVIIIᵉ siècle, à la suite de la publication de son célèbre roman *Les souffrances du jeune Werther*. Il est évidemment ici question de la responsabilité morale de l'artiste quant aux conséquences malheureuses que son œuvre peut avoir sur un auditoire vulnérable. Il semble bien que ce problème moral réponde lui aussi à tous les critères du PRINCIPE DE RESPONSABILITÉ PROSPECTIVE.

---

13. Milan Kundera, *Les testaments trahis*, Paris, Gallimard, 1993, p. 307-308.
14. Michel Tremblay, *Le vrai monde?*, Montréal, Leméac, 1987, p. 48.
15. Pierre Lavoie, « Entretien avec Michel Tremblay », *Jeu*, nᵒ 47, p. 70.

EXERCICE 1

LE CAS DOUBROVSKY

Un cas extrême de la problématique que nous venons d'exposer est survenu à l'occasion de la publication du roman *Le livre brisé* de Serge Doubrovsky. Serge Doubrovsky écrit depuis 25 ans sur sa propre vie. Il s'inspire de vrais événements de sa vie pour écrire sans aucune pudeur ce qu'il appelle son autofiction, qui se veut un mélange d'autobiographie et de fiction. L'auteur ne craint pas, dans cette entreprise, de franchir «les bornes de la décence, du bon goût, du respect de soi et des autres» au nom d'une implacable exigence de vérité. Cette autofiction tient en six romans, dont *Le livre brisé*, couronné par le prix Médicis en 1989, qui raconte sa vie conjugale mouvementée avec sa jeune épouse Ilse. C'est d'ailleurs à la demande insistante de celle-ci qu'il s'est lancé dans ce projet. Elle le mit même au défi de «tout dire». Mais l'entreprise prit une tournure tragique. Doubrovsky faisait lire à Ilse les chapitres du roman à mesure qu'il les achevait pour que celle-ci les commente. Alors que Ilse se trouvait retenue à Paris, celui-ci lui fit parvenir de New York le dernier chapitre en chantier intitulé «Beuveries», qui traitait de l'alcoolisme de sa femme et la dépeignait sous un jour très sombre. Ilse, dont l'équilibre psychologique était très fragile, mourut deux semaines plus tard d'une surdose d'alcool dans des circonstances qui avaient des odeurs de suicide. Doubrovsky n'en termina pas moins la rédaction du roman en y incorporant cet épisode tragique. Il affirma qu'il ne faisait en cela qu'accomplir la volonté de son épouse défunte et respecter le pacte qu'ils avaient conclu. Doubrosky fut accusé d'avoir été le bourreau de sa femme et même de l'avoir littéralement «exécutée». Il se défendit en arguant que la victime était consentante dans cette affaire et que c'était elle qui avait eu l'idée de ce roman d'autofiction: «Elle ne voulait pas se voir, elle m'a demandé de lui tendre un miroir, je lui ai tendu un miroir, merde! Il ne fallait pas me jeter ce défi... C'est elle qui a bu sa bouteille, ce n'est pas moi... J'ai eu un remords, celui de lui avoir envoyé le chapitre à Paris alors que j'étais à New York, mais, vous savez, l'écrivain est comme une poule qui vient de pondre un œuf. Littérairement c'est un bon chapitre[16].» Il dira aussi: «Je me reproche encore maintenant de n'avoir pas assez insisté pour qu'Ilse suive une cure, de m'être laissé empêtrer dans des problèmes administratifs qui ont empêché ma femme de me suivre aux États-Unis[17].» Peut-on reprocher à Doubrovsky d'avoir manqué de sensibilité et de clairvoyance dans la prise en compte de l'effet négatif potentiel de son action dans un contexte où il était conscient de la grande vulnérabilité d'un être plus fragile que lui?

Un dilemme semblable resurgit quelques années plus tard dans la vie de Doubrovsky lorsqu'il écrivit un autre roman, *L'Après-vivre*, dans lequel il récidivait en dépeignant son aventure amoureuse avec une autre jeune femme, et cela malgré le fait que celle-ci, qui connaissait son penchant pour l'autofiction, lui eut expressément

---

16. Bruno Frappat, «Ravages», *Le Monde*, 23 octobre 1989, p. 31.
17. Lucie Côté, «"On n'a le droit d'écrire sur soi qu'à la condition d'être implacable": Serge Doubrovsky», *La Presse*, 15 mai 1994, p. B4.

signifié : « N'écris pas sur moi. » Doubrovsky a cette fois justifié sa conduite en ces termes : « Je ne peux pas vivre sans écrire ma vie. » Il ajouta qu'il avait fait un compromis en acceptant de faire lire le manuscrit à son amante et de le modifier suivant ses volontés : « Je tâcherai d'enlever ce que tu veux que j'enlève, de modifier ce que tu veux que je modifie, mais ne pas écrire sur toi m'est impossible [...] tu es ma vie, je ne peux pas écrire ma vie sans écrire sur toi, je ne peux pas vivre sans écrire ma vie. [...] J'écris ma vie à mesure que les phases s'en déroulent. Ayant fait les concessions qui étaient éthiquement et humainement exigées, l'écrivain passait outre. L'écrivain compte plus que l'homme[18]. »

QUESTIONS

1. Repérez dans le texte qui précède les éléments qui renvoient respectivement au PRINCIPE DU RESPECT KANTIEN, au PRINCIPE DE RESPONSABILITÉ PROSPECTIVE DE JONAS et à l'IMPÉRATIF D'AUTHENTICITÉ de l'artiste tel que nous l'avons exposé dans ce chapitre.

2. Voyez-vous des différences appréciables entre le premier épisode du *Livre brisé* et celui de *L'Après-vivre* ?

3. Quel jugement d'ensemble portez-vous sur cette histoire ? Quelle valeur, norme ou vertu seriez-vous enclin à faire prévaloir dans une situation pareille ? Pourquoi ?

LA LIBERTÉ D'EXPRESSION DE L'ARTISTE A-T-ELLE DES LIMITES ?

La problématique des dangers d'une représentation brutale de la perversité humaine nous amène à poser une autre problématique fondamentale de l'éthique de l'art : la question de l'étendue de la liberté d'expression de l'artiste. Il est clair que l'autonomie reconnue à l'artiste moderne est inséparable de son droit fondamental à la liberté d'expression, droit qui fait d'ailleurs partie, comme nous l'avons vu, des DROITS NÉGATIFS FONDAMENTAUX. Ce droit fondamental prend évidemment une importance tout à fait particulière dans le cas de l'artiste, pour qui l'expression de soi n'est rien de moins qu'un métier. Cette question soulève toute la problématique de la censure, que l'on pourrait croire dépassée dans un monde moderne libéral comme le nôtre, où l'on a facilement l'impression que l'artiste peut effectivement dire et faire n'importe quoi. En réalité, ce problème ne cesse de resurgir à toutes sortes d'occasions, particulièrement lorsque les artistes abordent de façon ouverte ou provocante certains thèmes sensibles comme la sexualité, la nudité, la violence, la cruauté, la pédophilie, la religion, le racisme, l'homosexualité, etc.

---

18. *Ibid.*

Dans les sociétés modernes, la censure prend généralement des formes plus indirectes et insidieuses que dans les sociétés traditionnelles. Exceptionnellement, ce seront les tribunaux qui interdiront une manifestation artistique, mais les cas de censure les plus fréquents seront le fait de groupes de pression qui organiseront des protestations, des boycottages et réussiront à convaincre des compagnies, des maisons de production ou des directeurs de musée de retirer une œuvre, de mettre fin à une exposition ou de renoncer à présenter un spectacle par peur du grabuge annoncé. Une autre forme de censure consiste à obliger les créateurs à amputer leurs œuvres de certains fragments offensants (paroles obscènes, images érotiques, etc.). Au Canada, en octobre 1999, l'artiste Tamara Zeta Sonowar-Makhan a vu une de ses œuvres retirée d'une exposition à Oakville en Ontario : « Les officiels de la ville ontarienne jugeant "inappropriée" la présence de cette œuvre réalisée à partir de plus de 200 serviettes hygiéniques immaculées et d'un vêtement religieux, dans un bâtiment public. Faite pour symboliser le "pouvoir féminin", cette robe était pourtant, selon sa créatrice, "une critique artistique et humoristique" de l'oppression organisée par la religion contre les femmes, leur corps et leur sexualité[19]. » Aux États-Unis, les groupes conservateurs organisent fréquemment des campagnes de dénonciation d'œuvres qu'ils jugent inconvenantes ou obscènes. Leur objectif est généralement de forcer l'organisme fédéral responsable des subventions, le National Endowment for the Arts, à cesser de soutenir un artiste controversé. Une des cibles de ces groupes fut le photographe Andres Serrano, à cause d'une photographie intitulée *Piss Christ*, qui représentait un crucifix baignant dans un bocal d'urine. Un autre photographe, Robert Mapplethorpe, subit les foudres du sénateur Jesse Helms qui réussit à faire annuler une rétrospective de son œuvre qui comprenait quelques photos mettant en scène des hommes engagés dans des actes sexuels à connotation sadomasochiste. Le maire de New York, Rudolph Giuliani, a retiré au Brooklyn Museum of Art de New York sa subvention de 600 000 $, lorsque la direction du musée refusa de mettre fin à l'exposition *Sensation : jeunes artistes britanniques de la collection Saatchi*, qui comprenait quelques œuvres choquantes dont une Sainte Vierge noire ornée de coupures de magazines pornos et d'excréments d'éléphant. Le maire Giuliani justifia sa décision en ces termes : « Je ne crois pas que les fonds publics doivent être utilisés pour désacraliser d'importants symboles nationaux et religieux. » Un cas comme celui-ci ou celui de Serrano soulève le problème de la coexistence de cultures morales traditionnelles dans un monde moderne pluraliste. Est-il acceptable qu'une communauté culturelle ou religieuse puisse limiter la liberté d'expression d'un artiste au nom du respect de ses convictions et de ses croyances ? L'artiste a-t-il le devoir moral de respecter ce qui revêt un caractère sacré aux yeux d'autres personnes ?

La chaîne de magasins Wal-Mart a adopté une politique de « propreté morale » qui l'amène à refuser de mettre en vente certains disques contenant des paroles ou des images osées. Elle oblige même les maisons de production à expurger un disque ou à en retoucher la pochette pour satisfaire à ses critères de décence. La chanteuse Sheryl Crow a refusé de se plier à cette exigence pour une chanson dans laquelle elle accusait Wal-Mart de vendre des armes à feu aux enfants ! La chaîne de location de vidéos Blockbuster applique une politique semblable. Des films qui traitent de sujets

---

19. Yves Schaëffner, « Allergie contemporaine », *Voir*, 7 octobre 1999, p. 6.

controversés comme la toxicomanie (*Ferrovipathes*), la sexualité perverse ou la pédophilie (*Lolita*) sont l'objet de campagnes de boycottage ou d'une censure larvée. *Lolita* a été boycotté par les maisons de distribution américaines. Le film *Crash*, qui met en scène de curieuses pratiques mêlant plaisir sexuel et accidents de la route, a été interdit à Londres et en Norvège.

Le film *Lolita*, d'Adrian Lyne : Y a-t-il des réalités, comme la pédophilie, qu'un artiste n'a pas le droit de montrer ?

L'artiste a-t-il le droit de représenter certains aspects de la réalité qui sont désagréables à voir ou qui choquent la sensibilité de certains groupes ? Chacun ne devrait-il pas être libre d'exprimer son opinion sans avoir à subir la censure, le boycottage ou les menaces ? Y a-t-il des limites à ce que l'artiste peut représenter ?

La position LIBERTARIENNE sur ces questions est claire : il n'y a pas de limite de principe à la liberté d'expression. Nous savons que le libertarisme se fait fort de critiquer toute forme de protection paternaliste lorsqu'elle concerne des adultes réputés libres et autonomes. Chaque citoyen est un adulte autonome, capable de former un jugement personnel sur ce qu'il voit, lit ou entend. Il est sans doute acceptable, en accord avec le PRINCIPE DE RESPONSABILITÉ PROSPECTIVE, de prévoir certaines protections spéciales concernant les enfants ou les adolescents. Mais il reste que personne n'est forcé de porter son regard sur une œuvre artistique potentiellement offensante. Chacun est libre de choisir ce qu'il veut écouter, lire et regarder. Il n'est d'ailleurs pas rare de voir des personnes engagées dans des campagnes de dénonciation d'une œuvre controversée avouer qu'elles n'ont même pas vu l'œuvre en question. Les conservateurs qui ont dénoncé le film *Ferrovipathes* sous prétexte qu'il constituait une apologie de la toxicomanie ne l'ont certainement pas vu ! Il y aurait sans doute raison de mettre en cause toute situation dans laquelle un auditoire se retrouve captif d'une œuvre dont il ne pouvait prévoir le caractère impudique ou choquant. C'est ici qu'un compromis raisonnable pourrait consister à joindre à ce type d'œuvre une notice prévenant le public de son caractère licencieux ou provocateur. Il reste cependant qu'il est moins facile qu'on le pense de ne pas faire intervenir dans notre jugement sur une œuvre artistique certains critères élémentaires de décence ou de respect.

EXERCICE 2

LES DEVOIRS DU CRITIQUE

Un sujet qui soulève régulièrement la controverse dans le milieu artistique est le travail des critiques. Il semble pertinent de soulever à propos des critiques la question que nous venons de poser au sujet des artistes : « Y a-t-il une limite à la liberté d'expression des critiques du secteur culturel ou artistique ? » On sait que le critique possède un indéniable pouvoir à l'égard des artistes. Ce pouvoir implique une influence du critique sur le public et cette influence varie énormément selon les contextes (type de public, type de média, art commercial ou d'avant-garde, notoriété de l'artiste et notoriété du critique, etc.). Mais dans la simple mesure où la critique peut favoriser ou faire du tort au travail des artistes, il est clair qu'elle charge ses acteurs d'une certaine responsabilité morale. Cette responsabilité est multiple, car elle s'adresse à plusieurs parties intéressées : aux artistes dont l'œuvre est évaluée, au public auquel elle est destinée, au critique lui-même, ainsi qu'à son employeur.

Voici quelques questions intéressantes à considérer dans l'examen des devoirs du critique :

- Doit-il tenter d'être objectif ou afficher ses préférences subjectives ou ses convictions personnelles ?

- Doit-il éviter de blesser les artistes concernés ou simplement dire réellement ce qu'il pense, au risque de blesser ?

- Doit-il prendre une attitude différente selon qu'il s'agit d'un artiste débutant ou d'un artiste bien établi ? Quels sont les dangers qui le guettent dans chacun des deux cas ?

- Quelle attitude devrait-il adopter face à une œuvre commerciale qu'il juge lamentable mais dont il sait qu'elle est susceptible de plaire au grand nombre ?

- Le critique peut-il porter des jugements moraux sur le contenu idéologique ou les opinions exprimées dans l'œuvre qu'il critique ?

- Les critiques devraient-ils éviter de nouer des rapports personnels avec les artistes qu'ils sont susceptibles de critiquer ?

- Le critique devrait-il adapter son discours et son jugement au profil du média pour lequel il travaille et de sa clientèle ?

- Un critique doit-il accepter de faire la promotion de produits culturels dans lesquels son employeur a des intérêts financiers ?

QUESTIONS

1. Essayez d'abord d'imaginer des exemples concrets qui correspondent aux enjeux soulevés par ces questions pour tenter d'y répondre.

2. Essayez ensuite, en vous inspirant du texte qui précède, de déterminer de manière précise les diverses valeurs ou normes morales qu'un critique d'art devrait manifester ou respecter en vous inspirant des théories éthiques suivantes : l'ÉTHIQUE DES VERTUS, le KANTISME, l'UTILITARISME, l'ÉTHIQUE DE LA RESPONSABILITÉ DE JONAS.

L'ART ET LE COMMERCE

Un autre pan important de l'éthique de l'art concerne les rapports entre l'art et la réalité économique du marché capitaliste et de ce qu'il est maintenant convenu d'appeler l'« industrie culturelle ». Une des étapes importantes de l'entrée de l'art dans l'ère moderne a été l'apparition d'un libre marché de l'art. Au départ, cette innovation fut une bénédiction pour les artistes, car elle les libérait de leur dépendance envers les pouvoirs politiques et religieux et contribuait à une certaine démocratisation de l'art. L'œuvre d'art devint ainsi un bien de consommation comme les autres, rattaché à une « industrie culturelle » soumise comme tous les autres secteurs de l'économie aux lois d'airain de l'offre et de la demande et de la concurrence. Toutefois, il est clair que l'institution capitaliste du libre marché peut à son tour constituer une menace pour l'autonomie de l'artiste. L'artiste est un être humain comme les autres qui a besoin d'argent pour vivre et aussi de disposer d'un minimum de moyens matériels pour mener à terme ses projets de création. L'industrie culturelle est en bonne partie dominée par des acteurs puissants et influents : marchands d'art, sociétés de production de films ou de disques, maisons d'édition, chaînes de radio et de télévision. Cette conjoncture aménage, on s'en doute bien, des conditions extrêmement difficiles pour les artistes soucieux de pratiquer leur art avec authenticité et créativité. Le problème moral qui ne peut manquer de surgir ici est le fait que l'impératif de vendre et d'avoir du succès peut entrer en conflit avec ces valeurs fondamentales.

L'artiste peut être amené à sacrifier son idéal personnel pour pouvoir assurer sa subsistance. Il peut parfois être tenté de faire certains compromis pour accroître ses chances de succès sur le marché, comme d'offrir un produit plus commercial, qui plaira aux producteurs parce qu'il est susceptible de rejoindre un large public. Il peut être tenté d'épouser les tendances à la mode, de se contenter de répéter une formule gagnante plutôt que de continuer le courageux travail d'exploration et d'expérimentation auquel l'appelle sa vocation d'artiste. L'exemple extrême d'un art dénaturé assujetti à la loi implacable du marché nous est donné par le processus industriel de fabrication de nombreux films hollywoodiens, construits sans imagination, autour d'une formule à succès : un peu de sexe, un peu de violence, des effets spéciaux époustouflants, un peu de bons sentiments, une fin qui plaira au spectateur sans gâcher son plaisir. On sait que dans certains cas, le réalisateur, qui se rabaisse ici à un simple tâcheron, tournera à l'avance plusieurs fins différentes qui seront ensuite présentées au public afin de choisir celle qui « plaira » davantage.

Une manifestation malheureuse du pouvoir du marché est le phénomène des radios commerciales, dont la politique de diffusion des chansons obéit à la seule loi de l'équation : cotes d'écoute = publicités = profit. Cette politique a mené à l'imposition d'un standard qui flatte les goûts du public et respecte les impératifs de la publicité : durée de trois minutes, solo instrumental, refrain accrocheur, style et sonorité au goût du jour, etc. Elle entraîne une uniformisation des chansons et l'exclusion des artistes les plus créatifs, qui se trouvent relégués à des circuits de diffusion parallèles qui n'atteignent jamais qu'un public très restreint. La radio renonce ainsi à tout objectif d'éducation qui viserait à élargir et à raffiner les goûts du public. Il faut mesurer ce pouvoir énorme de la radio commerciale pour bien apprécier le dilemme moral que doivent affronter certains artistes de la chanson, déchirés entre leur désir de percer le marché et les impératifs d'authenticité et de créativité. Il faut beaucoup de courage pour n'écouter que la voix intérieure de l'élan créateur, sans se soucier du succès commercial éventuel du produit final (sans se poser la question : y a-t-il un « hit » potentiel sur mon album ?).

Un des domaines où cette problématique des rapports entre art et marché se pose avec le plus d'acuité est l'univers de la publicité. Beaucoup d'artistes travaillent dans l'industrie publicitaire et y trouvent une source appréciable de revenus (tant comme revenu principal que comme revenu d'appoint). Pourtant, certains d'entre eux refusent de faire de la publicité et considèrent que mettre leurs capacités artistiques ou leur notoriété au service de la promotion d'un produit de consommation est un avilissement et une forme de prostitution. Le film de Denys Arcand *Jésus de Montréal* présente ces questions avec beaucoup de mordant.

Certains artistes adoptent une position de compromis pragmatique face à cette question. Ils acceptent de participer à des productions publicitaires, mais en étant très sélectifs dans le choix des produits qu'ils contribueront à promouvoir. D'autres voient dans certaines formes de publicité intelligente l'occasion d'un réel travail de création. D'autres encore diront simplement que les revenus appréciables qu'ils tirent de la publicité leur donnent ensuite les moyens de réaliser les projets qui leur tiennent réellement à cœur. Faut-il voir là un manque d'intégrité ?

La dépendance à l'égard de l'État

Il est difficile pour les artistes de vivre de leur art. La pauvreté, l'insécurité économique, les emplois multiples sont le lot de la majorité d'entre eux. La population des artistes augmente d'environ 3 % par année au Québec et le marché de la culture ne peut manifestement pas absorber une telle augmentation de main-d'œuvre. Y a-t-il trop d'artistes ? Si le marché ne suffit pas à faire vivre un artiste, il est tentant pour lui de se tourner vers l'État en lui demandant de remplir le rôle de soutien jadis dévolu aux mécènes, aux riches et aux puissants. L'implication de l'État dans le domaine culturel varie beaucoup selon les pays. La France est le pays où le soutien de l'État est le plus important. Il est en revanche très faible aux États-Unis, où existe une forte tradition de mécénat privé qui compense largement le budget ridiculement bas du National Endowment for the Arts, qui ne disposait au milieu des années 1990 que d'un budget de 167 millions de dollars (sur un budget total d'environ 1500 milliards de dollars !). Cette somme équivaut à environ 69 cents par habitant. Au Canada, le Conseil des arts du Canada et le Conseil des arts et des lettres du Québec distribuent les subventions aux artistes. Le budget du premier était de 116 millions de dollars en 2000, et celui du second de 57 millions de dollars (avec en plus une somme de 20 millions de dollars non récurrente). Beaucoup de voix dans le milieu artistique croient justifié de revendiquer l'aide de l'État en raison des difficultés chroniques qui affectent la grande majorité des artistes, qui ont beaucoup de mal à vivre de leur art. Ils constituent en quelque sorte un groupe défavorisé qui aurait une sorte de DROIT SOCIOÉCONOMIQUE au soutien de l'État.

Toute cette situation soulève la controverse. D'abord, elle met en cause le principe cardinal de l'autonomie de l'art dont nous avons dit qu'il était au cœur de toute la conception moderne de l'art. Le mécénat d'État ne replace-t-il pas l'art dans un rapport de dépendance envers une instance politique extérieure? L'art peut-il vivre dans cet état de dépendance tout en préservant son autonomie? Certains diront, par exemple, qu'il est difficile de concevoir que l'artiste puisse conserver toute sa liberté de critique face au pouvoir qui le nourrit. Nous avons vu que les mouvements conservateurs américains savent utiliser cette dépendance pour exercer une pression sur les artistes les plus audacieux. D'autres critiques s'adressent au favoritisme et au « copinage » dans l'octroi de subventions. La course aux subventions favorise la formation de cliques, les jeux d'influence et une sélection souvent arbitraire des projets. Certains artistes n'ont jamais eu de subvention de leur vie alors que d'autres, qui figurent parmi les jurés des organismes qui octroient des fonds, ont reçu des centaines de milliers de dollars. On reprochera à ces organismes de ne pas respecter de véritable neutralité et de favoriser certains courants et tendances. Par exemple, il est presque impossible à un peintre québécois qui pratique un art réaliste ou figuratif d'espérer recevoir une subvention du Conseil des arts et des lettres du Québec[20].

Un autre angle d'attaque de cette problématique consiste à justifier l'intervention de l'État en invoquant une valeur que l'on appellera sa responsabilité à l'égard d'un bien collectif important qui est la culture, ou encore, son devoir de promotion d'une culture nationale. La part du budget actuellement dévolue aux arts et à la culture est infime. On sait que le milieu artistique québécois mène depuis longtemps une bataille pour faire accepter la norme du 1 % qui est en vigueur depuis longtemps en France, c'est-à-dire que 1 % du budget soit consacré aux arts et à la culture. Cette question met en cause la place de la culture sur l'échelle de nos valeurs, et elle ouvre la porte à une analyse d'inspiration UTILITARISTE. Par exemple, on pourrait justifier la très faible portion du budget total de l'État consacrée à l'art et à la culture par le fait que les bienfaits qu'ils apportent à une population sont dérisoires en comparaison de ceux qu'apportent les systèmes de santé, d'éducation, de transport ou le développement économique. Mais, comme dans tout calcul d'utilité, il peut paraître problématique de comparer ici des choses incomparables et, surtout, de quantifier avec rigueur les bienfaits que chacun de ces domaines apporte à la vie sociale. Certains artistes ne manqueront pas d'arguer qu'une bonne part des satisfactions qu'apportent l'art et la culture est impossible à quantifier. Pourtant, d'autres ne craignent pas d'épouser la logique utilitariste pour la retourner en leur faveur. Ils recourent à des arguments économiques fondés sur l'importance des retombées économiques des investissements culturels ou sur leur rentabilité quant à la création d'emplois. En effet, la création d'un emploi dans le domaine culturel coûte bien moins à l'État que

20. Luc Chartrand, « L'art est-il malade? », *L'Actualité*, 15 octobre 1993, p. 72-78.

dans ceux de l'aéronautique ou de l'informatique. Cette logique utilitariste est toutefois une arme à double tranchant pour le milieu artistique, car elle l'expose à un autre argument UTILITARISTE selon lequel l'État devrait subventionner en priorité les activités susceptibles de rejoindre « le plus grand nombre » de personnes, ce qui pourrait remettre en cause les subventions allouées à ce que l'on appelle l'art d'avant-garde (musique classique contemporaine, arts plastiques, poésie, opéra) au profit des formes d'art plus « populaires » (chanson, cinéma, roman, etc.). Certains, enfin, remettent surtout en cause le fait que les artistes dépendent directement et individuellement de l'aide de l'État. Ils pensent que le soutien de l'État à la culture devrait passer par un renforcement de la place de l'art et de la culture dans l'éducation (bibliothèques, sorties culturelles des élèves, augmentation des heures d'enseignement consacrées à l'art, etc.) plutôt que par l'octroi de subventions directes à des individus ou à des groupes particuliers, ce qui ne saurait manquer d'engendrer tout un lot d'injustices.

EXERCICE 3

L'ARTISTE, UN TRAVAILLEUR À PART ENTIÈRE ?

La question de la dépendance du milieu artistique à l'égard des subventions de l'État a donné lieu à un virulent débat dans les médias. Les deux textes qui suivent résument assez bien les arguments des deux camps qui se sont affrontés.

Voici d'abord la position des artistes telle qu'elle est formulée dans une lettre adressée aux journaux et signée par des personnalités importantes du milieu culturel québécois. Cette lettre se voulait une réponse à une chronique antérieure de la journaliste Nathalie Petrowski.

Madame Petrowski,

En tant que représentants des artistes, écrivains et organismes membres du Mouvement pour les arts et les lettres (MAL) et des organisateurs de la manifestation du 21 février au Théâtre du Nouveau Monde, nous avons lu avec intérêt votre chronique de la semaine dernière intitulée « L'art d'être désespéré » (*La Presse*, 22 février). Nous sommes surpris que votre connaissance de la culture et des arts et lettres ne vous ait pas évité l'écueil d'un argumentaire basé sur des clichés et des lieux communs aussi éculés que « l'arrogance des artistes » et « la pauvreté inhérente à leur condition ».

[…] Vous vous demandez si nos revendications ne sont finalement que le fruit d'enfants gâtés convaincus que tout leur est dû et incapables d'apprécier la valeur non négligeable de 45 millions de dollars. Nous savons bien que vous n'écrivez pas dans la section « Économie », mais faites tout de même l'effort d'un petit calcul. Prenez le budget actuel du Conseil des arts et des lettres du Québec (CALQ), soit 45 millions de dollars, et mettez-le en rapport avec les 10 000 activités artistiques réalisées chaque année par 15 000 artistes, écrivains et travailleurs culturels. Ajoutez à cela le rayonnement international et les importantes retombées économiques que le Québec retire de cette effervescence artistique, en plus de tout le plaisir de millions de personnes qui, chaque année, en jouissent. Vous devriez déjà pouvoir répondre à la question que vous sous-entendez : 45 millions pour l'ensemble des arts et des lettres, est-ce suffisant ? D'évidence non, puisque la grande majorité des 15 000 artistes des arts et des lettres gagne un revenu inférieur au seuil de la pauvreté et que les organismes évitent chaque année les déficits en faisant des pieds et des mains pour aller chercher des revenus autonomes, en limitant les sommes consacrées aux cachets, en réduisant les salaires et les dépenses et en sollicitant un engagement toujours plus grand du personnel et des artistes.

Personne n'oblige personne à peindre, à danser ou à jouer de la clarinette dites-vous? C'est tout à fait juste, comme personne n'oblige les infirmières, les ingénieurs, les avocats, les architectes, les enseignants et tous les autres travailleurs à exercer le métier qu'ils exercent. Devrions-nous réduire le salaire de toute personne qui aime son métier pour la simple raison qu'elle l'exerce avec passion? Bien sûr que non! Alors pourquoi laisser croire à vos lecteurs que les métiers des arts et des lettres doivent nécessairement s'exercer dans la pauvreté? C'est le statut même de l'artiste ou de l'écrivain que vous mettez ainsi en cause. Nous sommes, nous aussi, des travailleurs à part entière. Nous ne cherchons pas à jouer aux martyrs ni à quémander la charité.

Vous concluez votre chronique en disant des artistes: ils sont libres d'exprimer leur voix et d'inventer leur monde chaque jour. Et cette liberté-là, n'en déplaise aux désespérés, vaut des millions. Effectivement, nous prisons cette liberté de nous exprimer à travers les arts et les lettres. En tant que journaliste et écrivaine, vous jouissez vous-même de cette liberté et vous exercez votre métier par choix et avec passion, nous l'espérons! Voilà pourquoi nous vous lançons aujourd'hui un défi. Puisque l'argent n'a, selon vous, qu'une importance très limitée pour les artistes et les écrivains, accepteriez-vous de vivre une année entière avec un salaire de 12 000 $ en versant le reste de votre rémunération à un organisme sans but lucratif de votre choix?

Nous serons heureux de vous lire à nouveau dans un an au terme de cette expérience[21].

Voici maintenant un texte du chroniqueur Roch Côté qui conteste en quelque sorte l'existence d'un quelconque droit de l'artiste à l'aide de l'État.

Plus je lis la littérature des artistes en mal d'argent, plus je me dis qu'ils souhaitent un système de type soviétique. Quiconque peint, écrit, danse, chante est un «travailleur à part entière», comme ils disent, et a droit à son salaire au même titre que les infirmières, les ingénieurs, les avocats, les enseignants, etc.

Il faudrait donc reconnaître le statut de «travailleur culturel» aux quinze mille artistes québécois recensés par les associations, et trouver l'argent pour les faire vivre raisonnablement. Où trouver cet argent? Au gouvernement, qui doit doubler les fonds qu'il accorde aux artistes, et bientôt sans doute les tripler.

[…] Là-dessus, il faut dire non aux artistes. Non, vous n'êtes pas des «travailleurs culturels»; non, vous ne devez jamais avoir de statut officiel; non, ce n'est pas vrai que l'on peut vous comparer aux avocats, aux enseignants, aux architectes.

Qui reconnaît à un avocat, à un enseignant, à un architecte son statut? C'est le diplôme, c'est la profession, c'est le pouvoir public. Vous faites des études dans un programme reconnu, vous sortez avec un papier officiel, vous entrez dans une corporation dont les statuts sont

21. «Artistes: un argumentaire basé sur des clichés», *La Presse*, 6 mars 2000, p. B3. Lettre collective coordonnée par le Mouvement pour les arts et les lettres.

reconnus par les pouvoirs publics, et vous voilà dûment étampé membre de la profession : avocat, appellation d'origine contrôlée.

Jamais on ne me fera croire qu'on devient écrivain ou peintre de la même façon. Ça ne se compare pas. Or, ce que je lis dans les récriminations des associations d'artistes, c'est qu'on serait créateur et artiste de la même façon qu'on est avocat ou architecte. Avec un statut reconnu. Écrivain officiel, peintre enregistré.

D'où un artiste tire-t-il son « statut » d'artiste ? De la reconnaissance qu'il reçoit de ses contemporains, le mot reconnaissance étant pris en son sens premier : reconnaître l'art de quelqu'un, l'accepter, le consommer. Un écrivain est reconnu par ses lecteurs, un peintre par ses admirateurs et acheteurs, etc. Tel est le statut authentique de l'artiste, il n'y en a pas d'autre. Et ce statut est fragile, il peut en tout temps être remis en question. Aucune compagnie ne l'assure.

Mais, l'écrivain qui n'a pas d'éditeur ni de lecteurs, le peintre dont les toiles ne sont pas exposées, ne sont-ils pas aussi des artistes que l'on devrait reconnaître et encourager ? […] Le créateur s'adresse aux gens de son époque, ses œuvres doivent être consommables ici et maintenant. Et c'est pourquoi la sanction du public, du moins d'un certain public, est l'élément essentiel de la reconnaissance de l'artiste. Rien, aucun statut officiel, aucune loi, aucun membership ne peut remplacer ce lien moral entre le créateur et le public. Que l'on accorde des bourses, que l'on soutienne un peu les créateurs, soit. Mais pas trop. L'État n'a pas à se substituer au public pour reconnaître les créateurs. Que l'on soutienne un peu le poète qui n'ose espérer les ventes de Danielle Steele, d'accord. Mais ce n'est pas la faute de l'État ou des contribuables si le poète n'a que deux cents lecteurs. Qu'on ne vienne pas nous dire qu'il « travaille » à moins que le salaire minimum. Cela n'a pas de sens. Le mieux que l'État puisse faire, c'est encore d'investir dans « le béton ». Parfaitement, dans le béton ! Que l'État encourage à la consommation des œuvres, qu'il s'assure de la viabilité de certaines galeries, des musées, d'un nombre suffisant d'éditeurs et de libraires, de salles de spectacles, soit. La culture n'est pas un marché comme les autres. Il faut que le public ait accès à autre chose que la littérature Harlequin ou la « musique » rap. Il faut que les éditeurs puissent se payer le luxe de publier des poètes de deux cents lecteurs. Peut-être qu'un jour notre poète en aura deux mille. En attendant, il n'est pas du tout scandaleux qu'il soit, comme Yves Thériault, obligé de vendre du fromage pour boucler ses fins de mois. La création a ses risques. Il faut les accepter. Sinon, on se fait fonctionnaire[22].

QUESTIONS

1. Essayez de trouver des arguments UTILITARISTES dans ces deux textes. Quel poids leur accordez-vous ?

2. Quelle serait la position d'un philosophe LIBERTARIEN sur cette controverse ? Seriez-vous d'accord avec cette position ?

3. Voyez-vous des possibilités de compromis entre ces deux positions qui paraissent inconciliables à première vue ?

---

22. Roch Côté, « Subventionner les artistes ? Pas trop ! », *Voir*, 23 mars 2000, p. 15.

L'art d'avant-garde

Une des dérives à laquelle peut conduire une recherche excessive de l'autonomie touche l'art contemporain d'avant-garde, auquel on a beaucoup reproché de se complaire dans l'hermétisme et les innovations stériles, de n'avoir d'autre auditoire qu'une minuscule chapelle d'initiés et, surtout, de n'avoir aucun souci de communiquer avec le public. Tout cela vient en partie de ce que l'artiste, qui se tourne vers son monde intérieur, et dont le désir profond est d'exprimer «sa» vérité ou d'innover à tout prix, peut en arriver à utiliser un langage que lui seul comprend ou à produire une œuvre dont le sens reste impénétrable, même pour un public cultivé. Jean-Paul Sartre écrivait: «Il n'est donc pas vrai qu'on écrive pour soi-même: ce serait le pire échec; [...] C'est l'effort conjugué de l'auteur et du lecteur qui fera surgir cet objet concret et imaginaire qu'est l'ouvrage de l'esprit. Il n'y a d'art que pour et par autrui[23].» Certaines peintures, sculptures ou musiques de l'art actuel peuvent apparaître dénuées de sens, gratuites, vides et même mystificatrices à un spectateur ou à un lecteur qui ne dispose plus d'aucun point de repère pour les apprécier ou leur trouver un sens. On accuse parfois les artistes d'avant-garde de faire preuve d'élitisme ou d'afficher un certain mépris envers le public. La problématique que nous abordons ici est donc la suivante: l'artiste a-t-il le devoir de chercher à communiquer avec le public, ou l'idéal d'autonomie de l'art signifie-t-il que l'artiste ne destine essentiellement son œuvre qu'à lui-même?

La décennie 1990 a donné lieu, tant au Québec qu'en France, à des débats très virulents au sujet de l'art d'avant-garde. Cette controverse a surtout touché les milieux des arts plastiques et de la musique classique contemporaine. On se plaint de ce que les compositeurs de musique classique actuels produisent des œuvres incompréhensibles qui écorchent les oreilles des amateurs et auxquelles même la majorité des musiciens professionnels s'intéressent peu. On se rappellera également le scandale provoqué par l'achat par le Musée des Beaux-Arts du Canada de deux toiles de deux grands noms de l'art contemporain, au coût de 1,8 million de dollars chacune: une toile du peintre américain Mark Rothko, intitulée *N° 16*, composée de deux rectangles ivoire aux contours flous sur fond orange et écarlate, et *La Voix du feu*, de l'Américain Barnett Newman, un tableau haut de 5,4 mètres, formé de deux bandes verticales bleues et d'une rouge. Certains ont trouvé scandaleux que les fonds publics soient dilapidés dans l'achat d'œuvres dont la valeur paraît pour le moins suspecte aux yeux du profane. Les défenseurs de l'art actuel répondent à ces critiques en disant qu'il est impossible de juger une œuvre sans connaître la démarche individuelle de son créateur et qu'il est de la nature de l'art d'avant-garde d'être exploratoire, de prendre des risques et de déranger. Dans le passé, bien des grands noms de l'art n'ont-ils pas été incompris par leurs contemporains parce qu'ils bousculaient trop les habitudes et les conventions?

Il faut peut-être voir l'origine de cet état de choses dans cette conception absolutiste de l'impératif de la créativité qui a dégénéré en une obsession de l'innovation à tout prix, et que le philosophe Luc Ferry qualifie d'«originalisme»[24]. Cette concep-

---

23. Jean-Paul Sartre, Qu'est-ce que la littérature?, Paris, Gallimard, coll. Idées, 1948, p. 54-55.
24. Luc Ferry et André Comte-Sponville, *La sagesse des modernes*, Paris, Robert Laffont, 1998, p. 385.

tion a engendré une suite de gestes d'éclat provocateurs comme le *Carré noir sur fond blanc* et le *Carré blanc sur fond blanc* du peintre russe Malevitch, qui dit avoir découvert la puissance d'expression des «espaces vides», le *4'33"* du compositeur John Cage (qui désigne la durée de 4 minutes et 33 secondes de cette œuvre musicale «silencieuse» au cours de laquelle un musicien reste assis au piano sans rien faire), ainsi que les *ready-made* de Marcel Duchamp (ces objets «tout faits» que Duchamp s'est contenté de signer et d'exposer dans un musée, comme son célèbre *Urinoir*, et qui remettent en cause les conventions sociales qui sous-tendent l'attribution de l'étiquette «œuvre d'art» à un objet). Le problème de cet art voué à l'innovation est qu'il semble avoir fait le vide autour de lui. Il s'est dissocié de tout horizon culturel partagé, de tout système de référence intelligible qui permettrait au public de s'y retrouver.

Un *ready-made* de Marcel Duchamp (1887-1968): quand la *manière* éclipse la *matière*.

Toute cette controverse autour de l'art d'avant-garde peut paraître, de prime abord, étrangère à la sphère morale. Elle soulève toutefois des réactions d'indignation passionnées dans lesquelles transparaissent d'indéniables préoccupations morales. On se scandalise de voir l'art ainsi dénaturé; on soupçonne certains artistes de mépriser le public; on leur reproche de profiter de subventions publiques pour produire des œuvres qui n'intéressent personne; on leur signifie en fait qu'ils ont une certaine responsabilité envers le public et la société. Jean Clair, qui est un des ténors français de la contestation de l'art d'avant-garde, écrit par exemple: «D'où l'art moderne pouvait-il bien tirer cette impunité, qui le mettait à l'écart du jugement des humains, lui ôtait la corvée d'être utile et l'obligation, comme à toute autre activité de l'esprit, de rendre des comptes à la communauté? Pouvait-on imaginer que l'artiste était cet homme qui ne répondît de rien? À personne? Irresponsable[25]?» Peut-être, au fond, l'art d'avant-garde vient-il ébranler chez plusieurs une certaine vision idéale de l'art et du rôle social de l'artiste, celle d'un art qui viendrait enrichir nos vies, élargir nos perspectives, nous aider à nous comprendre nous-mêmes et à nous libérer de nos barrières intérieures. Or, un tel art n'est possible que s'il donne lieu à une communication fructueuse entre les artistes et le public.

L'art d'avant-garde semble manifester en certains points cet excès d'individualisme et de subjectivisme qui constitue, au dire de Charles Taylor, la face négative de l'IDÉAL D'AUTHENTICITÉ. Il n'est pas étonnant de voir Taylor donner l'art d'avant-garde en exemple lorsqu'il illustre les dangers d'une morale de l'autonomie et de la liberté absolues. En voulant s'affranchir de toute influence extérieure indue, l'individu libre est amené à se refermer sur lui-même, à se couper des horizons de signification qui occupent son espace culturel ambiant et à refuser le dialogue ouvert avec autrui. Selon Taylor, il s'éloigne ainsi des conditions qui font d'une œuvre d'art une production signifiante et enrichissante. Taylor, on s'en souviendra, critique l'accent exagéré placé sur la «manière» au détriment de la «matière» dans l'exercice de la

---

25. Jean Clair, *La responsabilité de l'artiste*, Paris, Gallimard, 1997, p. 16.

liberté individuelle. Appliquée à la pratique artistique, cette analyse signifie que ce que l'artiste gagne sur le plan d'une liberté de création totale, il risque de le payer par un appauvrissement du contenu même de son œuvre. Il pourra s'enfermer dans un monde purement subjectif et autosuffisant et perdre le contact avec ces dimensions fondamentales de la vie humaine qui font que le public trouvera quelque chose d'enrichissant dans son œuvre[26].

L'ART ENGAGÉ

La morale de l'autonomie stipule que l'art ne doit servir aucune autre fin que lui-même, qu'il ne doit plus, comme c'était le cas dans le monde traditionnel, être un moyen au service de finalités extérieures à lui-même, telles que des buts politiques, idéologiques, religieux ou moraux. L'art d'avant-garde incarne parfaitement cet idéal, car à travers lui, l'art devient une fin en soi qui n'a d'autre visée que la pure création esthétique de formes inédites. Pourtant, un courant important de l'art moderne a toujours plaidé en faveur de l'engagement social ou politique de l'artiste. Bien des artistes, loin de voir l'art comme un domaine étranger à la vie sociale et politique, nourrissent en effet l'espoir que l'art vienne exercer une influence heureuse sur la société, qu'il contribue à « changer la vie » et à faire évoluer les mentalités, et qu'en dénonçant des tares sociales telles que l'injustice, le mercantilisme, le conformisme et les préjugés de toutes sortes, il soit un véritable agent de transformation sociale. Cette vision a animé plusieurs courants artistiques du XXe siècle. Elle a souvent amené des artistes à véhiculer dans leurs œuvres des messages idéologiques, politiques ou moraux et même à participer à des débats publics ou à s'engager dans la politique active.

Émile Zola, influencé par les penseurs socialistes, dénonça dans des romans comme *Nana* ou *Germinal* l'arrogance des bien-pensants et l'exploitation des ouvriers. Il prit position contre l'antisémitisme lors de l'affaire Dreyfus dans une célèbre lettre intitulée *J'accuse*. L'engagement social fut au cœur du mouvement expressionniste allemand du début du siècle. Les artistes de ce mouvement situaient leur credo artistique dans une perspective utopiste de révolution sociale qu'un commentateur résume en ces mots : « Ils veulent détruire l'ancien monde pour reconstruire un nouveau monde sur ses ruines. Ils ne proclament pas une esthétique nouvelle, mais une attitude enracinée dans l'éthique[27]. » Leur but était de transformer le monde et d'améliorer la société. Il faut aussi mentionner le cas du Bauhaus, école allemande d'art et d'architecture fondée en 1919, animée par un idéal socialiste affirmant la fonction sociale de l'art et visant l'intégration de l'art à la civilisation industrielle ainsi que la réconciliation de l'art pur et des arts appliqués. Le slogan du Bauhaus était : « L'art ne [doit] plus être un but en soi, mais une activité responsable[28]. » Dans les années 1920-1930, le mouvement surréaliste en France fut déchiré par cette question de l'engagement politique. À l'époque de la montée du fascisme en Europe, plusieurs artistes jugèrent qu'il était de leur devoir de s'engager sur le plan politique. Certains, dont les écrivains

---

26. Charles Taylor, *Grandeur et misère de la modernité*, chapitres 6 et 8 ; *Les sources du moi*, chapitres 21, 23 et 24.

27. Karl Ruhrberg (dir.), *L'art au XXe siècle*, Paris, Taschen, 1998, p. 54.

28. *Ibid.*, p. 177.

Louis Aragon et Paul Éluard, s'adonnèrent au militantisme actif sous la bannière du parti communiste, alors qu'André Breton, le « pape » du mouvement, s'y refusa. L'art engagé refait surface avec beaucoup de vigueur de nos jours dans les œuvres de nombreux artistes qui placent explicitement leur démarche sous l'enseigne d'une grande cause: féminisme, pacifisme, environnementalisme, nationalisme, mouvement des gais et lesbiennes, etc. Le sculpteur québécois Armand Vaillancourt, véritable modèle de l'artiste engagé, a produit des œuvres dénonçant autant la violence et la pollution que le sort des femmes battues, des peuples autochtones et des jeunes. Il déclare: « Les artistes doivent être proches des gens et conscients de la société et de ses injustices[29]. »

Le sculpteur Armand Vaillancourt, un modèle d'artiste engagé.

Cette vision de l'artiste socialement engagé est cependant loin de prévaloir dans les milieux artistiques contemporains. Un courant de pensée tout aussi influent, auquel se rallie généralement l'art d'avant-garde, défend l'idée que l'art n'a pas à être au service d'autre chose que de lui-même et que « les engagements idéologiques et politiques n'ont aucun rapport avec la production artistique[30] ». Le romancier Alain Robbe-Grillet écrivait en 1961:

> Le seul engagement possible pour l'écrivain, c'est la littérature. Il n'est pas raisonnable, dès lors, de prétendre dans nos romans servir une cause politique, même une cause qui nous paraît juste, même si dans notre vie politique, nous militons pour son triomphe. La vie politique nous oblige sans cesse à supposer des significations connues; significations sociales, significations historiques, significations morales. L'art est plus modeste – ou plus ambitieux –; pour lui, rien n'est jamais connu d'avance. Avant l'œuvre, il n'y a rien, pas de certitude, pas de thèse, pas de message[31].

L'argument central est ici qu'il y a un danger inhérent à toute démarche qui rabaisse le processus créateur au rang de moyen au service d'une fin idéologique ou de véhicule d'un message politique préconçu et qui risque pour cette raison de détourner l'artiste de sa vraie mission de créateur. Eugène Ionesco formule bien le sens de ce péril dans le passage suivant où il fustige ce qu'il appelle « l'auteur à thèse », qu'il accuse de violer l'impératif d'authenticité:

> D'une certaine façon, un auteur à thèse est un faussaire. Il mène ses personnages, par exemple, vers un but déterminé, il leur impose une direction, il sait à l'avance ce qu'ils doivent être, il aliène la liberté de ses propres personnages et de sa propre création. Son art n'est plus une exploration puisqu'il est tributaire d'un domaine exploité; ses créatures ne sont que des marionnettes, il n'y aura plus de révélations dans ce qu'il fait, mais simplement illustration, exemplification. Tout est donné dès le départ[32].

29. Christine Tremblay, « Monument aux morts d'Armand Vaillancourt », *Le Quotidien*, 11 novembre 1999, p. 4.

30. Yves Hélias et Alain Jouffroy, « Portrait idéologique de l'artiste fin de siècle », dans *Manière de voir*, nº 19, septembre 1993, « L'agonie de la culture? », p. 83.

31. Alain Robbe-Grillet, *Pour un nouveau roman*, Paris, Gallimard, coll. Idées, 1961, p. 152.

32. Eugène Ionesco, *Notes et contre-notes, op. cit.*, p. 41-42.

Les œuvres porteuses de « messages » sont souvent décevantes sur le plan créateur. Elles peuvent donner l'impression de rabâcher des clichés et des lieux communs, ou de mettre en scène des personnages stéréotypés. Y a-t-il de bonnes raisons de croire que l'engagement social ou politique puisse mettre en péril la démarche créatrice de l'artiste ? Le critère d'authenticité nous fournit sans doute ici une partie de la réponse. Prenons le cas d'un Gaston Miron ou d'un Gilles Vigneault, qui ont exprimé dans leur poésie leur attachement au « pays » et leur rêve de voir le Québec joindre le rang des nations indépendantes. Peut-on dire qu'ils ont exprimé alors leur « vérité intérieure », qu'ils ont fait preuve d'authenticité et qu'ils ont trouvé dans leur ferveur nationaliste une véritable inspiration créatrice ? Plusieurs diront que oui. Mais en même temps, n'est-il pas tout aussi acceptable que d'autres artistes, pour qui l'enjeu de l'accession du Québec à l'indépendance revêt moins d'importance, n'y trouvent pas la moindre inspiration et ne ressentent aucune « nécessité intérieure » d'en parler ?

L'ART ET LA MORALE

Il nous reste maintenant à examiner une dernière forme d'engagement de l'artiste qui nous intéresse au plus haut point, celle de l'engagement proprement moral. La morale, dans sa forme autoritaire traditionnelle, est, avec les pouvoirs religieux et politique, une des puissances extérieures dont l'art moderne a voulu se libérer au nom de son droit à la plus totale liberté de création. Milan Kundera dira, par exemple, que la suspension de tout jugement moral est essentielle au travail du romancier moderne : « La création du champ imaginaire où le jugement moral est suspendu fut un exploit d'une immense portée : là seulement peuvent s'épanouir des personnages romanesques, à savoir des individus conçus non pas en fonction d'une vérité préexistante, en tant qu'exemples du bien ou du mal, ou en tant que représentations de lois objectives qui s'affrontent, mais en tant qu'êtres autonomes fondés sur leur propre morale, sur leurs propres lois[33]. » Si la tâche fondamentale de l'artiste est l'exploration de tous les possibles humains, il est clair que celui-ci ne saurait se laisser arrêter par des restrictions d'ordre moral.

Mais l'entreprise de montrer le mal d'une manière neutre et exempte de tout jugement moral semble faire problème. On a vu récemment des critiques dénoncer des œuvres mettant en scène des acteurs de l'aventure nazie pour la raison qu'elles en faisaient l'apologie ou qu'elles contribuaient à humaniser des monstres. Ce fut le cas du film *La Chute*, qui présente les douze derniers jours de la vie d'Adolf Hitler, ainsi que du roman *Pogrom*, qui met en scène des racistes antijuifs. L'auteur de *Pogrom*, Éric Bénier-Bürckel, a même fait l'objet d'une poursuite judiciaire par le gouvernement français, qui a mené à un acquittement. Dans ces deux cas, les auteurs se sont défendus en disant qu'ils voulaient simplement décrire et explorer une réalité humaine, non en faire l'apologie.

Plusieurs créateurs modernes se sont aventurés dans des régions auparavant interdites où règnent l'immoralité, l'obscénité, la déchéance ou la perversion (*Lolita* de Nabokov, la plus grande partie de l'œuvre de Henry Miller, *Le silence des agneaux*

---

33. Milan Kundera, *Les testaments trahis, op. cit.*, 1993, p. 18.

de Thomas Harris, *Orange mécanique* de Stanley Kubrick ou, pour prendre un exemple récent, le roman *Les effets pervers* de l'auteur québécois Martin Gagnon). D'autres encore ont abordé ces zones limites de l'expérience humaine où la morale reste muette et devient même dérisoire, celles du désespoir, de l'absurde, du cynisme, de la solitude irrémédiable (*L'Étranger* et *La Chute* d'Albert Camus, *En attendant Godot* et la trilogie *Molloy* de Samuel Beckett). Faut-il juger de telles œuvres d'un point de vue moral et leur reprocher d'affaiblir nos convictions morales ? C'est l'avis de la romancière canadienne Nancy Huston dans son essai controversé, *Professeurs de désespoir*. Elle y dénonce la littérature nihiliste ou « néantiste » d'auteurs comme Beckett, Kundera, Cioran, Houellebecq ou Christine Angot, auxquels elle reproche d'exécrer la vie, de ne présenter que son côté sombre et de prêcher le désespoir à leurs lecteurs.

En attendant Godot : une vision dérisoire et désespérée de l'être humain où la morale semble muette.

Faut-il plutôt considérer l'art comme un monde d'exploration et de transfiguration qui doit rester étanche aux considérations morales et s'abstenir de tout jugement de cet ordre ? L'artiste doit-il être celui qui nous amène là où nous n'osons pas aller ? C'est ce que croit Georges Bataille, qui affirme à propos de la littérature : « La littérature ne peut assumer la tâche d'ordonner la nécessité collective. Il ne lui convient pas de conclure : "ce que j'ai dit nous engage au respect fondamental des lois de la cité" ; […] La littérature est même, comme la transgression de la loi morale, un danger. […] elle est irresponsable. Rien ne repose sur elle. Elle peut tout dire[34]. »

Pourtant, ici encore la pratique effective d'un grand nombre d'artistes réputés ne semble pas avoir tenu compte de ce principe du bannissement du jugement moral. Beaucoup d'œuvres artistiques modernes traitent explicitement de dilemmes moraux et de questions morales. Elles le font parfois sur un mode exploratoire et interrogatif, leur auteur examinant un problème moral difficile sans prononcer de jugement explicite et sans proposer de solution. Mais dans bien d'autres cas, elles expriment très clairement l'attachement de leur auteur à des valeurs morales (la *Neuvième Symphonie* de Beethoven, *Guernica* de Picasso, le roman *La Peste* d'Albert Camus, *La mort d'Ivan Illitch* de Léon Tolstoï, des films comme *L'homme éléphant* de David Lynch, *Au nom du père* de Jim Sheridan ou *La liste de Schindler* de Steven Spielberg, etc.). Est-ce le rôle de l'art de défendre des valeurs morales ou d'être porteur de messages moraux ? On reproche souvent à certaines œuvres d'être « moralisatrices », c'est-à-dire de prêcher une vérité morale simplificatrice plutôt que de se contenter de fouiller la réalité humaine sous toutes ses facettes en laissant le public libre d'y puiser ce qui lui conviendra.

34. Georges Bataille, *La littérature et le mal*, Paris, Gallimard, coll. Idées, 1957, p. 25-26.

N'y aurait-il pas lieu néanmoins de reconnaître à l'art une fonction d'éducation morale plus diffuse et indirecte? L'art, diront certains, a la propriété d'affiner notre sensibilité morale du seul fait qu'il enrichit notre connaissance de l'être humain en nous ouvrant à d'autres mondes intérieurs. L'art nous aiderait de cette manière à mieux nous comprendre les uns les autres, et c'est à ce titre qu'il viendrait solidifier nos ressources morales. On loue aussi fréquemment le fait que l'art a la faculté de rassembler les humains autour d'œuvres qui éveillent des sentiments universellement partagés et de les aider à surmonter les barrières sociales, culturelles ou politiques qui les divisent (un exemple frappant à ce propos fut la participation simultanée de chorales des cinq continents de la planète à l'exécution du mouvement final de la *Neuvième Symphonie* de Beethoven lors des cérémonies d'ouverture des Jeux olympiques de Nagano de 1998).

Il est indéniable que nous portons spontanément bien des jugements moraux sur les œuvres artistiques et sur la conduite des personnages qui y sont représentés. Certaines œuvres susciteront notre indignation ou notre mépris, certains personnages de film ou de roman nous toucheront par leur beauté ou leur laideur morale. L'idée d'une suspension de toute évaluation morale dans la sphère artistique paraît aussi irréaliste et réductrice que celle d'obliger l'artiste à s'engager sur le plan moral ou de lui interdire de représenter les recoins les plus noirs de l'âme humaine. Refuser que la morale, la religion ou la politique gouverne la pratique artistique paraît essentiel à son épanouissement. Peut-être faut-il reconnaître que l'artiste a une tâche à accomplir qui n'est pas fondamentalement morale, sociale ou politique? En revanche, refuser d'exprimer tout point de vue moral, idéologique ou politique dans l'art sous prétexte de préserver son autonomie semble exagéré. La morale et la politique sont des dimensions fondamentales de l'existence humaine et, à ce titre, rien n'exclut qu'elles puissent inspirer des créateurs, constituer pour eux une sorte de nécessité intérieure et devenir partie prenante dans cette recherche d'authenticité et de vérité qui est au cœur de la pratique artistique.

EXERCICE 4

L'ART A-T-IL UNE MISSION?

Voici deux textes qui expriment des positions antagonistes sur la question du rôle social et moral de l'art. Le premier a été écrit par le dramaturge québécois Michel Tremblay à l'occasion de la Journée mondiale du théâtre de l'an 2000. Le deuxième est une réplique au texte de Tremblay formulée par le critique littéraire Gilles Marcotte.

Il y a plus de deux mille ans, l'Électre d'Euripide disait : «Comment commencer mon accusation? Comment la terminer? Que mettre en son milieu?» En cette ère de l'euphémisme et de la langue de bois où il est mieux vu de ménager la susceptibilité de tout le monde que de dire les choses comme elles sont, le cri de la fille d'Agamemnon est toujours aussi pertinent. N'est-ce pas là le rôle du théâtre? Accuser. Dénoncer. Provoquer. Déranger. Ce ne sont certes pas la mondialisation tant à la mode et dont on nous rebat sans cesse les oreilles, l'universalité à tout prix et la globalisation qui menace de réduire notre monde à la grandeur d'un village où tout est pareil, qui faciliteront le rôle du théâtre dans notre société de plus en plus aseptisée et assujettie aux deux ou trois gros monstres culturels qui ont tendance à tout diriger du haut de leur puissance. À trop vouloir que tout se ressemble, rien ne ressemblera plus à rien. Non, le salut, au début de ce troisième millénaire, viendra plutôt de ces petites voix qui s'élèvent de partout pour décrier l'injustice et, en accord avec les fondations mêmes du théâtre, extraire l'essence de l'être humain, la pressurer, la transposer pour la partager avec le monde entier. Ces petites voix viennent d'Écosse, d'Irlande, d'Afrique du Sud, du Québec, de Norvège et de la Nouvelle-Zélande, elles font entendre partout leur cri d'indignation, elles ont un parfum parfois local et une coloration précise qui n'ont rien de global, c'est vrai, mais au moins elles sont authentiques! Et elles parlent à tout le monde parce qu'au départ elles s'adressent à quelqu'un, un public particulier, qui peut vibrer en reconnaissant ses émois et ses peines, pleurer sur lui-même et rire de lui-même. Et le monde entier se reconnaîtra si, au point de départ, le portrait esquissé est ressemblant. Car l'universalité d'un texte de théâtre ne se situe pas dans l'endroit où ce texte a été écrit mais dans l'humanité qui s'en dégage, la pertinence de son propos, la beauté de sa structure. On n'est pas plus universel quand on écrit à Paris ou à New York plutôt qu'à Chicoutimi ou à Port-au-Prince. On est plus universel quand, tout en parlant de ce qu'on connaît à un public qui accepte de se voir et de s'autocritiquer, on arrive, par le miracle du théâtre, oui, par la foi qu'on y met, par la sincérité qu'on y investit, à décrire, à chanter l'âme humaine, à en fouiller les arcanes, à en restituer toute la richesse. Tchekhov n'est pas universel parce qu'il est Russe mais parce qu'il a le génie de décrire l'âme russe dans laquelle tous les êtres humains peuvent se retrouver. Il en est ainsi de tous les génies, et même des simples et bons auteurs de théâtre: chaque réplique écrite par un auteur quelque part dans le monde est par définition universelle si elle exprime le cri fondamental d'Électre: «Comment commencer mon accusation? Comment la terminer? Que mettre en son milieu[35]?»

Voici maintenant la réplique de Gilles Marcotte.

Il y a une idée à la fois très simple et très dangereuse – les idées simples sont presque toujours dangereuses – qui est propagée depuis quelques décennies par les discours sur l'art. Elle veut que la littérature, le théâtre, la peinture et la sculpture, pour ne citer que ceux-là, aient pour mission de nous rendre meilleurs, de transformer le monde, de le purger des maux qui l'accablent, enfin de l'entraîner vers un avenir meilleur. Je lisais par exemple il y a quelque temps, dans le texte officiel de la Journée mondiale du théâtre, cette définition en quatre infinitifs du rôle du théâtre: «Accuser. Dénoncer. Provoquer. Déranger.» Le théâtre aurait donc pour devoir et pour effet de sortir les spectateurs de leur somnolence et de leur bonne conscience, comme on le recommandait autrefois aux prédicateurs des retraites paroissiales. L'art au service de la morale, en somme. La morale n'est plus tout à fait ce qu'elle était à l'époque où on a inventé cette formule célèbre, mais peu importe: l'important, c'est que l'art nous fasse la leçon. (Mais contre qui, contre quoi s'élève l'accusation dans *Les Belles-Sœurs* de Michel Tremblay? dans *Les Mains sales* de Jean-Paul Sartre?) Mon deuxième exemple, je le trouve dans un programme de théâtre. Je ne vais pas souvent au théâtre, mais quand j'y vais, je travaille fort, rien ne doit m'échapper, je lis tout et j'écoute de toutes mes oreilles. Dans ce programme, d'ailleurs beaucoup mieux écrit que le texte précédemment cité, par un intellectuel de très bonne classe, je lis que l'auteur «poursuit [dans son œuvre et non pas à ses moments perdus] une réflexion sur le rôle de la femme dans la société

---

35. Michel Tremblay, «Accuser, dénoncer, provoquer, déranger: n'est-ce pas là le rôle du théâtre?», *La Presse*, 27 mars 2000, p. B3.

contemporaine ». Voilà qui est louable. Que serait un dramaturge s'il n'était pas avant tout penseur, s'il ne transportait pas sur la scène ses précieuses réflexions sur les problèmes les plus aigus de notre époque ? Non seulement le théâtre doit nous moraliser, il a également pour fonction de nous instruire, de nous faire penser, de nous engager dans un travail de réflexion. Si les spectateurs n'ont pas le front soucieux, en sortant de la salle, c'est qu'ils n'ont pas compris la pièce qui leur était présentée. Ils devraient se sentir coupables. […] On aura peut-être soupçonné que mon idée à moi, sur cette question, est un peu différente. Je la résumerai en citant la réponse du poète américain Wallace Stevens – il avait l'excuse, pour ainsi dire, d'être vice-président d'une compagnie d'assurances – à une question portant sur les obligations du poète à l'égard de sa société : « He has none. » Il faut le répéter sur tous les tons, aujourd'hui plus que jamais : la littérature, le théâtre, la peinture, la sculpture sont inutiles, ne servent à rien. On pourra trouver des grains de sagesse dans les romans de Robertson Davies ; découvrir les premiers mouvements de la modernisation de la société québécoise dans le *Bonheur d'occasion* de Gabrielle Roy ; réchauffer sa foi nationaliste en relisant les poèmes de Gaston Miron ; trouver des renseignements fort intéressants sur Haïti dans les romans d'Émile Ollivier. Mais si on ne lit que ce genre de chose dans un roman ou un recueil de poèmes, on ne l'aura pas vraiment lu, parce que leur raison d'être ne réside pas dans ces petits profits, ils n'offrent rien qui ressemble à une solution, à une conclusion. Le cheminement que nous propose le roman est celui qui va de « rien n'est simple » à « tout se complique » […]. Northrop Frye disait que, parmi les retombées de la littérature, la plus importante, après l'exploration de la langue, était la tolérance. Encore faut-il l'entendre de façon radicale. L'œuvre authentiquement littéraire est celle qui rend le jugement impossible. Si vous sortez du roman de Flaubert en ayant l'impression d'avoir compris Emma Bovary et d'être en mesure de porter sur elle un jugement, de savoir ce qu'elle aurait dû faire pour ne pas tourner mal, c'est que vous n'avez pas lu un roman mais une histoire de cas. Non, la littérature n'est pas utile. Elle est, plus modestement, nécessaire. Elle nous apprend à lire dans le monde ce que, précisément, les discours moralisateurs écartent avec toute l'énergie dont ils sont capables : la complexité, l'infinie complexité de l'aventure humaine[36].

QUESTIONS

1. Résumez l'essentiel des positions exprimées par ces deux auteurs.

2. Y a-t-il dans ces deux textes des contradictions internes et des points de convergence qui permettraient d'atténuer en partie la divergence d'opinion fondamentale qui les sépare ?

   a) Par exemple, n'y a-t-il pas dans le texte de Tremblay des éléments qui s'écartent de son idée de départ selon laquelle le rôle du théâtre serait d'« accuser, dénoncer, provoquer, déranger » ?

   b) Gilles Marcotte est-il réellement capable de soutenir jusqu'au bout la thèse selon laquelle l'art est « inutile » ?

3. Quel est votre avis sur la question de l'engagement politique, social ou moral de l'artiste ?

---

36. Gilles Marcotte, « La littérature est inutile », *Le Devoir*, 6 mai 2000, p. D1.

Guide de dissertation

Dans ces pages, vous trouverez une méthode d'analyse de problèmes ou de dilemmes moraux qui pourra vous servir de guide dans la rédaction d'une dissertation. Cette méthode générale peut être appliquée à des problèmes moraux de divers genres et degrés de complexité.

LE CHOIX DU SUJET

Le choix du cas ou du problème à analyser est important. Il faut d'abord s'assurer qu'il s'agit bel et bien d'un problème d'ordre moral et que ce problème mérite une analyse approfondie. Il doit donc s'agir d'une décision ou d'un choix d'action difficiles, qui mettent en jeu des exigences proprement morales. Rappelons toutefois que le domaine moral est très vaste et que les sujets qu'on y traite peuvent avoir des dimensions très variées. Ils peuvent être d'ordre personnel, social, juridique ou politique.

La dissertation peut porter sur un cas singulier et très particulier. Par exemple : Un journaliste avait-il le droit de révéler au grand jour l'identité d'une personne soupçonnée de fraude ou d'agression sexuelle ? La direction d'une école était-elle justifiée de refuser d'intégrer un enfant handicapé à l'enseignement ordinaire ? Une entreprise était-elle justifiée de congédier un employé qui a dénoncé publiquement certaines de ses pratiques douteuses ?

Elle peut aussi porter sur une problématique plus générale touchant une variété de cas ou de problèmes apparentés, par exemple : Quelles sont les limites de la liberté d'expression des journalistes ? Les enfants handicapés ont-ils le droit d'être admis à l'enseignement ordinaire ? Jusqu'où doit aller le devoir de loyauté des employés envers l'entreprise pour laquelle ils travaillent ? Les travaux portant sur des problématiques générales de ce genre sont plus ambitieux et exigent l'analyse de plusieurs cas différents.

Les cas analysés peuvent être des cas réels, puisés dans l'actualité, dans l'histoire récente ou dans des expériences vécues. Ils peuvent être des cas imaginaires élaborés par vous à partir de cas réels. Ils peuvent également être tirés d'œuvres de fiction, comme des romans ou des films.

LA MÉTHODE D'ANALYSE

La méthode d'analyse que nous proposons se divise en quatre grandes étapes :

1. La présentation du contexte
2. L'analyse de l'enjeu moral
3. La confrontation de points de vue divergents
4. La prise de position personnelle

1. LA PRÉSENTATION DU CONTEXTE

À la première étape, vous présentez le cas ou la problématique que vous allez analyser, de même que toutes les informations de base pertinentes.

- Il peut s'agir de faire le récit des événements qui sont à l'origine du problème, de décrire les circonstances et le contexte qui l'entourent, de présenter les personnes liées à l'affaire, de même que leurs préoccupations et intérêts respectifs.

- S'il y a lieu, mentionnez les informations techniques pertinentes telles que des normes, des lois, des règles ou des éléments d'un code de déontologie qui ont un rapport avec le problème étudié.

- Si le travail porte plutôt sur une problématique générale, au lieu de présenter un seul cas de manière détaillée, présentez-en plusieurs de façon à introduire le lecteur à l'ensemble de la problématique.

2. L'ANALYSE DE L'ENJEU MORAL

Cette deuxième étape du travail consiste à poser le cadre général de votre analyse et à préciser le caractère moral du problème sur lequel elle porte.

- Posez clairement la ou les questions auxquelles vous allez tenter de répondre. Exemple : L'État a-t-il le droit d'empêcher les fabricants de cigarettes de faire la promotion de leurs produits ?

- Dégagez les différentes valeurs ou normes morales qui ont un rapport avec le cas ou la problématique en question. Par exemple, la valeur de la santé publique, les normes du droit à la liberté d'expression et de l'égalité.

- Précisez ensuite le ou les conflits de valeurs ou de normes qui sont au cœur de votre problème moral. Par exemple, le conflit entre la santé et le droit à la liberté d'expression.

3. LA CONFRONTATION DE POINTS DE VUE DIVERGENTS

Cette troisième étape est la plus importante du travail. Vous devez exposer et confronter diverses manières d'envisager et de résoudre le problème moral. Évitez de présenter pêle-mêle un paquet de réflexions et de considérations. Efforcez-vous plutôt de dégager un nombre limité de points de vue différents que vous aurez pris soin de bien définir. Présentez le type d'analyse et d'argumentation propre à chacun de ces points de vue. Chacun d'eux devrait faire appel à des valeurs ou à des normes différentes, ou donner la priorité à des valeurs ou à des normes différentes. Efforcez-vous à cette étape de faire preuve d'objectivité en présentant toutes les opinions avec la plus grande impartialité, tout particulièrement celles auxquelles vous vous opposez.

Cette étape est aussi celle où votre analyse doit faire appel aux diverses théories éthiques que nous avons étudiées. Celles-ci offrent en elles-mêmes des points de vue très divers et parfois même antagonistes. Une confrontation de points de vue intéressante demande donc le recours à *au moins deux* de ces théories éthiques.

Il n'y a pas de recette facile pour découvrir les divers points de vue ou théories que vous allez analyser. Ils devraient se dégager de la recherche et du travail préparatoire de réflexion que vous aurez menés. Cependant, certaines options assez simples s'offrent à vous.

- Par exemple, une façon élémentaire de structurer votre analyse consiste à présenter les points de vue divergents des différents acteurs du problème à l'étude. Cette méthode convient particulièrement dans les cas où il y a des conflits d'intérêts très marqués entre ces acteurs, comme un conflit de travail entre employeurs et employés ou une politique gouvernementale qui avantage certains groupes et en désavantage d'autres.

- Dans d'autres cas, une seule personne se trouve véritablement au cœur du problème et doit assumer la responsabilité de la décision à prendre. La meilleure formule peut alors consister à vous mettre dans la position de cette personne et à faire le tour des aspects importants du problème qu'elle serait susceptible de prendre en considération dans sa délibération. Par exemple, un employé qui se demande s'il devrait dénoncer publiquement certaines pratiques de son employeur devra considérer les répercussions de son geste dans le grand public, ses conséquences pour l'entreprise, pour ses collègues, pour lui-même et sa famille, etc.

- Vous pouvez encore structurer votre analyse à l'aide d'une mise en scène. Par exemple, vous pourriez vous placer dans la position d'un juge qui doit trancher un litige et qui entend les arguments des avocats des parties adverses. Ce pourrait être un juge qui entend toutes les parties à propos d'un projet d'interdiction de la publicité des produits du tabac: les gouvernements, les fabricants de cigarettes, les groupes de défense des fumeurs, les groupes antitabac, les organismes qui bénéficient des commandites des fabricants de tabac, etc.

- Une autre manière de structurer votre analyse consisterait tout simplement à appliquer successivement à votre problème les principes de différentes théories éthiques. Par exemple, vous pourriez appliquer à un cas les principes de l'éthique kantienne, de l'éthique utilitariste et de l'éthique de la responsabilité. Mais vous pouvez également présenter les choses d'une manière plus vivante et intégrer les diverses théories éthiques aux types de présentation que nous venons de suggérer. Par exemple, dans la discussion d'un cas d'euthanasie, le médecin pourrait défendre une approche utilitariste, et le patient ou sa famille, une approche inspirée de l'éthique des droits.

Une mise en garde s'impose concernant ce dernier point. D'abord, vous devez vous rappeler que toutes les théories ne s'appliquent pas de manière fructueuse à tous les problèmes. Il est possible qu'une théorie s'applique mal à un certain type de problème ou qu'elle n'y jette aucun éclairage intéressant. C'est à vous de déterminer quelles théories présentent un intérêt compte tenu du type de problème qui vous occupe. D'autre part, il n'est pas souhaitable que vous restreigniez votre analyse à une stricte application des théories éthiques. Les problèmes moraux sont fort complexes et il est probable que certains aspects importants de votre analyse déborderont les limites des théories éthiques que nous avons étudiées. Tous les points de vue pertinents méritent d'être présentés, même s'ils ne collent pas parfaitement à une théorie éthique particulière.

4. La prise de position personnelle

La confrontation de points de vue divergents vous amène finalement à formuler une position personnelle. Celle-ci doit s'appuyer sur une argumentation précise, qui peut reprendre pour l'essentiel certains des éléments développés à la troisième étape. Elle peut prendre deux grandes formes.

- Dans certains cas, vous voudrez ou vous devrez trancher le problème de manière catégorique en favorisant un point de vue contre un autre. Vous devrez ici justifier votre position en faisant valoir la supériorité d'une exigence morale sur une autre ou en défendant une certaine hiérarchie entre diverses exigences morales. Par exemple, il est possible que, pour vous, le droit à un procès juste et équitable ait la priorité absolue sur le respect de la vie privée, ou que le respect de la vie animale soit plus important que le confort ou le divertissement des êtres humains.

- Dans d'autres cas, vous pourriez être enclin à adopter une position plus nuancée et à proposer un compromis entre plusieurs des exigences morales en cause, ou à tenir compte de certaines circonstances particulières dans des cas exceptionnels. Par exemple, vous pourriez être opposé en principe à l'avortement, à l'euthanasie ou à la peine de mort, mais néanmoins être prêt à les autoriser dans des circonstances exceptionnelles.

Tableau récapitulatif des théories éthiques

Voici un tableau qui présente une vue d'ensemble de la position de chacune des huit théories éthiques de la première partie du manuel par rapport à la distinction entre normes et valeurs. Il s'agit bien évidemment d'un schéma simplificateur qui fait l'impasse sur les subtilités et les ambiguïtés qui devraient être prises en compte dans une analyse plus fine.

Théories	Normes	Valeurs
Éthique humienne et éthique des vertus		Bienveillance et ensemble des vertus
Kantisme	Intention morale (agir par devoir); principes d'universalisation et de respect de la personne	
Utilitarisme	Égalité: «chacun compte pour un»	Bien-être, bonheur, plaisir
Libéralisme	Neutralité de l'État sur le plan des valeurs, non-intervention dans la sphère privée, protection des droits individuels	
Communautarisme		Solidarité, appartenance, engagement, entraide; idéaux et valeurs communautaires
Éthique des droits	Droits fondamentaux négatifs (liberté, vie, égalité, sécurité, vie privée, droits politiques) Libertarisme: liberté et propriété; État minimal	«Droits» socioéconomiques positifs: santé, éducation, aide sociale, etc.
Éthique de la responsabilité prospective de Jonas	Impératif de la survie de l'humanité	Nature, vie biologique, humanité, vie authentiquement humaine
Éthique du bien de Taylor		Authenticité, idéaux identitaires, personnels et communautaires, reconnaissance et respect des différences

APPENDICE 3

Exercices de révision

Voici trois cas particulièrement complexes qui se prêtent à des dissertations ou à des examens. Ils permettent de réviser l'ensemble de la matière des neuf chapitres de la partie théorique du manuel. Ils sont en effet formulés de manière à permettre l'application des concepts du chapitre 1 ainsi que d'un grand nombre des huit théories éthiques qui suivent.

Le guide de dissertation qui se trouve au premier appendice peut être mis à profit pour l'analyse de ces trois cas. On peut considérer que le texte de présentation du cas tient lieu de première étape dans la méthode d'analyse appelée « présentation du contexte ».

LE CHOIX DE LA SURDITÉ POUR SON ENFANT

Deux lesbiennes sourdes qui vivent aux États-Unis ont choisi volontairement d'avoir deux enfants sourds, une petite fille, Jehanne, et un garçon, Gauvin. Comme elles ne pouvaient trouver de donneur sourd dans les banques de sperme, du fait que celles-ci éliminent systématiquement les donneurs affligés de handicaps, elles ont demandé à un ami sourd de leur fournir son sperme. Leur vœu a été exaucé. En effet, leurs deux enfants sont nés sourds.

La révélation de cette histoire par le *Washington Post* en février 2002 a soulevé un débat passionné. La plupart des réactions ont été très négatives. On a qualifié cette initiative d'eugénisme à l'envers (l'eugénisme visant la purification de la race humaine par l'élimination des tares génétiques). On a dénoncé l'égoïsme, le narcissisme, l'insensibilité et l'irresponsabilité des parents qui se trouvaient à condamner à l'avance leurs enfants à une vie difficile marquée par une double marginalité, celle des sourds et celle des enfants de mères lesbiennes. Rappelons que dans la réalité, 80 % des personnes souffrant de surdité sévère sont analphabètes et ne réussissent pas à intégrer le marché du travail. Certains ont accusé les deux mères de traiter leurs enfants comme des objets ou des jouets et de commettre la faute grave d'altérer volontairement leur potentiel d'épanouissement en leur interdisant l'accès à une foule d'expériences et d'occupations potentiellement enrichissantes (parole, musique, chant des oiseaux, bruits de la nature, etc.).

D'autres critiques, plus modérées, ont fait valoir que même s'il était compréhensible et acceptable que des parents sourds souhaitent avoir un enfant sourd, il y avait une marge importante entre avoir un enfant sourd par le jeu naturel de la reproduction et en fabriquer un sur mesure et de façon intentionnelle. La question de savoir si l'État devrait intervenir pour empêcher de telles pratiques reste cependant ouverte. Les décisions relatives à la procréation et à la famille sont ordinairement des décisions d'ordre personnel. Beaucoup de parents prennent des décisions nuisibles à leur enfant ou décident d'avoir des enfants dans des conditions défavorables sans que l'État s'en mêle. Mais le côté extrême du geste des deux mères ne justifierait-il pas une intervention des pouvoirs publics ?

Il faut dire cependant que les deux mères lesbiennes ont trouvé de nombreux défenseurs qui ont fait valoir d'autres arguments. Certains ont dit que si de futurs parents avaient le droit de prendre des moyens de dépistage génétique par refus d'avoir un enfant handicapé, d'autres pouvaient tout aussi bien *choisir* d'avoir un enfant handicapé. Il s'agit dans les deux cas d'une libre décision des parents. D'autres ont vu dans les réactions d'indignation qu'a suscitées l'affaire un cas flagrant de discrimination relative à l'orientation sexuelle. Ils font remarquer que personne ne s'oppose à ce que deux parents hétérosexuels sourds tentent d'avoir un enfant, même s'il est clair que les probabilités de mettre au monde un enfant sourd sont très élevées. On convient habituellement, eu égard à ce cas, que tout le monde a le droit d'avoir des enfants, les handicapés comme les autres. Ce qui choque, c'est le fait que les deux mères lesbiennes l'aient fait d'une manière délibérée. Mais comme c'est leur condition homosexuelle qui les a contraintes à ce choix, on pourrait être enclin à penser que c'est leur lesbianisme qui est réellement visé par les condamnations morales dont elles font l'objet.

Le débat a également gravité autour de la notion de communauté et d'identité sourde. Depuis plusieurs années, le milieu sourd s'affirme de plus en plus en tant que communauté porteuse d'une identité collective propre. Cette communauté possède sa langue, ses valeurs, ses normes, ses rituels, ses héros et ses formes propres d'expression artistique. Elle a développé un sentiment d'appartenance, une solidarité interne et une fierté comparables à ceux de la communauté gaie et lesbienne. Cette affirmation communautaire n'est pas sans diviser le milieu des sourds lui-même. Les plus radicaux dans ce mouvement revendiquent le « droit au silence » et refusent l'« assimilation » des sourds au monde des entendants. Ils considèrent la surdité comme un mode de vie valable en lui-même, comme une manière différente mais enrichissante de vivre son humanité. Ils refusent au fond de voir la surdité comme un handicap. Ils s'opposent catégoriquement au port de prothèses auditives (alors que d'autres sourds s'efforcent au contraire de pallier leur surdité par tous les moyens). Bref, ils défendent l'idée que l'on peut très bien vivre sourd et ont même inventé le terme « oralisme » pour désigner la discrimination envers les sourds (par analogie avec des termes en « -isme » tels que sexisme ou racisme). Dans cette perspective, les deux femmes qui ont choisi d'avoir des enfants sourds n'ont rien fait d'autre que faciliter l'intégration de leurs enfants à cette communauté de vie qu'elles chérissent. Il aurait été difficile pour elles d'élever un enfant non sourd dans cette communauté. La réprobation que soulève leur conduite paraît donc attaquer la volonté de cette communauté de se développer et de s'épanouir.

Certains sourds ont pris position contre les deux mères lesbiennes en témoignant des souffrances personnelles qu'ils endurent à cause de leur handicap. Une femme sourde écrit par exemple : « Je me demande si les parents sourds seraient d'accord pour qu'on fasse des bébés aveugles ou qui ne marcheront jamais. » Mais il faut dire que les aveugles et les paralytiques n'ont pas développé une vie communautaire comparable à celle des sourds (l'existence d'un langage propre aux sourds-muets est évidemment un facteur très important à cet égard). Il faut enfin considérer que près de 90 % des sourds sont issus de familles non sourdes et que les sourds ne peuvent vivre sans interagir continuellement avec le monde non sourd, tout comme le font les membres de communautés homosexuelles, ethniques ou religieuses.

LA DISCRIMINATION POSITIVE

La *discrimination positive* est une politique sociale qui a été inventée aux États-Unis, où on l'appelle « affirmative action ». Elle vise à éliminer des inégalités passées ou actuelles subies par les membres de certains groupes en leur accordant temporairement des avantages préférentiels, principalement dans les secteurs de l'éducation supérieure et de l'emploi. Les principaux groupes qui sont touchés par cette politique sont les femmes, les membres de races et de groupes ethniques minoritaires et les handicapés.

L'objectif de la discrimination positive peut être formulé de deux façons principales. On peut dire qu'il consiste à corriger et à éliminer les effets d'une injustice passée ou d'une discrimination actuelle. On peut dire encore qu'il est d'assurer que la représentation des divers groupes sociaux en certains domaines soit le miroir de la composition effective de la société, par exemple qu'il y ait une représentation à peu près égale des hommes et des femmes au sein de la députation.

La discrimination positive peut se traduire concrètement par toutes sortes de mesures, comme de faire des efforts de recrutement auprès de certains groupes, de fournir de l'aide aux élèves de milieux pauvres dans leur préparation aux examens d'admission à l'université. Nous irons droit au but en centrant notre analyse sur la mesure qui est à la fois la plus radicale et la plus litigieuse. Elle consiste à fixer des *quotas* dans les politiques d'embauche des entreprises ou des organismes publics ou dans les admissions aux programmes universitaires. Il s'agit ici de réserver un nombre déterminé de places aux membres de certains groupes désignés.

Cette politique est appliquée dans plusieurs pays du monde. Aux États-Unis, l'« affirmative action » est appliquée dans plusieurs universités depuis les années 1970, particulièrement en faveur des Noirs. En Inde, 24,5 % des postes dans la fonction publique, les collèges et les universités sont réservés à la caste inférieure des « intouchables ». Au Canada, les Territoires du Nord-Ouest appliquent une politique de discrimination positive systématique en faveur des aborigènes tant dans l'emploi que dans l'éducation. En France, une loi datant de 1987 impose à l'ensemble des employeurs privés et publics une obligation d'emploi de travailleurs handicapés égale à 6 % de l'effectif salarié. On trouve dans les pays scandinaves des quotas pour les listes de candidats aux élections qui visent à favoriser l'entrée en politique des femmes.

Le débat sur la discrimination positive est très virulent. Nous allons résumer ici les principaux arguments mis de l'avant par les deux camps.

L'argument le plus évident contre la discrimination positive est que tous les citoyens possèdent un droit fondamental à l'égalité, et tout particulièrement à l'égalité des chances, et que la discrimination positive viole ce droit en accordant des privilèges indus à des groupes particuliers. On dit que la discrimination positive revient à pratiquer une « discrimination à rebours » ou à « réparer une injustice par une autre injustice ». Tout État démocratique devrait traiter tous ses citoyens en égaux et rester, en principe, neutre et aveugle aux différences. La discrimination positive violerait ces principes fondamentaux d'égalité et de neutralité. La réplique des défenseurs de la discrimination positive consiste à distinguer ici égalité *formelle* et égalité *réelle*. Le but de la discrimination positive est d'éliminer les inégalités réelles qui existent dans la société et les injustices réelles qui frappent certains groupes malgré le fait qu'ils disposent des droits formels reconnus à tous. Par exemple, on a beau dire que les Noirs ont le même droit de présenter une demande d'admission à l'université que les Blancs, cela ne les protège nullement du biais défavorable qui peut jouer contre eux en raison de la couleur de leur peau. On avancera de plus que l'État n'a pas seulement des obligations envers les individus, mais également envers les groupes communautaires et les minorités culturelles, qui ont une identité propre et qui sont victimes de discrimination *en tant que groupes*. Un dernier argument est que la discrimination positive doit être vue comme une mesure *temporaire*, dont l'issue ultime est de se rendre elle-même inutile, une fois les discriminations existantes éliminées.

Un deuxième problème important concerne le fait de réparer *aujourd'hui* des injustices *passées*. Pour les partisans de la discrimination positive, les groupes victimes d'injustices passées subissent encore les contrecoups de ces injustices et c'est ce qui explique qu'ils soient sous-représentés dans des secteurs importants. Ils soutiennent que les générations actuelles ont le devoir d'assumer une certaine réparation des injustices passées et de prendre des mesures pour éliminer leurs effets persistants. Le contre-argument qui leur est généralement servi est que les individus actuels ne sont pas *personnellement* responsables de ces injustices passées et qu'ils n'ont donc pas à faire les frais de cette opération réparatrice. Or c'est ce qui arrive lorsque des individus se trouvent exclus à l'avance de certains postes en raison de leurs caractéristiques personnelles (sexe, race, ethnie, etc.).

La discrimination positive met également en cause le critère du *mérite*. Ses défenseurs adoptent une perspective éthique qui écarte le critère du mérite, faisant valoir que les facteurs qui confèrent aux groupes dominants des avantages sur les groupes défavorisés ne doivent rien au mérite personnel de leurs membres. Ils ont tout à voir plutôt avec la simple chance qui a fait naître un individu dans une famille, blanche ou riche, ou sans handicap et de sexe masculin. Mais le camp adverse défend le bien-fondé de la notion de mérite en disant qu'il s'agit d'un facteur important dans l'estime de soi ou le respect de soi qu'un individu peut avoir. Celui ou celle qui a obtenu un emploi ou un diplôme par le truchement d'un programme de discrimination positive ne risque-t-il pas de voir sa réussite dévalorisée tant à ses propres yeux qu'à ceux d'autrui ? Peut-il éviter de se confronter à la question de savoir s'il a mérité les avantages dont il jouit ? Il est question ici de fierté, d'autonomie et de confiance en soi. N'est-ce pas faire injure aux membres des minorités que de les croire incapables de faire leur chemin dans la vie par leurs propres moyens ? N'y a-t-il pas un danger que l'existence de quotas sécurise faussement les membres des groupes défavorisés et diminue leur motivation à faire les efforts nécessaires pour réussir ? Enfin, du strict point de vue de l'efficacité, la discrimination positive fait en sorte que ce ne sont pas nécessairement les personnes les plus douées ou les mieux qualifiées qui seront admises à l'université ou qui décrocheront les emplois.

Les partisans de la discrimination positive pensent au contraire que celle-ci favorise le développement d'une fierté consécutive à l'accession progressive de membres des groupes désavantagés aux échelons supérieurs de la société. Ce phénomène contribuerait à l'émergence de modèles de réussite et, de manière générale, à la reconnaissance sociale de ces groupes. Cet argument est mis en cause par le fait que les programmes de discrimination positive servent surtout ceux qui appartiennent à la classe supérieure des groupes visés, par exemple aux femmes ou aux Noirs issus de la classe bourgeoise et riche et qu'il n'est pas sûr que la réussite de cette frange supérieure profite réellement aux plus défavorisés.

Les détracteurs de la discrimination positive disent qu'elle a l'effet pervers de mettre en relief les différences entre les groupes et de rendre les individus plus conscients de ces différences. De plus, elle peut exacerber les tensions sociales en suscitant un sentiment de ressentiment chez ceux qui estiment être victimes d'une injustice dans cette opération. Les partisans de la discrimination positive estiment au contraire qu'elle peut contribuer à apaiser les tensions sociales en favorisant une cohabitation entre les membres des divers groupes. Elle amène les individus à faire l'apprentissage de la diversité, à développer des qualités de tolérance, d'ouverture d'esprit et de respect des différences. Elle permettrait aux individus des groupes favorisés et défavorisés de faire l'expérience concrète de se côtoyer, de vivre ensemble, d'apprendre à se connaître et de surmonter les préjugés qui les séparent.

Un élément important de l'évaluation des programmes de discrimination positive réside évidemment dans l'appréciation de leurs conséquences effectives. Ont-ils les effets bénéfiques attendus? Il est malheureusement difficile de conclure de manière claire dans l'état actuel des choses, étant donné la diversité des secteurs dans lesquels la discrimination positive est appliquée. Des études controversées aux résultats apparemment contradictoires sont parfois présentées par les deux camps, comme dans l'évaluation des programmes d'« affirmative action » des universités américaines. Quoi qu'il en soit, pour plusieurs, la question n'est pas de savoir si cette politique est plus ou moins efficace, mais de savoir si elle est moralement acceptable dans son principe même.

LA FESSÉE

L'usage de la fessée comme méthode d'éducation est devenu un enjeu moral et politique dans plusieurs pays occidentaux, dont le Canada. Le texte qui suit présente les principaux éléments du débat en trois temps : d'abord les arguments des détracteurs de la fessée, puis ceux de ses partisans, et enfin les diverses positions concernant l'intervention de l'État sur cette question.

Contre la fessée

Voici d'abord les arguments de ceux qui s'opposent à la fessée.

La fessée consiste à infliger des sévices physiques à un enfant. Elle constitue une agression physique. Elle revient à faire subir à un enfant ce qu'il est interdit de faire à un adulte et ce qu'aucun adulte n'accepte qu'on lui fasse. Même les pires criminels sont mieux protégés que les enfants puisque la loi interdit aux policiers de leur infliger des châtiments corporels. La fessée est une manière commode pour l'adulte de décharger sa colère et ses frustrations sur une cible facile, l'enfant. La fessée est une forme particulièrement odieuse de maltraitance parce qu'il s'agit d'un cas évident où le plus fort abuse du plus faible.

La fessée est un mauvais exemple. L'enfant frappé apprend à frapper les autres et frappera ses propres enfants plus tard. La fessée risque d'induire des comportements violents chez le futur adulte qui aura appris qu'il est acceptable de violenter ses enfants. Le parent qui frappe son enfant donne à ce dernier l'exemple d'une personne qui perd le contrôle de son agressivité et qui se donne le droit de la déverser à sa guise sur autrui.

Il existe toutes sortes d'autres manières de punir et d'éduquer un enfant qui sont plus humaines et plus efficaces que la fessée. L'important dans l'éducation est que l'enfant comprenne la portée de ses actes et leur caractère acceptable ou inacceptable. Pour cela, il faut communiquer avec lui et faire l'effort de lui expliquer les choses. La fessée ne favorise pas cet apprentissage et ne contribue pas à la maturation morale de l'enfant. Elle rabaisse plutôt le processus éducatif au niveau primaire du dressage animal.

Même le parent bien intentionné s'expose à des abus à partir du moment où il se permet de frapper son enfant. Les parents qui utilisent la fessée ont beau dire qu'ils n'aiment pas utiliser ce moyen, on sait très bien que l'action de frapper une autre personne comporte des risques importants de perte de contrôle et d'abus. Le mieux est donc de s'interdire ce procédé et de faire l'effort de trouver d'autres moyens. La fessée est une solution de facilité pour les parents et elle est un reliquat d'une culture archaïque dans laquelle les parents avaient un pouvoir absolu sur les enfants. La fessée n'a plus de justification dans un contexte où l'enfant est considéré comme un être humain à part entière.

Pour la fessée

Voici maintenant la réplique des partisans de la fessée.

L'enfant n'est pas l'égal de l'adulte et il est évident qu'il y a un rapport de force et d'autorité entre parents et enfants. C'est justement pour cette raison que le parent peut adopter avec lui, en ce cas comme dans plusieurs autres, des procédés qu'il ne saurait utiliser avec des adultes et qu'il cessera d'ailleurs d'employer lorsque l'enfant atteindra un âge plus avancé et aura acquis une plus grande maturité. La plupart des parents admettent qu'il y a un âge pour la fessée et que celle-ci ne doit pas être utilisée avec les bébés et avec les adolescents. Dans le premier cas, elle n'a aucun effet éducatif, et dans le deuxième, elle est humiliante.

La fessée devrait être exceptionnelle et demeurer un moyen de dernier recours, mais elle est justifiée lorsque l'enfant se comporte d'une manière désordonnée, abusive ou dangereuse. Elle sert à indiquer à l'enfant qu'il y a des limites à ne pas franchir. Elle devrait être précédée d'avertissements, de sorte que lorsque la fessée arrive, l'enfant comprend très bien pourquoi il en reçoit une. Il comprend également qu'il reçoit ce qu'il mérite et qu'il est lui-même responsable de sa punition. C'est ainsi que la fessée peut prétendre avoir un effet éducatif positif.

Les enfants qui ont subi la fessée d'une manière raisonnable ne sont pas plus traumatisés que les autres dans la vie. Il y a de rares parents qui dépassent les bornes et qui abusent physiquement de leurs enfants. Mais les paroles et les punitions psychologiques peuvent blesser et marquer aussi gravement un enfant que les châtiments corporels. Elles peuvent être tout aussi humiliantes ou injustes ; elles peuvent tout autant être le fruit d'une saute d'humeur ou d'une frustration du parent et elles peuvent parfois être plus difficiles à oublier que la douleur physique d'une fessée. Certaines punitions non physiques peuvent en réalité faire bien plus mal à un enfant qu'une fessée (le priver d'une sortie, l'empêcher de réaliser un projet qu'il avait à cœur, etc.). L'important n'est pas que la punition soit physique ou psychologique, mais qu'elle soit juste. L'enfant accepte la fessée s'il comprend qu'il l'a méritée.

C'est bien beau d'expliquer et de communiquer avec son enfant, mais il y a des situations où l'enfant lui-même commet des abus et où il a surtout besoin d'être rappelé à l'ordre. On n'a jamais entendu dire qu'une population souffrait de troubles psychologiques endémiques parce qu'on y pratiquait la fessée.

LE PLAN LÉGISLATIF ET JURIDIQUE

La législation relative à l'usage des punitions physiques s'est durcie dans certains pays de l'Union européenne. En 1979, la Suède a été la première à bannir, dans les textes juridiques, le droit d'employer fessées, tapes et gifles. Elle a été suivie par l'Allemagne, le Danemark, la Norvège, la Finlande, l'Autriche et l'Italie. On constate qu'il y a des divergences d'opinions importantes sur la fessée qui s'expliquent par des différences culturelles. Par exemple, certaines communautés religieuses approuvent la fessée parce qu'elle correspond à une tradition éprouvée, cautionnée par des textes religieux (on trouve des références au châtiment physique des enfants dans la Bible). C'est le cas, par exemple, de l'Église unie de Dieu, une secte fondamentaliste chrétienne. La fessée est une tradition éducative dans beaucoup de pays, comme le Cameroun ou la France. Les Québécois qui voyagent en France constatent d'ailleurs qu'il y a des divergences entre Québécois et Français à ce sujet. La fessée et la gifle sont plus courantes en France qu'au Québec.

Au Canada, l'article 43 du Code criminel permet à un enseignant, à un parent ou à un travailleur en milieu de garde de corriger un élève ou un enfant à la condition que la force utilisée ne dépasse pas la mesure raisonnable dans les circonstances. Cet article a été validé en janvier 2002 par la Cour d'appel de l'Ontario. La Fondation canadienne pour les enfants, la jeunesse et le droit a contesté cette décision en soutenant qu'elle est discriminatoire envers les enfants et met en danger leur sécurité. En janvier 2004, la Cour suprême du Canada a rejeté cette requête et validé l'article 43, mais ce fut par un vote divisé.

Une grande partie du débat sur la fessée tourne précisément autour de la question de l'intervention de l'État : l'État devrait-il intervenir dans cette matière ou laisser les parents décider des moyens d'éducation qu'ils jugent appropriés ? Les partisans de la fessée font valoir que le choix d'une méthode d'éducation est une affaire privée, alors que le camp adverse en appelle au devoir de l'État de protéger les droits de tous les individus, enfants comme adultes.

SOURCES DES IMAGES

CHAPITRE 1

Pages 1 et 9: Carol Munoz/iStock. **Page 3**: iStock. **Page 15**: Ryan Remiorz /CP Images.

CHAPITRE 2

Pages 23 et 25: David Hume (1711-1776), 1766 (huile sur toile), d'Allan Ramsay (1713-1784)/Scottish National Portrait Gallery, Édimbourg, Écosse/The Bridgeman Art Library. **Page 29**: M. Chaumeil/Info Matin/Corbis Sygma. **Page 31**: Hans Neleman/zefa/Corbis. **Page 33**: Christine Schneider/zefa/Corbis. **Page 41**: Bettmann/Corbis.

CHAPITRE 3

Pages 45 et 47: akg-images. **Page 52**: Arthur Pollock/Boston Herald/Sygma/Corbis. **Page 58**: Bela Szandelszky/AP Photo/CP Images. **Page 59**: Anna Peisl/zefa/Corbis.

CHAPITRE 4

Pages 67 et 73: John Stuart Mill (1806-1873), 1873 (huile sur toile, détail), de George Frederick Watts (1817-1904)/© Conseil d'administration de la Watts Gallery, Compton, Surrey, Royaume-Uni/ The Bridgeman Art Library. **Page 68**: Jeremy Bentham, vers 1829 (huile sur toile), de Henry William Pickersgill (1782-1875)/UCL Art Collections, University College London, Royaume-Uni/ The Bridgeman Art Library. **Page 72**: Chloé Dansereau-Bordeleau. **Page 76**: Simon Smith/iStock. **Page 80**: à gauche: Justin Horrocks/iStock; à droite: Gideon Mendel/Corbis.

CHAPITRE 5

Page 91: Steve White/CP Images. **Page 95**: à gauche: Petro Fekata/iStock; à droite: Murat Sen/iStock. **Page 101**: Martin Tremblay/Archives La Presse. **Page 104**: Francis Vachon/CP Images.

CHAPITRE 6

Pages 113 et 117: Anaïk Frantz Huppert. **Page 115**: Publiphoto. **Page 116**: Bettmann/Corbis. **Page 123**: André Tremblay/Archives La Presse. **Page 125**: Rick Wilking/Reuters/Corbis.

CHAPITRE 7

Pages 135 et 137: Portrait de John Locke (1632-1704) (détail), d'après l'œuvre de Sir Godfrey Kneller (1649-1723). © Collection privée/© Philip Mould Ltd., Londres/The Bridgeman Art Library. **Page 136**: akg-images. **Page 141**: Matthew Cole/iStock. **Page 142**: AP/Wide World Photos. **Page 148**: P. Roussel/Publiphoto. **Page 151**: Carlos Osorio/AP Photos/CP Images.

CHAPITRE 8

Pages 159 et 161: AP/Wide World Photos. **Page 164**: Sygma/Corbis. **Page 165**: Chris Coupland/Mary Evans Picture Library. **Page 168**: Martin Lladó/iStock.

CHAPITRE 9

Pages 181 et 183: Roussel/Publiphoto. **Page 189**: André Forget/COC/CP Images. **Page 194**: Michel Gravel/La Presse. **Page 195**: Megapress.ca.

SECTION 1

Pages 205 et 213: Chip East/Reuters/Corbis. **Page 207**: Bettmann/Corbis. **Page 210**: Bettmann/Corbis. **Page 211**: Ed Kashi/Corbis. **Page 218**: Adam Hart-Davis/SPL/Publiphoto. **Page 223**: Bruce Weaver/ AP Photo/CP Images. **Page 228**: Mark Peterson/Corbis. **Page 229**: Radhika Chalasani/Corbis.

SECTION 2

Page 237 : Megapress.ca. **Page 240** : Hans F. Meier/iStock. **Page 244** : Le Journal de Montréal/CP Images. **Page 245** : Jacques Brinon/AP Photo/CP Images. **Page 251** : Dean Conger/Corbis. **Page 254** : Gaël Kerbaol/Gamma-Eyedea/Ponopresse. **Page 257** : à gauche : NASA/SPL/Publiphoto ; à droite : NASA/Goddard Space Flight Center Scientific Visualization Studio/SPL/Publiphoto. **Page 258** : Alain Cornu/Publiphoto.

SECTION 3

Pages 261 et 283 : Carol Gering/iStock. **Page 263** : Haraz N. Ghanbari/AP Photo/CP Images. **Page 266** : iStock. **Page 269** : Dr. G. Moscoso/SPL/Publiphoto. **Page 273** : Alfred Pasieka/SPL/Publiphoto. **Page 278** : Patrick Giardino/Corbis. **Page 279** : Zephyr/SPL/Publiphoto. **Page 280** : John McLean/SPL/Publiphoto. **Page 285** : Zone 3. **Page 287** : Karen Kasmauski/Corbis. **Page 291** : Chuck Stoody/CP Images.

SECTION 4

Pages 293 et 316 : Garry Studer/iStock. **Page 294** : Jonny le Fortune/zefa/Corbis. **Page 298** : Bettmann/Corbis. **Page 299** : CP Images. **Page 308** : Bettmann/Corbis. **Page 312** : Louis Monier/Gamma-Eyedea/Ponopresse. **Page 319** : Sion Touhig/Corbis.

SECTION 5

Pages 321 et 327 : *Femme tirant son bas* ou *Femme de maison* (1894) (huile sur carton), d'Henri de Toulouse-Lautrec (1864-1901), Musée d'Orsay, Paris/© The Gallery Collection/Corbis. **Page 324** : Emmanouil Michelakis/iStock. **Page 326** : Hulton-Deutsch Collection/Corbis. **Page 328** : Bettmann/Corbis. **Page 331** : Robert Nadon/La Presse. **Page 336** : Corbis Sygma. **Page 345** : Réplique de *Roue de bicyclette* (1964), de Marcel Duchamp (1887-1968). © Succession Marcel Duchamp/ SODRAC (2008). Photo : © Philadelphia Museum of Art/Corbis. **Page 347** : Martin Blache/La Tribune/CP Images. **Page 349** : Représentation de la pièce *En attendant Godot*, de Samuel Beckett, Nouvelle Compagnie Théâtrale (Théâtre Denise-Pelletier), décembre 1971-février 1972 (Estragon : Gérard Poirier ; Vladimir : Jacques Godin ; Pozzo : Lionel Villeneuve). Photographie d'André Le Coz.

INDEX